2021—2022
中国服装行业
发展报告

2021-2022
ANNUAL REPORT OF
CHINA GARMENT
INDUSTRY

中国服装协会　编著

中国纺织出版社有限公司

内 容 提 要

本书分为总报告篇、分报告篇、产业链报告篇、专题篇、大事记篇五部分。

总报告篇主要是 2021~2022 年中国服装行业经济运行发展报告;分报告篇包括 2021~2022 年中国服装消费市场发展报告、2021~2022 年中国纺织服装行业对外贸易发展报告、2021~2022 年中国服装电子商务发展报告、2021~2022 年中国服装行业资本市场报告、2021~2022 年中国消费趋势报告、2021~2022 年中国纺织服装品牌发展报告、2021~2022 年中国服装行业科技创新白皮书(精简版);产业链报告篇收录了 2021~2022 年中国棉纺织行业发展报告、2021~2022 年中国纤维流行趋势发布报告、2021~2022 年中国纺织面料流行趋势报告、2021~2022 年中国服装印花行业发展报告、2021~2022 年中国产业用纺织品行业经济运行报告、2021~2022 年中国缝制机械行业经济运行报告;专题篇收录了稳中求进 守正创新 开启高质量发展新征程、中国跨境电商发展现状及趋势分析、入世 20 年中国服装进出口贸易特征分析、当代中华礼仪服饰白皮书(精简版)、2021 年中国服饰行业私域经营报告、中国纺织服装绿色供应链的企业环境社会责任风险管理研究;大事记篇梳理了 2021 年中国服装行业大事记。

本书旨在总结 2021 年中国服装行业发展状况、解析行业热点问题,力求全面总结梳理 2021 年中国服装行业发展特点并展望 2022 年行业发展;在分析和预测的基础上提出观点和建议,以翔实的数据和一手的资料,为服装企业和相关业界人士提供具有指导性和权威性的参考依据。

图书在版编目(CIP)数据

2021—2022 中国服装行业发展报告/中国服装协会编著. --北京:中国纺织出版社有限公司, 2022.4
ISBN 978-7-5180-9397-7

Ⅰ.①2… Ⅱ.①中… Ⅲ.①服装工业—经济发展—研究报告—中国—2021-2022 Ⅳ.①F426.86

中国版本图书馆 CIP 数据核字(2022)第 041147 号

责任编辑:张晓芳 郭 沫 责任校对:王花妮 责任印制:王艳丽

中国纺织出版社有限公司出版发行
地址:北京市朝阳区百子湾东里 A407 号楼 邮政编码:100124
销售电话:010—67004422 传真:010—87155801
http://www.c-textilep.com
中国纺织出版社天猫旗舰店
官方微博 http://weibo.com/2119887771
北京华联印刷有限公司印刷 各地新华书店经销
2022 年 4 月第 1 版第 1 次印刷
开本:889×1194 1/16 印张:17.75
字数:492 千字 定价:198.00 元

《2021—2022 中国服装行业发展报告》
课题组

组　长　陈大鹏

副组长　杨金纯　周一奇　焦　培　杨晓东
　　　　陈国强

课题组成员　王　玢　王立平　卢　芳　白　晓
（以姓氏笔画为序）　兰　兰　刘　卉　刘　佩　刘　静
　　　　　　刘正源　齐　梅　齐元勋　闫　博
　　　　　　杜岩冰　李晓菲　求佳峰　吴吉灵
　　　　　　肖明超　邱　琼　张　倩　杨　涛
　　　　　　季建兵　屈　飞　殷　夏　徐潇源
　　　　　　郭　燕　姜　蕊　高宇菲　黄国光
　　　　　　黄宝娣　崔晓凌　彭丽桦　惠露露
　　　　　　焦中惠　渠梦玮　靳高岭　廖　博

前言 Foreword

2021 年是中国历史上具有里程碑意义的一年。在中国共产党成立一百周年之际，我们实现了第一个百年奋斗目标，正意气风发向着全面建成社会主义现代化强国的第二个百年奋斗目标迈进，中华民族伟大复兴进入了不可逆转的历史新进程。这是中国服装行业发展的底气所在、信心所在，也是行业未来的空间所在、价值所在。

作为重要的民生产业、基础性消费品产业，也是体现技术进步、社会文化发展和时代变迁的创新型产业，服装行业的进步和国家、民族的发展紧密相连。经过一代代服装人的锐意进取，中国服装行业从小到大，由弱到强，不仅实现了一个产业大国的崛起，更是在第一个百年奋斗目标实现的时候，基本实现了从制造大国到制造强国的跃迁，名副其实地确立了世界服装制造强国的地位。这不仅是在于产业的体量和规模，更重要的是中国服装行业在数字技术应用、智能化发展、模式创新等方面已经走在了世界同行业的前列，在设计创意、产品开发、管理创新、品牌建设等方面都取得了长足的发展和进步。

如今，进入"十四五"新发展时期，在中国社会主义现代化强国建设全面开启的宏大背景下，中国服装行业围绕"科技、时尚、绿色"新定位，明确了"十四五"时期的发展思路和方向，同时也提出了2035 年产业远景目标：要成为对全球时尚产业发展有推动、有创造、有贡献的时尚强国。步入从制造强国向时尚强国再跨越的新征程，这是中国服装行业在数字经济时代的一次再出发，在国家"两个一百年"奋斗目标的历史交汇点上，中国服装行业站在了攀登全球时尚产业制高点的新的历史起点上，正以昂扬的面貌开启产业更新、能级提升和高质量发展。

回望 2021 年，我们看到尽管中国服装行业面对着不断深化的百年变局和变幻复杂的形势，承受着成本上升、疫情反复、消费复苏波动等困难、压力和挑战，但是整个行业以强大的韧性，持续转变发展方式，聚焦产业本质，不断加快数字技术和产业的深度融合，转型、调整、创新都在不断深化。

步入 2022 年，面对一个全新的时代、一个全新的发展时期，在中华民族伟大复兴战略全局和世界百年未有之大变局中，需要我们深刻认知数字经济时代产业变革的新方向、新特征和新逻辑，深刻认知在这个新时代中我们的发展所面对的新机遇和新挑战，深刻认知在国家走向强盛的背景下，我们产业所肩负的新的责任和使命。

对此，中国服装协会编撰《2021—2022 中国服装行业发展报告》，希望以翔实的数据、准确的分析、前瞻性的研判，向读者全面展示 2021 年中国服装行业发展环境和现状，探析行业在新环境下的机遇与挑战，并揭示产业创新发展的重要意义。

报告中难免存在不足与争议，欢迎广大读者给予批评指正。

中国服装协会

2022 年 1 月

目录 Contents

目录 Contents

目录 **Contents**

数字资源目录

CHIC

中国国际
服装服饰博览会 春季
CHINA INTERNATIONAL FASHION FAIR   Spring

——权威发布　每年推新——

中国服装行业发展报告

中国服装协会　编著

订阅及内容 | 010—85229226
合作专线 | 13911518339

第一部分　总报告篇

2021~2022 年中国服装行业经济运行发展报告

中国服装协会

2021 年是中国共产党成立 100 周年，也是我国全面建成小康社会、开启全面建设社会主义现代化国家新征程的关键之年。面对错综复杂的外部发展环境，中国服装行业克服了新冠肺炎疫情冲击、综合成本上涨、能源供应紧张、国际物流不畅等叠加交织的困难和压力，展现出强大韧性和良好的高质量发展潜力，行业经济持续恢复发展，数字化转型全面深入推进，在智能制造、模式创新、品牌升级、产业集约发展等多个领域取得了积极进展，"十四五"实现了良好开局，为稳经济、惠民生、促就业、增活力做出了突出贡献。

展望 2022 年，尽管全球经济增长缺乏持久动力，需求收缩、供给冲击、预期转弱正在对我国宏观经济发展形成现实压力，但是国际市场逐渐恢复和国内经济复苏向好的基本面不会改变，数字经济加速融合、绿色转型加快落地以及 RCEP 协定生效等积极因素均将推动服装行业平稳健康发展。当前，我国服装行业正处于战略机遇期和转型适应期，面对外部经济环境变化更趋复杂严峻和不确定，行业将立足双循环新发展格局，贯彻"稳字当头、稳中求进"的工作总基调，努力巩固经济运行平稳向好基础，为全面落实"十四五"规划、建设现代化国家凝聚强大力量。

一、2021 年中国服装行业经济运行情况

2021 年，随着疫情防控形势好转和国家助企纾困政策效果显现，我国服装行业生产稳步恢复，内销持续改善，出口保持较快增长，企业效益状况逐步好转，行业经济运行呈现了"前高后低、总体向好"的发展态势。

（一）服装生产稳步恢复

在国内外市场需求复苏向好、海外订单回流等积极因素的有力推进下，我国服装行业生产稳定恢复，产量基本恢复至疫情前规模。根据国家统计局数据，2021 年，我国服装行业规模以上企业工业增加值同比增长 8.5%，增速比 2020 年同期提高 17.5 个百分点，两年平均下降 0.6%（以 2019 年相应同期数为基数，采用几何平均的方法计算，下同）；规模以上企业完成服装产量 235.41 亿件，同比增长 8.38%，增速比 2020 年同期提高 16.03 个百分点，两年平均微增 0.04%。

从服装主要品类产量来看，受益于出口带动，针织服装生产保持较快增长，产量超过 2019 年同期规模，而机织服装产量仅小幅回升，两年平均增速持续负增长，羽绒服装和衬衫产量降势更为明显。根据国家统计局数据，2021 年服装行业规模以上企业机织服装产量 94.04 亿件，同比增长 4.85%，两年平均下降 2.34%，其中羽绒服装、西服套装和衬衫产量两年平均分别下降 11.56%、2.62% 和 16.08%；针织服装产量 141.37 亿件，同比增长 10.86%，两年平均增长 1.75%。

从月度服装产量变化来看，由于基数较低以及就地过年、稳岗留工政策效应显现，春节期间企业开工天数明显好于 2020 年同期，2021 年 1~2 月服装产量同比增幅高达 38.44%；一季度，服装企业努力克服原材料成本、用工成本、物流成本上涨加剧以及小微企业招工难等困难和压力，服装产量保持 24.1% 的高位增长；随着低基数效应减退，服装产量增速高开低走，二季度各月服装产量增速有所放缓，6 月服装产量累计增速降至 19.98%，比一季度回落 4.12 个百分点；三季度，在国内局部散发疫情、汛情冲击和基数抬高等因素影响下，服装产量增速降至个位数，逐步回归正常水平，1~9 月服装产量同比增长 9.29%，比一季度回落 14.81 个百分点；受换季需求增加、为电商促销和海外圣诞季积极备货以及补库存等因素带动，四季度服装生

产保持稳定增长，10~12月服装产量累计同比增幅

分别为8.88%、8.53%和8.38%（图1-1）。

图 1-1　2021 年服装行业生产增速情况

（数据来源：国家统计局）

（二）内销市场持续改善

随着疫情防控更加精准有效，在宏观经济稳步恢复、促消费政策持续发力以及网络购物节等因素的带动下，消费潜力持续释放，我国服装市场销售明显改善，线上消费对内需市场拉动作用持续凸显。根据国家统计局数据，2021年我国社会消费品零售总额为440823亿元，同比增长12.5%，两年平均增长3.9%。其中，限额以上单位服装类商品零售额累计为9974.6亿元，同比增长14.2%，两年平均增长2.4%，仍低于2019年同期增速0.2个百分点。受部分地区疫情和极端天气影响等因素冲击，2021年8月开始，单月限额以上单位服装类商品零售额持续负增长，降幅为7.6%，随着需求恢复和节假日促销拉动，限额以上单位服装类商品零售额降幅持续收窄，12月同比下降1.1%，降幅比8月收窄6.5个百分点。

线上服装零售保持较快增长，新电商平台分流效应明显。根据国家统计局数据，2021年穿类商品网上零售额同比增长8.3%，增速比2020年同期提高2.5个百分点，两年平均增长7.0%，低于

2019年同期增速8.4个百分点。从阿里平台数据来看，2021年淘宝及天猫平台男装、女装、童装、运动鞋服成交额同比分别下降14.4%、4.7%、15.9%和5.3%，6月和11月即使是在网络购物节的促销下，各服装品类的成交额仍呈不同幅度下降。同时，越来越多的品牌布局抖音、B站、小红书等内容与直播电商，选择多平台入驻。根据抖音电商发布《2021抖音电商国货发展年度报告》显示，2021年抖音电商服饰鞋包行业国货销量同比增长411%，重点服装品牌月度销售额稳步提升，显示出新电商平台分流效应正在持续放大（图1-2）。

实体销售明显改善，专业市场加速转型。根据中华全国商业信息中心的统计，2021年，全国重点大型零售企业服装类商品零售额同比增长9.22%，增幅比2020年同期提升29.93个百分点，两年平均下降6.9%，两年平均降幅比一季度收窄5.4个百分点；根据中国纺织工业联合会流通分会数据，2021年重点监测的46家纺织服装专业市场成交额为14628.41亿元，同比增长8.41%，比2019年增长13.99%。各大专业市场积极适应新的消费

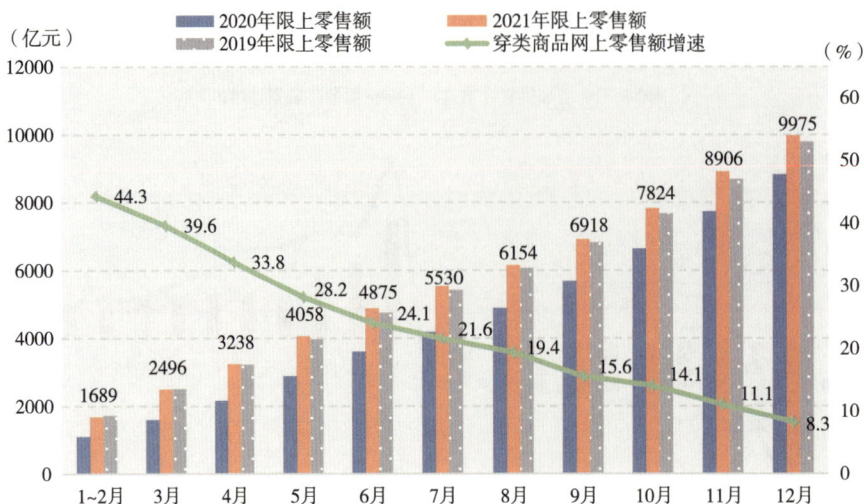

图1-2 2021年国内市场服装销售情况

（数据来源：国家统计局）

环境和消费需求变化，通过直播带货或者给直播电商供货等方式，与直播电商交叉融合、相互渗透，提升运营效率，拓展新的销售渠道，以实现销售额的突破。

（三）出口保持较快增长

2021年，我国服装出口企业克服了物流不畅、运费飙升、原材料价格上涨等诸多困难，表现出强大的发展韧性，服装出口保持较快增长，创2016年以来同期服装出口规模的最高纪录。根据中国海关数据，2021年我国累计完成服装及衣着附件出口金额为1702.63亿美元，同比增长24%，两年平均增长

7.7%。其中，针织服装及衣着附件出口增势强劲，出口金额为864.72亿美元，同比增长38.96%，两年平均增长10.09%；机织服装及衣着附件出口保持稳定增长，出口金额为701.15亿美元，同比增长12.59%，两年平均增长2.56%。受2020年同期基数逐渐抬高、防疫物资出口回落等因素影响，前三季度服装出口增速逐步放缓，9月服装出口增速仅为9.9%；四季度以来，在国际市场需求增加、为圣诞季促销备货以及东南亚疫情反复加剧订单回流等积极因素的持续拉动下，月度出口增速明显回升，10月和11月同比增幅达24.7%和23.2%，12月增速虽有所放缓，但仍保持14.5%的两位数增长（图1-3）。

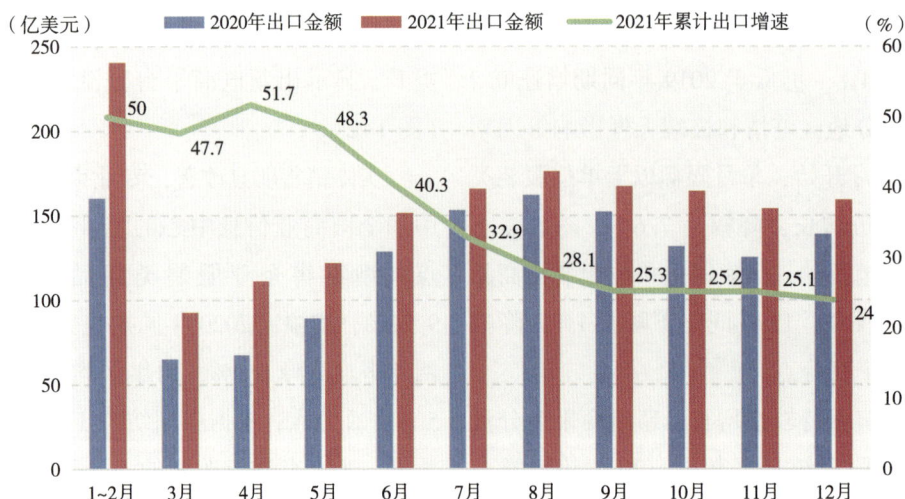

图1-3 2021年我国服装及衣着附件出口情况

（数据来源：中国海关）

传统市场对我国服装出口起到主要拉动作用。2021年，在前十位服装主要出口市场中，除了对英国、俄罗斯服装出口同比下降4.87%、5.66%外，我国对其他主要国家和地区服装出口均呈不同幅度较快增长。其中，受益于美国经济政策刺激市场需求补偿性增长，叠加越南等国家疫情对出口的冲击，我国对美国服装出口金额为395.55亿美元，同比增长36.22%，两年平均增长12.03%，拉动我国服装出口增长7.66个百分点；我国对欧盟和东盟服装出口金额为323.59亿和136.93亿美元，同比分别增长21.32%和27.29%，两年平均分别增长8.31%和20.19%；我国对日本服装出口金额为146.58亿美元，同比增长6.31%，两年平均下降1.41%，以上四国/地区合计占我国服装出口总额的58.89%，同比增长24.93%，拉动服装出口增长14.57个百分点。

新兴市场是我国服装出口增长的重要支撑。2021年，我国对"一带一路"沿线国家和地区服装出口金额为414.23亿美元，占我国服装出口总额的24.33%，同比增长28.46%，两年平均增长7.86%，拉动服装出口增长6.68个百分点，其中对吉尔吉斯斯坦、沙特阿拉伯、阿联酋服装出口同比分别增长252.33%、44.68%和67.27%。另外，我国对韩国、澳大利亚、智利服装出口金额分别为67.7亿、49.14亿和25.31亿美元，同比分别增长22.81%、29.35%和61.32%，两年平均分别增长8.77%、16.18%和7.67%；我国对非洲、拉丁美洲服装出口金额分别为90.41亿和80.95亿美元，同比分别增长26.91%和49.26%，两年平均分别增长12.12%和4.06%（图1-4）。

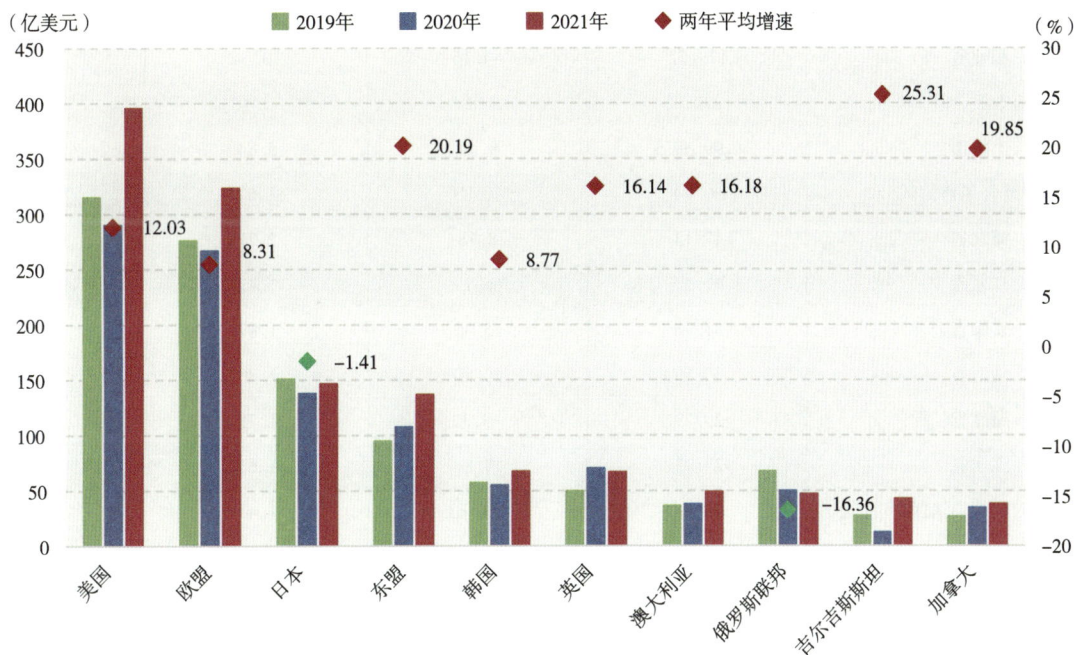

图1-4　2021年我国对部分国家和地区服装出口情况

（数据来源：中国海关）

东部五省依然占据我国服装出口的主导地位。根据中国海关统计，2021年我国服装出口前五大省份广东、浙江、江苏、山东和福建合计完成服装出口金额为1233.65亿美元，同比增长26.57%，占我国服装出口总额的72.46%，比2020年同期提高1.47个百分点。其中，广东服装出口金额居第一位，达313.26亿美元，同比增长29.11%，高于全国服装出口平均增幅5.11个百分点；浙江和江苏出口金额分别为308.54亿和242.71亿美元，同比分别增长21.48%和14.47%，均低于全国平均增幅，占全国服装出口比重分别减少0.38个和1.19个百分点；山东、福建出口金额分别为189.62亿和179.52亿美元，同比分别增长34.01%和

44.16%，高于全国平均增幅 10.01 个和 20.16 个百分点。

中西部地区服装出口快速增长，产业转移步伐加快。根据中国海关统计，2021 年我国中西部地区服装出口金额合计同比增长 29.48%，占全国服装出口总额的比重提高 0.67 个百分点。其中新疆维吾尔自治区、江西、四川、云南、山西、陕西、贵州、西藏自治区、宁夏回族自治区和青海服装出口增速均高于全国服装出口平均增幅，新疆维吾尔

自治区和江西服装出口金额分别为 60.74 亿和 41.17 亿美元，同比增长 70.83% 和 66.19%；四川出口金额为 17 亿美元，同比增幅高达 253.5%。河北、安徽、湖南服装出口增速尽管低于全国平均增幅，但也保持了较快增长。这表明中西部各省份在承接产业转移的过程中后发优势愈发显著，产业园区、基础设施以及产业链配套资源建设日益完善，产业数智化水平持续提升，对中国服装产业的推动作用进一步增强（表 1-1）。

表 1-1　2021 年我国各省市服装出口情况

省市名称	出口金额（亿美元）	同比（%）	占服装出口总额比重（%）	占比增减（百分点）
广东省	313.26	29.11	18.40	0.73
浙江省	308.54	21.48	18.12	-0.38
江苏省	242.71	14.47	14.25	-1.19
山东省	189.62	34.01	11.14	0.83
福建省	179.52	44.16	10.54	1.47
前五名合计	1233.65	26.57	72.46	1.47
上海市	99.39	9.54	5.84	-0.77
新疆维吾尔自治区	60.74	70.83	3.57	0.98
河北省	47.13	8.78	2.77	-0.39
江西省	41.17	66.19	2.42	0.61
安徽省	31.78	15.45	1.87	-0.14
湖南省	30.59	20.80	1.80	-0.05
湖北省	29.79	-9.32	1.75	-0.64
辽宁省	27.73	17.84	1.63	-0.09
广西壮族自治区	24.38	-14.01	1.43	-0.63
四川省	17.00	253.50	1.00	0.65
前十五名合计	1643.37	25.31	96.52	1.00

（数据来源：中国海关）

（四）运行质效逐步好转

2021 年以来，在国内疫情防控形势总体平稳、国内外市场需求复苏向好的支撑下，我国服装行业经济效益持续恢复，产业循环畅通稳定。根据国家统计局数据，2021 年我国服装行业规模以上（年主营业务收入 2000 万元及以上）企业 12653 家，实现营业收入 14823.36 亿元，同比增长 6.51%，

增速比 2020 年同期提高约 17.85 个百分点；利润总额 767.82 亿元，同比增长 14.41%，增速比 2020 年同期提高约 35.7 个百分点。与 2019 年相比，服装行业营业收入和利润总额两年平均降幅约为 2.8% 和 5.1%，分别比一季度收窄 2.7 个和 4.9 个百分点，行业仍处于恢复阶段。

运行质量有所好转，盈利能力小幅提升，企业资金周转状况改善。2021 年服装行业规模以上企

业亏损面18.5%，比2020年同期收窄0.78个百分点；营业收入利润率为5.18%，比2020年同期提高0.36个百分点；总资产周转率和应收票据及应收账款周转率分别为1.29次/年和8.08次/年，同比分别加快3.04%和3.01%。但是，行业运行压力依然较大，营业成本同比增长6.38%，三费比例比2020年同期提高0.01个百分点，产成品周转率同比下降2.28%（表1-2）。

表1-2 2021年规模以上服装企业主要经济指标情况

指标名称	单位	本年累计	2020年同期累计	同比变化
营业收入	亿元	14823.36	13917.83	6.51%
利润总额	亿元	767.82	671.14	14.41%
营业成本	亿元	12597.13	11841.90	6.38%
营业收入利润率	%	5.18	4.82	+0.36个百分点
亏损企业亏损总额	亿元	109.89	98.99	11.01%
三费比例	%	9.15	9.14	+0.01个百分点
产成品周转率	次/年	12.95	13.25	-2.28%
应收票据及应收账款周转率	次/年	8.08	7.85	3.01%
总资产周转率	次/年	1.29	1.25	3.04%

（数据来源：国家统计局）

（五）投资规模小幅回升

随着企业效益逐步好转以及国家"稳投资"相关政策显效，我国服装行业固定资产投资恢复正增长，但由于受疫情影响，服装企业资金周转压力依然较大，投资意愿和投资能力受限，加之2020年基数逐渐抬升，服装行业投资增速呈现持续放缓态势。根据国家统计局数据，2021年我国服装行业固定资产投资完成额同比增长4.1%，增速比2020年同期提高36个百分点，仍低于纺织业和制造业整体水平7.8个和9.4个百分点。与2019年相比，服装行业固定资产投资完成额两年平均下降15.8%，尚未恢复至疫情前水平（图1-5）。

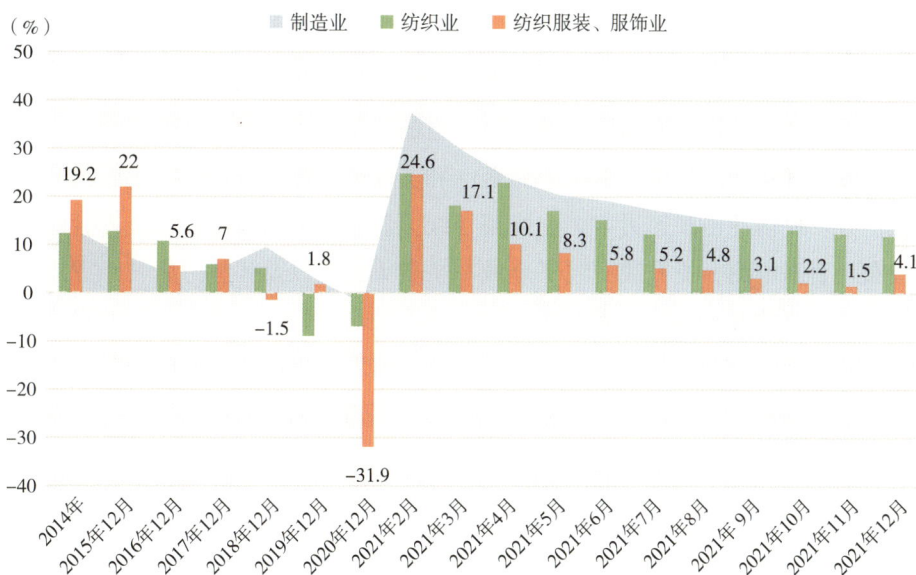

图1-5 2021年服装行业固定资产投资增速情况

（数据来源：国家统计局）

二、2021年中国服装行业运行特点

2021年，受世界百年未有之大变局和新冠肺炎疫情全球大流行交织影响，国内外经济环境变化给中国服装行业发展带来了巨大的挑战和考验。凭借完整的产业体系和强韧的供给能力，中国服装行业坚守"科技、时尚、绿色"新定位，从组织、品牌、渠道、消费者运营及供应链快速反应等方面全力深入推进数字化转型，在智能制造、模式创新、品牌升级、产业集约发展等多个领域取得积极进展，为行业实现更高质量发展筑牢坚实基础。

（一）数字化转型加速深化

随着国内市场消费复苏和以数字技术为支撑的新型消费快速发展，我国服装行业抓住宝贵的时间窗口期，持续深化转型创新，积极推进产业数字化变革，设计智能化、生产自动化、管理精益化水平逐步提高，线上线下多渠道协同融合发展，通过数字技术赋能链接设计研发、生产销售、物流仓储等各环节资源，快速反应能力和产业链安全可控能力进一步提升。

我国男装行业正处于市场稳步扩容的发展阶段，但受疫情影响增速呈放缓趋势。为适应"80后""90后"主流客群以及日益普遍的年轻化、功能化、休闲化的消费需求，男装企业专注核心品牌和单品创新，注重功能性、舒适性产品的研发，以需求为导向持续扩充和优化产品品类，加强产品迭代创新和时尚感提升。疫情冲击加速男装企业营销模式创新，积极布局直播电商，提升线上线下全域融通的运营能力，通过强化互动，从生态健康、时尚美学、穿着场景等方面提高消费体验，并结合集中量体、套装搭配等活动积极开展个性化定制和互联网定制，培养消费者定制消费习惯，以全域触点和内容营销赋能零售；聚焦数字化创新，推动企业组织方式与市场连接方式的数字化转型，大力发展互联制造、大规模个性化定制等智能制造新模式，推进柔性制造和智能工厂建设，搭建数字化管理平台，构建按需生产的快反供应链生产体系。

在女性消费者需求不断细分和升级的背景下，女装企业加强创意设计，持续推进数字化转型、新零售布局及个性化定制业务，女装市场呈现了持续向好的发展态势。一方面，为满足不同年龄层次消费群体的需求，女装企业聚力打造多品牌矩阵，加强年轻化、时尚化、精细化的自主品牌建设，对接一线设计和时尚资源，联合艺术家、独立设计师和IP资源进行合作，增加品牌知名度和品牌辨识度。另一方面，女装企业加大数字化应用和新零售布局，纷纷开拓抖音、快手等电商新渠道，构建线下门店与线上平台电商、直播电商、兴趣电商、社交电商等多种销售渠道融合发展的营销模式，充分满足移动互联时代碎片化、移动化、个性化、多元化的消费诉求。目前，头部女装品牌的数字化升级已初显成效。此外，女性内衣新锐品牌凭借优质面料和创新科技相结合的产品，带给女性消费者舒适感和消费体验，呈现爆发式增长；汉服、二次元服饰以及品牌集合店也从小众市场逐渐走进大众视野。

在经历了疫情冲击之后，随着三孩政策全面放开、家庭收入提高以及消费理念更新，我国童装消费市场处于快速增长期，市场集中度和人均消费额进一步提升，尤其是运动品牌旗下童装持续快速增长。童装品牌聚焦1985~1995年新生代目标消费群体，倡导儿童时尚生活方式和亲子陪伴等品牌价值主张，积极开展跨界联动、IP合作以及全域全渠道的营销活动，传递品牌理念，提升品牌的影响力和美誉度；线下依托快闪店模式的同时，加速布局线上新零售，以头部平台、内容电商、直播电商为主要渠道，以及智慧门店、小程序、网红种草等多维度的品牌触点，根据不同的渠道定位和不同商圈的消费群体来匹配不同的商品层级与组合，实现商品、渠道、用户的精准链接，提升消费者全渠道的购物体验。

2021年，我国休闲运动服装企业积极适应因疫情影响而发生的消费习惯和消费方式变迁，从品牌、产品、零售、渠道、组织等方面进行变革优化，坚定推进品牌年轻化升级，推动休闲运动服装行业持续恢复快速增长。在全民运动风潮、"国潮"崛起等积极因素的带动下，众多运动服装品牌持续聚焦年轻人的时尚运动需求，在巩固传统电商运营优势的同时，加大社交电商、直播电商、短视频及内容营销方面的资源投入，加速推进线上线下全渠道布局，通过数字化工具快速洞察消费者需求，抓住运动服饰的潮流、悦己、社交等功能属性，不断加大研发投入，注重产品科技基因、面料功能、板型设计和穿着体验，集中优势做强核心品类。瑜伽、健身、高尔夫等休闲运动服饰表现活跃，加之随着冬奥会的临近，国内冰雪运动服饰装备的市场规模明显增长，头部品牌集中度逐步提高，小众品牌市场表现活跃，冰雪运动服饰品牌化趋势日益凸显。

（二）智能制造全面推进

随着新一代信息技术与先进制造技术深度融合，服装行业的智能制造已经进入深度应用、全面推广的新阶段，数字化转型和智能化改造正在从消费端向制造环节快速渗透，已经成为推动行业高质量发展的强劲动力。我国服装行业在智能化装备、智能化生产线、智能化管理和智能化服务等方面加速推进，优势企业正在以全新的数字化、平台化组织方式整合资源，以产业链数字化、全流程信息化为核心竞争力，开启业务中台、数据中台的"双中台"数智化建设，推进全链路数智化转型升级，初步完成了支撑包含测体、设计、试衣、加工的自动化生产流程及质量检验、仓储物流、信息追溯、门店管理、客户服务等各环节的信息化集成管理体系建设。中小企业加大设备数字化与智能化改造投入，从最初的信息系统模块化独立运作逐步向信息系统与生产、销售、服务等环节全面融合的方向升级，推动智能制造由点及线、由线到面系统性发展。

新一代信息技术的广泛应用为服装企业提供了日益丰富的解决方案，包括工业互联网平台、智能化物流系统、协同设计系统等应用领域，服装行业两化深度融合水平大幅提升，工业互联网平台建设

逐步进入实质性阶段，推动服装制造的生产模式和产业组织方式根本性转变。2021 年，在国家工业和信息化部发布的第二批"5G+工业互联网"十个典型应用场景和五个重点行业实践中，服装行业有两家企业的典型场景入选，分别是雅戈尔服装制造有限公司与中国联通合作开展的"5G+数字孪生"项目建设，实现了生产单元模拟场景的应用；艾莱依时尚股份有限公司与中国电信合作开展"艾莱依5G+工业互联网云平台"项目建设，实现了工艺合规校验场景的应用。另外，波司登羽绒服装有限公司的羽绒服装智能制造示范工厂以及赢家时装（赣州）有限公司和青岛酷特智能股份有限公司大批量定制分别入选 2021 年智能制造试点示范工厂揭榜单位和优秀场景公示名单。

（三）新零售新模式加速演进

在疫情的影响下，为适应消费习惯和消费方式变革，企业借助新一代数字技术的深入应用，为渠道、营销和品牌运营不断赋能，促进传统电商向线上线下一体化的全渠道数字化运营模式加速演进。在实体零售端，服装企业积极优化线下布局，通过打造超级体验店、智慧门店，为用户提供购买前的沉浸式体验。线上渠道方面，企业在拓展多元化的社交媒体、快闪店、直播电商等新零售渠道的同时，加快线上线下一体化融合发展，打通消费者在公域、私域电商及线下门店的客户权益，建立消费者数据平台，并通过 AI 工具及大数据分析描绘出消费画像，借势达人合作、热点话题、主题活动，采取强体验、强互动的短视频和直播相结合的方式，从产品认知、概念宣发到强化印象多元多维度创新内容营销和客户服务，实现全域会员通、货通、信息通，从而形成消费者需求驱动设计研发生产的闭环，进一步拉近企业品牌与消费群体的距离，满足消费者全方位、全天候的消费需求。

同时，服装跨境电商快速增长，成为服装出口增长的新动能和企业转型升级的新渠道。2021 年 7月，国务院办公厅出台《关于加快发展外贸新业态新模式的意见》，再次释放跨境电商领域重大政策

利好，服装跨境电商迎来历史性发展机遇。在新冠肺炎疫情对全球供应链和传统经贸活动造成深刻冲击的情况下，服装出口企业纷纷突破单一线下经营模式的限制，通过入驻跨境电商平台、开设独立站、布局直播+视频营销平台、社交电商等方式开展海外营销，"宅经济"成为拉动跨境电商的重要动力。企业还利用海外仓在品牌推广、多元化服务、本地化经营等方面的积极探索，提升物流效率和购物体验，保障跨境供应链的畅通高效。快时尚品牌 Shein 通过社交媒体、电商平台获取大量引流，以产品款式更新快、性价比高的优势增强用户黏性，海外业绩增长连续 8 年超过 100%，成为独立站电商品牌运营的典范。

（四）国货崛起助推品牌升级

随着文化自信的增强和本土品牌设计能力的提升，年轻一代消费群体对中国文化和本土品牌的认同感不断加强，对国产品牌的内生性需求不断提升，国产品牌消费强势崛起，国风文化为品牌升级赋能。服装企业不断强化品牌建设、零售运营、供应链能力和数字化改造，在品牌势能打造、产品创新迭代、市场终端拓展、营销多渠道融合等方面全方位布局，自主品牌的产品力、品牌力、渠道力系统性增强，通过差异化、高端化和国际化的产品以及线上线下一体化营销模式助推国货崛起，持续放大产品优势、累积品牌势能。今年"双十一"数据显示，国产品牌零售额占比达 80%，成交额过亿元的品牌中，国货品牌近五成，同比增长 17%。国潮文化的兴起，促进了汉服经济的破圈成长。数据显示，2021 年中国汉服市场规模将达到 101.6 亿元。

尤其是内涵东方传统文化和中国特色的国风品牌、原创设计品牌、休闲运动品牌，以及融入了传统元素、国潮元素、跨界元素的潮流单品，通过跨界合作、IP 联名、与先锋设计师合作等方式挖掘时尚元素，以及新面料、新技术、新工艺、新零售的加持，使服装产品和品牌年轻化、时尚化内涵更加丰富，市场认可度和关注度持续提升。太平鸟女装携手中国原创设计品牌 SHUSHU/TONG，用简单

的元素赋予品牌更深刻的文化内涵；波司登与国际知名设计大师合作首创风衣羽绒服，在设计、工艺、面料、板型四大方面实现创新与突破；安踏为北京冬奥会设计国家队领奖服"冠军龙服"，并为 15 个大赛项中的 12 支中国国家队打造比赛装备，将尖端运动科技应用于产品中，进一步提升了国产品牌的影响力和美誉度。同时，随着元宇宙热度高涨，服装企业也陆续开启了对元宇宙的探索，歌力思推出品牌虚拟人物 Elisa，海澜之家和森马服饰先后申请注册了元宇宙相关商标。

（五）产业集群创新发展

集群化发展是服装产业最显著的特征之一。2021 年，服装产业集群在提升集约化水平和区域品牌影响力的同时，也在不断推动数字经济与集群的融合创新，产业集群数字化转型进程持续加快。基于新技术、新业态的快速发展，各产业集群通过对产业公共服务平台的数字化、智能化改造，提升产业带的数据流、信息流、交易流反应效能，带动产业全链条企业"上云赋能"，助推龙头企业与产业链上下游中小微企业深度互联、协同转型，并引进优秀数字化转型服务商，与中小微企业组建联合体，促进中小微企业数字化转型。同时，积极推广智能工厂、数字车间示范应用，高标准建设服装智能制造产业园，通过个性化定制、服务型制造等新模式带动产业从生产制造向销售、研发的两端延伸，提升产业集群和企业的核心竞争力。

在品牌建设方面，产业集群在传统市场转型、建设电商基地的基础上，鼓励优势企业依托大数据、物联网、云计算紧跟终端市场，积极融入国潮、新零售发展大流，通过代理品牌、原创品牌等方式实现企业和品牌的良性发展。同时，产业集群积极与专业院校、研究机构等单位合作，共同打造集设计与时尚发布、展销与检测、研究与培训等服务于一体的时尚文化街区、创意研发中心、电商直播基地、采购营销中心，并通过举办服饰博览会、高峰论坛、发布产业报告等形式在行业内发声，有效提升了区域品牌的影响力与知名度。以福建省石

狮市服装产业集群为例，石狮市已建成国内首个集产、展、销为一体的校服专业市场，连续举办三届中国校园服饰国际博览会，涌现出季季乐、校园大道、大帝校园、钻石伙伴等一大批知名校服企业，并与浙江湖州校服行业在生产分工、上下游配套等领域展开紧密协作，成功实现了从"童装品类"向"校服产业"转型。2021 年，石狮市校服产业规模以上企业产值预计超过 30 亿元。

三、2021 年中国服装行业运行主要影响因素

（一）国际市场需求增长动力趋弱

2021 年以来，随着疫苗推广和各国恢复经济的不懈努力，全球经济加快回暖，但由于疫苗接种情况各异以及变异毒株引起疫情反弹，自三季度开始全球经济复苏步伐整体放缓，新变异毒株对经济走向构成威胁，全球产业链、供应链正常运转受到严重影响。通货膨胀压力促使发达经济体加快收紧货币政策，对消费能力及消费信心的恢复产生负面制约，国际市场服装消费需求增长呈现收缩趋势，外需实质性转好基础仍不牢固。

在全球主要消费市场中，美国经济整体表现良好，但受商品价格上涨、供应链中断、疫情反复等因素影响，美国市场消费需求增势走弱，12 月密歇根大学消费者信心指数从 6 月的 85.5 降至 70.6，服装零售虽保持大幅增长，但增速明显放缓，2021 年 1~12 月美国服装和配件零售额同比增长 47.3%，增速比 1~6 月回落 20.1 个百分点，零售额比 2019 年同期增长 12%；受疫情反弹困扰，欧盟消费复苏缓慢，服装零售表现低迷，12 月欧盟消费者信心指数从 6 月的 -4.5 下滑至 -9.6，欧盟纺织服装鞋类商品零售在 2020 年同期下降 23.4% 的基础上同比增长 11.9%，环比则下降 3.5%；日本服装市场受疫情影响复苏形势起伏不稳，1~12 月日本纺织服装及附件零售额同比增长 0.94%，增速比 1~6 月回落 1.17 个百分点，零售额比 2019 年同期下降约 21.65%。在新兴经济体和发展中国家方面，多数国家经济复苏不够强劲，既面临着疫苗接种不足、政策空间有限、内需持续疲弱等诸多困难，还需应对通胀、公共债务高企等风险挑战（图 1-6）。

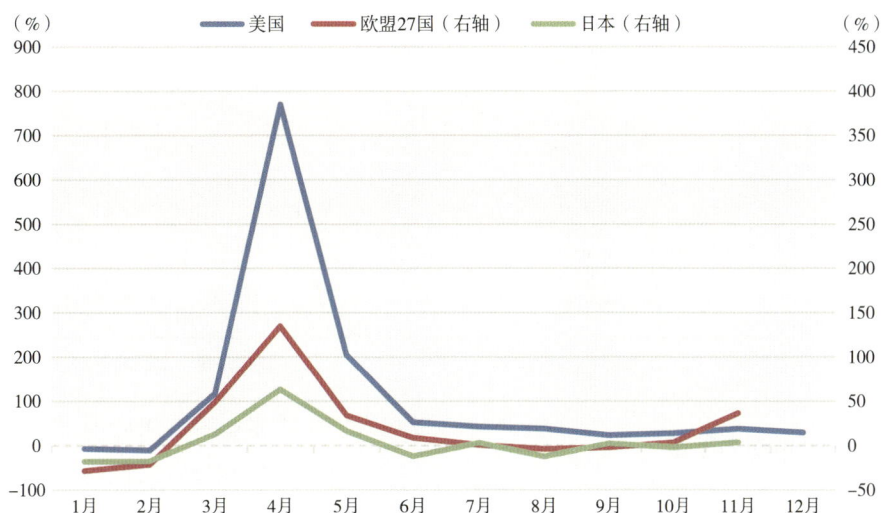

图 1-6　2021 年美国、欧盟和日本服装类商品零售额增速情况

（数据来源：美国商务部、欧盟统计局、日本财务省）

（二）疫情加速全球供应链布局调整

受疫情及全球供应链瓶颈影响，海外采购商、零售商正在将订单转回中国或转至本国及其他国家，加速推进"中国+多个国家"的全球采购策略。而随着疫苗推广，东南亚各国疫情得到控制，

越南、柬埔寨等国生产能力逐渐恢复，海外订单回流至国内的现象不可持续，全球服装产业链和供应链布局将在产业恢复中加速重构，区域化、本土化、短链化趋势明显增强。从越南、孟加拉国、土耳其和马来西亚相关服装出口统计来看，越南纺织品成衣出口在连续两个月大幅下降后持续回升，2021年11月、12月同比分别增长35.7%和27.5%，1~12月，越南纺织品成衣出口同比增长9.9%；同期，土耳其服装出口同比增长22.1%；1~10月孟加拉国和马来西亚服装出口同比分别增长21.92%和72.71%

另外，从美国、欧盟和日本主要市场的服装进口数据来看，中国在美国和日本的市场份额小幅提升，在欧盟市场份额略有下降；而孟加拉国、印度、土耳其、马来西亚在主要市场的份额均保持增长。2021年1~12月，东盟在美国的市场份额同比减少了3.13个百分点，而中国仅增加了0.38个百分点，其他份额主要被孟加拉国、印度、洪都拉斯、巴基斯坦等国家瓜分；1~12月，中国在欧盟市场份额微增0.26个百分点，而孟加拉国、土耳其和马来西亚所占市场份额分别增加了1.33个、0.74个和1.31个百分点；1~12月，越南、印度尼西亚、缅甸在日本的市场份额合计减少3.32个百分点，除中国的份额增加1.71个百分点外，孟加拉国、柬埔寨和马来西亚的份额分别增加了0.47个、0.2个和1.19个百分点（表1-3）。

表1-3　2021年美国、欧盟和日本服装主要进口国份额变化情况

	美国			欧盟			日本	
国别	比重（%）	比重增减（百分点）	国别	比重（%）	比重增减（百分点）	国别	比重（%）	比重增减（百分点）
中国	24.03	0.38	中国	31.50	0.26	中国	55.86	1.71
越南	17.61	-2.01	孟加拉国	17.69	1.33	越南	14.10	-1.94
孟加拉国	8.76	0.60	土耳其	11.58	0.74	孟加拉国	4.60	0.47
印度	5.14	0.43	印度	4.62	0.28	柬埔寨	4.31	0.20
印度尼西亚	5.08	-0.41	越南	3.95	0.03	马来西亚	3.63	1.19
柬埔寨	4.15	-0.25	马来西亚	3.77	1.31	印度尼西亚	3.26	-0.24
墨西哥	3.48	0.04	巴基斯坦	3.56	0.42	意大利	3.05	-0.06
洪都拉斯	3.26	0.41	摩洛哥	3.09	0.43	缅甸	2.63	-1.15
巴基斯坦	2.72	0.53	柬埔寨	2.99	-0.27	泰国	1.99	-0.14
尼加拉瓜	2.45	0.27	突尼斯	2.30	0.05	印度	0.93	0.00

（数据来源：美国商务部、欧盟统计局、日本海关）

（三）国内消费复苏内生动力不足

2021年，我国宏观经济持续恢复，国内生产总值同比增长8.1%，两年平均增长5.1%，经济运行总体平稳。但是，一、二、三、四季度国内生产总值同比增速分别为18.3%、7.9%、4.9%和4.0%，经济增速回落比较明显，反映出我国经济存在下行压力。从需求端来看，受国内疫情反复、极端天气等因素影响，国内消费市场复苏进程受到一定影响，销售和投资增速均有所放缓，总体呈现弱复苏的态势。根据国家统计局数据，2021年12月，我国社会消费品零售额增速仅为1.7%，1~12月，社会消费品零售额同比增长12.5%，两年平均增速为3.9%，低于2019年同期增速4.1个百分点；同期，固定资产投资额（不含农户）同比增长4.9%，两年平均增速为3.9%，低于2019年同期

增速 1.5 个百分点；12 月，制造业采购经理指数（PMI）中的新订单指数已经连续五个月位于收缩区间，反映出市场需求总体偏弱。

受疫情不断反复影响，居民收入提升速度放缓，消费信心不足，导致消费复苏难度加大。根据国家统计局数据，2021 年 12 月消费者信心指数为 119.8，同比下降 1.88%；2021 年，我国人均居民收入和人均消费支出同比分别增长 8.1% 和 12.6%，增速分别比上半年放缓 3.9 个和 4.8 个百分点；人均衣着消费支出 1419 元，同比增长 14.6%，增速比上半年放缓 6.8 个百分点。其中城镇居民衣着支出恢复速度明显落后于农村居民，全年城镇人均衣着消费支出累计 1843 元，同比增长 12.0%，增速比上半年放缓 7.2 个百分点；农村居民人均衣着消费支出累计 859 元，同比增长 20.5%，增速比上半年放缓 5.6 个百分点（图 1-7）。

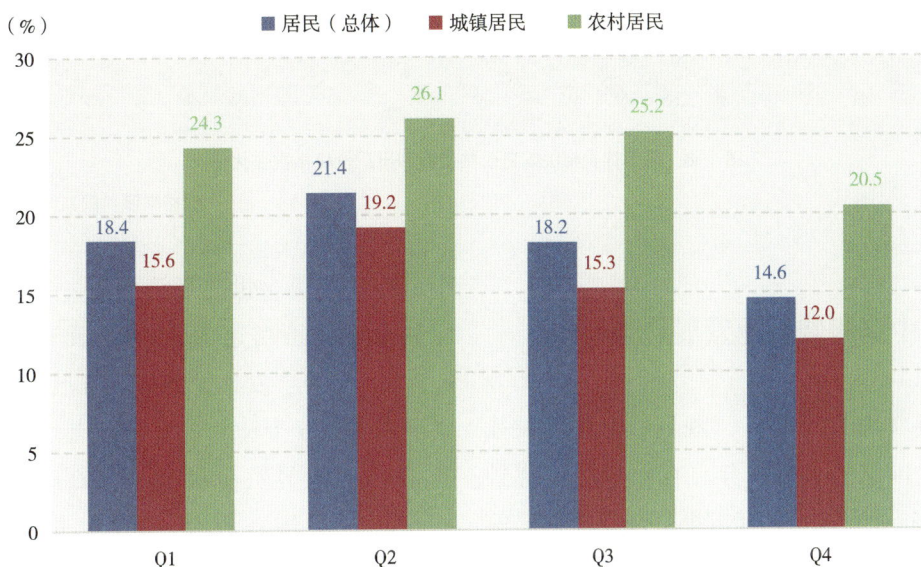

图 1-7　2021 年我国居民人均衣着消费支出增速变化情况

（数据来源：国家统计局）

（四）多重因素影响加剧企业经营压力

在全球疫情蔓延、国际形势复杂严峻、产业链供应链循环不畅、大宗商品价格上涨等多重因素影响的背景下，我国服装企业尤其是中小企业生产经营压力持续加大。首先，新冠肺炎疫情在国内局部散发、在国外持续蔓延，增加了市场复苏的不确定性，对服装企业的生产、销售以及产业链供应链造成严重影响。其次，制造成本和出口成本压力加大。一方面，能源供应紧张、原材料价格上涨推高中间产品价格，对处于产业链下游的服装企业来说，生产成本上涨加剧，工业生产者购进价格指数与出厂价格指数之间的差距不断扩大，12 月差值攀升至 9.2 个百分点，企业盈利空间严重收窄；另一方面，疫情影响下港口拥堵、集疏运体系不畅，导致国际货运价格成倍数增长，加之人民币汇率和美元指数同时走强，服装出口企业面临汇兑损失、物流不畅、结款周期延长等问题，出现了"有单不敢接，接单不盈利"的现象，给企业正常生产经营带来较大风险。根据国家统计局数据，12 月制造业小型企业 PMI 指数为 46.5%，环比下降 2 个百分点，已经连续 8 个月位于收缩区间（图 1-8）。

此外，招工难、复合型创新人才缺乏已经成为影响企业发展的常态化问题。行业既面临着有经验的熟练工人老龄化趋势，直接导致熟练工人缺失、工人代际出现断层，也存在着网络技术、智能制造、设计研发等高层次复合型人才供给不足的问题，在很大程度上制约了服装产业现代化水平和发展进程。

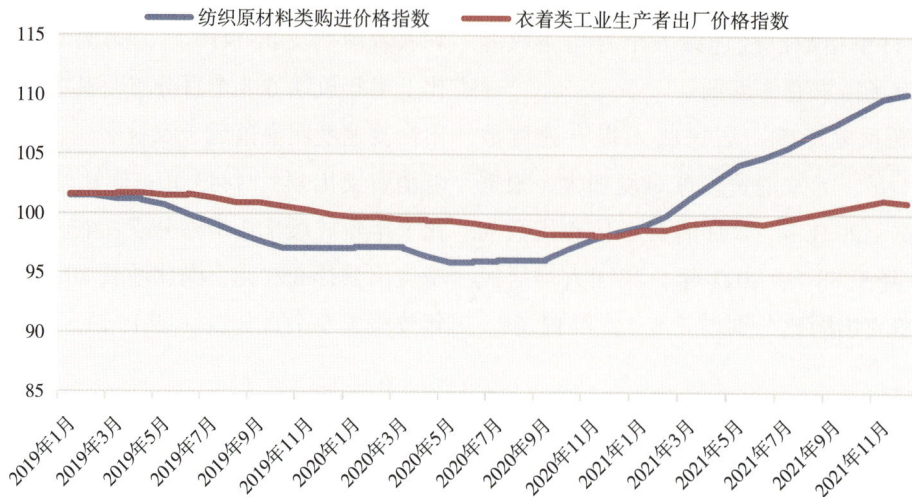

图1-8　服装行业相关购进价格指数和出厂价格指数变化情况

（数据来源：国家统计局）

四、2022年中国服装行业发展趋势展望

2022年是实施"十四五"规划、全面建设社会主义现代化国家的重要一年。在数字经济背景下，中国服装行业将按照构建双循环新发展格局的要求，坚持创新驱动发展，推动企业智能化升级和产业链现代化建设，全面提升产业的核心创新能力、持续发展能力和资源配置能力，系统推进服装行业科技、时尚、绿色的高质量发展。

（一）2022年服装行业面临的发展环境

1. 全球经济复苏势头将有所减弱

2022年全球经济和贸易仍将处于持续修复阶段，疫苗接种率提升和新冠口服药的问世将进一步提振发达国家的经济动能，发展中国家疫苗短缺的问题也有望得到缓解，但是奥密克戎变异病毒使新冠疫情加速蔓延、全球主要经济体经济刺激政策退出以及供应链瓶颈持续存在，给全球经济复苏和未来走势增添不确定性。世界银行在最新发布的《全球经济展望报告》中预测2022年全球经济增长4.1%，比前期预测下调了0.2个百分点，发达经济体和发展中经济体经济将增长3.8%和4.6%，分别下调了0.2个和0.1个百分点；国际货币基金组

织也在最新版《世界经济展望》报告中预测2022年的全球经济增速为4.4%，比前期预测下调了0.5个百分点，发达经济体和发展中经济体经济分别下调了0.6个和0.3个百分点，增速降为3.9%和4.8%；世界贸易组织（WTO）预测2022年全球商品贸易增速将从2021年的10.8%放缓至4.7%。错综复杂的国际环境带来新矛盾、新挑战，世界百年变局和世纪疫情交织，国际产业链供应链布局深刻调整，地缘政治格局更加复杂多变，单边主义、保护主义、霸权主义进一步抬头，经济全球化遭遇逆流，贸易壁垒增多，贸易摩擦或将有所加剧。同时，供应链问题在短期内仍难解决，全球产业链关键环节以及运输和销售的关键节点遭遇瓶颈，国际大宗商品价格上涨和要素流动不畅，也将阻碍经济复苏进程。在此外部环境影响下，我国服装行业发展面临的形势将更加严峻复杂，供应链布局将更加注重稳定性和安全可控性，全面提升服装产业及整个产业链条的发展韧性和抗风险能力。

2. 国内消费进入高质量发展新阶段

2022年，尽管面临需求收缩、供给冲击、预期转弱三重压力，但我国经济将进一步加大稳增长力度，继续保持复苏向好态势。随着我国向共同富裕挺进，国内消费市场的高质量发展成为构建新发展格局的重要支撑。2021年，最终消费支出对经

济增长贡献率为 65.4%，拉动 GDP 增长 5.3 个百分点。中央经济工作会议在消费方面提出了实施好扩大内需战略、增强发展内生动力的大方向，中国有 14 亿人口，4 亿多中等收入群体，作为全球最具成长性的消费市场，我国市场空间巨大且富有韧性，展现出强大的消费引领力。以 Z 世代、小镇青年、中产群体、银发"50 后"为代表的新一代消费主力军个性化、多样化、圈层化需求特征突显，消费理念、消费方式和消费场景迭代更新，健康消费、智能消费、服务消费、绿色消费让不同消费群体获得更好的场景体验，驱动消费市场更加多元化、细分化。同时，随着新型城镇化、乡村振兴战略稳步推进，消费市场格局正在加速重构，阿里巴巴、京东、拼多多等电商平台加速布局下沉市场，县城和农村地区的电商交易规模进一步扩大。商务部大数据显示，2021 年，全国农村网络零售额达 2.05 万亿元，占全国网络零售额的 15.6%，同比增长 11.3%，增速比 2020 年加快 2.4 个百分点。文化自信、国潮崛起、定制爆发让消费回归本土品牌，电商直播、社群拼团、内容营销等新业态新模式助推消费潜力进一步释放，内销市场的提质扩容、创新重塑成为我国服装产业转型升级、高质量发展的重要支撑，以国内市场的确定性应对外部环境的不确定性。

3. 数字经济引领技术变革和产业升级

当今世界正经历百年未有之大变局，新冠肺炎疫情的暴发加速了数字化进程，以数字化、网络化、智能化为核心的新科技革命正在推动以数字技术为基础的新产业、新业态、新模式蓬勃发展，网络互联的移动化、泛在化以及新一代信息技术的高速化、智能化，也将推动数字技术与产业全要素、全产业链、全价值链融合发展，全面重塑产业发展模式和产业生态，数字经济已经成为产业转型升级与高质量发展的关键和重要趋势。数字化转型正在由消费领域快速向制造领域拓展渗透，先进的传感技术、数字化设计、机器人智能控制系统在制造业的研发设计、生产制造、经营管理、客户维护等关键环节中日益广泛应用，产业形态和组织方式也在

发生深刻变化，基于平台的数字经济、智能经济、创意经济、共享经济获得巨大发展。作为数字经济发展的重要底层架构，工业互联网是释放智能制造潜力的重要支撑，也是催生互联制造、服务制造等新模式、新业态的关键所在。国家深入实施工业互联网创新发展战略，未来，工业化和信息化将在更广范围、更深程度、更高水平上融合发展。数字经济引发了生产方式、组织方式、创新范式的深刻变革，我国服装产业要紧紧抓住新科技革命的战略机遇，持续提升产业链数字化水平，不断完善工业互联网基础设施建设，全面推进互联网、大数据、人工智能等信息技术与产业深度融合，以全新的制造方式、商业模式为产业发展注入新活力。

4. 绿色转型成为产业发展刚性要求

全球生产体系、流通体系、消费体系、投资体系等都正在向绿色方向转变，绿色发展已经成为构筑产业发展持续竞争力与未来话语权的重要来源。国家"十四五"规划中明确提出，我国将力争在 2030 年前实现碳达峰，争取在 2060 年之前实现碳中和的"双碳"目标，充分体现了中国作为国际大国的责任与担当，也将促进我国加快构建绿色低碳循环发展经济体系，并以政策形式对绿色转型进行了全面部署。在国内消费变革的大趋势引领下，以可持续发展为特征的"绿色时尚"价值理念正在加速形成，安全、舒适、美观仅是消费者对服装的基本需求，越来越多的消费者开始倡导简约适度、绿色低碳的生活方式，从环保、社会责任等维度审视产品价值。绿色时尚正在成为市场需求变革的重要趋势，服装行业绿色转型刻不容缓。绿色转型不仅体现在发展理念与产业实践的统一，重点聚焦涵盖原料、设计、生产、营销、消费等关键环节的产品全生命周期的绿色转型，还体现在构建高效、清洁、低碳、可循环、可追溯的绿色供应链体系，以更好地适应消费需求的新变化和绿色发展国际新规则。

5. RCEP 助推产业构筑新发展格局

2022 年 1 月 1 日，《区域全面经济伙伴关系协定》（RCEP）陆续在 15 个成员国正式生效，这标

志着全球人口最多、经贸规模最大、最具发展潜力的自由贸易区正式落地。根据中国海关数据，2021年，中国对其他14个成员国的服装出口金额达407.36亿美元，同比增长18.47%。RCEP的实施将对中国与亚洲各国服装贸易和产业链格局产生积极而深远的影响，为中国服装行业在新时期构建以国内大循环为主体、国内国际双循环相互促进新发展格局提供新机遇。一方面，RCEP整合拓展了中国与东盟、日本、韩国等成员国间的自贸协定，扩大了原有自贸协定的关税减让商品范围，有利于行业企业降低出口成本，提升区域内贸易规模。受到最直接和最显著影响的是中国对日本的服装出口，长远来看RCEP为中日服装贸易发展构建了积极和可预期的政策环境。另一方面，RCEP的实施有助于中国服装企业亚洲区域内进行资源最优配置，在产品设计研发、国际营销网络构建、发展跨境电商等方面发挥自身优势，增强行业与RECP成员国之间的贸易投资和产业协同，实现品牌国际化布局以及产业链、供应链和价值链闭环，更好推动形成以中国为核心的全球服装产业制造基地和消费中心。

（二）2022年服装行业发展趋势预测

2022年，全球经济复苏进程和国际市场需求恢复速度将有所放缓，我国经济也将面临较大的下行压力，但宏观经济韧性强、长期向好的基本面不会变。在此发展背景下，我国服装行业经济运行具备平稳向好的条件和基础，基于2021年行业恢复性增长的高基数效应和市场复苏力度减弱，预计2022年服装行业经济总体将呈低速运行态势，逐渐回归至常态化复苏轨道。

从国内市场来看，随着2021年基数升高，宏观经济环境更趋复杂，网络渠道渡过疫情带来的红利集中释放期，服装内销市场将继续保持恢复性增长，但增长速度将呈现边际放缓态势。宏观经济稳定发展拉动居民收入保持增长，就业形势向好，均有利于提升居民的消费能力和消费意愿，冬奥会的举办也将进一步激发冰雪运动服装、户外装备用品的消费潜力。同时，随着我国坚定实施扩大内需战略部署，将有效采取提振大众消费、培育新型消费、扩大城市消费、畅通农村消费等一系列政策措施，促进物联网、人工智能、大数据、虚拟现实等新技术在制造领域、零售终端的深度应用，持续推动新业态、新场景、新产品、新品牌蓬勃发展，从供需两端助力国内服装市场呈现产品创新、品质提升、品牌升级的高质量发展态势。

从国际市场来看，在国家出台多项稳外贸政策、海外需求回暖、区域贸易协定实施以及产业链优势等积极因素的支撑下，2022年我国服装出口有望在高基数上继续保持平稳运行，但不确定因素和下行风险增加。影响服装出口的主要因素，一方面是变异病毒加速疫情蔓延，发达国家财政刺激政策的退出叠加货币政策收紧，居民收入增长预计将放缓，消费信心和消费能力受到抑制，给服装消费需求恢复增加不确定性；另一方面是随着疫情演变和疫苗接种率的提升，东南亚、南亚供应链逐步得到恢复，海外订单回流形势或将逐渐消退，国际采购订单布局的再调整将进一步加剧我国服装出口的竞争压力。此外，服装出口仍将面临国际物流不畅、运费上涨、地缘政治、涉疆法案、人民币汇率波动等诸多下行风险和挑战。但是也要看到，后疫情时代的出行社交带动海外市场的消费需求和补库需求逐渐修复，中国制造凭借稳定的产业链、供应链，依然是欧美等发达经济体填补市场需求缺口的主要来源。同时，跨境电商、海外仓、市场采购等外贸新业态、新模式迅速发展，成为推动服装行业外贸高质量发展的新动能。

从行业自身来看，行业经济增长动力趋弱，投资和效益持续承压。一方面，由于服装企业营收和利润并未恢复至疫情前水平，加之企业对经济活动的预期走弱，整体缺乏投资动力和投资意愿。根据PMI经营活动预期指数的走势分析，2021年12月PMI经营活动预期指数为54.3，虽然比11月略回升0.5个百分点，但比9月下降2.1个百分点，将对未来投资产生不利影响。另一方面，消费和投资增长动力不足，对行业生产和效益的拉动整体趋弱。预计2022年，虽然原材料价格上涨、能源供应紧张、供应链瓶颈等阶段性制约因素有所缓解，企业盈利能力得到修复，但在消费复苏乏力和出口回落的影响下，利润增速或将继续放缓。

（三）2022 年服装行业重点发展方向

在新一轮科技革命的推动下，世界加快进入以数字与绿色为核心的新文明时代，产业发展正朝着智能、低碳、健康方向演进，从重视技术创新到同时重视技术创新、研发模式、生产方式、商业模式和组织结构的革新，以新兴技术与传统产业的深度融合形成未来产业。在全球产业变革的大趋势中，中国服装行业将不断强化实体经济与硬核创新，持续推动文化自信与绿色发展，努力打造更加完善的创新体系、更高质量的制造体系、更加融通的市场体系、更负责任的生态体系，助推中国服装行业迈向全球产业链价值链新高度。

1. 新消费主张崛起，加速服装市场细分

"Z 世代"接替"80 后""90 后"成为主导消费市场的中坚力量，具有更强的自我表达意识、个性化需求以及愿意为喜好和品质付费的消费心理等特征深刻影响着服装消费市场，进一步加剧了市场细分与品牌竞争。面对消费升级与消费需求的变化，服装行业将继续深入推进数字化变革，促进新的零售业态和品牌样式蓬勃发展，持续推动企业和品牌向个性化、年轻化、高端化转型。

随着消费群体个性化、时尚化需求增强，商务、休闲、户外、运动等男装市场将进一步细分。男装企业将持续拓展多品类、多品牌业务，在培育发展自有品牌的基础上，通过兼并、收购、代理的方式运营国内外其他品牌，形成矩阵式立体化发展格局；在产品设计方面，将进一步灵活响应客户的个性化需求，加强设计师协作，做好流行趋势分析和消费洞察，在服饰设计、色彩搭配等方面多维创新，打造高品质、高性价比的产品；男装个性化定制将快速增长，企业需在推进柔性制造、构建按需生产的快反供应链生产体系的同时，不断提升工艺板型、产品差异化设计、量体服务等能力，充分考虑人体工程学、职业特征等需求，以舒适、实用的

穿着体验巩固和提升品牌影响力和市场竞争力。

随着我国女性职业水平、可支配收入、审美能力不断提升，"她经济""小姐姐"消费力量逐渐显现，女性服装消费的个性化、时尚化需求持续增强，女装行业整体发展向好，市场的细分化需求也逐步增加，个性定制需求扩大、品牌效应更加凸显、线上线下一体化的营销模式成为未来女装企业发展的主要趋势。国家"十四五"规划中明确指出："率先在化妆品、服装、家纺、电子产品等消费品领域培育一批高端品牌。"有望进一步激发中高端女装市场消费潜力，尤其是年轻一代消费群体对国产品牌认同感不断提升，为国产服装品牌的发展带来了新的机遇。女装企业将持续加强设计研发团队的建设，培养高素质的设计师团队，在追踪国际时尚潮流的过程中，持续推进独立、自主的研发能力创新；同时，企业将进一步加强对全渠道消费数据的分析及反馈，确保较好的产品适销性，满足消费群体的差异化、多样化需求。

受益于消费升级、中产崛起以及国家生育政策等积极因素的拉动，我国童装市场将持续较快发展，中高端童装、小童装和婴童家居用品成为童装企业重点布局的细分领域，营销模式也将加速推进线上线下融合发展。但诸多成人服装品牌、运动装品牌纷纷延伸到童装领域，进一步加剧了我国童装市场的竞争。童装企业和品牌将持续加大产品研发力度，增强产品品类的扩充与优化，通过时装周发布、与知名动漫 IP 跨界合作、加大社交电商拓展与私域流量开发等方式加强品牌文化和价值理念的传播，持续推进高端化、全品类、多品牌、全渠道的发展策略，进一步提升品牌的影响力和竞争优势，以更好地满足新一代童装消费群体安全舒适与个性时尚兼顾的消费需求。

我国休闲运动服装行业正处于需求推动为特征的快速恢复阶段，市场规模将持续扩大，呈现消费需求快速变化、网络消费崛起、全球化竞争加剧的特征，新兴小众品牌、原有品牌的年轻化、差异化转型步伐将进一步加快，无性别服饰和老年服饰也将成为市场增长的新生力量。消费理念和消费方式

变得更加理性化、碎片化、移动化，消费市场加速向三四线城市及农村市场下沉，休闲运动服装企业将持续提升设计团队的专业能力，加强全网全渠道的营销网络和信息系统建设，通过对零售端数据的收集、分析，快速反馈生产设计端，提高产品开发的精准度。运动品牌也将借势举办冬奥会加快发展冰雪产业的契机，加强与高端冰雪运动品牌的合作，扩充产品类别和品牌矩阵，满足冰雪运动爱好者的全身装备需求，提升品牌的时尚度和影响力。

2. 深化数字技术融合，引领产业转型升级

物联网、云服务、大数据、人工智能、数字孪生、区块链等新一代信息技术加速融合发展，将在服装行业的各个领域发挥创新引领作用，驱动服装行业智能制造朝着数字化、网络化、智能化方向并行推进。行业将继续以智能制造作为主攻方向，加快推进数字化转型，大规模推广智能制造技术和装备，持续增强研发设计、生产制造、组织管理、售后服务等产业各环节的升级改造，提高服装产业智能制造系统的智能化水平。优势企业将加快打造智能车间、智能工厂，有规划地开展场景、车间、工厂、供应链等多层级的应用，大范围推广智能化设计、大规模个性化定制、共享制造、智能运维服务等新模式，加快向服务型制造的转型进程。同时，行业将着力推动要素资源向优质中小企业集聚，推广普及适用性强、复用率高的两化融合解决方案，加快培育专注细分产品市场的专精特新企业，持续提升中小企业的技术创新能力、专业化水平和市场竞争力，逐步形成龙头企业先行推进、中小企业深度参与的智能制造发展生态。

在技术变革和产业变革的新发展阶段，服装行业将进一步加快5G、工业互联网、大数据中心等新型信息基础设施建设，深入推进新一代信息技术在制造、销售等各个领域的融合应用，积极推广基于工业互联网的智能化生产、网络化协同、个性化定制、服务化延伸、数字化管理等新模式、新业态，通过企业内部运营系统与企业外部供应链的精准对接，以及各种社会资源的共享和集成，有效整合与打通服装上下游产业链节点企业，构建以产业链核心企业为主导的互联网平台应用体系，实现整个供应链资源的优化配置与协同共享。此外，行业将进一步鼓励骨干企业参与主导国家、行业、团体标准的制、修订工作，加强基础通用和产品共性技术标准的编制与更新，重点加快智能制造、个性化定制等新兴领域技术标准的研制，完善服装行业标准体系。

3. 强化文化赋能，提升品牌核心竞争力

充分个性化的"90后""Z世代"消费群体，更加注重精神层面的主张以及品牌文化内涵，更加期待形神兼备、开阔运用民族元素的新锐设计。数字文化也已成为产业时尚的重要来源，虚拟偶像、NFT时尚产品、数字时装的涌现使时尚生态更为丰富。面对新一代消费主力的时尚趋势，中国服装行业将持续加强消费升级的研究和消费者洞察，融合优秀中华传统文化、当代美学和流行趋势以及前沿科技进行产品创新，运用IP、明星、意见领袖、艺术品跨界合作提升品牌形象，针对社会现象、审美标准、生活方式、生态环保理念等表达和传播品牌文化，聚力提升品牌的产品开发设计能力、时尚创意能力和品牌营销策划水平，以东方审美、文化元素与现代前端时尚的深度融合，赋能自主品牌核心竞争力的塑造，从而推动中国服装产业价值创造力提升。

在互联网和社交媒体高速发展的当下，为更加迎合越来越碎片化、移动化、线上化的消费习惯，服装品牌将进一步深入推动渠道创新和商业模式升级，促进新业态、新模式在服装行业的渗透转化，借助数字化赋能做到对客户可连接、可识别、可触达、可运营，通过一体化融合发展模式实现多品牌协同全方位激活客户，提升品牌的用户黏性。同时，规模化、高渗透、快增长的私域正成为服装行业的数字化基建，是服装品牌增长的新动能。越来越多的服装品牌将加快进行私域数字化布局，通过服务号、视频号、小程序、企业微信等工具，全面发挥线下门店、经销商、导购员、优质客户等传统触点的作用，深入探索引流获客、留存转化、增购复购、分享裂变等全链路的私域运营，构建线上线

下全渠道全域联动的商业新生态。

4. 建设现代智慧供应链，促进产业跨界协同发展

党的十九大报告明确指出，要在现代供应链等领域培育新增长点、形成新动能。我国服装行业正处于向全球价值链中高端跃迁的发展阶段，建设现代智慧供应链，有助于加强从生产到消费到服务等各环节的有效对接，推动产业链、产业集群的质量变革、效率变革和价值变革。随着信息技术的发展，服装行业将进一步完善从研发设计、生产制造到售后服务的全链条供应链体系，推动精益管理、感知技术、智能交互、智能工厂、智慧物流等数字技术和智能装备在供应链关键节点的应用，促进全链条与互联网、物联网深度融合，提高供应链信息实时共享能力和敏捷制造能力；鼓励企业向供应链上、下游拓展协同研发、仓储物流、技术培训、解决方案、金融信贷等服务性项目，推动产业制造供应链向协同化、服务化、智能化供应链转型。

产业集群在服装行业构建现代智慧供应链中发挥着重要作用。服装产业集群将持续加快完善技术创新中心、大数据中心、电子商务示范基地、品牌孵化中心、设计研发中心等公共服务平台数字化升级，推动集群内企业实现协同采购、协同制造、协同物流，促进大中小企业专业化分工协作，快速响应客户需求，降低企业经营和交易成本，促进供需精准匹配和产业转型升级。同时，产业集群的跨界协同将进一步融入京津冀一体化、长江经济带发展、粤港澳大湾区建设等区域发展战略，在东、中、西部服装企业，以及不同区域、不同类型、不同产品特色的产业集群之间加快构建优势互补、错位发展的区域产业发展新格局。东部地区立足价值链中高端，加强集群区域品牌建设，大力提高协同制造效率、精益制造品质和绿色制造水平，打造世界级先进产业集群；中、西部地区加快完善新兴产业集群及园区基础设施、服务配套设施建设，高质量承接产业转移，发展特色产业及产业链中下游环节。此外，行业将鼓励企业深化对外投资合作，设立境外营销和服务网络、物流配送中心、海外仓等，积极融入全球供应链网络。

5. 践行绿色理念，推动产业可持续发展

当前，世界经济正处在发展模式变轨的关键转型期，绿色可持续发展成为大势所趋和硬性约束。根据能源与气候智库（ECIU）统计，截至2021年10月，全球已有132个国家及地区提出碳中和目标。越来越多的消费者开始从环保、社会责任等维度审视产品价值，绿色消费的价值理念在消费升级中加速形成。更好适应消费市场的变化，推动产品全生命周期的绿色转型，成为新发展阶段服装企业赢得未来的关键。服装行业将积极强化服装绿色制造，加快绿色工厂和绿色园区建设，积极发展绿色产品和绿色供应链，把绿色技术深度融入从原材料、能源、制造到循环回收等产业价值链的各个环节，深入推进企业社会责任和产品全生命周期绿色管理，加速构建绿色材料、绿色工艺、绿色生产、循环发展的全产业链绿色制造体系；倡导极简包装和二手交易，大力推动废旧制品回收利用渠道建设，探索开展"互联网+"服装回收利用行动。

同时，企业家的思维理念和有效的人才支撑是服装行业创新发展的原动力。行业将持续弘扬追求卓越、勇于探索拼搏的创新精神，谦虚谨慎、促进共同发展的协作精神，专业专注、精益求精的工匠精神，培育引进一批复合型创新领军人才、专业人才和创新团队，形成创新人才集聚效应，构筑服装行业持续发展动力。在人才培育方面，鼓励企业通过共建产业学院、创新学院等模式与职业院校深度合作，定期定向对企业的技术骨干、潜在人才进行培训和选拔，强化职业教育、继续教育、普通教育的错位协同，扩大服装通用技能和复合型人才的培养规模，加快弥合产业工人代际更替出现的断层；人才引进方面，推动企业的人才评价、考核和激励机制改革，鼓励龙头企业通过领先水平的创新项目，制定有针对性的人才引进政策，提供生活配套、子女入学等支持，建立创新项目与人才引留一体运营模式，吸引高端技术人才和产业领军人才聚集，提高行业创新人才的规模和质量。

胜（晟）宏
SENHEN
中国服装衬布领军企业

为客户提供最佳的 衬布应用方案
和服务，持续为客户创造 最大价值

中国服装协会经济论坛的协办单位
www.sh-interlniing.cn

第二部分　分报告篇

2021~2022 年中国服装消费市场发展报告

中华全国商业信息中心　殷夏

2021 年，我国疫情防控成效显著，经济社会发展稳中有进，居民收入持续增长，恩格尔系数低于 2020 年，可选消费增长较快，推动服装消费实现恢复性增长，服装消费升级趋势不改，市场竞争程度相应回升，服装市场进入新国潮消费时代。2021 年下半年以来，在局部疫情零散发生和同期基数抬高等因素的影响下，服装市场下行压力较大，线上线下服装消费增速均有放缓，居民消费行为趋于谨慎。

2022 年，我国经济工作将以稳字当头、稳中求进，政策将更好地支持实体经济，居民收入水平、消费水平将持续提升，服装消费市场将进一步高质量发展，市场增速将回归正常、平稳的增长态势。国潮热度仍将持续，国潮内涵不断丰富，精神文化需求将成为普遍需求。我国服装品牌将坚持传承品牌经典元素，深入诠释中国时尚文化，并推动中国时尚文化成为影响世界时尚潮流的重要力量。

一、2021 年我国服装消费市场运行情况

2021 年前 10 月，我国服装消费实现恢复性增长，限额以上单位服装商品零售额同比增长 19.3%，较 2019 年同期增长 1.9%。服装消费升级趋势不改，居民服装消费价格同比上涨 0.3%。从

分零售渠道来看，实体店消费回暖，重点大型零售企业服装零售额、零售量、消费均价均实现同比正增长，市场竞争度有所回升。网上"穿"类商品消费实现较快增长，但扣除低基数影响，两年平均增速已降至个位数，低于网上消费平均增长水平。2021 年下半年，特别是 8 月以来，服装消费市场下行压力较大，线上线下服装消费增速均有所放缓，居民消费行为更加谨慎。

（一）服装消费实现恢复性增长

1. 限额以上单位服装商品零售额超过 2019 年同期水平

2021 年限额以上单位服装商品零售额规模超过 2019 年同期水平，国家统计局数据显示，2021 年前 10 月，限额以上单位服装类商品零售额实现 7823.8 亿元，较 2020 年同期增长 19.3%，涨幅高于限额以上单位商品零售平均增速水平 3.8 个百分点。但据测算，和 2019 年同期相比，限额以上单位服装类商品零售额增长 1.9%，增幅低于限额以上单位商品零售平均增速水平 8.5 个百分点。由此可见，2021 年前 10 月服装消费市场虽然实现较快增长，但如果扣除低基数效应，实际恢复速度并不突出（图 2-1）。

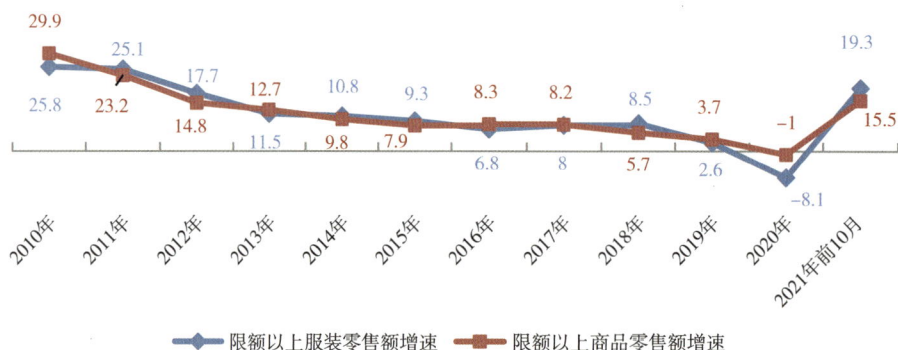

图 2-1　2010~2021 年前 10 月限额以上单位服装商品零售额增速（%）

（数据来源：国家统计局）

2. 服装消费价格温和上涨

服装消费市场活跃度提升，同期价格涨幅回落，使今年服装消费价格实现温和上涨。但由于居民消费心理依然偏谨慎，企业在疫情影响下库存水平有所提升，使服装消费价格难以从整体上实现大幅增长。2021 年前 10 月，服装消费价格累计上涨 0.3%，涨幅虽然较 2020 年有所回升，但低于居民消费价格涨幅 0.4 个百分点（图 2-2）。

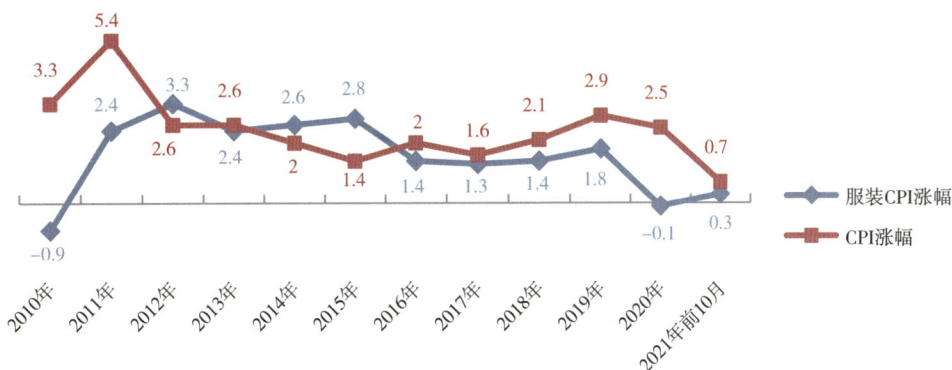

图 2-2　2010~2021 年前 10 月服装类居民消费价格涨幅（%）

（数据来源：国家统计局）

（二）实体店服装消费回暖

1. 实体店消费品零售额增速快于网上实物商品零售

2021 年线下客流有所回升，国际消费中心城市培育建设工作拉开序幕，县域商业体系建设进入新发展阶段，主要消费城市加强门店升级改造和新品新店引入措施，推动实体店消费实现较快增长，并成为展现供给创新和消费升级的重要舞台。据测算，2021 年前 10 月实体店消费品零售额实现 273532 亿元，同比增长 15.0%，增速快于网上实物商品零售 0.4 个百分点，实体店消费占社会消费品零售总额的 76.3%，对消费品市场增长的贡献率达到 76.7%，是实现扩大消费的主导力量。但同时也需要看到，2021 年实体店消费快速增长与同期低基数有关，从最近两年平均增速来看，依然是平稳、低速的增长态势（图 2-3）。

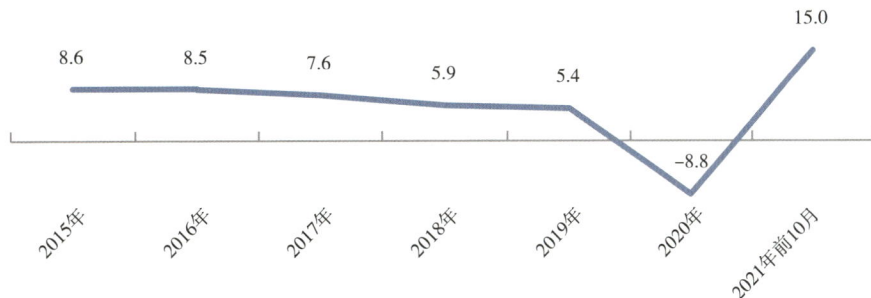

图 2-3　2015~2021 年前 10 月网下实体店消费品零售额增速（%）

（数据来源：国家统计局）

2. 百货店、专业店、专卖店销售额增长较快

升级类商品的销售回暖带动相关业态实现较快增长。2021 年前三季度，限额以上零售业单位中的百货店、专业店、专卖店零售额增速分别为 19.9%、17.1%、19.8%。2021 年前 10 月，以百货为主的全国重点大型零售企业零售额同比增长 13.2%（图 2-4、图 2-5）。

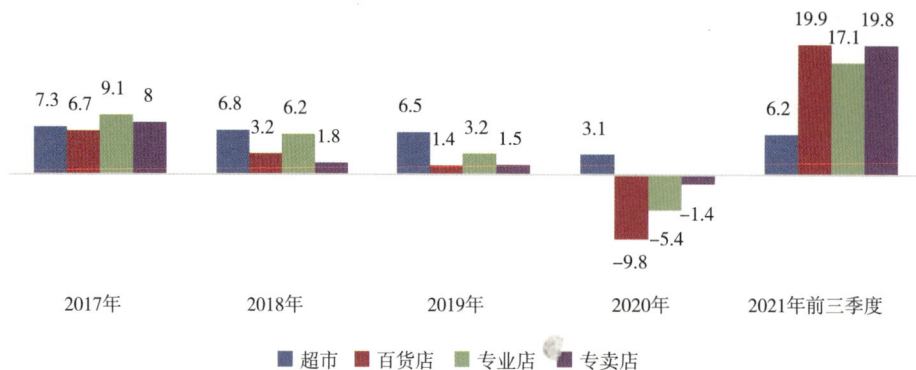

图 2-4　2017~2021 年前三季度全国限额以上单位主要零售业态零售额增速（%）

（数据来源：国家统计局）

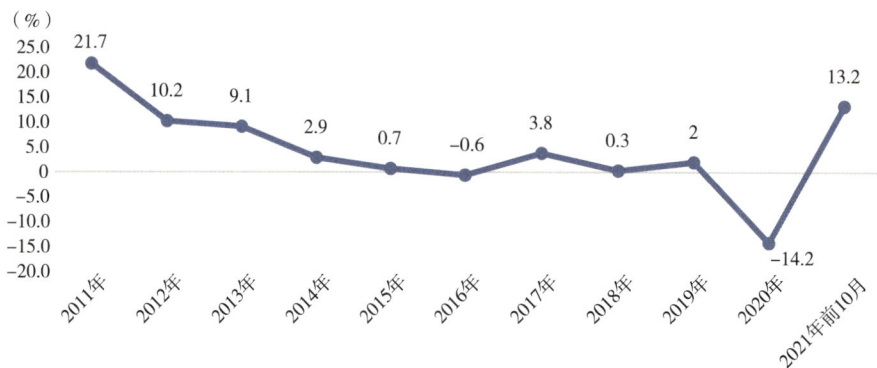

图 2-5　2011~2021 年前 10 月全国重点大型零售企业零售额增速

（数据来源：中华全国商业信息中心）

3. 全国重点大型零售企业服装销售逐步回暖

2021 年前 10 月，全国重点大型零售企业服装零售额同比增长 15.3%，增速快于全国重点大型零售企业商品零售额平均增速 2.1 个百分点。其中，男装、女装和童装零售额分别增长 14.7%、17.5% 和 16.4%。尽管大型零售企业服装销售有所回暖，

但由于下半年局部疫情零散发生，对客流量造成一定的影响，所以大型零售企业服装销售尚未恢复到 2019 年同期水平，男装、女装、童装等主要服装品类销售依然与 2019 年同期有一定的差距（图 2-6、图 2-7）。

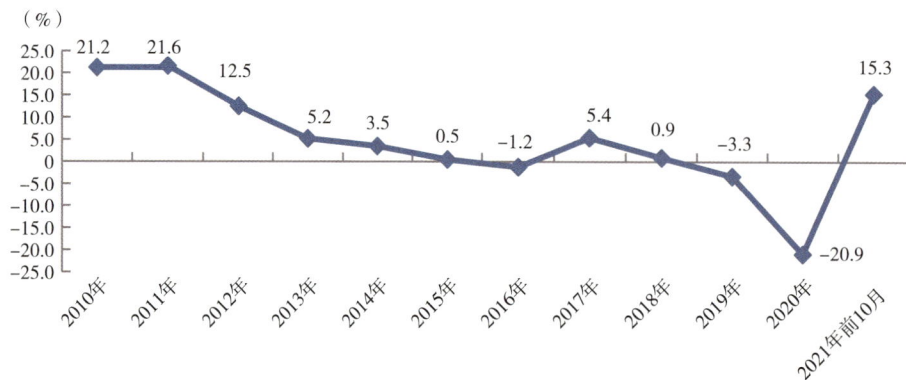

图 2-6　2010~2021 年前 10 月全国重点大型零售企业服装零售额增速

（数据来源：中华全国商业信息中心）

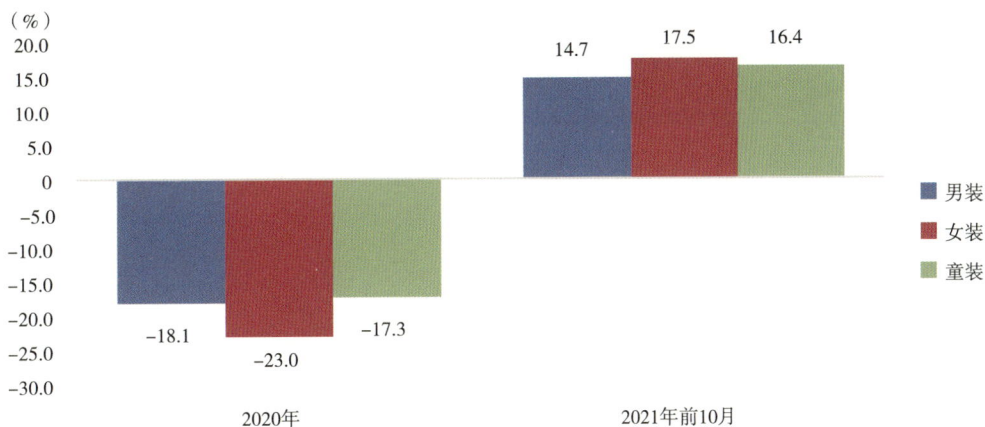

图 2-7　2020 年、2021 年前 10 月全国重点大型零售企业男装、女装、童装零售额增速

（数据来源：中华全国商业信息中心）

4. 全国重点大型零售企业服装消费均价持续提升

2021 年前 10 月，全国重点大型零售企业服装消费均价在 2020 年增长 18.4％ 的基础上，实现 1.8％ 的同比正增长，反映大型零售企业服装消费持续升级，品质消费、品牌消费特征明显（图 2-8）。

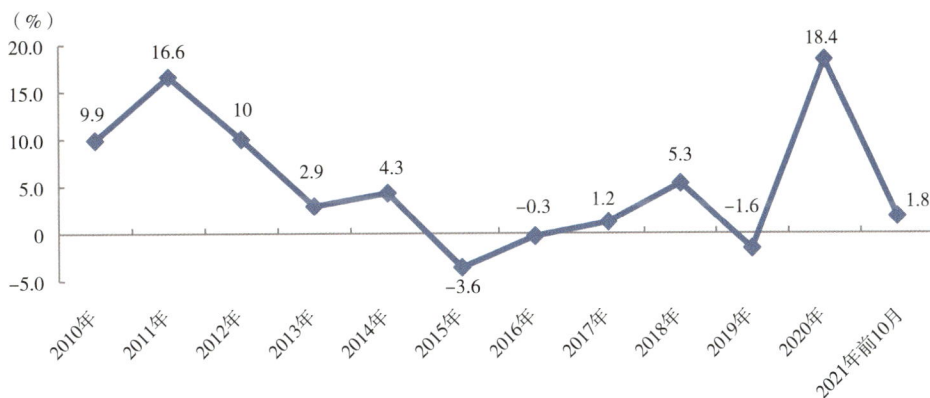

图 2-8　2010~2021 年前 10 月全国重点大型零售企业服装消费均价涨幅

（数据来源：中华全国商业信息中心）

5. 全国重点大型零售企业服装零售量增速低于零售额增速

在同期低基数作用下，2021 年前 10 月，全国重点大型零售企业服装零售量同比增长 13.2％，各品类服装零售额均高于 2020 年同期，皮革服装、羊绒及羊毛衫零售量增长较快。2021 年前 10 月大型零售企业服装零售量增速低于零售额增速 2.1 个百分点，从两者与 2019 年同期比较的增速来看，服装零售量恢复程度依然低于零售额，反映出大型零售企业的服装消费已经脱离数量需求，进入品质需求阶段（图 2-9、图 2-10）。

6. 全国重点大型零售企业部分服装品类市场竞争度提升

随着线下消费恢复，品牌经营力度加大，热点品类新品牌、新产品增多、零售渠道竞争加剧，使服装品牌市场竞争程度有所提升，以百货为主的重点大型零售企业部分服装品类的市场集中度较 2020 年下降。其中，T 恤、女装、羊毛衫、女性内衣、运动服、羽绒服市场综合占有率下降，男西装、男衬衫市场集中度均上升 1 个百分点以上，夹克衫、保暖内衣、羊绒衫、童装、皮革服装市场集中度均有所提升（图 2-11）。

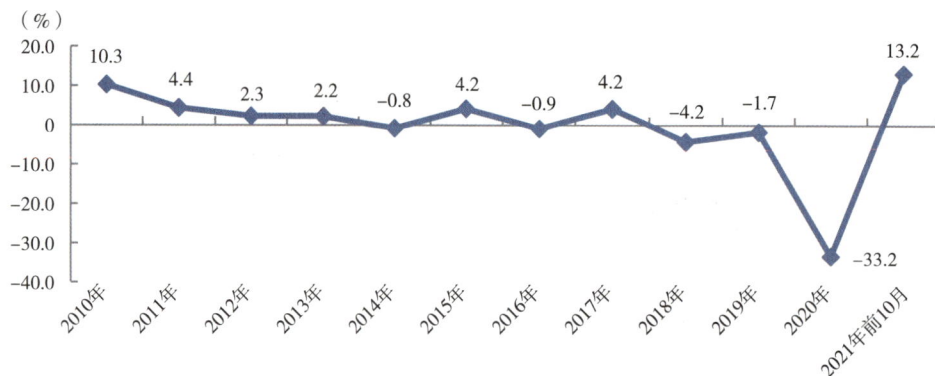

图 2-9　2010~2021 年前 10 月全国重点大型零售企业服装零售量增速

（数据来源：中华全国商业信息中心）

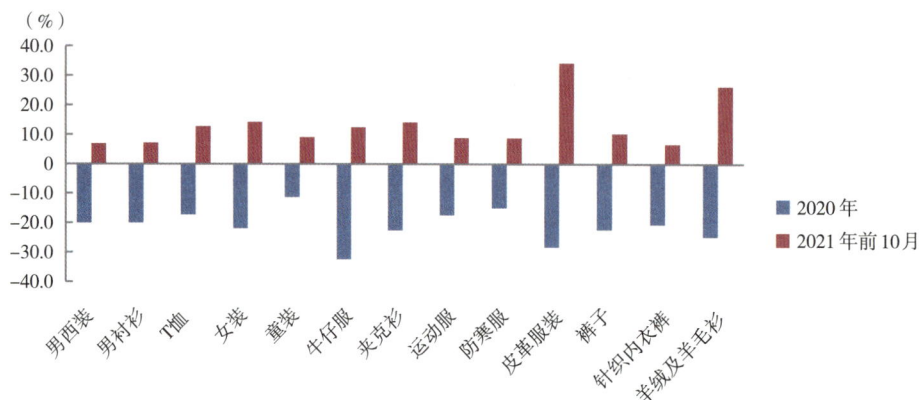

图 2-10　2020 年、2021 年前 10 月全国重点大型零售企业各品类服装零售量同比增速

（数据来源：中华全国商业信息中心）

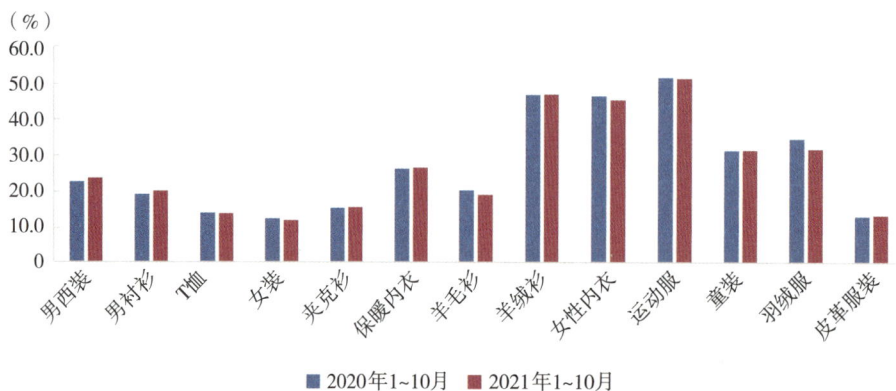

图 2-11　2020 年前 10 月、2021 年前 10 月全国重点大型零售企业各服装品类前十品牌市场综合占有率

（数据来源：中华全国商业信息中心）

（三）网上"穿"类商品零售增速加快

1. 网上实物消费进入追求品质、内涵的理性发展阶段

根据《"十四五"电子商务发展规划》，我国电商已进入规范发展、协调发展、绿色发展、开放发展的新发展阶段，我国电商将全面践行新发展理念，引领消费升级，培育高品质数字生活。在规划的指引下，线上消费进入追求品质、内涵的理性发展阶段。2021 年前 10 月，实物商品网上零售额实

现 84979 亿元，同比增长 14.6%，增速较 2020 年放缓 0.2 个百分点，最近两年平均增长 15.3%，占社会消费品零售总额的比重为 23.7%，占比较 2020 年下降 1.2 个百分点（图 2-12）。

图 2-12　2015~2021 年前 10 月实物商品网上零售增长情况

（数据来源：国家统计局）

2. "穿"类网上销售实现较快增长

2021 年前 10 月，"穿"类商品网上零售额同比增长 14.1%，增速较 2020 年加快 8.3 个百分点。"用"类商品网上零售同比增长 14.3%，增速较 2020 年放缓 1.9 个百分点。"吃"类商品网上零售额同比增长 19%，增速较 2020 年放缓 11.6 个百分点。如果扣除增速基数影响，2021 年前 10 月 "穿"类商品两年平均增速为 9.7%，低于实物商品网上零售额平均增速水平 5.6 个百分点（图 2-13）。

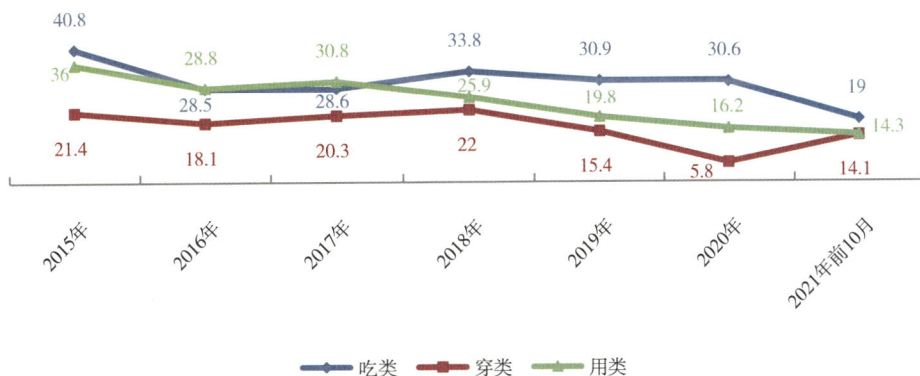

图 2-13　2015~2021 年前 10 月网上吃、穿、用类实物商品零售额增速（%）

（数据来源：国家统计局）

（四）2021 年下半年服装消费市场增长压力加大

1. 2021 年 8~10 月限额以上单位服装零售额同比增速连续为负

2021 年 8 月以来，局部疫情零散发生、极端气候事件增多、物价上涨预期增强、汽车消费回落等因素给消费增长带来一定的下行压力，8~10 月社会消费品零售总额同比实际分别增长 0.9%、2.5% 和 1.9%，较 2021 年 5 月 10.1%、6 月 9.8%、7 月 6.4% 的实际增速明显放缓。居民消费行为趋于谨慎。与消费品市场趋势相同，8 月以来，在同期增速基数抬高的情况下，限额以上单位服装零售额连续三个月均为负增长（图 2-14）。

2. 重点大型零售企业服装销售下行压力较大

2021 年 6 月以来，重点大型零售企业服装零售量连续负增长，且降幅扩大，8~10 月降幅均为两位数。服装零售额增速 7 月放缓至个位数，且 8~10 月均为负增长（图 2-15）。

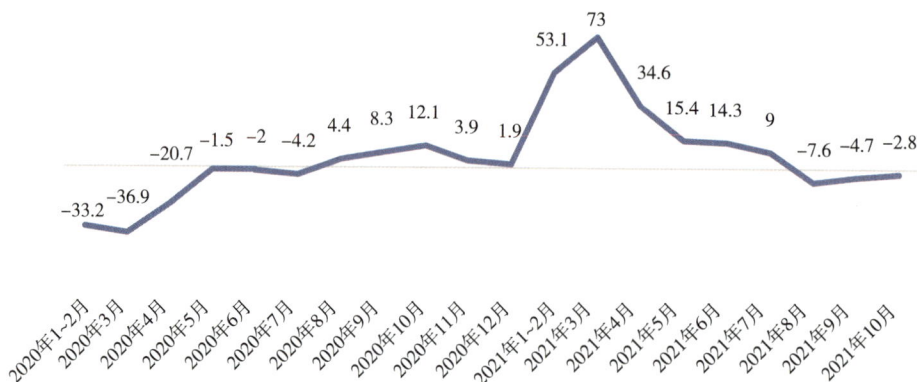

图2-14　2020年1月~2021年10月限额以上单位服装商品零售额同比增速（%）

（数据来源：国家统计局）

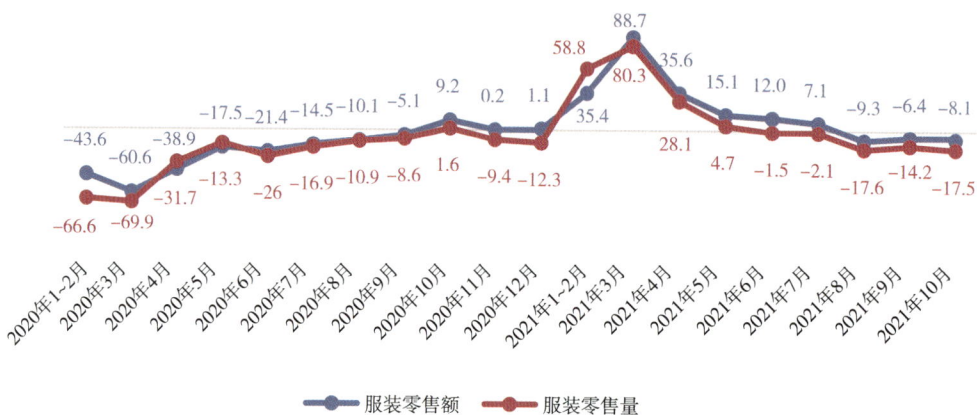

服装零售额　　服装零售量

图2-15　2020年1月~2021年10月全国重点大型零售企业服装零售增速（%）

（数据来源：中华全国商业信息中心）

3. 网上"穿"类商品零售额增速放缓

2021年1~10月，网上"穿"类商品零售额累计增长14.1%，增速较同前1~9月累计增速放缓1.5个百分点，增速放缓趋势比较明显（图2-16）。

二、2021年我国服装消费市场特点

2021年服装市场最大的特点是进入新国潮消费时代。我国经济率先复苏、供应链稳健发展、零售渠道畅通多元、人民对中华文化的认同感和自豪感与日俱增，使国产品牌创新升级的决心更加坚定，安踏、李宁、波司登等国货之光品牌以新产品、新模式、新体验、新形象持续颠覆消费者的价值认知，国产品牌在性价比优势的基础上，社会价值、情感价值不断升级，并得到市场的广泛认可。

此外，新兴品牌则通过创造细分赛道、制造热点话题、发挥性价比优势、打造单品爆款等方式，赢得年轻消费者的青睐，为服装市场注入新活力。2021年，服装消费升级已经成为人们追求高品质生活的重要体现，在品质消费、品牌消费、国潮消费的基础上，服装消费正在不断深入时尚本质，设计师风格成为消费者关注的重要元素，ITIb设计师平台获得今年天猫"双11"女装销售第一，安莉芳等品牌持续推出国际设计师联名款，践行多元文化、国际时尚为我所用，极大丰富了中国现代时尚的内涵。

（一）商品创新、品牌提升、文化自信共创新国潮时代

我国品牌服装的质量不断提升、功能不断丰富，与国际高端服装品牌相比，性价比优势日益显

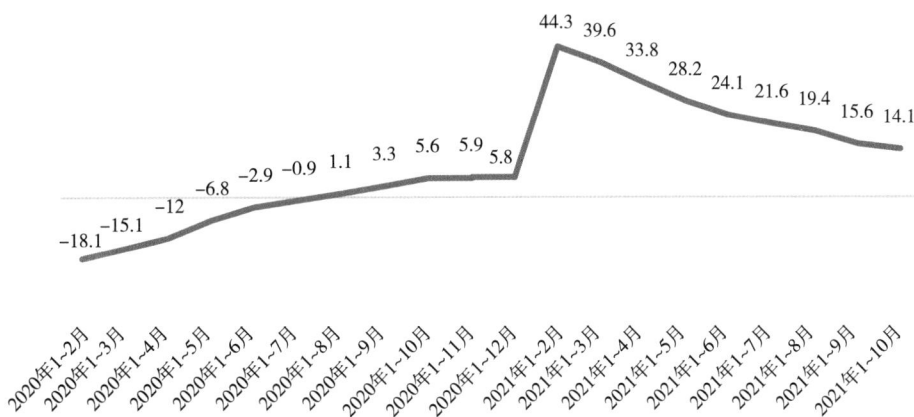

图2-16 2020年1月~2021年10月网上"穿"类商品零售额增速（%）

（数据来源：国家统计局）

著，国产品牌的社会价值、情感价值也在逐步得到市场认可，为服装国潮消费的兴起奠定了坚实基础。

我国经济率先复苏，供应链稳健发展，零售渠道畅通多元，为我国服装品牌提速升级创造良好的市场环境。2021年，安踏、李宁、波司登等一批国货之光品牌积极创新，以新产品、新模式、新体验持续冲击消费者的认知，市场重新审视国货品牌的创造力。其中，安踏通过构建专业、时尚、户外运动等多品牌矩阵，满足消费者差异化需求，实现高质量增长。李宁推出高端运动时尚系列，以现代设计传承经典元素，展现有艺术感、潮流感的品牌形象。波司登继续通过功能极致化、设计原创化、时尚国际化践行中国服装品牌的高端化之路，在风衣羽绒服、登峰2.0等新产品的推动下，品牌主力价位持续提升。

文化具有极强的渗透性、持久性，深刻影响有形的存在、有形的现实。中国崛起、民族复兴、全面小康、抗疫胜利使民众对中华文化的认同感和自豪感日益提升，为国潮经济发展提供良好的社会环境。在商品力、品牌力、文化力全面提升的推动下，我国服装消费进入新国潮时代。

（二）服装消费升级成为高品质生活的重要体现之一

两会期间，习近平总书记在参加青海代表团审议时强调，"要把高质量发展同满足人民美好生活需要紧密结合起来，推动坚持生态优先、推动高质量发展、创造高品质生活有机结合、相得益彰"。服装供给的品质化、个性化、多元化，以及零售渠道的场景化、高端化都需要服装消费升级的支撑才能够实现可持续发展。

居民收入的稳定增长是服装消费升级的重要保障。习近平同志在重要文章《扎实推动共同富裕》中指出，"扩大中等收入群体比重，增加低收入群体收入，合理调节高收入，取缔非法收入，形成中间大、两头小的橄榄型分配结构，促进社会公平正义，促进人的全面发展，使全体人民朝着共同富裕目标扎实迈进"。改革开放40年，伴随中国经济快速增长，我国中等收入群体已经超过4亿人。在扎实推动共同富裕的政策指引下，我国中等收入群体必将进一步扩大，人们对美好生活、品质生活的需求持续提升，从而巩固增强我国服装消费升级趋势。

（三）头部品牌优势巩固，新兴品牌弯道超车

《"十四五"规划和2035年远景目标纲要》提出，"开展中国品牌创建行动，保护发展中华老字号，提升自主品牌影响力和竞争力，率先在化妆品、服装、家纺、电子产品等消费品领域培育一批高端品牌"。服装头部品牌在资金、人才、技术、管理上均具备优势，近年来，品牌升级意识大幅增强，把握机遇能力大幅提升，在品质升级、产品创新、扩大宣传、多元布局等方面占据先机，形成了一批消费者认可度非常高的优秀品牌。另外，市场上的新兴力量也在快速崛起，在概念、渠道、定价、消费群体四个方面区别于传统优势品牌，通过创造细分赛道、制造热点话题、发挥性价比优势、打造单品爆款等方式，来赢得年轻消费者的青睐，为服装市场注入新活力。头部品牌做大做强与新兴品牌锐意进取是我国服装市场良性发展的重要体现，也是促进我国居民服装消费理念不断提升的市场基础。

（四）设计师联名系列得到消费者青睐

近年来，我国服装品牌与影视作品、文化景点、电竞游戏、网红食品、老字号品牌等多领域开展跨界 IP 联名活动，使品牌热度得到有效提升，品牌故事更加充实、产品概念更加新颖。2021 年，国产服装品牌加大与国际设计师合作力度，联名系列回归时尚本质，多元文化、国际时尚为我所用，中国现代时尚的内涵得到极大丰富。设计师联名系列一方面能够带给服装消费者更深层次的设计感体验，如安莉芳与国际设计师合作，结合中国传统文化寓意，推出玫瑰系列内衣，得到消费者青睐。另一方面也可以促进国内外设计师交流互鉴，为国内设计师走入大众视线创造舞台，如双十一女装销售排名第一的 ITIb，展现国内独立设计师魅力。

（五）全民健身需求带动运动服饰消费实现较快增长

全民健身需求正在逐渐成为我国居民的刚性需求。一是疫情使得人们加强自身健康管理，2020年我国经常参加体育锻炼人口比例已达 37.2%，人均体育消耗量同比增长 30% 以上；二是《全民健身计划（2021—2025）》的颁布和教育行业双减政策使全民健身需求大幅增长，带动体育用品、运动服饰、专业培训等相关商品和服务实现较快增长。2021 年前 10 月，限额以上体育、娱乐用品类商品零售额同比增长 26.4%，较 2019 年同期增长

55.5%；三是虎年春节恰逢北京冬奥会（冬残奥会）开幕，广大人民群众的冰雪消费热情得到激发，冰雪装备、户外运动等相关消费成为冬季消费品市场的一大亮点。在各种利好因素的促进下，2021 年前三季度我国运动服饰品牌业绩实现稳步增长，头部运动服饰品牌营收实现两位数的较快增长。

三、2022 年我国服装消费市场发展环境

2022 年，国潮热度仍将持续，在"东升西降""南升北降"，中国影响力快速提升的全球格局下，人们将提高对中国时尚引领世界时尚的期待。随着防控措施更加有效、疫苗接种率不断提高、治疗药物研发持续进展，疫情对经济社会的影响将逐渐减小，人们需要在实体零售场所找到购买商品和服务体验的快乐，实体零售将是扩大内需和促进消费的主导力量。应对气候变化已经成为全球共识，市场上将涌现出一批以碳标识、碳足迹为概念的品牌和产品，人们将更加推崇低碳、健康、品质、安全的消费理念，绿色消费势在必行。消费者正从商品消费转向体验消费，从追求物质和符号转向追求精神和知识，人们对美、健康、科技、文化等精神需求将成为市场普遍需求。我国社会老龄化程度进一步加深，人们追求品质生活，银发市场具有广阔前景，融入养生、健康、乐观、积极、传统文化寓意等精神文化元素的服饰将逐渐增多。

（一）"东升西降""南升北降"，国潮热度持续

面对复杂多变的国际形势，习近平总书记指出，"当前中国处于近代以来最好的发展时期，世界处于百年未有之大变局，两者同步交织、相互激荡"。促成百年未有之大变局的原因是多方面的，包括经济全球化、世界多极化、文化多元化、社会数字化等，但最主要的原因还是 21 世纪国际秩序发生深刻变化，全球经济与战略重心向东转移，西方实力增长放缓与中国综合国力快速提升使全球战略版图呈现"东升西降"格局。根据世界银行数

据，按现价美元计算，2004~2020年，中国经济占全球比重从4%提高到17%，几乎每年提高1个百分点，而2003~2012年，欧美经济占全球比重从52%降低到38%，至2020年维持在40%。此外，新兴经济体和发展中国家在人口红利、技术后发优势等推动下集体崛起，"南升北降"成为2000年至今全球经济的基本趋势。根据世界银行数据，按现价美元计算，中等收入和低收入国家经济占全球比重从2003年18%提高至2020年的37%。在"东升西降""南升北降"的世界格局下，我国的大国形象、国际话语权、国际影响力都在日益提升，从而激发人们对国潮兴起的信心和对中国时尚引领世界时尚的期待。

(二) 疫情影响逐渐减小，实体零售将重现活力

虽然局部地区疫情零散发生，但随着防控措施果断有效、疫苗接种率不断提高、治疗药物研发取得新进展，疫情反弹持续时间正在逐步缩短，对经济社会的影响程度也将逐渐降低。人们压抑的情绪需要通过逛商场购物或者体验服务来得到释放。根据近两年的经验，中高风险地区在确诊病例全部清零，封闭封控区域全部解除后，核心商圈的客流量将会得到较大恢复。实体零售在增加就业、繁荣城市、促进人文交流等方面具有更大、更广、更重要的作用和意义。实体零售既是中国优秀传统文化的重要传承者，也是新商品、新品牌、新服务、新业态、新消费展现创新魅力的广阔舞台，更是扩大内需、促进消费的主导力量，在疫情影响逐渐减小的情况下，实体零售将重现活力。

(三) 应对气候变化，绿色消费势在必行

我国始终高度重视应对气候变化。2021年9月，习近平总书记在第七十六届联合国大会一般性辩论上发表重要讲话时指出，"中国将力争2030年前实现碳达峰、2060年前实现碳中和，这需要付出艰苦努力，但我们会全力以赴。中国将大力支持发展中国家能源绿色低碳发展，不再新建境外煤电项目。"中共中央、国务院2021年10月印发的

《关于完整准确全面贯彻新发展理念做好碳达峰碳中和工作的意见》提出，"把碳达峰、碳中和纳入经济社会发展全局，坚定不移走生态优先、绿色低碳的高质量发展道路，确保如期实现碳达峰、碳中和。倡导简约适度、绿色低碳生活方式"。在全球应对气候变化、提高清洁能源占一次能源消费比重、控制并减少碳排放的背景下，市场上将涌现出一批以碳标识、碳足迹为概念的品牌和产品，人们将更加推崇低碳、健康、品质、安全的消费理念。

(四) 服务消费快速反弹，精神需求将成为市场普遍需求

2021年我国居民消费结构持续优化，教育文化娱乐、其他用品及服务等消费支出呈现快速反弹态势。前三季度，全国居民恩格尔系数为29.8%，同比下降0.7个百分点。全国居民人均教育文化娱乐支出增长46.3%，人均其他用品及服务支出增长26.3%。全国居民人均服务性消费支出同比增长23.4%，增速快于居民人均消费支出7.6个百分点。

服务消费的快速增长说明消费者正从商品消费转向体验消费，从追求物质和符号转向追求精神和知识。奥地利画家席勒曾说，"美固然是形式，因为我们观赏它。但它同时又是生活，因为我们感觉它。总之，美既是我们的状态，又是我们的行为"。此外，随着物联网、人工智能、大数据、虚拟现实等新兴技术在健康、养老、育幼、文化、旅游、体育等领域的应用不断增多，服务需求与产品创新将相互促进，智能型健康设备、活动装备、健身器材等新型商品给消费者带来更多的新享受、新体验。因此，美、健康、科技、文化等精神需求将成为市场普遍需求，并广泛地体现在新产品和新服务中。

(五) 我国社会老龄化程度持续加深，银发市场具有广阔前景

我国社会老龄化程度进一步加深。第七次全国人口普查数据显示，中国60岁及以上人口已达2.64亿人，较十年前增长8600万人，占总人口比

重达到 18.7%，较十年前大幅提高 5.4 个百分点。中共中央、国务院发布关于加强新时代老龄工作的意见，提出"促进老年人养老服务、健康服务、社会保障、社会参与、权益保障等统筹发展，推动老龄事业高质量发展，走出一条中国特色积极应对人口老龄化道路"。今天我国追求品质生活的老年人越来越多，一些经济发达地区的老年人对个人生活空间、商品品质、服务质量的要求都有较大幅度的提高，银发市场具有广阔前景。从时尚角度，应该把养生、健康功能以及乐观、积极、传统文化寓意等精神融入产品设计。

四、2022 年我国服装消费市场发展趋势展望

2022 年，我国经济工作以稳字当头、稳中求进，服装消费市场将进一步高质量发展，市场将回归正常、平稳的增长态势。在服务消费、精神消费、文化消费持续扩大的趋势下，以品牌形象、门店环境、知识体验构成的感觉价值将成为影响品牌销售的重要价值之一。中高端消费群体对品牌基因的关注，将使服装品牌强化自身风格的定力，着重展示"有序的有序"与"无序的有序"，即品牌经典元素的传承，以及潮流元素、新概念的体现。国潮消费将从符号化、标签化发展到体系化、实物化，国潮服装品牌将相应地从展现中国传统元素深入解读中国时尚文化。中国时尚文化不仅是国内市场发展的重要组成部分，更将成为推动世界时尚潮流的重要力量。

（一）服装消费市场将回归正常、平稳的增长态势

2020 年，疫情对服装消费市场造成深刻影响，同期基数相对较低。2021 年，疫情整体有所缓解，但局部地区疫情零散发生和增速基数效应使服装消费市场的各月增速出现较大波动。2022 年，虽然不确定因素依然存在，但可以确定的是我国经济工作将以稳字当头、稳中求进。我国财政政策、金融政策、产业政策将更好地支持实体经济发展。我国制造业核心竞争力将进一步提升，供应链韧性将持续巩固增强。我国将继续做好"六稳""六保"工作，居民收入水平、消费水平将持续提升。在这个大环境下，2022 年我国服装消费市场将进一步高质量发展，市场增速将回归正常、平稳的增长态势。

（二）感觉价值将成为影响品牌销售的重要价值

长时期以来，市场非常关注服装的功能价值、社会价值、情感价值及最终的交换价值。时至今日，在市场竞争日益激烈的环境下，吸引顾客进店、提高会员复购率成为品牌服装实现各种价值变现的前提。因此，品牌的感觉价值将成为影响销售的重要价值之一。感觉价值包括两个部分：一是吸引消费者关注产品的价值，消费者首先要对产品、品牌感兴趣，才会进店消费，制造有吸引力的门店环境和品牌形象非常重要；二是感觉价值能否影响消费者的心智，取决于消费者是否在购物过程中获得知识。服装消费者将更加重视知识的获取，也更加愿意为获取知识支付相应的代价，因此，品牌所赋予的知识程度将决定品牌的溢价程度。

（三）中国服装品牌将通过展现品牌基因占领中高端市场

从"解决温饱"到"全民小康"再到"共同富裕"，人们的品质需求、体验需求、情感需求、思想需求持续迈上新的台阶。扩大品牌价值、创造极致体验是现代商业追求的发展目标，也是中高端市场的发展空间。加强中国品牌建设是立足新发展阶段、贯彻新发展理念、构建新发展格局、推动高质量发展、更好满足人民对高品质生活需求的重要举措之一。

中高端特别是高端服装消费者特别关注品牌基因的呈现与宣传。品牌基因来自"有序的有序"，即品牌经典元素的传承，新时代品牌思想的诠释。品牌基因也来自"无序的有序"，即潮流元素、新概念在服装产品上的展现。品牌需要"酶"介，即门店环境、广告宣传、数据挖掘、战略研究等外力，来促成一切元素作用于"有序"的方向，来坚

持、强化并向消费者展示品牌基因的魅力，而不是在繁杂的信息干扰下，丧失品牌原有的特质。

（四）国潮消费的关注点将从传统元素深入时尚文化

国潮热促使国产服装品牌将大量中国传统文化元素，如故宫、朱雀、敦煌、脸谱等融入服饰产品中，为广大年轻消费者了解中国传统文化，增强文化自信，营造文化消费氛围做出重要贡献。国潮消费是一个长期存在、可持续的消费浪潮，大量品牌将加入国潮市场竞争，消费者对国潮的需求也将逐步提升，这就意味着仅依靠文化元素标签化的国潮服饰或将很快面临增长瓶颈。从商品设计和消费理念来看，思想和文化应体系化、实物化，而不是停留在符号化、标签化。中国武术和中国医学把易经中的阴阳平衡和道教中的无为而治融入其中，是中国特有的文化产物，历经数千年，依然可以得到大众的认可。国潮服装品牌将从展现中国传统元素深入解读中国时尚文化，用中国文化的实物化呈现，去触动消费者的思想。

（五）中国时尚文化将成为推动世界时尚潮流的重要力量

习近平总书记在第四届中国国际进口博览会开幕式主旨演讲中指出，"一个国家、一个民族要振兴，就必须在历史前进的逻辑中前进、在时代发展的潮流中发展。中国扩大高水平开放的决心不会变，同世界分享发展机遇的决心不会变，推动经济全球化朝着更加开放、包容、普惠、平衡、共赢方向发展的决心不会变"。因此，中国对外开放的水平将不断提升，开放会进一步推动中国社会价值与世界社会价值融合。中国作为最大的制造国，正在从生产大国转向创造大国，未来将输出更多高品质产品为世界人民服务，中国时尚文化不仅是国内市场发展的重要组成部分，更将成为推动世界时尚潮流的重要力量。

2021～2022年中国纺织服装行业对外贸易发展报告

中国国际贸易促进委员会纺织行业分会、中国纺织工业联合会国际贸易办公室　崔晓凌

站在2022年的岁首回望2021年，国内外形势跌宕起伏，百年变局加速演进，世界主要经济体与新兴市场呈现不均衡的复苏格局。全球范围内，新冠疫苗广泛接种，在各国政府相继推出经济刺激方案、国际消费需求回暖等因素影响下，2021年全球货物贸易逐渐恢复到疫情前水平。但与此同时，新冠病毒变异加快导致全球抗疫形势不确定性增强，加之面对供应链受阻、国际运输成本攀升、大宗商品价格上涨、双控政策力度加大，以及地缘政治风险上升等严峻问题挑战，也让各行各业感受到了前所未有的压力。

过去的一年，中国经济持续复苏，贸易大国地位更加稳固，实现了"十四五"良好开局。同时，中国积极推动区域全面经济伙伴关系协定（RCEP）正式生效，不断深化多边经济合作应对逆全球化风险。2021年，中国货物进出口贸易总额超过6万亿美元，增长达30%，外贸出口和进口规模均创历史新高。纺织业身处其中并做出重要贡献，全年我国纺织品服装出口金额为3155亿美元，在2020年较高贸易基数上继续平稳增长，创历史新高，充分展现了行业自主可控全产业链的韧性与高效稳定的国际竞争优势。

一、2021年中国纺织服装行业对外贸易主要特点

（一）全年纺织品服装出口实现平稳增长，服装出口增速创近年来新高

根据中国海关统计，2021年全国纺织品服装出口金额为3155亿美元，同比增长8.4%（以人民币计，同比增长0.9%）。其中，受2020年防疫物资出口基数较高影响，2021年二、三季度纺织品出口呈负增长态势，四季度开始增速逐月转正并持续走高。2021年，我国纺织品对全球出口1452.2亿美元，同比下降5.6%，但较疫情前（2019年，下同）增长22.0%。同时，在海外消费需求反弹、部分订单回流等因素支撑下，我国服装（含衣着附件，下同）全年出口1702.8亿美元，同比增长24.0%，较疫情前增长16.0%，为2015年以来最好水平（图2-17）。

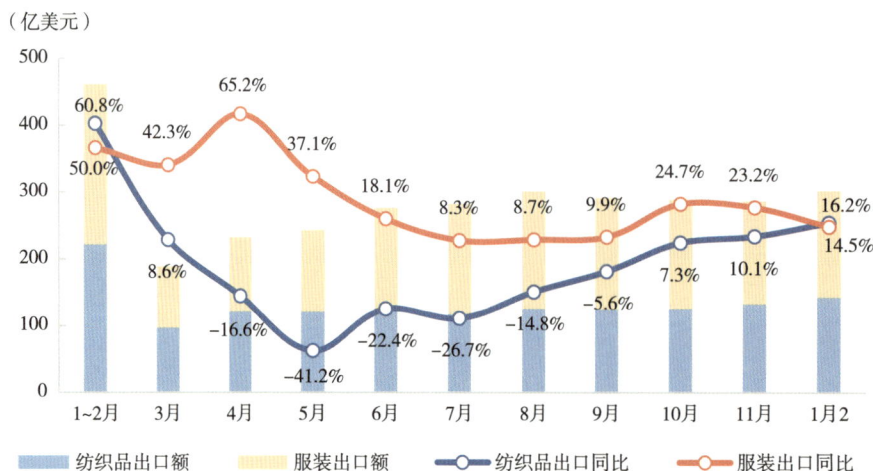

图2-17　2021年中国纺织品服装月度出口额及同比增速

（数据来源：中国海关）

（二）行业进口规模持续扩大，纺织纱线、服装等产品进口超过疫情前水平

2021年，我国进口纺织品服装277.3亿美元，同比增长20.4%。其中，从全球进口纺织品157.2亿美元，同比增长14.4%，较疫情前增长2.5%；进口服装120.2亿美元，同比增长29.3%，较疫情前扩大36.5%。

纺织品进口方面，2021年我行业纱线及织物进口需求增加起主要带动作用。2021年我国从全球进口纺织纱线80.7亿美元，共255万吨，进口金额、数量同比分别增长36.3%和11.6%。其中，从全球进口棉纱59.5亿美元（211.8万吨），进口金额及数量同比分别增长40.0%和11.4%。进口的棉纱产品中约45%来自越南，其他主要来源国还包括印度、巴基斯坦和乌兹别克斯坦等。2021年，我国自越南（进口棉纱27.2亿美元，94.8万吨）、印度（9.8亿美元，31.8万吨）和巴基斯坦（7.6亿美元，27.8万吨）进口棉纱金额同比分别增长34.2%、74.3%和40.8%。此外，2021年我国进口纺织织物38.6亿美元，同比增长16.7%，但较疫情前进口减少17.9%；进口纺织制品37.9亿美元，同比下降16.1%，超过疫情前进口水平4.8%。

随着国内消费升级，以及服装企业跨国供应链生产布局能力的提高，近年来，我国从欧盟和东南亚等国进口的服装规模持续扩大。"十三五"期间，我国服装进口额年均增速约10%。2021年，我国从全球进口服装120.2亿美元，同比增长30%，较疫情前扩大36.4%。其中，自意大利和法国进口的高档服装产品同比增长61.8%和66.9%；自越南、印度尼西亚、泰国、日本和韩国等进口的服装同比增长均在20%左右。

（三）美国仍为行业最大贸易伙伴，我国纺织品服装对东盟出口增速显著

一直以来，美国、东盟、欧盟和日本都是我国纺织品服装最主要的出口市场。2021年，中国对这四大传统市场的纺织品服装出口额合计1724.9亿美元，约占对全球出口比重的55%。其中，美国为我行业最大出口对象国，对美年出口额为563.5亿美元，同比增长4.0%，占行业总出口比重的18%。近几年中美经贸关系不断演化，大国博弈加剧，当前美国仍对华部分商品加征进口关税，并出台法案单方面阻碍新疆棉及制品进入国际供应链体系，我行业对美出口在新形势下面临压力，但仍具有较强国际竞争优势（图2-18）。

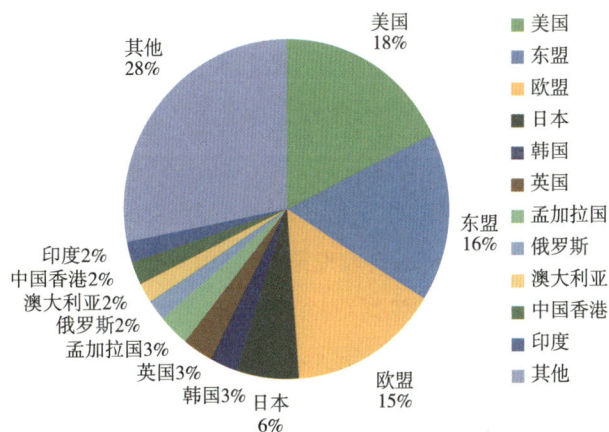

图2-18 2021年中国纺织品服装对主要目的国家/地区出口占对全球出口比重

（数据来源：中国海关）

2021年我国纺织品服装对东盟出口增长显著。全年中国向东盟十国出口纺织品服装491.2亿美元，同比增长24.9%。其中，对马来西亚、印度尼西亚、柬埔寨和泰国的出口增速尤为突出，同比增长分别达60.4%、54.2%、40.8%和35.5%。

此外，受英国脱欧影响，欧盟已成为我行业第三大出口市场，位列东盟之后。2021年，我国对欧盟27国出口纺织品服装469.9亿美元，同比下降11.1%，主要受纺织品出口金额减少拖累，服装对欧出口同比增长21.3%。同期，我国对日本出口纺织品服装200.3亿美元，同比下降7.2%，见表2-1。

表2-1　2021年中国纺织品服装对部分国家/地区出口贸易统计表

项目	全球	美国	东盟	欧盟	日本	韩国	英国
中国出口纺织品服装合计（亿美元）	3155.0	563.5	491.2	469.9	200.3	100.7	89.7
纺织品服装出口同比（%）	8.4	4.0	24.9	−11.1	−7.2	10.5	−28.9
其中：中国出口纺织品（亿美元）	1452.2	167.8	354.3	146.3	53.7	33.0	22.7
纺织品出口同比（%）	−5.6	−33.2	24.1	−44.1	−31.1	−8.3	−59.3
中国出口服装（亿美元）	1702.8	395.6	136.9	323.6	146.6	67.7	67.0
服装出口同比（%）	24.0	36.3	27.3	21.3	6.3	22.8	−4.9

（数据来源：中国海关）

（四）纺织上游纱线、织物对新兴市场出口大幅增长

从主要出口产品来看，我行业上游纺织品，包括纱线、面料/织物及终端制品的出口优势较为稳固，疫情以来在国际市场所占份额不断提高。根据WTO统计，2020年中国纺织品占全球纺织品出口贸易比重达43.5%，较疫情前（2019年）提高4.3个百分点。海关数据显示，2021年，我国向全球出口纺织纱线138亿美元，出口织物667亿美元，分别同比增长41.5%和34.3%。纺织制品当中，防疫类口罩出口占比约20%，出口额为129.5亿美元，出口金额、数量同比分别减少76%和13%，口罩出口单价下滑（下降72.3%）导致纺织制品整体出口降幅明显。除口罩外，其他纺织制品（包括家纺、产业用纺织品等）出口额为517.2亿美元，同比增长27.5%（图2-19）。

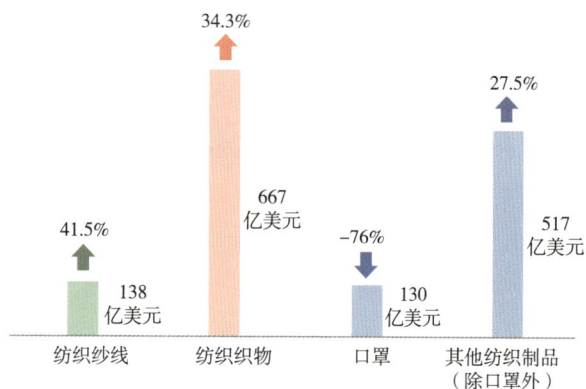

图2-19　2021年我国纺织品（按产品大类分）对全球出口金额及同比

2021年我国纺织品对部分东南亚、南亚及非洲国家出口增长较快。全年，我国向越南出口纺织品147.7亿美元，同比增长24.6%，占对全球出口纺织品比重的10.2%；对孟加拉国、印度尼西亚和柬埔寨出口的纺织品分别同比增长59.0%、52.4%和42.0%。同期，我国对南亚的印度、巴基斯坦，以及非洲的尼日利亚出口纺织品也实现较高增长，出口增速分别达75.1%、46.0%和36.1%（图2-20）。

（五）国际消费市场复苏分化，服装出口增长主要受发达经济体需求回暖拉动

2021年，我国服装出口增加成为拉动行业外贸增长的重要因素。据中国海关口径，2021年我国服装产品对美国、欧盟和日本三大市场出口额分别增长36.3%、21.3%和6.3%。同时，对东盟、韩国、澳大利亚、加拿大等国家和地区的服装出口同比也有所增加，规模已超过疫情前水平。从出口产品看，针织服装对行业出口增长贡献率高于机织服装。全年我国针织服装及衣着附件（按HS61章统计）出口金额为864.8亿美元，同比增长39%；机织服装及衣着附件（按HS62章统计）出口金额为701.2亿美元，同比增长12.6%（图2-21）。

美国市场方面，2020~2021年疫情期间美国政府推出了一系列经济刺激计划，拉动居民消费增长并带动服装市场零售快速反弹。2021年，美国零售销售总额同比增长19.3%，其中，服装服饰（含鞋类）零售销售额同比增长48.4%。根据美国商务

越南（147.7亿美元）：纺织纱线 14，纺织织物 105，纺织制品 30

孟加拉国（83.8亿美元）：纺织纱线 14，纺织织物 64，纺织制品 7

印度尼西亚（46.5亿美元）：纺织纱线 4，纺织织物 27，纺织制品 15

印度（44.6亿美元）：纺织纱线 11，纺织织物 20，纺织制品 14

柬埔寨（40.6亿美元）：纺织纱线 2，纺织织物 33，纺织制品 6

尼日利亚（35.9亿美元）：纺织纱线 1，纺织织物 30，纺织制品 6

巴基斯坦（30.8亿美元）：纺织纱线 9，纺织织物 18，纺织制品 4

■ 纺织纱线　■ 纺织织物　■ 纺织制品

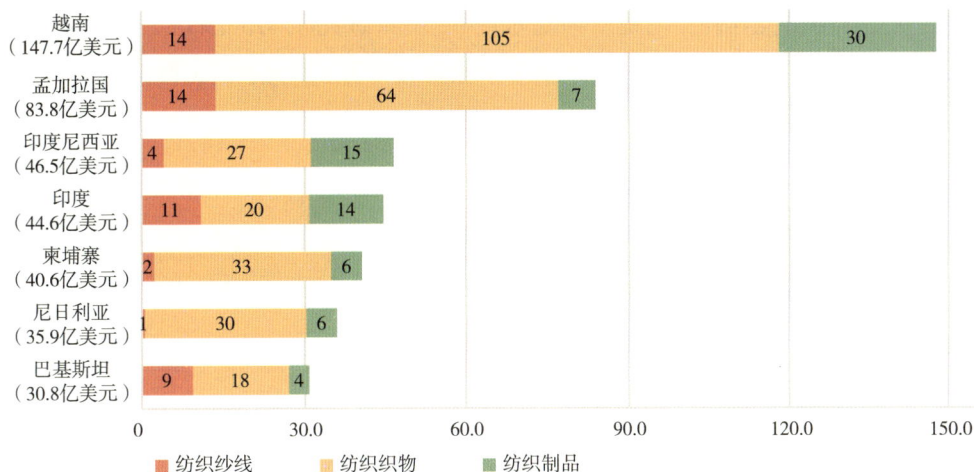

	越南	孟加拉国	印度尼西亚	印度	柬埔寨	尼日利亚	巴基斯坦
纺织纱线出口（%）	↑ 35.6	↑ 62.9	↑ 45.3	↑ 106.2	↑ 20	↑ 31.7	↑ 45
纺织织物出口（%）	↑ 26.3	↑ 61.1	↑ 51.3	↑ 81.2	↑ 44.1	↑ 38.3	↑ 52.3
纺织制品出口（%）	↑ 14.9	↑ 35.4	↑ 56.4	↑ 49.9	↑ 40.9	↑ 25.8	↑ 23.1
以上纺织品合计出口（%）	↑ 24.6	↑ 59.0	↑ 52.4	↑ 75.1	↑ 42.0	↑ 36.1	↑ 46.0

图 2-20　2021 年我国纺织品（按产品类别分）对部分国家出口额及同比图表

（数据来源：中国海关）

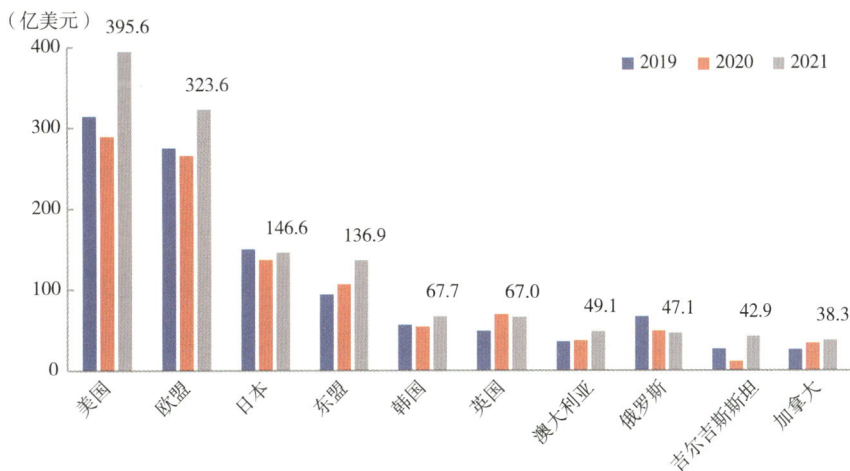

（亿美元）

■ 2019　■ 2020　■ 2021

美国 395.6
欧盟 323.6
日本 146.6
东盟 136.9
韩国 67.7
英国 67.0
澳大利亚 49.1
俄罗斯 47.1
吉尔吉斯斯坦 42.9
加拿大 38.3

图 2-21　2019~2021 年中国服装产品对部分国家/地区出口额统计

（数据来源：中国海关）

部统计的主要进口商贸易数据显示，2021 年 1~11 月，美国自全球进口服装产品 774.7 亿美元，进口额同比增长 19.2%。其中，从中国进口服装 195.9 亿美元，同比增长 8.4%。

相较于美国消费市场的活跃，2021 年欧洲和日本市场复苏进程缓慢，仍未恢复到疫情前水平。2021 年三季度以来，欧盟纺织品服装及鞋类皮革制品零售销售额月度同比增长未超过 4%。据欧盟统计局数据，2021 年 1~10 月，欧盟 27 国从盟外进口纺织品服装 929.2 亿欧元，同比减少 9.4%，其中，从中国进口纺织品服装 312 亿欧元，同比减少 30.7%。除去口罩等防疫类纺织品进口下降因素，欧盟从中国进口的服装产品仅增长 2.9%。此外，三季度以来，日本纺织服装及服饰零售销售额单月增长率在正负 2 个百分点浮动，消费市场复苏停滞。据日本海关数据，2021 年 1~11 月，日本从中国进口纺织品服装约 2 万亿日元，同比下降 6.5%。其中，进口纺织品 5426 亿日元，同比减少 32.0%；进口服装 1.46 万亿日元，同比增长 8.6%（图 2-22）。

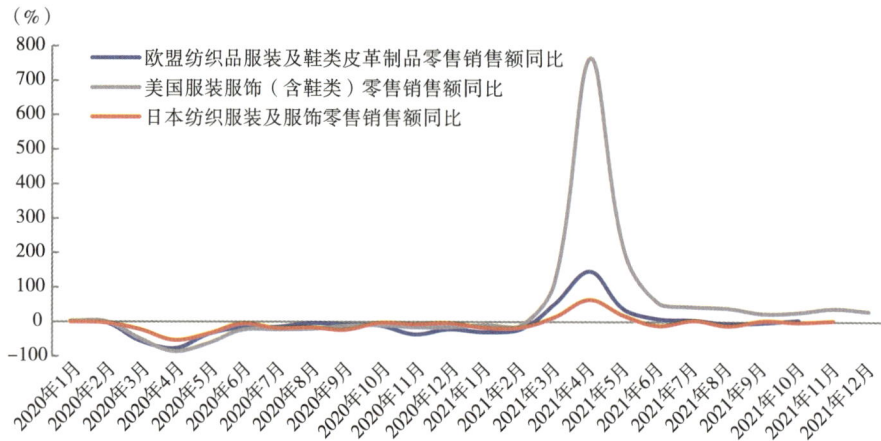

图 2-22　2020~2021 年欧美日消费市场纺织服装产品零售销售额同比

（数据来源：欧盟统计局、美国统计局、日本经济产业省）

（六）全球供应链调整加快，服装出口在发达经济体市场的国际竞争力承压

当前，全球产业链供应链格局正在加速调整，本土化、区域化、分散化趋势凸显。虽然我国仍为全球大多数国家纺织品服装进口的首要来源国，但在主要国际市场中的份额，特别是在国际服装市场占比正逐渐下降。

以美国市场为例，根据美国商务部对主要进口商的贸易统计，2021 年 1~11 月，美国从中国进口的纺织品服装约占从全球进口比重的 30.6%，较 2020 年市场份额缩减 8.5 个百分点，与疫情前（2019 年）相比减少 3.9 个百分点。特别是服装产品，东盟在美进口市场占比（28.9%）已超过中国近 4 个百分点。

此外，欧盟统计局公布的 2021 年 1~10 月数据显示，欧盟从中国进口的纺织服装产品占其从盟外进口比重的 33.6%，较 2020 年下调 9 个百分点，略高于疫情前 1 个百分点。其中，从中国进口的服装占 30.9%，基本保持近几年份额水平；同期，孟加拉、土耳其、印度、巴基斯坦和马来西亚等国在欧盟进口市场份额则提高了 0.4~1.7 个百分点。

对于日本市场，据日本海关统计，2021 年 1~11 月，日本从中国进口纺织品服装占其从全球进口比重的 56.8%，较 2020 年回落近 2 个百分点，而印度尼西亚、马来西亚、泰国、孟加拉国和柬埔寨等在日本进口市场占比均有所提高。

（七）与"一带一路"沿线国家贸易额持续增长，行业外贸结构更加多元化

"一带一路"倡议提出八年来，中国纺织业与沿线国家贸易往来越加紧密。2021 年，中国向"一带一路"沿线 64 个国家出口纺织品服装 1137.9 亿美元，同比增长 24.5%，较疫情前规模扩大 17.3%，约占对全球出口比重的 36%；同时，中国自"一带一路"沿线国家进口纺织品服装 131.6 亿美元，同比增长 24.5%。共建"一带一路"对于推动出口市场多元化、减轻外部需求冲击起到积极作用，行业外贸结构得到进一步优化。

二、2022 年中国纺织服装行业对外贸易前瞻

2021 年我国纺织行业对外贸易平稳增长的背后，得益于国内疫情防控大局稳定，以及中国经济

长期向好的基本面和外贸发展韧性。2022年伊始，奥密克戎变异病毒加速蔓延，给全球经济复苏和未来走势增添不确定性。处于依然复杂严峻的外部环境之中，2022年我国纺织服装行业对外贸易要在高基数上继续稳增长，压力前所未有。当前，行业外贸面临的风险挑战主要体现在以下两个方面：

一是供应链瓶颈短期内难以彻底缓解。全球正在经历新一轮由变异病毒带来的疫情，由此波及港口运转效率下降、集装箱市场运价上涨，国际运输成本提升的情况或将延长。

二是地缘政治因素将对供应链格局产生深刻影响。当前中美关系趋紧，美国参众两院已通过所谓"防止强迫维吾尔族人劳动法"，并以海关行政措施和要求进口商自查供应链等方式，阻止新疆产品进入美国市场。基于该法案的负面影响，我国棉制纺织品服装，甚至行业对美相关产品出口将不可避免受到冲击。

三是如果全球防疫形势在今年好转，海外生产进一步恢复，之前因疫情冲击转移到中国的订单可能再次"回流"境外，出口订单存在减少的风险。此外，外贸企业还需要关注受国际货币政策扰动人民币汇率双向波动而给进出口贸易带来的汇兑风险。

积极因素方面，我国纺织业外贸新动能不断集聚，跨境电商、海外仓等外贸新业态、新模式蓬勃发展，成为推动行业外贸转型升级的新增长点。同时，RCEP生效实施带来明显利好和制度红利，不仅有利于降低我国纺织服装产品出口成本，还将进一步提高区域内产业链、供应链合作水平。特别是日本作为我行业第四大出口市场，自2022年起，中国对日出口的99.3%的纺织服装税号产品将参与降税，关税税率将从4%～11%逐年削减直至降为零，建议企业积极了解RCEP相关降税安排，把握外贸发展新机遇，进一步扩大相关产品的出口规模。

2021~2022年中国服装电子商务发展报告

中国国际电子商务中心　邱琼

【摘要】2021年，新冠肺炎疫情持续影响全球经济，线上消费习惯巩固并深化，网络直播、社交媒体、平台经济等对服装产业链影响进一步加深，品牌服装在淘宝、抖音、快手等直播平台全面发力，服装直播间、带货主播、直播基地、工厂直播等服装直播产业链渐成体系，推动专业市场、面辅料加工制造、品牌设计、展览展会等B2B电子商务快速发展，电子商务成为推动服装消费互联网向产业互联网迈进的先导力量。据测算，2021年我国服装电子商务B2C市场交易规模有望突破2.15万亿元，两年平均增长约8%，网购渗透率达到45%左右。在国家电子商务进农村示范基地持续推动下，农村地区物流支付等电商服务体系进一步完善，服装电商直播小镇蓬勃发展，加速释放农村消费潜力。随着各地跨境电商综试区政策创新力度加大，通关、退货、金融结算、供应链选品等跨境电商服务体系逐步健全，独立站、跨境直播、线上云展会等新业态快速发展，推动国内服装品牌加速创新出海，高端服装服饰通过跨境电商满足国内消费持续升级需求，跨境电商成为畅通服装产业国内国际双循环的"关键纽带"。面向未来，随着具有互联网基因的"Z世代"（"95后""00后"）逐步成为服装市场消费主力，无性别服饰、汉服、内衣等细分类别电子商务成为引爆服装市场新增长点，同时60周岁老人群体持续为网络零售市场贡献力量，老年服饰电子商务成为新的发展蓝海。

一、行业进展

（一）服装B2C网购交易额约2.15万亿元

2021年，服装消费市场总体保持较快增长态势，受到新冠肺炎疫情间歇性、局部性反弹等持续影响，市场增速持续回落。国家统计局数据显示，2021年全年国内限额以上企业服装鞋帽、针纺织品零售额为13842.5亿元，同比增长12.7%，增幅较2021年初（1~2月）收窄34.9个百分点。服装线上市场依托天猫、京东、唯品会等主流电商平台，仍然是服装电商主要销售平台，占服装B2C网购交易额90%以上；品牌服装全力加载抖音、快手、小红书、蘑菇街等新兴电商平台，在小程序、公众号、微信商城等私域流量加持下，并依托盲盒经济充分挖掘不同群体多样化消费需求，线上线下市场同步快速增长，线上渠道贡献继续提升，服装网购市场总体较2020年仍有较大回升，但市场增速回落较快，逐步趋于平稳增长区间。

1. 网络零售额增速持续收窄

2021年，全国实物商品网上零售额108042亿元，同比增长12.0%，占社会消费品零售总额比重为24.5%，占比较年初（1~2月）提高3.8个百分点。网络零售穿类商品最先复苏，随后增速持续收窄，全年穿类商品网上零售额增长速度为8.3%，低于全国实物商品零售额3.7个百分点。受新冠肺炎疫情持续影响，2021年中国服装市场B2C交易额较2020年有较大幅度提升，预计增长10%至2.15万亿元左右，两年平均增长约8%，网购渗透率达到45%左右（图2-23~图2-25）。

2. 品牌服装线上贡献继续提升

安踏、李宁等传统运动品牌2021年上半年线上渠道收入分别达到35.95亿元和29.67亿元，市场增速均超过50%，占总营业额比重分别提升至34%和29.1%，其中安踏运动多项业绩指标已超过阿迪达斯，2021年1~7月在天猫平台销售额位居体育用品第一位。快时尚品牌全渠道销售格局相对稳定，2021年前三季度太平鸟线上收入21.28亿元，同比增长27.53%，占总营业收入比重约30%，

图2-23 2021年全国网络零售额增速月度变化

（数据来源：国家统计局）

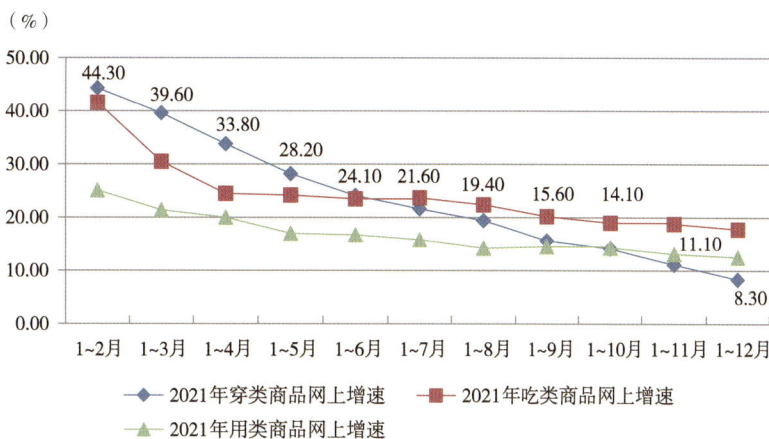

图2-24 2021年全国网络零售穿类商品月度增长变化

（数据来源：国家统计局）

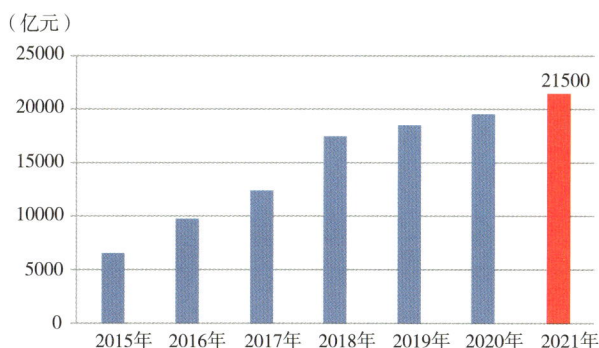

图2-25 2021年中国B2C市场服装交易规模预测值

（数据来源：CIECC研究院综合国家统计局、商务部等权威数据和网络资料预测得出）

森马服饰线上收入占总营业收入比重约40%。传统男装品牌继续加强线上渠道建设，2021年上半年

海澜之家线上收入增速达到71.55%，逐步扭转市场下滑颓势，占总营业收入比重提升至13.2%；报喜鸟线上收入同比增长22.0%，占总营收入比重为15.0%；七匹狼线上渠道收入增速较为平缓，占总营业额比重稳定在40%左右。传统女装品牌线上渠道全面发力，强化线上线下融合，2021年上半年歌力思实现线上收入1.1亿元，江南布衣线上收入占总营业收入比重达40%。家居服品牌鸿兴股份自2011年建设电商渠道以来渠道体系更加成熟便捷，线上渠道（含天猫、唯品会、抖音等）总营业收入比重达到70%左右，2021年前三季度实现营业收入8.15亿元，同比增长17.2%（图2-26）。

3. 新内衣品牌强势压过传统品牌

蕉内、内外、Ubras等新内衣品牌依托科技加

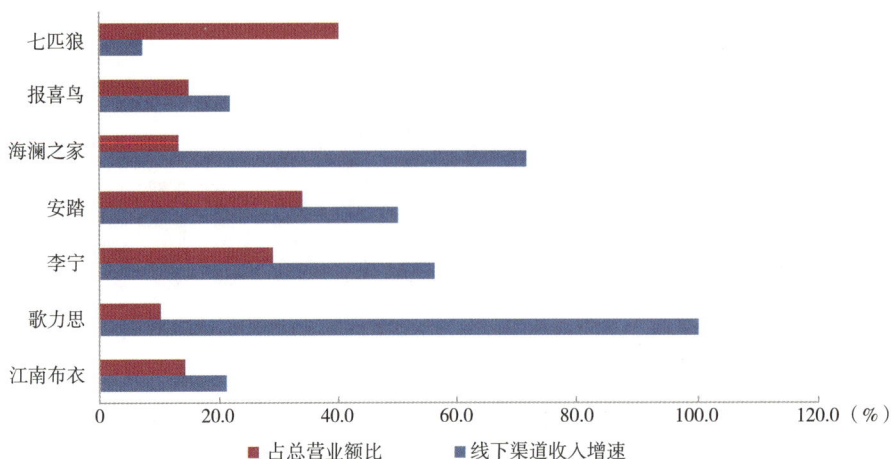

图 2-26 2021 年上半年传统国产服装品牌线上收入增长情况

（数据来源：CIECC 研究院综合上市公司财报和公开网络资料绘制）

载时尚，充分满足不同群体新消费需求，线上线下全渠道收入保持迅猛增长态势。2021 年上半年，内外品牌内衣全渠道销售额同比增长 260%，月销售额超 2 亿元，年复购率达 50% 以上；Ubras 天猫"618"累计销售额突破 3 亿元，居天猫内衣品牌销量 TOP1；蕉内"双 11"当日全渠道销售额超 4.1 亿元。都市丽人、爱慕等传统内衣品牌面临闭店、转型调整、产品升级等多重压力，进一步加大电商渠道建设，持续注重对客户深度运营策略，线上收入对销售额贡献继续提升。2021 年上半年，都市丽人线上平均件单价提升约 39%，文胸品类线上收入占总营业额比重达 69%，较 2020 年提升 10 个百分点；2020 年，爱慕以天猫和唯品会为主的电商渠道收入同比大幅上升 57.6%，线上电商渠道收入达 10.57 亿元。

4. 服装电商二手市场蓬勃发展

二手电商平台"闲鱼"推出"验货宝""无忧购"和 48 小时省心卖等增值服务，成为国内闲置市场主要电商平台。据报道，截至 2020 年底，闲鱼用户数已达 3 亿，且以"90"后年轻用户为主；截至 2021 年 1 月 14 日，已有超 11 万人在闲鱼转卖年会相关商品；2021 年闲鱼平台交易额（GMV）预计超预期增长达到 5000 亿元。随着二手奢侈品存量越来越大，追求性价比成为"90 后"和"00 后"新消费取向，红布林、胖虎科技等奢侈品二手

电商平台蓬勃发展。数据显示，2021 年一季度，约有 55.4% 消费者通过二手奢侈品交易平台购买二手奢侈品，其中通过直播电商占比达 33%。截至 2021 年 5 月，胖虎科技用户数超 300 万；上半年，红布林平台"最强剁手党"订单数达 470 单，每天平均购买约 2.5 单，直播客单价为常销客单价 3 倍；"妃鱼"平台高峰期单场直播可吸引近百万观众观看，单日超过 4000 单。据预测，2021 年底国内二手电商交易规模预计将达 4001.7 亿元，同比增长 29.3%。

5. 服装定制电商发展势头强劲

青岛红岭、衣邦人等定制电商平台依托 5G、人工智能等技术打造快速响应服装供应链，成为构建服装制造与个性化多样化需求桥梁，迎来重要发展机遇。根据中国服装协会定制专业委员会预估，9 月 1 日启动的 2021 年度"9.9 定制周"，参与零售企业整体成交额将超过 5000 万至 2 亿元，预计整体传播曝光量将超 3 亿人次；供应链端企业同比订单增长量将超 50%。截至 2021 年 4 月底，衣邦人拥有 52 个网点，覆盖范围达 197 个城市、1278 个区县市，累计预约客户近 170 万，注册用户近 400 万。品牌服装企业与平台企业合作推出定制电商零售服务，进一步满足终端消费需求。例如，特步与微软小冰推出定制化服装设计生产及零售平台，设计出具有个人专属特色定制 T 恤。

（二）服装 B2B 电商加速迈进产业互联网

2021 年，电子商务带动服装产业在物料检测、仿真设计、工艺流程、生产调度、加工制造、仓储配送、供需匹配、风险防控、尾货库存等多个环节电子商务得到广泛应用，逐步形成以交易为核心的服装产业互联网，产业应用 SAAS 服务、数字化供应链服务、共享工厂服务等新领域业务取得新进展，赋能产业链上下游，提升供应链产业链效率。国家统计局数据显示，2020 年全国电子商务对单位（B2B）交易额为 18.11 万亿元，同比增长 3.7%。另据中国纺联流通分会数据，2020 年我国纺织服装企业间（B2B）电子商务交易额为 5.29 万亿元，同比增长 7.96%。预计 2021 年纺织服装 B2B 电子商务交易额整体增长 6% 左右。

1. 专业市场电子商务增长趋于稳定

阿里巴巴、京东等主流电商平台加速为传统专业市场赋能，构建以交易为核心，涵盖支付结算、仓储物流及供应链金融等全链条的数字化供应链，助力专业市场构建数字商业操作系统，提升专业市场电子商务数字化服务水平，推动专业市场电子商务交易额快速增长。从电商平台看，2021 年前三季度，阿里巴巴 B2B 业务实现营业收入（含国内和国际业务）245.06 亿元，同比增长 35% 以上；其中国内业务（1688.com）增长 15% 左右，国际业务（阿里国际站）增长 35% 左右。从专业市场看，2021 年上半年，广东虎门服装专业市场实现快递业务量为 2.25 亿票，同比增长 9.7%；电子商务企业及个体户超过 1 万家，直接从业人员达 5 万人以上。截至 2021 年 12 月 14 日，辽宁西柳电商产业集群销售额 164 亿元，预计 2021 年实现 178 亿元，同比增长 34%。从垂直平台来看，批批网、搜布网、布联网等垂直市场平台借助网络直播也取得了较好发展。

2. B2B 供应链服务平台取得较大进展

面料一站式智慧供应链服务平台"百布"完成 1.1 亿美元 D+ 轮融资，加大与普洛斯及香港利丰集团在纺织面料数字化供应链、服装智能制造、外贸服装品牌等领域深度合作，至今已成功入驻商铺 5000 多家、采购商数量达 20000 多家。AI+服装柔性 B2B 供应链平台"飞榴科技"分两次完成 2 亿元人民币融资，目前已为国内数千家服装工厂、设计师、主播、MCN、品牌客户提供"小单快反"的 SAAS 产品和 S2B2C 供应链服务。服装产业链数字化服务平台"凌迪科技"通过设计团队及 ODM 自建+共建模式，打造生产流程并承接数字化设计产生的部分订单，协助品牌和设计中心完成数字化服务，为中小品牌和快时尚品牌提供整套供应链解决方案，2020 年实现营收超 2 亿元。辅料一站式供应链平台"辅料易"完成数亿元 B 轮和 B+轮融资，致力于打造全程可视化服务体系，构建全球最大一站式服装供应链服务平台。尾货库存 B2B 服务平台"库无忧"完成数千万元 Pre-A 轮融资，通过线上线下联动方式帮助尾货批发商品牌商销售、直播带货、仓储管理、物流优化解决库存问题。服装产业互联网平台"云服云商"完成数千万元 Pre-A 轮融资，累计接入 600 余家优质工厂，几千家中小规模为主的线下实体店，引入以订单服务为核心的 PGC 内容创造能力，打造从工厂到门店的全产业数据化信息服务能力。女装大佬开源社区项目"Dress"火爆 Github 技术社区，标星高达 17.2k。

3. 电子商务与智能制造协同发展

随着服装制造业网络化协同、服务化延伸趋势加快推进，服装设计研发、订单管理、生产加工等环节以平台形式在不同程度和范围内实现服务共享，服装工业互联网平台初成体系。浙江桐乡羊绒制品工厂和周边 9 家企业抱团成立"虚拟联合工厂"，统一接单，集中打样，按照每家工厂产能协同分配订单。阿里云犀牛智造以平台化方式自建面料池，联通消费趋势洞察、销售预测和弹性生产，采取与平台商家、带货主播等联营方式，打造用户画像、销售预测、研发设计等一体化服务的"智慧大脑"，为中小商家、带货主播等提供数字化供应链服务，运营效率达行业平均 3~4 倍。天猫平台伯爵卓尔品牌与犀牛制造联营合作打造网络爆款，T 恤类目销售额同比增长超 400%。

（三）服装农村电商极大释放农村消费潜力

2021年，随着数字乡村建设加快推进，城乡"数字鸿沟"差距缩小，农村地区电子商务基础设施逐步完善，农村网民进一步扩容，农村市场服装消费潜力得到极大释放，农村电商交易规模进一步扩大。截至2021年6月，我国农村网民规模为2.97亿人，农村地区互联网普及率为59.2%，较2020年12月提升3.3个百分点，城乡互联网普及率进一步缩小至19.1个百分点。商务大数据显示，2021年前三季度，全国农村网络零售额达1.43万亿元，同比增长16.3%，占全国网络零售额15.6%；欧特欧数据显示，2020年全国县域服装服饰网络零售额6751.38亿元，同比增长1.2%，占全国县域网络零售额比重为19.1%。预计2021年全国服装农村电商交易额增长8%左右，两年平均增长约5%。

1. 农村电商异地订单增长火爆

随着农村电商服务体系的逐步完善，阿里巴巴、京东、美团等主流电商平台加速布局下沉市场，持续赋能农村地区商业网点，大力发展"平台+门店""网上订购+店铺取货"等服务模式，大量城市消费品通过电商快递到农村父母身边。2021年春节"天猫淘宝年货节"首日，淘宝上"年货"的搜索量激增240%。另据京东到家2021年春节消费数据（2月4~16日），京东到家异地订单销售额同比翻倍增长，其中异地订单下单较多城市集中在广东，1键下单1小时达助力亲情传递。

2. 小镇青年为农村电商消费主力

国家统计局数据显示，2021年我国常住人口城镇化率为64.72%，人户分离人数达5.04亿人，其中流动人口3.85亿人相当于1.2亿左右城镇常住人口还没有完全融入所在城镇。小镇青年拥有充足闲暇时间和强大购买力，从单纯物质满足转变为通过消费去选择或者营造某种生活方式，对时尚服装、网红品牌、买手品牌接受度越来越高。低价拼团、小程序、网络直播等新型营销方式迎合小镇青年消费需求，成为释放小镇青年消费潜力最有效方式。根据快手大数据研究院《2020年快手内容生态半年报》显示，从快手用户城市分布上来看，一线城市用户占比15%，二线城市用户占比30%，三线城市用户占比24%，四线及以下城市用户占比31%。

3. 服装电商直播小镇蓬勃发展

服装电商直播小镇蓬勃发展，极大激活农村服装消费市场。辽宁西柳率先打造5G网络电商直播小镇，拥有直播账号12000个，其中电商直播基地账号2261个，2020年前5个月网上销售额达17.9亿元。山东曹县孙老家镇抢占直播电商高地，拥有全职主播100余人、兼职主播100余人，日均带货10万元，最高峰单日销售50万元，300家淘宝店涉足电商直播营销，2021年前8个月电商营业额突破3亿元。河南宝丰县赵庄镇依托电商平台发展直播带货，目前已聚集电商企业达16家，吸引180余人返乡创业就业，带动周边2000余名村民就业，人均年收入近3万元，线上交易额破亿元。山东聊城积极建设中国兴农电商直播小镇，整合家居日化、网红零食两大品类各类产品2000余款，日营业额突破15万元，年交易额达到6000万元，目前稳居抖音平台机构服务商TOP榜前10。

（四）服装跨境电商助力畅通国内国际双循环

2021年，受新冠肺炎疫情对全球供应链影响，跨境电商凭借数字化、网络化、智能化、本地化等特点逆势高速增长，成为稳外贸重要力量、拉动"双循环"新格局关键纽带。2021年前11个月，河南跨境电商进出口交易额同比增长38.7%；温州跨境电商综试区项下进出口额达116.61亿元人民币，较2020年全年增长891%；贵阳跨境电商进出口交易额26.39亿元。根据中国海关数据显示，2021年，全国跨境电商进出口总额1.98万亿元，同比增长15%。预计2021年全国服装跨境电商进出口交易额将增长20%左右。

1. 网络直播促进服装跨境电商规模扩大

直播电商品类呈现"哑铃型"分布格局，高标价、低复购率、种草许久的奢侈品成为直播电商热销品类。进口跨境电商平台洋码头联合"罗永浩直播间"开启"洋码头十周年"专场直播，4个小时直播活动实现支付金额 4458 万元，支付订单数 22.88 万个，累计观看人数达到 367 万人。"ViVi 欧韩原创服饰"团队初次试水奢侈品直播（包括 Burberry、Tiffany&Co、LV 等超一线知名名牌，以及 UGG、冠军、加拿大鹅等），单场交易额（GMV）便达 123 万元，位居大服饰行业单日销售 top35。知名鞋履品牌 UGG 以 30 万元销售额排行首位，人均客单价在 700 元以上，单场冠军 T 恤卖出 21 万元。国际电商平台亚马逊"直播+视频营销"方式需求激增。有关机构预测，2021 年美国网络直播销售额将达到 50 亿美元，到 2023 年将达到 250 亿美元。

2. 高端服装跨境电商进口需求旺盛

在全球奢侈品市场持续萎缩背景下，跨境电商成为重振国内奢侈品市场重要补充。贝恩《2020 年中国奢侈品市场：势不可挡》报告显示，2020 年，中国内地奢侈品市场有望实现 48%增长，预计达到 3460 亿元，线上渠道增长 150%，占总规模 23%；进口跨境电商零售额增速持续快于实物商品网络零售额快 1.7 个百分点。天猫、京东等主流跨境电商平台通过加持奢侈品业务，成为 Prada、Balenciaga、Chopard、Cucci 等国际奢侈品牌国内新品首要首发平台，带动奢侈品线上市场超高速增长。2021 年一季度，天猫奢侈品平台销售额同比增长 159%，超 2020 年全年增速。2021 年"双 11"，超 200 个奢侈品品牌超 10 万款奢侈品限量款、定制款新品在天猫平台上线；超 15 个奢侈品品牌预售订单额同比增长 200%，超 30 个小众潮流设计师品牌预售订单额同比增长超 5 倍，奢侈品服饰、箱包预售订单额同比分别增长 105%。

3. 跨境电商驱动国货品牌加速创新

以安踏、李宁等为代表传统国货品牌以数字科技、现代化营销方式以及更迎合年轻人喜爱的独特设计博得高口碑，借助电子商务在国际市场获得较强发展助力。安踏连续两年登上《全球最具价值品牌 500 强》榜单，成为仅次于耐克、阿迪达斯的全球第三大运动品牌；2021 年上半年李宁国际市场营收 1.22 亿元，同比增长 78.3%。快时尚品牌

Shein 成为独立站电商品牌出海典范，海外增长连续 8 年超过 100%，2020 年全年营收近 100 亿美元，品牌影响力超越多个传统知名品牌。《2021 年 BrandZ 中国全球化品牌 50 强》显示，独立站快时尚电商品牌 Shien 以 901 分位居榜单第 11 位，较 2020 年上升 2 个名次；Zaful、Gearbest 以 304 分分别居第 43 和第 44 位。Bosie、Ubras 等新国货品牌依托大数据、云计算等数字技术建立整合原料端、研发端、生产端等全球顶尖合作伙伴的开放研发合作体系、快速响应的供应链体系，通过亚马逊、速卖通等平台逐步在国际市场占据一席之地。

二、发展特征

（一）网络直播成为服装电商新型基础设施

直播电商通过直播平台建立商品与消费者、商家与用户立体链接，增强消费者对商品价值认同，极大激活消费潜力，促进产业升级，赋能实体经济，成为新型商业基础设施，网络直播间成为消费者网购主要渠道。调查数据显示，96%中国消费者愿意通过直播电商进行网购。中国互联网络信息中心（CINNIC）第 48 次报告显示，截至 2021 年 6 月，我国网络视频（含短视频）用户规模达 9.44 亿，较 2020 年 12 月增长 1707 万，占网民整体 93.4%。预计 2021 年中国直播电商市场规模将超过 2 万亿元，服装直播电商整体交易规模约为 8000 亿元。

1. 品牌服装全面发力直播赛道

运动服饰品牌鸿星尔克在抖音、快手、淘宝三大直播平台均已布局店铺直播，截至 2021 年 7 月 25 日，鸿星尔克官方账号粉丝增量 960.7 万，直播销售额高达 1.1 亿元，天猫官方旗舰店单店交易额（GMV）超 5100 万元，各渠道线上销售总额超 2 亿元。内衣品牌都市丽人全面布局直播渠道，陆续开拓抖音小店、快手、拼多多等新渠道，截至 2021 年 6 月，各渠道直播成交总额超 3800 万元，呈现逐步提升态势；Ubras 绑定直播、高频品牌自播、

其他淘客直播等，推动 2020 年直播带货交易额贡献 35%～40% 营业收入。男装品牌七匹狼 CEO，通过互动畅聊、抽奖、满额送礼等丰富形式，1 小时内两大直播间互动总数超 13 万次，单直播间销售额 38 万元，含时段秒杀销售额超 128 万元，众多七匹狼 2020 年春夏新品瞬间售罄。女装品牌戈诺伊联手淘宝直播机构将工厂车间改造为直播间，通过直播模式将工厂上百万件衣服、价值数千万元备货全面清空，最高单场成交过百万元。

2. 直播基地成为专业市场增长新引擎

网络直播具有传播路径短、内容性强、互动性好等优势，非常适用于交易体量大的专业市场服务场景。深圳南油、广州白云、株洲白关等地服装专业市场全方位打造网红直播基地，通过主播孵化、大 V 选品、达人探店、官方互动、秀场发布、老板娘直播等手段，打造融合创新的网红直播产业链，引领服装时尚专业市场新经济。海宁皮革城 2020 年直播销售额达 40 亿元，直播场次超 1 万余场，累计观看超 5 亿人次。株洲"衣哥严选"直播基地年带货能力超 20 亿元。杭州四季青服装城老板娘单场直播带货金额近 300 万元，是传统档口日常销售额 40 倍。广州十三行档口老板娘直播带货待日销售额 120 万元以上，是传统档口日常销售额 10 倍以上。

3. 百货商场网络直播刷新消费体验

百货商场、购物中心等传统服装零售终端采取开设直播间、邀请网红直播、组织导购直播、运用直播间相互导流等手段，进一步激活消费市场潜力，促进百货商场线上线下融合，扩大服装销售规模。据新零售智库发布的《2020 新零售直播活力报告》显示，参与直播的线下零售业态中，连锁品牌占七成，百货商超占三成；截至 2020 年 6 月底，百货商超导购账号粉丝数量比 2 月初增长 47.2%。广百百货通过小程序直播带来超 300 万会员增量；广州友谊集团通过微信小程序完成超过 150 场直播，线上会员人数占到 90%；潍坊百货大楼通过"直播+社群+商城"线上经营模式，实现一次直播带货 30 万元业绩；汉光百货首次专柜直播期间线

上销售额单品牌单日增幅 300%。

4. 跨境直播继续引领服装电商出口

在全球直播经济蓬勃发展带动下，国内 MCN 机构、内容营销、直播代运营等跨境直播服务体系逐步健全，驱动国内服装品牌通过跨境电商平台实现销售额大幅增长。自 2020 年 6 月以来，杭州卧兔跨境直播沉淀超"15 万+"海外网红，覆盖 103 个国家，粉丝受众全球超 40 亿人，开展 5000 多场跨境直播活动，帮助商家通过在跨境平台（速卖通、亚马逊、Lazada、虾皮、eBay 等）、社交平台（FB、YTB、INS）以及 APP 进行转场内容直播，以最高效流量转化形式为品牌（包含 Shien、Zaful 等知名服装品牌）赋能，累计交易额（GMV）超 10 亿元。2021 年初，"速卖通"平台直播间观看人数最多有 10 万人，2020 年 6 月首日直播观看人数就突破 100 万。

（二）社交媒体构筑服装电商发展新动能

随着社交碎片化、多样化、内容化趋势加强，社交电商以人际关系为纽带，具有信息内容化、流量场景碎片化、推广渠道媒体化、用户管理大数据化等优势，以"用户裂变""社交互动""自生内容"等手段达成交易，成为电子商务创新重要力量。We Are Social 联合 Hootsuite 发布的《2021 年 10 月全球数字报告》显示，截至 2021 年 9 月底，全球有超过 45 亿社交媒体用户，同比增长近 10%，预计到 2022 年社交用户超过世界总人口 60%。其中，国内社交媒体平台 Tiktok 用户突破 10 亿大关。中国服务贸易协会社交电商分会《2021 社交电商创新发展报告》显示，2021 年中国社交电商市场规模预计达 5.8 万亿元，同比增长 45%。服装服饰自带不同标签社群，非常适合做社交电商，预计 2021 年服装社交电商也将保持 40% 以上增速。

1. 小程序成品牌服装增长优质渠道

疫情进一步巩固了消费者线上消费习惯，品牌服装纷纷加码私域流量，小程序电商迎来爆发增长期。数据表明，70% 消费者愿意在私域复购，且有 19% 消费者成为品牌铁粉。2021 年，微信小程序实

物商品交易额（GMV）增长 154%，商家自营小程序 GMV 增长 225% 以上。据《服装零售行业洞察报告》调研显示，2021 年一季度，服装品牌私域流量销售额同比增长达 492.2%。2020 年东京奥运会期间，安踏在腾讯小程序收获日均交易额（GMV）提升 30% 以上。黎贝卡小程序"黎贝卡 Official"关联公众号，形成"iDS 大眼睛社区、大眼睛买买买商店、大眼睛买买买全球店"三个差异化小程序矩阵，月销售额达 2200 万元。完美日记小程序直播购买转化率比其他平台高出 2～3 倍；伊芙丽小程序首播当日访问人数环比提升 566%，销售额环比提升 372%。

2. 社群运营开辟了服装电商新渠道

随着品牌与用户链接程度加深，一些品牌服装试图借助圈层定向影响力，通过组织社群活动、高效互动、解决用户诉求、激励粉丝种草等方法深耕社群运营，实现市场快速稳定渗透。2020 年安踏集团迪桑特品牌通过深耕社群运营，实现一季度营业收入同比增长近 30%，三季度流水增长近 90%，目前迪桑特品牌真实会员数量目前已经达到近 60 万人。女装品牌"绽放商城"细分消费人群，深耕 96 个社群，带动年销售额过亿元。AMII 依靠小程序将社群运营做到极致，小程序留存率比传统电商模式高 60%，带来的会员收益是传统电商 220%，推动 2019 年销售规模达到 4.7 亿元。

3. 线下快闪店成为品牌服装获客新方式

快闪店兼具销售渠道和社交媒体属性，覆盖多场景和多群体，通过场景打造、会员互动和精细运营等达到品效合一，拥有更高进店率、购买率和传播率，更精准地触达到消费者，提升消费者体验，成为拓展服装市场销售重要手段。服饰鞋包、食品酒饮、房地产等类目是快闪店最重要支持者。报告显示，获客型快闪店获客成本在 100 元以内，销售型快闪店能实现 ROI 3～5 倍优势，成为品牌服装线下渠道实现用户增长新渠道。LV、Dior 等国际品牌，以及李宁、安踏、美特斯邦威等国潮品牌纷纷入局。报告显示，2020 年快闪店行业交易额规模达 3200 亿元，其中场地交易额突破 800 亿元，全

国快闪店落地数量约 960 万场次。

（三）平台经济助力服装产业数字化发展

2021 年，伴随万物互联时代来临，无论是传统服装企业，还是平台服装企业，网络交易、共享工厂、云直播等平台经济形态盛行，综合电商平台仍是服装电商发展主渠道，线上云展会迅速普及，虚拟服饰平台成为数字时尚新风口，服装技术开源社区探索前行，供应链服务平台加速渗透上下游产业链各环节，平台经济成为助力服装产业数字化发展重要引擎。据商务部发布的《中国电子商务报告 2020》，2020 年中国电子商务交易额达 37.21 万亿元，同比增长 4.5%。

1. 综合电商平台仍是服装电商主渠道

电子商务在技术和需求双轮驱动下，在零售终端渠道裂变速度越来越快，社区团购、网红直播、分享电商等社交电商模式成为电子商务新增长极，无人零售、智慧门店、快闪店等智能消费终端成为电商平台向线下渗透重要入口，初步形成综合电商、社交电商、线下数字门店"三足鼎立"发展格局。随着电子商务治理体系逐步完善，天猫、京东、唯品会等传统电商平台具有丰富的货品和商家资源、成型电商服务、消费者权益保护体系和平台治理规则，近年来在网络直播、社交分享等新型营销方式推动下，稳坐网络零售市场第一渠道位置。在直播电商领域，2021 年淘宝直播交易（GMV）规模超过 5000 亿元，与快手、抖音处于三足鼎立态势。另据相关权威数据分析显示，截至 2021 年 7 月，天猫、京东等大型电商平台母婴相关类目汇线上销售额达 959.5 亿元，同比增长 4.0%。天猫仍是童装和童鞋主要销售平台，占比分别为 94.7% 和 91.7%。2021 年上半年，男装品牌七匹狼天猫、京东、唯品会三大主流综合平台交易金额为 3.54 亿元，占线上渠道收入比重 55.5%。在 B2B 电商领域，阿里巴巴、慧聪网、京东等综合电商平台依托供应链赋能、大数据精准营销等，成为以平台为核心的产业带数字化服务枢纽。

2. 服装线上云展会平台迅速普及

新冠肺炎疫情推动会展业加速走向数字化，自

中国国际服装服饰博览会、上海时装周、深圳时装周等服装展开启"线上云展会"以来，服装展览展会依托数字化手段实现社交软件、网站、自媒体、云直播、线上支付及担保等工具全面打通，推动纺织服装市场线上线下融合发展新突破。2021年6月16~19日盛泽时尚周云展会启动，中国绸都网联合盛泽·设界时尚产业服务平台通过"云直播""时尚秀""静态展""趋势专场对接会"四个活动助力盛泽面料企业品牌化升级，云展会期间流量总计104880余人次，其中五大直播平台（POP趋势、东纺云APP、绸都网抖音号、时创教育FCE视频号、东纺云视频号）共计流量81611余人次，进驻调样群意向企业668家，部分企业成功调样760块。2021年中国—南美纺织服装及轻工产品云展会，依托外贸大数据和精准配对功能，帮助企业"踏云出海"，进一步开拓海外市场。

3. 虚拟服饰平台成为数字时尚新风口

数字化时代让虚拟与现实边界越来越模糊，随着区块链、数字货币等数字技术在服装产业应用加深，虚拟现实平台通过跨界游戏、3D时装、虚拟模特、线上时装周等新技术与新品牌与新一代消费者建立更紧密联系，为数字时尚赋能。英国时尚购物搜索平台Lyst与数字时装公司The Fabricant合作发布的《2021数字时尚报告》显示，全球约有35亿人是数字时尚客户，在总购买力中超过55%。Balenciaga品牌推出VR游戏48小时之内，Lyst平台上Balenciaga品牌搜索量提高41%，月度搜索量飙升至76%。有些品牌服装纷纷试水虚拟服饰（NFT），2021年4月，Kate Moss发布三条视频售卖NFT，售价约为1.8万美元；5月，德国品牌RIMOWA在社交平台Instagram上宣布与NUOVA设计工作室合作推出四件NFT艺术品；6月，Burberry与游戏公司Mythical Games合作推出限量版Blanko NFT虚拟公仔，并于8月11日在游戏中正式登场。荷兰时尚数字公司The Fabricant打造出的虚拟服饰在区块链以9500美元的高价被成功拍卖。国内有些虚拟现实平台如上海青甲智能科技开发的Hogo Garment创作虚拟成衣，探索发展数字虚拟时尚。

三、发展趋势

（一）无性别服饰网络购物发展潜力巨大

随着占据"Z世代"主流"二次元"消费大军崛起，性别、审美多样性越来越受到"Z世代"消费群体热捧，个性化、潮流化国漫IP产品消费需求不断增长，"无性别"服饰凭借板型精简、设计时尚、风格独特等优势，同时依托抖音、小红书、B站、微博等渠道，无性别服饰审美红利得以飞速传播，成为服装网络零售市场新增长点。快时尚品牌HM、ZARA纷纷推出"无性别"服饰款式，Prada、Givenchy、Gucci等奢侈大牌开始探索无性别时尚，无印良品在2021年春夏推出25款无性别服装产品。起源于互联网基因的设计师"无性别服饰"品牌Bosie，通过柔性供应链和预售方式实现整个存销比低于30%，将库存周转周期控制在1个月左右，线下货品流转比线上还要快20天，与快时尚品牌Zara速度相近，2020年全渠道营收实现1.5亿元左右，线上占比80%。2021年《京东618，Z世代时尚潮流消费9大趋势》报告显示，Z世代网购男女同款服饰成交额同比增长4.3倍。未来几年，预计2025年末，25~35岁的主流消费人口约为1.84亿，比2020年末减少18.9%；"Z世代"（"95后""00后"）群体逐渐进入25~35岁成熟消费期，更追求娱乐和自我表达，将成为我国消费市场主导力量，无性别服装紧跟"Z世代"群体热捧的盲盒经济、品牌集合店等新业态，以及时尚科技等技术，将成网络零售市场增长新力量。

（二）汉服电商继续引领服装电商新时尚

近年来，国内消费者在文化自信不断提升背景下，国货意识进一步觉醒，中国制造和中国品牌越来越受青睐，带有中国文化元素时尚创新产品逐渐成为新生代消费者新宠，汉服成为我国新生代消费群体时尚风潮。据极光数据研究院对"95后"消费者调研，70.9%被调研者愿意购买国货/国潮产品；70.5%认为国货/国潮产品质量完全不输海外大品牌；70.8%认为国货/国潮产品原创设计能力很强；67.1%认为国货/国潮产品代表潮流、时尚和个性。艾媒咨询报告显示，中国汉服爱好者数量规模和市场规模快速增长，预测2021年汉服爱好者数量规模达689.4万人，市场销售规模将达到101.6亿元。据统计，我国汉服潜在用户规模达4.15亿人，汉服消费市场天猫、淘宝渠道比重占48%。另有数据显示，2021年淘宝月销量过1000元汉服产品共有106款，价格为200~500元产品数量占比最高，达37.7%，200元及以下中低端产品占比43.4%。iiMedia Ranking 艾媒金榜《2021年中国汉服品牌线上发展排行榜单TOP10》显示，汉尚华莲以94.88金榜指数摘得桂冠；如梦霓裳和重回汉唐分别以87.53、86.40金榜指数分列第二、第三。未来几年，随着"95后""00后"逐步走向经济中央，有望成为汉服消费主力人群，进一步释放市场潜力。

（三）内衣电商加速迈进数字化转型赛道

玺承电商研究院报告显示，目前我国女性人均服装支出中，仅有不到10%用于内衣，与发达国家如法国20%、英国16%和美国13%水平相比，中国女性内衣消费仍有提升潜力。中商产业研究院报告显示，我国内衣市场规模已由2016年3273亿元增加至2020年4951亿元，预计2021年增长至5373亿元。女性内衣追求舒适性成为当前消费主流，无钢圈内衣市场迅速发展。调查数据显示，约70%消费者选择无钢圈文胸，约30%消费者选择有钢圈文胸，不到1%消费者选择软钢圈文胸。2021年3月，无钢圈内衣品牌Ubras在电商平台销量及访客数据稳居第一位，大幅领先于其他内衣品牌；Ubras销量雄踞电商平台内衣品牌销量第一位，接近后九位内衣品牌销量总和。据中研网数据显示，目前我国18~30岁年轻群体增速达到60%。未来

几年，以内外、蕉内、Ubras等为代表的互联网新锐内衣品牌快速涌入市场，内衣直播、独立站、社交分享、盲盒等新业态新模式蓬勃发展，加之特创易内衣设计平台、内库科技供应链管理平台等产业互联网平台持续发力，内衣行业加速进入数字化转型赛道。

（四）老年服饰将成服装电商增长新蓝海

2013年国务院印发《关于加快发展养老服务业的若干意见》，其中明确提出"发展老年电子商务"。第七次全国人口普查结果显示，60周岁及以上人口超过2.6亿人，占总人口18.7%。随着我国老龄化人口加速，各大电商平台越来越重视老年人市场，"银发族"纷纷涌入电商平台，推动老年网购人群规模持续扩大。第48次《中国互联网络发展状况统计报告》显示，截至2021年6月，我国网民规模达10.11亿人，其中50岁及以上网民占比为28%。已触网1亿银发人群中线上购物渗透率已超过40%，并且保持快速增长。淘宝直播用户群体中70前用户（50岁+）2020年比2019年上涨18%，京东"55岁+"用户占比稳定在5%左右，拼多多在银发人群中市场渗透率高达65.9%。艾媒咨询数据显示，2021年中国银发群体日常消费以线下商超（72.1%）、电商平台（71.2%）为主。2021年"双11"，每天有110万"银发族"用"长辈模式"逛"双11"，购买商品前三名是智能手机、羽绒服和毛呢外套。未来几年，我国65周岁以上人口快速增长，老龄化进程将进一步加快。预计到2025年末，我国65周岁及以上人口预计达到2.05亿，比2020年末增加3230万人，增长18.8%，高出整体增速17.5个百分点；65周岁及以上人口占比突破14%，我国将正式跨过深度老龄化社会门槛，新一代老年群体更加注重生活品质，老年服饰网购市场增长潜力巨大。

2021~2022年中国服装行业资本市场报告

申万宏源证券　王立平　求佳峰　刘佩

一、2021年分析：服装消费复苏，疫情反复和高基数致增速回落

（一）行业总体：上半年持续向好，下半年板块行情弱势

从行业整体来看，2016~2020年全国社会消费品零售总额同比增速分别为10.4%、10.2%、9.0%、8.0%、-3.9%，限额以上服装鞋帽零售额同比增速分别为7.0%、7.8%、8.0%、2.9%、-6.6%，服装鞋帽类增长弱于整体。2020年受新冠肺炎疫情冲击，服装等可选消费较为疲软，服装鞋帽零售额同比增速显著下滑，随疫情影响逐步消化，2020年8月服装零售额恢复正增长（图2-27、图2-28）。

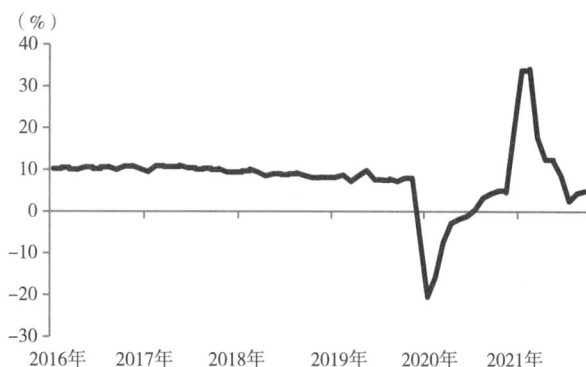

图2-27　社会消费品零售总额当月增速

（数据来源：国家统计局，申万宏源研究）

2021年，服装消费整体呈现复苏趋势，由于2020H1受疫情影响造成的低基数，2021年1~10月，社会消费品零售总额同比增长14.9%，纺服社零总额为10861亿元，同比增长17.4%，已恢复至2019年同期水平。单月增速呈现前高后低趋势，2021年1~6月保持在双位数以上的增速，7月以来

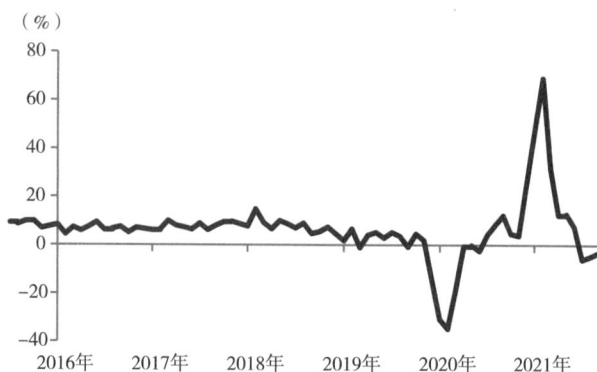

图2-28　限额以上企业服装鞋帽零售总额当月增速

（数据来源：国家统计局，申万宏源研究）

部分地区疫情反复影响终端销售叠加2020年下半年基数升高，7月增速降至7.5%，8、9、10月增速分别为-6.0%、-4.8%、-3.3%，边际增速自8月触底，负增速已逐步缩窄，基数带来的增长压力明显缓解（图2-29、图2-30）。

（二）服装家纺上市公司：业绩恢复性增长，盈利与运营能力有望进一步提升

根据申银万国行业类（2021）分类标准，纺织服饰为一级行业分类，包含纺织制造、服装家纺、饰品三个二级行业，其中，服装家纺包含运动服装、非运动服装、家纺、鞋帽及其他四个三级子行业。根据申银万国港股行业类分类标准，纺织服饰为一级行业，包括纺织制造和服装家纺两个二级行业。本文选择申万A股二级分类服装家纺的61家公司、H股二级分类服装家纺的20家公司进行分析。

1. 营业收入

2019年前服装消费整体承压，收入增速持续放缓，2012~2016年服装行业处于调整期。2017~2018年上半年行业出现复苏，收入增速回升，2018年受宏观经济下行、中美贸易摩擦，2019年第四

图2-29 限额以上企业服装鞋帽累计零售总额及同比增速

（数据来源：国家统计局，申万宏源研究）

图2-30 限额以上企业服装鞋帽当月零售总额及同比增速

（数据来源：国家统计局，申万宏源研究）

季度受天气偏暖等影响，服装消费整体承压，上市公司收入增速持续放缓。2020年受新冠肺炎疫情影响，居民减少外出购物，线下渠道客流下降，A股服装家纺上市公司收入显著下降，A+H股上市公司同比下降15.86%，A股上市公司同比下降17.16%。

2021年同比改善，但仍未恢复至2019年水平。2021Q1和Q2服装家纺上市公司由去年的主动去库向今年上半年的被动去库过渡，终端服装消费复苏，收入持续修复。A股服装家纺上市公司2021年Q1实现营收395.58亿元，同比上升18.16%，二三季度同比增速分别为1.53%和25.41%，前三季度同比增速为14.27%。A+H股服装家纺上市公

司上半年共实现营收1600.02亿元，同比增长17.47%。但疫情点状反复下服装零售恢复进度弱于预期，总体尚未恢复至2019年水平，以2019年为基期，A+H股公司上半年营收下降4.15%，A股公司Q1和Q2分别下降13.97%和8.77%，三季度实现转正，前三季度较2019年同期下滑5.82%（图2-31、图2-32）。

2. 净利润

利润方面，2016年和2017年A股服装家纺公司处于调整期、利润同比下滑，2018年行业逐步复苏、净利增速有所回调。2019年服装家纺行业上市公司合计归母净利润114.94亿元、同比下降21.51%，降幅较2018年的-1.27%大幅扩大。2020年净利端压

图 2-31　A+H 股服装家纺上市公司收入合计及增速

（数据来源：Wind，申万宏源研究）

图 2-33　A+H 股服装家纺上市公司净利合计及增速

（数据来源：Wind，申万宏源研究）

图 2-32　A 股服装家纺上市公司收入合计及增速

（数据来源：Wind，申万宏源研究）

图 2-34　A 股服装家纺上市公司净利合计及增速

（数据来源：Wind，申万宏源研究）

力大于收入端，全年降幅为 27.79%。

2021 年净利端在订单结构优化、开工率回升等的带动下修复明显，A+H 股服装家纺上市公司上半年实现净利润 176.10 亿元，同比上升 53.34%；A 股服装家纺上市公司前三季度实现营收 106.42 亿元，同比上升 23.04%，增幅均大于收入端。2021 年 Q1、Q2、Q3 服饰上市公司净利分别上升 154.49%、降 6.15%、降 3.64%，第一季度主要受益于 2020 年低基数影响，增幅显著，二三季度在收入端和成本端双重压力，增速下降。以 2019 年同期为基数，2021 年 Q1、Q2、Q3 增速分别为 -16.84%、-4.70%、7.93%，Q3 增长态势延续且增速环比 Q2 增加 12.63 个百分点，前三季度净利较 2019 年下降 6.19%，净利润修复有望进一步延续（图 2-33、图 2-34）。

3. 盈利及营运指标

2021 年前三季度，服装家纺行业毛利率、净利率相比于 2020 年均有所上升，毛利率上升 5.58%，净利率上升 8.50%，费用率为 29.61%，基本与 2020 年持平，但高于 2019 年及以前年度水平。存货及应收账款周转放缓，显示行业上市公司运营压力加大（图 2-35、图 2-36）。

4. 细分子板块

由于申万 A 股与申万港股行业分类标准不同，且 A 股和港股表现差异较大。我们分别选取了 A 股和港股市值较大的代表性公司进行分析。2016~2019 年，A 股大众服饰代表性公司增速较为稳定，其中，森马服饰增速保持在相对高位，2018 年增速达 30.7%，海澜之家、太平鸟营收四年年复合增速分别为 8.93%、7.85%。2020 年在疫情冲击下，太平鸟营收仍维持 18.4% 的增长，森马服饰和海澜佳的服饰赛道（图 2-37、图 2-38）。

图 2-35　近年来 A 股服装家纺公司毛利率/净利率、费用率

（数据来源：Wind，申万宏源研究）

图 2-36　近年来 A 股服装家纺公司存货和应收账转周转率情况

（数据来源：Wind，申万宏源研究）

图 2-37　A 股服装行业代表性公司营收增速

（数据来源：Wind，申万宏源研究）

图 2-38　H 股运动服饰代表性公司营收增速

（数据来源：Wind，申万宏源研究）

之家增速均由正转负。2021 年前三季度，海澜之家、太平鸟营收出现较大反弹，营收增速分别恢复至 20.2%、34.2%。比音勒芬为代表性轻奢服饰品牌，2016 年至今营收均保持正增长，2016 ~ 2019年四年年复合增速为 29.43%，2021 年前三季度营收同比增速为 24.5%。

需求驱动下，运动服饰销售持续保持快速增长，优于其他子行业，2016 ~ 2019 年，H 股代表性运动品牌营收持续上探，安踏体育营收增速于 2018年达到最大，为 44.50%，李宁、特步国际、361°均在 2019 年达到最大营收增速 31.85%、28.31%、8.21%。2020 年受疫情影响，营收同比显著下降，2021 年上半年，龙头公司李宁、安踏同比增速达50.83%、63.73%，除 361°外，其余三个品牌均恢复并超过 2019 年同期水平，运动服饰未来仍是极

（三）行情与估值回顾：A 股估值处历史中枢水平，H 股龙头估值高位回落

1. A 股纺服板块估值处于历史中枢水平，尚有上行空间

2021 年年初天气多雨且快速回温，局部疫情致使春节期间多地鼓励就地过年，影响了新年新装消费需求，服装板块处于下行趋势。2021 年 3 月底 H&M 抵制新疆棉花事件，大幅激发国货消费热情。4 月华利上市打开 A 股纺服估值天花板，截至 2021年 4 月末，申万一级行业纺织服装估值为 32.3 倍，申万二级行业纺织制造/服装家纺估值分别为 23.2倍和 39.9 倍。6 ~ 7 月李宁、安踏盈利预喜打响业绩反转信号，板块迎来戴维斯双击。三季度国内局部地区疫情告急，叠加北方洪水、南方台风频发，

再度冲击终端零售,季末天气偏暖也压制换季购衣需求,品牌零售低于预期,全板块回调。三季度后,疫情冲击与能耗双控加速落后小产能出清,中国制造龙头彰显全球比较优势,业绩增长展现高弹性,市场开始关注高成长的细分行业制造冠军(图 2-39、图 2-40)。截至 2021 年 12 月 10 日,申万二级行业纺织服饰的 PE(TTM)为 27.0 倍,处于历史中枢水平,服装家纺、纺织制造估值分别是 29.4 倍、23.4 倍,均处于历史 48% 分位水平(表 2-2、图 2-41)。

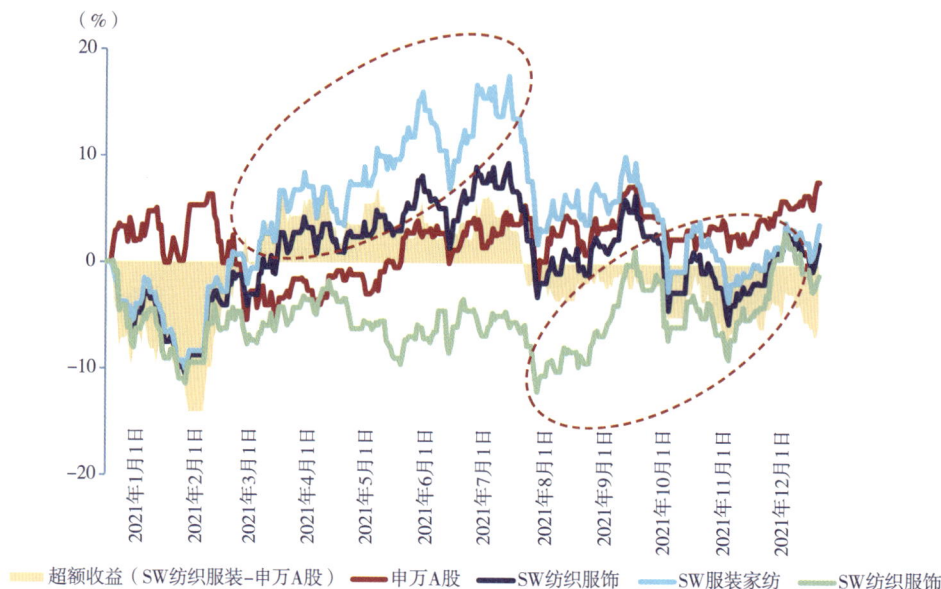

图 2-39 2021 年纺织服装板块行情复盘

(数据来源:Wind,申万宏源研究,统计截至 2021 年 12 月 10 日)

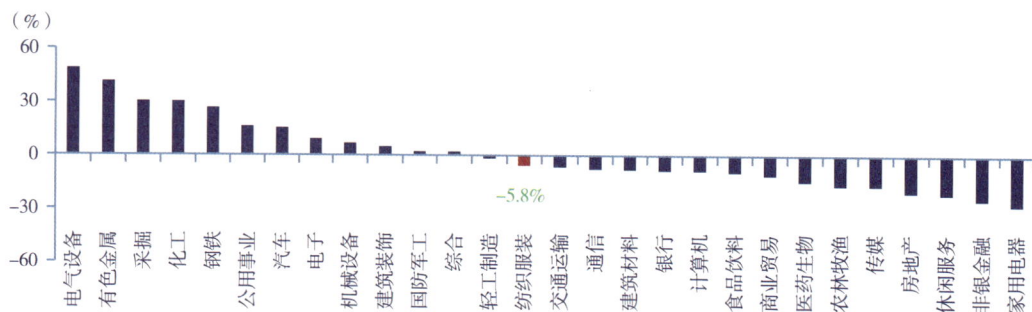

图 2-40 2021 年申万一级行业累计超额收益

(数据来源:Wind,申万宏源研究,相对申万 A 股指数,截至 2021 年 12 月 10 日)

表 2-2 A 股纺织服装板块 PE(TTM)统计

PE(TTM)	SW 纺织服饰	SW 服装家纺	SW 纺织制造
最大值	39.6	45.5	52.2
最小值	18.1	21.0	15.2
当前值	27.0	29.4	23.4
分位数	48%	48%	48%

(数据来源:Wind,申万宏源研究,统计周期为 2017 年 1 月 1 日~2021 年 12 月 10 日)

2021 年初至 2021 年 12 月 10 日,申万一级行业纺织服饰绝对收益为 2.0%,相对申万 A 股指数 -5.8%,相对收益位列全行业第 14 位,处于所有申万以及行业的中游。申万二级行业服装家纺绝对收益为 3.8%,相对收益为 3.0%;纺织制造绝对收益为 1.0%,相对收益为 8.8%。

2. H 股纺服龙头估值高位回落,李宁彰显韧性

行情表现方面,2021 年上半年,H 股纺服板

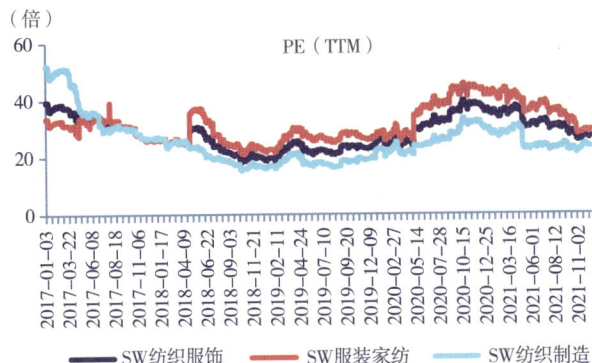

图2-41　A股纺织服装板块PE走势

（数据来源：Wind，申万宏源研究，统计周期为2017年1月1日~2021年12月10日）

块逆势上涨，服装行业市值超千亿的龙头公司安踏体育、李宁、申洲国际收盘价较年初分别上升43.94%、77.86%、30.39%，远高于恒生指数。自7月初开始回调，截至2021年12月10日，安踏体育、李宁、申洲国际涨幅分别为1.57%、75.89%、5.19%，均跑赢恒生指数同期累计涨跌幅（-12.66%），如图2-42所示。

**图2-42　港股代表纺织服装行业上市公司
2021年初至今累计涨跌幅走势**

（数据来源：Wind，申万宏源研究，统计周期为2021年1月1日~2021年12月10日）

估值方面，2021年上半年受益于新疆棉事件催化，国潮热度高涨，港股代表公司安踏体育、李宁、申洲国际估值持续上探，第三季度估值从高位有所回落。截至2021年12月10日，H股纺服龙头回落幅度较大，但仍处70%~80%分位水平；安踏、申洲2021年内涨幅基本抹平，仅上涨2.9%

和3.0%，李宁则维持大幅上涨71.3%（表2-3、图2-43）。

表2-3　H股纺织服装龙头的PE（TTM）统计

PE（TTM）	安踏体育	李宁	申洲国际
最大值	82.7	116.3	50.4
最小值	19.9	13.5	19.7
当前值	38.8	67.3	40.3
分位数	73%	85%	86%

（数据来源：Wind，申万宏源研究，统计周期为2017年1月1日~2021年12月10日）

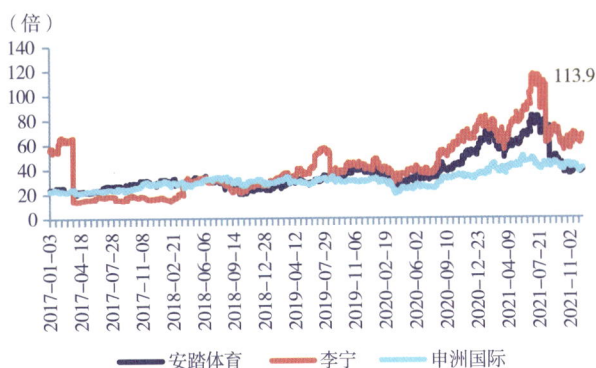

图2-43　H股纺织服装龙头PE走势

（数据来源：Wind，申万宏源研究，统计周期为2017年1月1日~2021年12月10日）

二、后疫情时代现状：龙头效应尤为显著，线上份额持续提高

（一）男女童及运动服行业集中度持续提升

服装行业是我国经济的重要产业之一。根据Euromonitor数据，2020年我国服装市场规模达到19675亿元，其中男装占比约25%，女装占比约50%，童装和运动鞋服合计占比约25%。剔除2020年疫情影响市场规模仍处于扩大中。2015~2019年服装市场规模复合增速为6.3%（图2-44）。

经历过2020年疫情的考验，大浪淘沙下的品牌龙头企业，从管理手段到经营模式，乃至人才沉淀，都有了相应的升级与进步。随后防疫进入常态化，龙头效应将持续显现。2020年我国运动装市

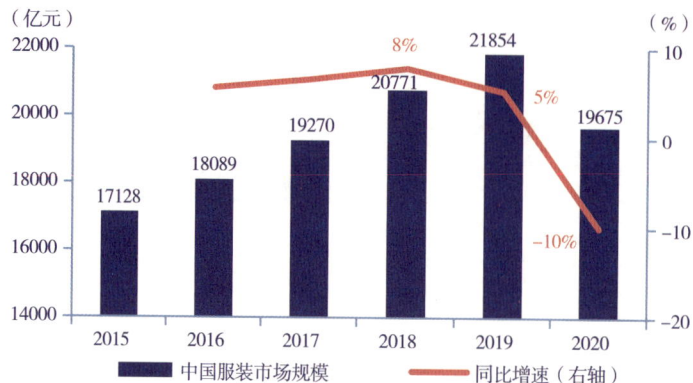

图 2-44　2020 年我国服装市场规模达到 19675 亿元

（数据来源：Euromonitor，申万宏源研究）

场规模 3150 亿元，运动服鞋公司前十市场占有率合计（CR10）为 84%。2020 年男装市场规模 5108 亿元，CR10 为 23%。女装市场规模 9407 亿元，CR10 为 10%，童装市场规模 2292 亿元，CR10 为

16%。运动服鞋、男女童装 CR10 较 2019 年均维持提升趋势，其中各细分行业排名前列的龙头公司份额提升最快，强者恒强格局再获夯实（图 2-45 ~ 图 2-48）。

图 2-45　2020 年中国运动装零售 CR10 为 84.0%

（数据来源：Euromonitor，申万宏源研究；按公司口径计）

图 2-46　2020 年中国男装零售 CR10 为 23.0%

（数据来源：Euromonitor，申万宏源研究；按公司口径计）

图 2-47　2020 年中国女装零售 CR10 为 10.0%

（数据来源：Euromonitor，申万宏源研究；按公司口径计）

图 2-48　2020 年中国童装零售 CR10 为 16.2%

（数据来源：Euromonitor，申万宏源研究；按公司口径计）

1. 运动装：安踏、李宁持续扩大市场份额，国货品牌表现优于国际品牌

2020 年运动服鞋市场规模排 3150 亿元，2015~2019 年复合增速达到 17.7%。2020 年 CR10 为 84.0%，其中，耐克 2020 年市场占比 25.6%，同比增加 1.7 个百分点；阿迪达斯占比 17.4%，同比降低 1.6 个百分点；两大国际公司市场份额一增一降；安踏占比 15.4%，同比增加 0.8 个百分点；李宁占比 6.7%，同比增加 0.2 个百分点。两大国内公司市场份额持续提升（表 2-4）。

表 2-4　中国运动装零售市场前十大公司份额（%）

排名	公司	2015 年	2016 年	2017 年	2018 年	2019 年	2020 年
1	耐克	19.5	21.2	22.4	23.1	23.9	25.6
2	阿迪达斯	15.5	16.4	18.6	19.4	19.0	17.4
3	安踏	9.9	10.4	11.0	12.9	14.6	15.4
4	李宁	6.9	6.6	6.2	6.0	6.5	6.7
5	斯凯奇	1.8	3.0	3.9	4.9	5.3	5.6
6	特步	6.2	5.5	4.4	4.5	4.8	4.7

续表

排名	公司	2015 年	2016 年	2017 年	2018 年	2019 年	2020 年
7	361°	4.3	4.2	3.8	3.1	2.9	2.6
8	新百伦	3.9	4.0	3.3	2.6	2.1	2.1
9	彪马	—	—	—	1.7	1.9	2.0
10	威富	1.9	1.8	1.8	1.7	1.8	1.9
	CR10	69.9	73.1	75.4	79.9	82.8	84.0

（数据来源：Euromonitor，申万宏源研究）

2. 男装：市场集中度持续提升，前三甲份额齐头向上

受疫情影响，2020 年我国男装市场规模 5108 亿元，同比下降 12%。剔除 2020 年疫情影响男装市场规模仍处于扩大中。2015~2019 年男装市场规模复合增速为 4.9%。男装市场格局相对稳定，龙头品牌力强。2020 年男装公司 CR10 为 23.0%，同比 2019 年增加 1.8 个百分点，其中海澜之家占比 5.0%，同比增加 0.2 个百分点；安踏占比 3.0%，同比增加 0.5 个百分点；耐克占比 2.8%，同比增加 0.4 个百分点（表 2-5）。

表 2-5　中国男装零售市场前十大公司份额（%）

排名	公司	2015 年	2016 年	2017 年	2018 年	2019 年	2020 年
1	海澜之家	—	—	4.8	4.5	4.8	5.0
2	安踏	1.0	1.1	1.3	1.9	2.5	3.0
3	耐克	1.5	1.6	1.8	2.0	2.4	2.8
4	绫致时装	3.4	3.2	3.0	2.8	2.7	2.6
5	阿迪达斯	1.4	1.6	1.9	2.2	2.4	2.4
6	迅销	0.9	1.2	1.4	1.5	1.7	2.1
7	波司登	0.7	0.8	1.0	1.1	1.3	1.5
8	李宁	0.7	0.7	0.7	0.8	1.1	1.2
9	马克华菲	0.8	0.8	0.8	1.0	1.2	1.2
10	罗蒙	1.2	1.2	1.1	1.1	1.1	1.2
	CR10	11.6	12.2	17.8	18.9	21.2	23.0

（数据来源：Euromonitor，申万宏源研究）

3. 女装：集中趋势相对平缓，国货品牌份额有所提升

2020 年我国女装市场规模 9407 亿元，同比下降 11%。剔除 2020 年疫情影响女装市场规模仍处于扩大中。2015~2019 年女装市场规模复合增速为 5.9%。女装规模最大，超过服装行业规模的一半，集中度低，多品牌是必然发展趋势。2020 年 CR10 为 8.2%，女装公司份额波动相对不大，其中迅销公司占比 1.8%，同比增加 0.2 个百分点、绫致时装占比 1.4%，同比下降 0.1 个百分点、阿迪达斯占比 1%，占比维持不变（表 2-6）。

表 2-6　中国女装零售市场前十大公司份额（%）

排名	公司	2015 年	2016 年	2017 年	2018 年	2019 年	2020 年
1	迅销	0.8	1.1	1.3	1.4	1.6	1.8
2	绫致时装	2.0	1.8	1.7	1.6	1.5	1.4
3	阿迪达斯	0.6	0.7	0.8	1.0	1.1	1.1
4	安踏	0.3	0.4	0.5	0.7	0.9	1.0
5	Inditex	0.7	0.9	0.9	0.9	0.9	1.0
6	波司登	0.5	0.5	0.6	0.7	0.8	0.9
7	赫基集团	1.1	1.1	1.0	0.9	0.9	0.8
8	太平鸟	0.6	0.6	0.6	0.5	0.5	0.7
9	森马	0.6	0.5	0.5	0.6	0.7	0.7
10	拉夏贝尔	1.4	1.4	1.2	1.2	0.9	0.6
	CR10	8.6	9.0	9.1	9.5	9.8	10.0

（数据来源：Euromonitor，申万宏源研究）

4. 童装：Balabala 龙头地位稳固，市场份额遥遥领先竞争对手

2020 年规模为 2292 亿元，2015~2019 年复合增速达 14.3%。2020 年 CR10 为 16.2%。其中，童装龙头森马旗下巴拉巴拉龙头地位稳固，2020 年市场占有率达到 7.5%，同比增加 0.2 个百分点；安踏公司占比 1.8%，同比增加 0.2 个百分点；阿迪达斯占比 1.4%，同比增加 0.1 个百分点（表 2-7）。

表 2-7　中国童装零售市场前十大公司份额（%）

排名	公司	2015 年	2016 年	2017 年	2018 年	2019 年	2020 年
1	森马	4.1	4.6	4.9	5.9	7.3	7.5
2	安踏	0.9	1.1	1.2	1.4	1.6	1.8
3	阿迪达斯	0.8	0.9	1.1	1.2	1.3	1.4
4	迅销	0.8	1.0	1.1	1.2	1.3	1.4
5	耐克	0.5	0.5	0.6	0.6	0.7	0.8
6	Pepkor Holdings Ltd	0.6	0.6	0.9	0.9	0.8	0.8
7	Inditex	0.5	0.6	0.6	0.7	0.7	0.7
8	安奈儿	0.9	0.8	0.8	0.8	0.7	0.6
9	华特迪士尼	0.6	0.6	0.6	0.7	0.7	0.6
10	太平鸟	0.3	0.5	0.6	0.6	0.5	0.6
	CR10	10.3	11.5	12.3	13.8	15.6	16.2

（数据来源：Euromonitor，申万宏源研究）

（二）疫情加速国民消费线上化，商品网上零售额连上台阶

在社会消费品零售总额缓慢恢复背景下，实物商品网上零售额继续保持两位数增长。2021 年 1~10 月穿类商品网上零售额同比增长 14.1%，接近所有实物商品网上零售额增速水平。疫情加速国民消费线上化，2020 年实物商品网上零售占比 24.9%，渗透率提升 4.2%，为近 5 年之最；2021 年随线下零售逐步恢复，分母扩大导致线上占比略

有下滑，但 2021 年 1~10 月实物商品网上零售占比 23.7%，仍处于相对高位，较 2019 年末仍有 3% 的

显著提升（图 2-49、图 2-50）。

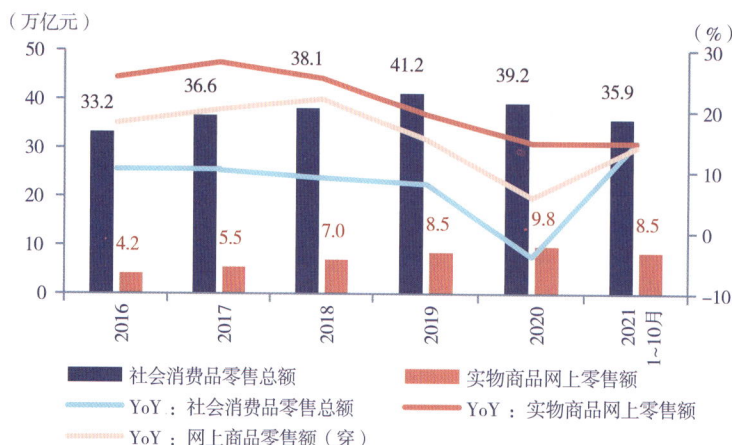

图 2-49　社会消费品及实物商品网上零售额、同比增速

（数据来源：国家统计局，申万宏源研究）

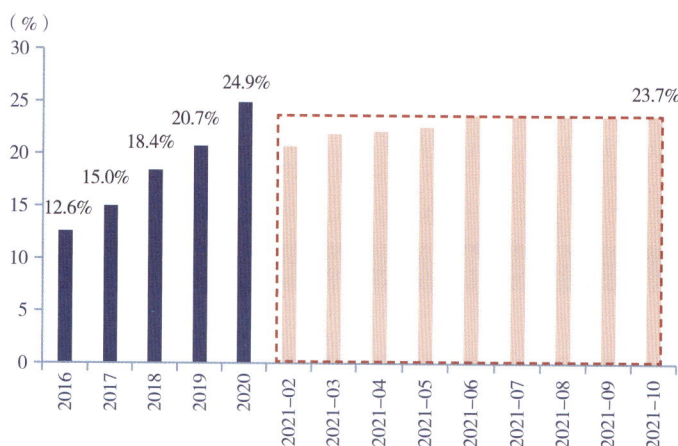

图 2-50　实物商品网上零售额占社会消费品零售总额的比重（累计值）

（数据来源：国家统计局，申万宏源研究）

三、行业趋势：国潮崛起背景下，国货品牌、产品、渠道全面发力

（一）多品牌、多系列矩阵接棒增长，共筑第二成长曲线

1. 安踏：深耕行业三十载，持续完善品牌矩阵的运动龙头

安踏于 2013 年后，在逆境弯道超车，一举成为国内品牌第一。2014~2019 年，公司营业收入由 89.2 亿

元增长至 339.3 亿元，复合增长率为 30.6%，归母净利润由 17 亿元增长至 53.4 亿元，复合增长率达到 25.7%。2020 年受疫情影响，营业收入小增 4.7% 至 355.1 亿元，归母净利润同比下降 3.4% 至 51.6 亿元。2021 年上半财年公司成功走出疫情影响，实现营收 228.1 亿元，同比增长 50.5%，归母净利润 38.4 亿元，同比增长 131.2%（图 2-51~图 2-53）。

公司稳扎稳打 30 年，持续完善品牌矩阵。对内新设 Anta Kids、Anta Athletic 等细分品牌，对外积极收购，2009 年收购 FILA，2015 年收购 Sprandi，2016 年收购迪桑特，2017 年收购 kingkow

图 2-51　2021 年上半财年安踏营收增长 50.5%

（数据来源：Wind，申万宏源研究）

图 2-52　2021 年上半财年安踏净利增长 131.6%

（数据来源：Wind，申万宏源研究）

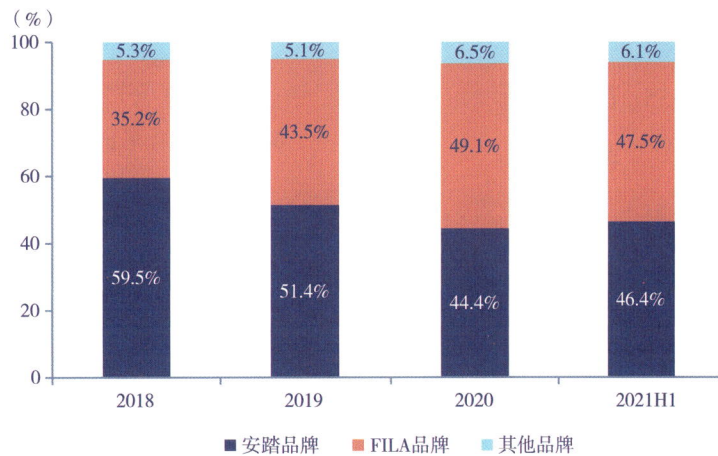

图 2-53　安踏和 FILA 营收呈鼎立之势

（数据来源：Euromonitor，申万宏源研究）

和可隆，2019 年联合投资财团收购芬兰体育巨头 Amer Sports，形成强大的品牌矩阵。目前安踏和

FILA 已成为公司鼎立的明星产品，其他品牌孵化中，营收占比不断提升（图 2-54）。

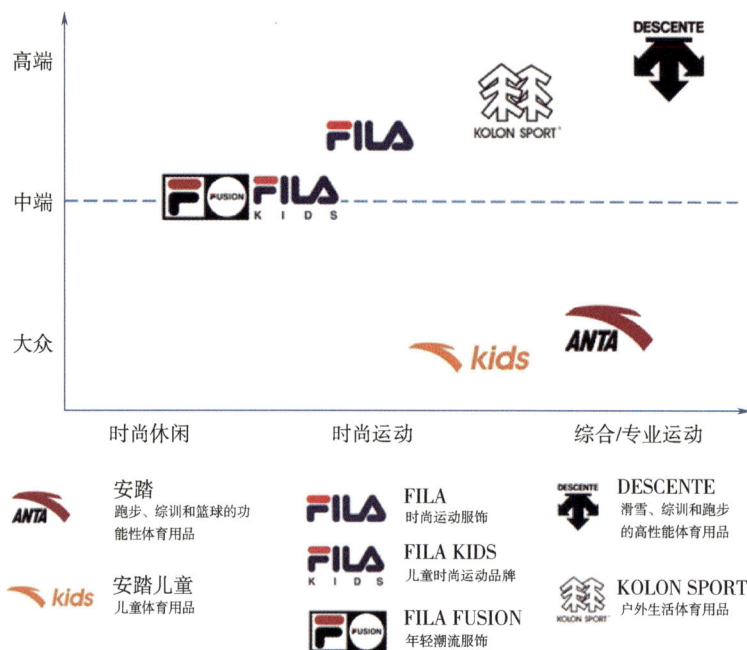

图 2-54 安踏体育多品牌矩阵

（数据来源：安踏体育公告，申万宏源研究）

2. 李宁：国内风骚依旧，多系列孵化未来可期

经过一系列人事动荡，2015 年李宁先生重回公司，在原有改革措施的基础上，将"创造体验"作为新时期的重要战略核心，通过提升"产品体验、购买体验、运动体验"全方位为消费者打造独特体验价值，建立品牌核心竞争力。2021 年上半财年营业收入 102.5 亿元，同比增长 65.3%，净利润 19.6 亿元，同比增长 187.2%，成功走出疫情影响，强劲逆势增长（图 2-55、图 2-56）。

图 2-56 2021 年上半财年净利润同比增长 187.2%

（数据来源：Wind，申万宏源研究）

李宁是最具辨识度的国产运动商，采取单品牌发展策略，李宁品牌不断发展裂变出中国李宁、LI-NING 1990 产品线，从大众功能性运动向高端运动时尚进阶。采取"单品牌、多品类、多渠道"的发展策略，以李宁主品牌为主，产品主要聚焦篮球、跑步、训练、羽毛球及运动时尚五大核心品类（图 2-57）。

图 2-55 2021 年上半财年营收同比增长 65.3%

（数据来源：Wind，申万宏源研究）

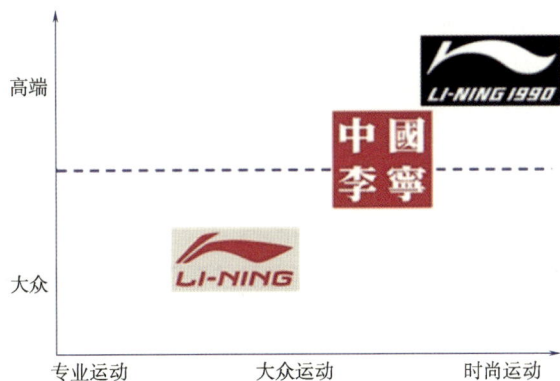

图 2-57 李宁单品牌、多系列矩阵

（数据来源：李宁公告，申万宏源研究）

3. 特步：内生外延同步发展，构建运动场景全覆盖

2014~2020 年，公司营业收入由 47.8 亿元增长至 82.1 亿元，复合增长率为 9.4%，归母净利润由 4.8 亿元增长至 5.1 亿元。2021 年上半财年公司成功走出疫情影响，实现营收 41.6 亿元，同比增长 12.3%，归母净利润 4.3 亿元，同比增长 72.1%（图 2-58、图 2-59）。

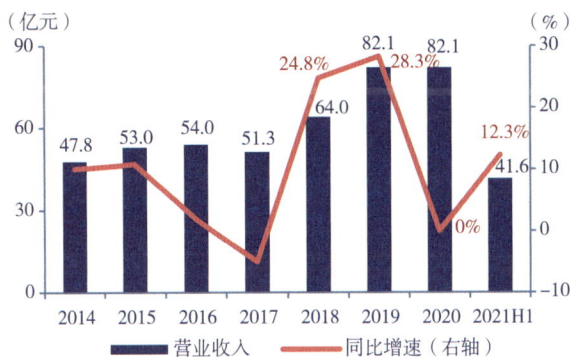

图 2-58 2021 年上半财年营收同比增长 12.3%

（数据来源：Wind，申万宏源研究）

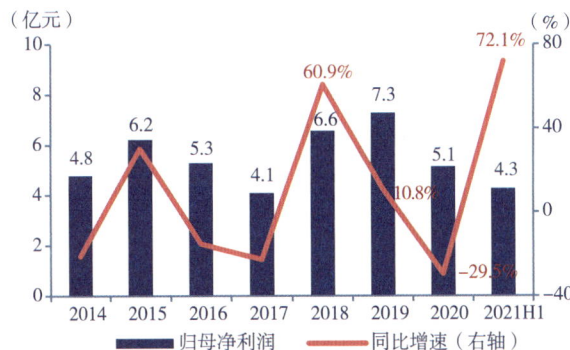

图 2-59 2021 年上半财年净利润同比增长 72.1%

（数据来源：Wind，申万宏源研究）

2019 年特步通过合资形式运营索康尼及迈乐，紧接着又收购盖世威、帕拉丁品牌 100% 股权，形成了目前一个主品牌四个子品牌三种市场的产品线。形成了"大众市场——特步，专业市场——索康尼、迈乐，时尚市场——盖世威、帕拉丁"的三大运动市场品牌矩阵。2020 年大众运动市场中的"特步"以及"特步儿童"为特步国际贡献了最多的营业收入，营业收入占当期总营业收入的 86.9%；时尚运动市场中的"盖世威"与"帕拉丁"两品牌贡献了 12.2% 的营业收入；专业运动市场贡献比例最小，"索康尼"与"迈乐"两品牌合计占比不足 1%（图 2-60）。

图 2-60 特步国际多品牌矩阵

（数据来源：特步国际公告，申万宏源研究）

（二）H&M 抵制新疆棉事件影响深远，国货崛起正当时

1. 消费者偏好转变，短期激发国货消费热情

HM 和 NIKE 集团于 2021 年 3 月 24 日晚先后发表公开申明，宣称因人权问题抵制新疆棉，并且拒绝与任何涉及使用新疆棉的代工厂进行合作。这两个集团所处的 BCI（瑞士良好棉花发展协会）曾在 2020 年以新疆地区存在"强制劳动"和"侵犯人权"的现象宣布不给新疆棉提供国际认证。该协会还包括 ADIDAS、优衣库、ZARA 等国际知名品牌。

新疆棉事件发酵后，HM 已经被天猫等多家电商平台下架，NIKE 和 ADIDAS 等海外品牌的销量短期内迅速下降，2021 年 3 月全国出现个别关店、客流骤减现象，线上销售也受到巨大影响，ADIDAS

和 NIKE 当月天猫销售额分别下滑 55%、16%，4 月进一步大幅收缩，分别下滑 75%、58%。国产品牌安踏体育宣布退出 BCI、李宁官宣肖战成为全球代言人，消费者对于国产品牌的消费热情高涨，国内运动鞋服企业短期利好显著。相比于 2021 年 2 月天猫销售额，安踏、李宁 3 月销售额实现翻倍，6 月天猫销售额分别达 17540 万元、23510 万元（表 2-8、图 2-61）。

表 2-8　2021 年 3 月争议事件发生之后，ADIDAS、NIKE、安踏、李宁天猫销售额表现

天猫销售额（万元）	1月	2月	3月	4月	5月	6月	7月	8月	9月	10月	11月
阿迪达斯	32382	15843	17595	6986	7951	19300	6876	7944	10436	5524	41363
YoY	6%	-5%	-55%	-75%	-61%	-49%	-39%	-46%	-49%	-50%	-60%
耐克	15962	7646	13948	4938	7944	22516	5126	5982	5346	4756	52605
YoY	92%	54%	-16%	-58%	-35%	-32%	-55%	-44%	-49%	-39%	-12%
安踏	7284	5435	11670	13550	13857	17540	12247	9705	7398	8077	44442
YoY	-4%	51%	16%	36%	8%	14%	31%	29%	-25%	-11%	1%
李宁	13200	9558	21205	21989	18535	23510	13697	12081	14279	13088	61546
YoY	29%	88%	93%	98%	44%	40%	65%	7%	-36%	-2%	14%

（数据来源：淘数据，申万宏源研究）

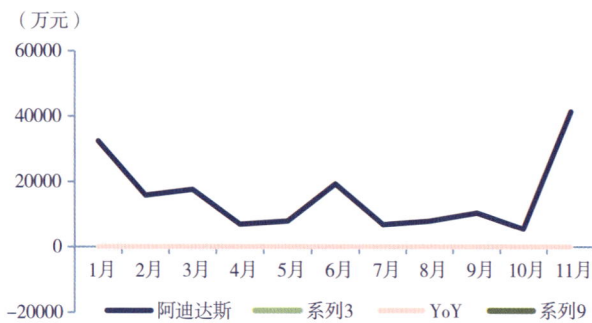

图 2-61　2021 年国内外代表性运动品牌天猫销售额走势图
（数据来源：淘数据，申万宏源研究）

2. 商业优势再平衡，中期重塑国货品牌地位

过去国内商场出于引流考虑，在店位选择、扣点优惠等方面给予国际大牌众多特权。随着消费者认同感日益提升，国货品牌有望不断提升产业链议价地位，经营策略由防守转向进攻，"国潮"概念正逐步融入年轻人的消费行为与生活方式之中，重新定义着新时代的消费品牌。展望更长远的未来，我国普通消费品销量已创阶段性高基数，2021 年下半年消费整体增速有所放缓，但中长期仍处于良好发展阶段。结合共同富裕政策和人口结构变化趋势，本土企业在健康养老、母婴童、家庭服务、家电、家居、汽车、宠物等相关板块也有望更上一层楼，中国大众消费市场的扩容将带来更加良好的规模效益。

3. 第三消费时代中，长期看民族品牌的崛起

当前的中国大致相当于日本的"第三消费时代"，我国国民经济保持高速增长，国民收入水平不断提升，一波又一波的消费升级潮流使中国消费者的消费品质和生活质量都获得了极大提高，消费者逐渐从追求温饱型消费转向追求品牌、追求个性、追求体验消费，消费偏好由量向质升级，电子、个护及鞋服产品的本土化已率先起势，国货品牌逐渐走上顺势崛起之路。

（三）国货品牌凭借差异化竞争力，积极打造国潮时尚与功能性卖点

1. 政策端助推多功能化开发与国风品牌培育

2021 年 10 月，中国服装协会发布了《中国服装行业"十四五"发展指导意见和 2035 年远景目标》，着重强调要坚守产业"科技、时尚、绿色"新定位，在构建时尚文化体系方面，提出要加强文化要素应用，强化中华哲学、东方美学、非物质文化遗产在产品文化中的技艺融合、资源转换与市场应用，提升产品和品牌文化内涵。特别注重把中华文化精神注入设计、研发、生产及营销，实现创意形式、创意内容的突破和创新，培育一批文化特色明显的"国风服

饰"品牌以及富有文化特色内涵的中国自主品牌。

服装产业科技创新方面，要重点加强产品结构调整，适应健康、养老、运动休闲等消费新需求，开发健康舒适、绿色安全、易护理等功能性服装产品。争取在2035年，我国服装行业关键核心技术，特别是数字化、网络化、智能化发展取得颠覆式突破，服装科技创新水平位列世界一流行列。顶层指导展现了国潮时尚和功能性产品蓬勃的发展前景。

2. 进击的Z世代引领新消费，年轻人成为消费主力

（1）Z世代规模庞大，消费发展中坚力量。中国Z世代（出生于1995~2009年）又称网络世代、互联网世代，成长伴随互联网、即时通信、短讯、MP3、智能手机和平板电脑等科技高速发展，他们特立独行、标签鲜明、极具个性，消费习惯和心理和X世代、千禧一代有很大差别，已经逐渐成为推动中国各种新消费趋势的新兴力量，加速新品牌的发展。

全球Z世代人口占比24%，未来将成为消费主流群体。2020年，全球Z世代人口规模高达18.5亿，占比高达24%；其中，中国Z世代人口规模约2.64亿，占我国总人口比重约19%（图2-62）。

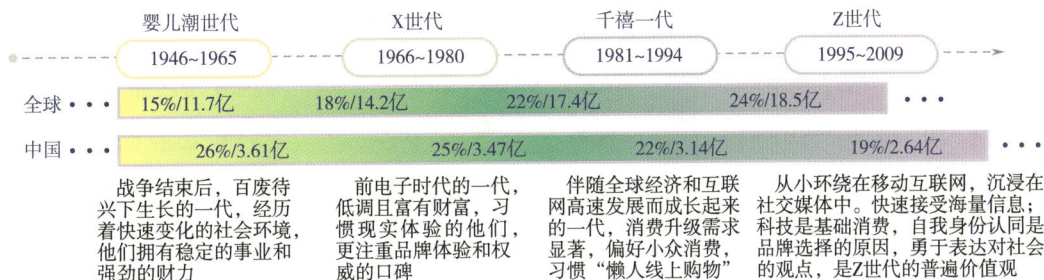

	婴儿潮世代 1946~1965	X世代 1966~1980	千禧一代 1981~1994	Z世代 1995~2009
全球	15%/11.7亿	18%/14.2亿	22%/17.4亿	24%/18.5亿
中国	26%/3.61亿	25%/3.47亿	22%/3.14亿	19%/2.64亿

战争结束后，百废待兴下生长的一代，经历着快速变化的社会环境，他们拥有稳定的事业和强劲的财力

前电子时代的一代，低调且富有财富，习惯现实体验的他们，更注重品牌体验和权威的口碑

伴随全球经济和互联网高速发展而成长起来的一代，消费升级需求显著，偏好小众消费，习惯"懒得线上购物"

从小环绕在移动互联网，沉浸在社交媒体中。快速接受海量信息；科技是基础消费，自我身份认同是品牌选择的原因，勇于表达对社会的观点，是Z世代的普遍价值观

图2-62 新消费时代的人群机遇

（数据来源：联合国经济和社会事务部，CBNData，申万宏源研究，2020年数据）

（2）Z世代个性鲜明标签多元，主要消费用于饮食、购物和休闲娱乐。极光调研数据显示，暂时没有"房贷压力"的年轻人，把更多的钱花费在"吃喝""购物"和"玩乐"上，饮食、购物和休闲娱乐占据当代年轻人每月近六成的消费支出。我国Z世代消费者中，"品牌追随（热爱品牌，紧跟潮流）""高端购物狂（线上研究，随性购买）""环保主义者（青睐负责任的品牌）"占比位列top3，合计高达80%（麦肯锡亚太地区Z世代调查），如图2-63、图2-64所示。

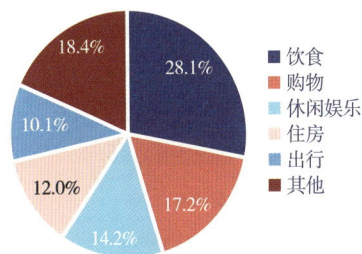

图2-64 年轻人每月各项支出比例分配

[数据来源：极光调研（Aurora Mobile，NASDAQ：JG），申万宏源研究，统计时间为2021年3月]

（3）国潮跨界，情怀消费。新时代意见领袖民族自信感较强，企业担当、消费者认同、文化自信共同撑起新国潮。Z世代成长于中国经济文化蓬勃发展的时代，对国货更具有民族自信感，助推中国品牌走向世界。据极光调研，70.9%的年轻人愿意购买国货产品，70.8%的年轻人认为国货/国潮产品的原创设计能力很强，颜值很高（图2-65、图2-66）。

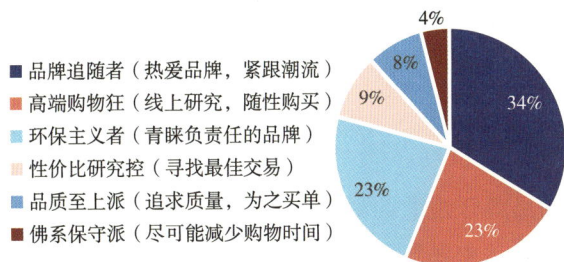

图2-63 我国Z世代消费者的类型划分

（数据来源：麦肯锡亚太地区Z世代调查，申万宏源研究）

70.9% 的年轻人愿意购买国货、国潮产品

72.0% 认为国货国潮产品可以宣扬中国文化，为中国代言

70.5% 认为国货/国潮产品质量很好，价格也不贵，完全不输海外的大品牌

70.8% 认为国货/国潮产品的原创设计能力很强，颜值很高

67.1% 认为国货/国潮产品代表着潮流、时尚和个性

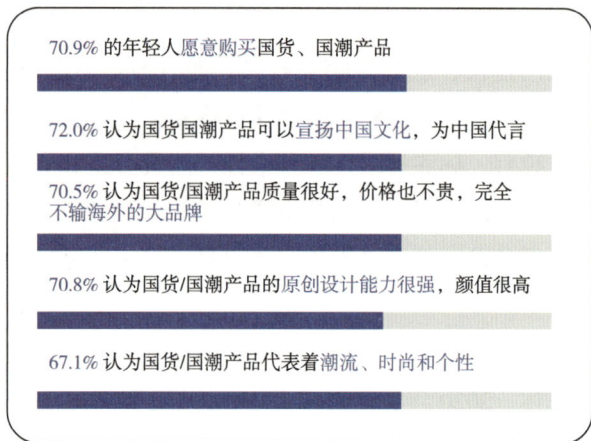

图 2-65　年轻人对国货/国潮产品的态度

［数据来源：极光调研（Aurora Mobile，NASDAQ：JG），申万宏源研究，2021 年 3 月数据］

图 2-66　服饰新品牌画像：新时代意见领袖的消费选择

（数据来源：天猫 & 哔哩哔哩《2021 春夏新风尚报告》，申万宏源研究）

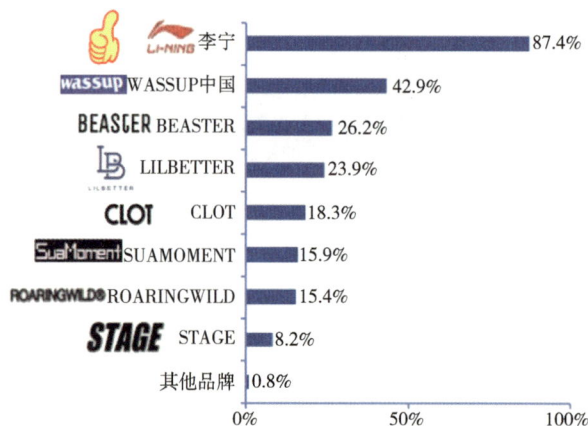

图 2-67　Z 世代最喜爱的国潮服装品牌排行

（数据来源：KuRunData 调研数据，Z 世代样本量 $N = 500$，申万宏源研究）

3. 运动巨头球鞋业务正面交锋，积极研发新一代中底科技

以 NIKE 和 ADIDAS 为代表的海外成熟运动品牌不断加大运动科技领域的布局创新，致力于功能性及专业性抵御潮流趋势波动。近年来，我国本土

（4）李宁：承运动基因，融国潮精髓。李宁"体操王子"在国人心中具有为国争光的特殊意涵与民族自豪的深厚情感，李宁辉煌的体育成绩筑造品牌独有文化壁垒。潮牌子品牌"中国李宁"成为国潮的引领者，与故宫，国家宝藏，人民日报，红旗等的联名，跻身 Z 世代最喜爱国潮服装品牌（图 2-67、图 2-68）。

多领域布局核心体育资源，拥抱年轻多圈层触达潮流。李宁通过签约篮球巨星及赞助举办赛事，持续扩大品牌声量，同时签约顶流明星拥抱粉丝经济，进军电竞电音嘻哈多个潮流圈，多维出击年轻市场。

图 2-68　李宁跨界联名

（数据来源：艾媒咨询，申万宏源研究）

运动品牌开始重点发力核心中底技术，各大品牌均增加对"中底"研发和改良的投入，逐步实现对目前市场最为领先的发泡 PEBA 的技术突破，构建起更为清晰的产品系列矩阵，对中高端市场发起进

攻，实现产品价格带拓宽，造就了如今跑鞋中底科技百花齐放的场景。

（1）安踏体育。2021年9月27日，安踏发布一代"氮科技"中底技术，采取氮气超临界物理发泡，实现综合性能和环保性的提升，氮科技加持下的马拉松竞速跑鞋C202GT和汤普森第7代签名篮球鞋KT7搭载了安踏氮科技新一代中底技术，材料密度仅为0.09g/cm，耐久性方面提升30%，可实现高达86.8%的能量回归率，同时双密度中底、Flashplate全掌3D仿生足形碳板和全新Spacefiber轻织帮面等创新技术为跑者提供了更回弹、更轻量的竞速跑体验。氢跑鞋3.0创WRCA认证的慢跑鞋类别世界最轻纪录，材料密度低至每立方厘米0.1克，较上一代降低28%，能量回归率高达77%，比氢跑鞋2.0提升16%，跟随中国航天员登上中国空间站，安踏体育计划于2025年完成在75%运动鞋产品使用氮科技。

（2）李宁。2019年，李宁创造性地研发出李宁䨻轻弹科技平台，相比业内广泛使用的TPU发泡中底材料，重量降低50%，能量反馈达80%。目前李宁䨻科技平台和李宁弜减震回弹科技已经应用于"飞电""绝影""驭帅"等中高端跑鞋和篮球鞋产品，李宁在专业领域的核心竞争力得到显著提升。未来，李宁将依托以上科技平台，进一步研发开拓篮球、跑步、运动时尚等核心品类。

（3）特步国际。2018年，特步建立了中国体育行业首个专门针对科学研究、鞋履设计、研发及测试的跑步科学实验室，并通过与英威达、陶氏化学、3M等国际领先的纤维物料研发商合作，持续加强鞋类产品的新技术开发。2019年，特步改进推出动力巢X-Dynamic Foam PB科技，纯TPU发泡的中底材质比ETPU轻约50%，回弹性超80%，减震缓冲及能量回馈性能进一步提升，应用于不同跑步场景的160X 2.0、竞训260、动力巢pro及减震透气轻便跑鞋等（表2-9、图2-69）。

表2-9　代表性运动品牌中底技术梳理

中底材料	品牌	产品名称	中底材料	品牌	产品名称
发泡PEBA（E-PEBA）	安踏	氮-Nitroedge	发泡EVA/二次发泡EVA	安踏	alti-flash
	李宁	䨻			a-flashfoam
	特步	动力巢Dynamic foamx PB		特步	动力巢×dynamic foam lite
	NIKE	zoom x		361°	Quickfoam
发泡TPU（ETPu）	安踏	a-flashedge		NIKE	phylon
	特步	动力巢×dynamic foam 1/2			react
	ADIDAS	boost			cushion
发泡EVA/二次发泡EVA	李宁	flytefoam			lunar
		bounse		ADIDAS	adiPRENE+
		云			adiPRENE
		lightfoam			Lightstrike
					bounce

（数据来源：公司官网，天猫，申万宏源研究）

（四）线上景气对冲线下拖累，电商营收占比逐年新高

1. 从货架式电商向兴趣电商迈进，网购有料又有趣

中国互联网电商行业发展二十余年，从传统货架式发展到如今以短视频、直播等为载体的兴趣电商，从"人找货"到"货找人"，推荐算法的精准度在不断提升，消费网购体验在不断优化，基于用户浏览内容挖掘用户消费需求的兴趣电商已成为电商行业发展新趋势（图2-70）。

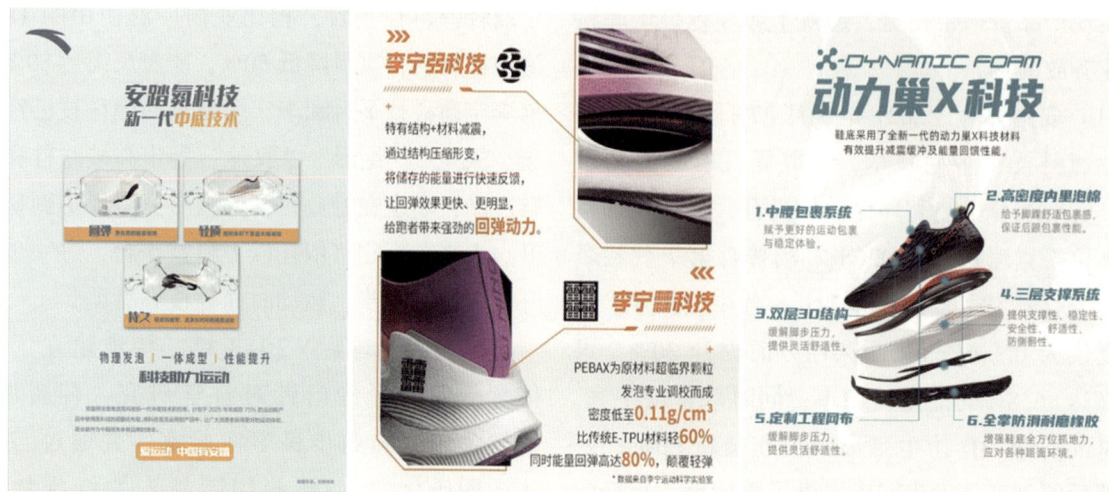

图 2-69 代表性运动品牌中底技术示意图

（数据来源：安踏体育，李宁，特步国际，申万宏源研究）

图 2-70 电商行业发展历程图

（数据来源：国家统计局，申万宏源研究）

2. 疫情倒逼渠道线上化，电商收入占比屡创新高

（1）家纺标品适合直播带货，家纺龙头电商占比领先其他子板块。2020 年，罗莱生活、水星家纺、富安娜线上营收分别同比增长 26.3%、24%、12.6%，营收占比分别达到 28.9%、49.8% 和 39.5%，同比增长 5.8%、9.2% 和 3.5%。总体来看，线上营收占比在服装家纺大类中处于领先位置。

（2）大众线下消费需求转向线上，大众服饰公司电商占比再上台阶。大众服饰主要公司中，七匹狼线上营收占比达到 43.9% 的高水平，森马服饰和爱慕股份线上占比分别同比上涨 10.6% 和 11.3%，线上占比达到 38.2% 和 31.6%；爱慕股份和海澜之家线上营收增速为 57.8%、54.7%。

（3）中高端品牌发力电商渠道，轻奢领军企业电商占比低位起跳。比音勒芬近年来加快线上渠道及新零售的发展，线上收入占比从 2018 年的零贡献提升至 2020 年的 5%，线上营收同比上升 508%。歌力思通过自主构建直播运营平台和营销团队进行内容营销，积极进行公域和私域推广，放大品牌声量，2020 年线上营收增速达 118.4（表 2-10、图 2-71）。

表 2-10　2020 年服装家纺公司线上营收增长远好于线下

类别	证券简称	2020 年		
		线上 YoY	线下 YoY	线上占比（YoY）
运动服饰	李宁	29.8%	−3.1%	28.0%（+5.5pct）
大众服饰	海澜之家	54.7%	−22.9%	11.8%（+5.6pct）
	森马服饰	8.9%	−32.9%	38.2%（+10.6pct）
	太平鸟	21.3%	17.2%	30.5%（+1.0pct）
	七匹狼	6.6%	−17.0%	43.9%（+6.1pct）
	九牧王	28.9%	−10.6%	14.7%（+4.0pct）
	爱慕股份	57.8%	−13.0%	31.6%（+11.3pct）
中高端服饰	比音勒芬	508.0%	1.7%	5.1%（+4.2pct）
	欣贺股份	45.3%	−14.8%	21.0%（+7.5pct）
	地素时尚	20.3%	6.0%	14.4%（+1.5pct）
	歌力思	118.4%	−31.5%	13.2%（+8.1pct）
	安正时尚	68.7%	26.5%	56.9%（+7.3pct）
家纺	罗莱生活	26.3%	−6.5%	28.9%（+5.8pct）
	水星家纺	24.0%	−14.6%	49.8%（+9.2pct）
	富安娜	12.6%	−2.4%	39.5%（+3.5pct）

注　pct：百分点

（数据来源：各公司年报，申万宏源研究）

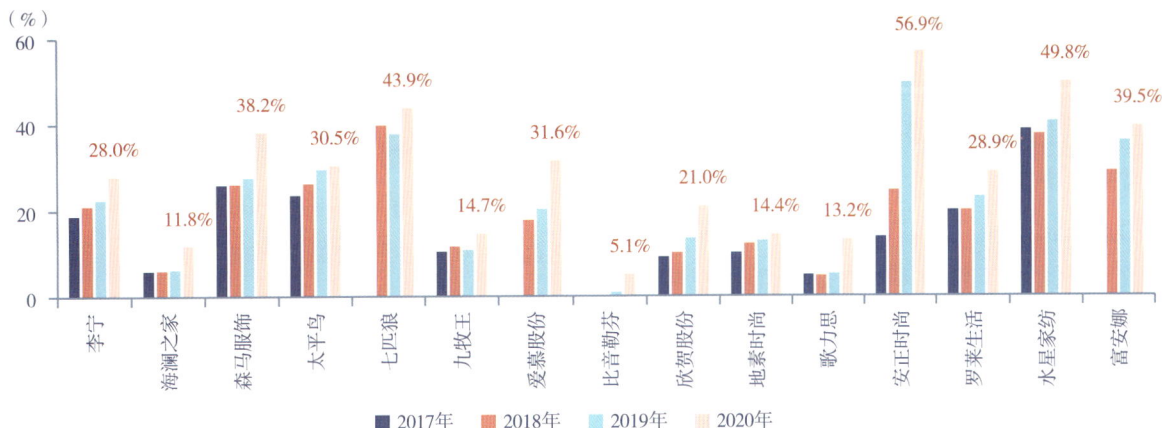

图 2-71　服装家纺公司线上收入占比逐年攀升

（数据来源：各公司公告，申万宏源研究）

3. 电商模式快速迭代，直播电商处于起步爆发期

技术进步、供给需求端变化和政策法规的制定给直播电商带来发展机会。互联网流量红利见顶，中国网络直播人群基数大，催生了直播电商的发展，为电商提供低成本的新增客户，满足品牌主寻求高效营销途径的需求。同时，直播电商满足消费者社交性、互动性需求、购物体验的需求和寻求高效选品。

直播电商成长空间广阔。据巨量引擎预测，2021年，直播电商交易规模有望达到 19950 亿元，年增速高达 90%，领跑电商行业。此外，直播电商的市场渗透率仅为 14.3%，仍存在巨大的增长空间（图 2-72、图 2-73）。

4. 兴趣电商：发现式消费，雪球式增长

（1）兴趣电商发现需求，连接商品内容与潜在用户。兴趣电商的生意逻辑是通过推荐技术把人设

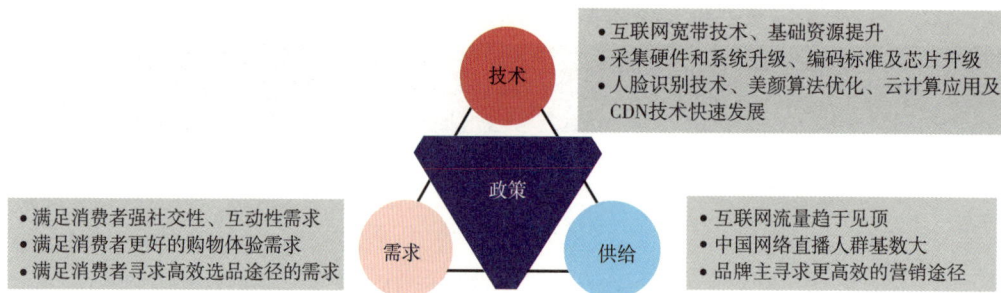

图 2-72 直播电商发展驱动力

（数据来源：申万宏源研究）

图 2-73 中国直播电商市场规模及渗透率趋势

（数据来源：巨量算数，申万宏源研究）

化的商品内容与潜在海量兴趣用户连接起来，用内容激活用户的消费需求，实现转化和沉淀的优化，同时将内容推给更多的潜在消费者，获得新流量注入，带来消费新人群和生意新增量。当前，我国互联网用户增长放缓［2017～2019 年，全网日活跃用户数（DAU）年新增率约 2%］，而短视频、直播平台用户仍然保持快速增长，据 CNNIC 数据显示，截至 2020 年 12 月，电商类直播用户规模为 3.9 亿，占直播整体用户的 62.9%，较 2020 年 3 月增长了 46.4%，是目前增长速度最快、增长规模最大的用户类型，流量结构的转变有望给商家带来新转化和新沉淀（图 2-74）。

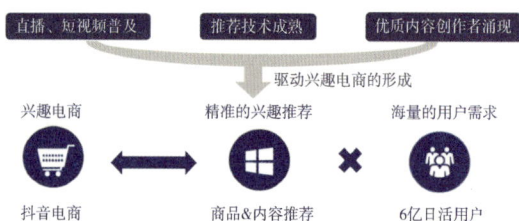

图 2-74 抖音提出"兴趣电商"全新电商形态

（数据来源：申万宏源研究）

（2）抖音电商提出"兴趣电商"全新电商形态，满足潜在用户兴趣。2020 年初，众多明星达人开启抖音直播带货，抖音内容化场景消费爆发式增长；2020 年 6 月，字节跳动成立电商一级业务部门，正式发布"抖音电商"品牌；2020 年 8 月，抖音奇妙好物节成交额突破 80 亿元；2021 年 1 月，抖音抢新年货节成交额达到 208 亿元；2021 年 4 月，抖音明确"兴趣电商"平台定位。2021 年 1 月抖店交易额飞速增长，较 2020 年同期增长超 50 倍；日益成为越来越多品牌、商家的长期经营阵地，一条全新的线上零售赛道初具规模。

（3）服饰销量领跑大盘，热销商品客单价逐步下沉。抖音直播电商服饰销量领跑大盘。2021 年上半年，服饰销量占比达 30%，位列第一，同比增速高达 162%，较全品类增速（109%）高出 53 个百分点，整体走势向好；细分品类看，女装与女鞋/男鞋/箱包的销量占比逐渐增加，6 月合计占服饰近八成的市场份额（图 2-75）。

根据新抖数据，2021 年 1～11 月，太平鸟官方旗舰店月均累计观看人次达 3492.81 万人，直播销售额达 9425.67 万元，其中，1 月累计观看人次最高，为 4761.9 万人，10 月直播销售额为 11 个月内最高，为 16700 万元。太平鸟官方旗舰店月均累计观看人次达 3492.81 万人，直播销售额达 9425.67 万元，其中，2 月累计观看人次和直播销售额均为 11 个月内最高，分别为 4343.46 万人次、15500 万元。抖音直播销售已经成为各大服装品牌重要的销售渠道和品牌宣传的主要阵地（图 2-76、图 2-77）。

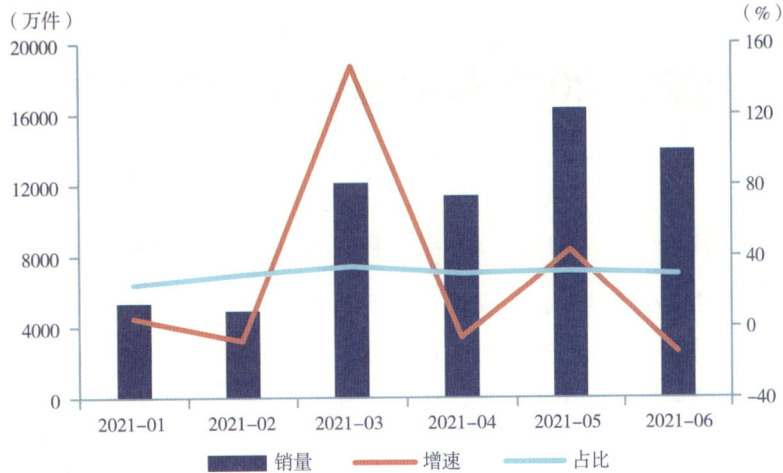

图 2-75　2021H1 服装大类销量及其占抖音总销量的比例变化情况

（数据来源：蝉妈妈数据，申万宏源研究）

图 2-76　太平鸟抖音直播累计观看人次及直播销售额

（数据来源：新抖数据，申万宏源研究）

图 2-77　Teenie Weenie 抖音直播累计观看人次及直播销售额

（数据来源：新抖数据，申万宏源研究）

2021~2022年中国消费趋势报告

知萌咨询机构　肖明超

2021年是党和国家历史上具有里程碑意义的一年，这一年，中国迈入全面小康社会，实现了第一个百年奋斗目标；这一年，中国共产党迎来了百年华诞，让全世界见证了中华民族的伟大时刻；这一年，国家"十四五"规划开年，双循环以及需求侧改革让很多产业迎来了新的机遇；这一年，从"双减"到"开放三胎"，从互联网监管趋严到《个人信息保护法》出台，从乡村振兴到"共同富裕"，从直播电商的野蛮生长到行业洗牌及合规化运营，从"元宇宙元年"到虚拟世界与现实世界未来如何融合……很多政策的出台和市场环境的风云变幻，加上疫情的局部反复，让每个企业和个体都要学会快速调整，顺应节奏，把握未来。

在知萌开展的"2021中国生活榜"年度关键词的投票中，"内卷"这个词名列榜首，但在谈到用一个词来形容2021年的状态的时候，"忙碌""努力""成长"排在了前三位，结合起来看，尽管很多行业、领域、很多人和事都有"内卷"的倾向，而对于大多数人而言，这一年还是在忙碌奋进中，获得了自我的成长与充实，知萌在2020~2021年中国消费趋势报告中提到了"重塑"与"新生"的关键词，这个关键词其实也成为种在每个人心里的种子，等待2022年的生长。

知萌咨询机构每年都会出品年度中国消费趋势报告，持续预见中国消费市场的潮流变迁，从2017年开始，我们就把对于中国消费趋势的洞察，形成了一本年度的《中国消费趋势报告》，希望能够将这些观察，提供给更多的企业，支撑年度的战略决策和营销规划，而从历年的趋势关键词和报告中，我们也可以感受到中国消费的深层动力与隐藏的活力，从2017年的"升级与焕新"，到2018年的"新精致与新智慧"，我们看到了中国消费者的认知和消费机构的升级；从2019年的"回溯与归

真"，2020年的"进化与张力"，到2021年的"重塑与新生"，我们看到了中国消费者在不断的求真务实，在追求更加匹配自我的消费，尤其是2020年到2021年，由于疫情的影响，消费者也更加追求稳健、可控和更可感以及更能让自己身心愉悦的消费体验。

那么，2022年的消费趋势会朝什么方向发展？对于商业创新、品牌规划和营销而言，我们应该如何去把握新的趋势，在2022年更好地与消费者建立连接？知萌咨询的趋势研究团队通过对于全国15城市消费者的研究和40多个在行业中不断向上的公司案例的观察，我们总结提炼了2022年的趋势关键词和10大消费趋势。

一、2022年消费趋势关键词：回归与追寻

2022年，新的经济周期开启，行稳致远，稳中求进成为主基调。展望2022年，经济将逐渐回归常态化，各行各业也在进一步重塑格局，既要更加聚焦消费需求，也要从需求侧进一步地激发和创造新的消费需求。

消费者对于2022年也表示出更加积极的乐观态度，调查显示，78.6%的消费者认为个人收入会提高，71.8%的预期个人生活质量会更好。整体来说，2022年消费者对宏观经济形势看好的同时，对个人收入、生活质量的提高有更高的期待。而在对2022年的期待中，33.8%的消费者表示要"努力工作"，33.1%要"继续加油"，在充满正能量的同时，32.0%的消费者也表示要在2022年有一个"更好的自己"。

在2022年，消费者更加关注"向内探索"，调查显示，学习、调理身体、培养兴趣爱好、旅行、多陪陪家人成为2022年排在前五位的个人生活计划（图2-78）。

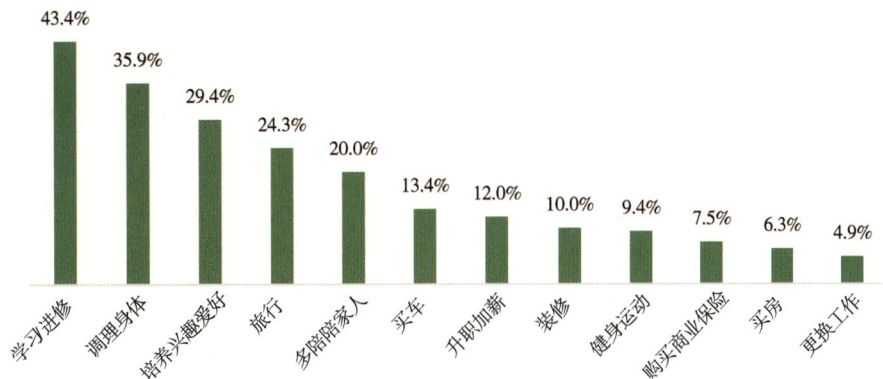

图 2-78　2022 年个人生活计划

随着消费升级的不断深入，2022 年消费者追求更加注重内在精进的生活方式。调研显示，"70后""80后"的消费者更加注重子女教育类消费，"60后"消费者相对会更加重视医疗保健的开销，"90后"重视个人兴趣的投入，"95后"侧重于旅游，"00后"则更注重文化娱乐的投入。

结合 2021 年知萌咨询机构对于中国消费市场的观察，2022 年的消费趋势关键词为"回归"与"追寻"，中国消费者更加注重从向外追求，转为向内探索，注重自我的建构与生长，崇尚更简约的生活，探索更多元的兴趣，追寻更纯粹的自己，消费者向内的追寻，驱动着商业的重构一定要"归心"。

二、2022 年十大消费趋势

"万象归吾，追寻本源"，知萌咨询机构经过深度的研究，也预见了 2022 年将会呈现的十大消费趋势，分别是：内在绽放、感官滋养、驭感消费、品牌心域、国货进化、质懒生活、极致低减、闲品新生、内容破茧、虚实相生。

（一）趋势一：内在绽放

在疫情的影响下，中国消费者开始"放下"快节奏的工作，回归"渐慢"的生活。调查显示，排在前三位的消费者追求的目标中，更健康的身体占17.7%，更多地陪伴家人/朋友占 17.3%，清除家里杂物/断舍离占16.9%，从数据中可以看出，消费者开始从向外探索回归到向内探索（图 2-79）。

随着消费者向内探索的"步伐"，消费者更在乎当下内在的精神与舒适度。调查显示，在 2022年消费者要努力的方面，占据首位的是更丰富的娱乐休闲，其次是买更好品质的东西，最后是知足常乐/少攀比，以及更多地思考、自省等，而消费者希望达成精神消费和物质消费的平衡的占比为37.5%，更加在意精神消费占到 20.3%。这展现出中国消费者愈加倾向于向内思考探索，追求有深度、有内涵的生活方式，越来越注重健康的深层次觉醒、内在的"精神""舒适度"探索、"尽享自

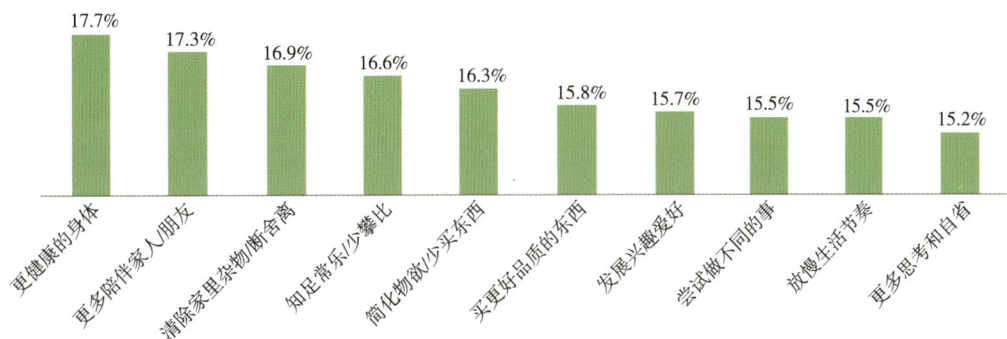

图 2-79　2022 年消费者追求目标

我"的体验感、成长的精神富足,"内在绽放"成为共同追求。

如何更好地抓住"内在绽放"的需求?更重要的是创造消费者的舒展体验,在精神界面驱动和消费者的内心共鸣。

例如,从服饰的消费来看,穿衣风格或许千变万化,但随着消费者越来越关注自我和悦己,"简单而舒适"成为新的需求。例如,过去基本款的居家服和睡衣或许大家只关注功能,但是,由于和人肌肤相亲,使用频率高,影响着每时每刻的体感,消费者对居家,也期待着美好的自我舒展和体验。服饰领域的新消费品牌 Bananain 蕉内就凭借对体感的洞察及精细化研究,成为这一领域的破局者,让蕉内脱颖而出的是自研 Tagless 外印无感标,以外印标签取代传统内衣的缝制标签,彻底解决了内衣穿着时标签刺痒的问题,独特的研发底层逻辑,使蕉内从一开始就走上了一条截然不同的"体感科技公司"路线。在此基础上,蕉内相继研发了 ZeroTouch 无感托技术、Movestech 防晒凉感技术、Airwarm 热皮空气保暖技术等。这种极具特色的差异化定位,天然适合 KOL 进行种草营销,令消费者耳目一新,

而从成人到儿童,从内衣到家居服甚至到浴巾、收纳等家居日用品,中国家庭场景下主要人群的日常"绽放自我"的需求,构成蕉内产品序列的生产逻辑,产品的高概念文案、极简主义的美学设计,柔性而密集地输出"体感科技"的价值理念……每一个品牌触点,都在向驻足的消费者传达着一种"区别感"。

(二)趋势二:感官滋养

随着生活节奏的加快,很多人都面临着来自社会、工作、家庭等多方面带来的压力,数据显示,86.7%的消费者感受到压力,49.4%的感到压力非常大。压力来源也来自方方面面,经济、情感、工作、学习和人际关系成为压力的五大主要来源。

同时,移动互联网的发展让消费者可以随时随地获得丰富的海量的信息,但也相应带来了信息焦虑。尽管有刷手机的愉悦感,然而信息量大和信息价值少也成为人们新的担忧。知萌的调查显示,有44.4%的人认为自己有"信息焦虑",信息太多导致信息疲劳,甚至找不到有价值的信息,进一步加剧焦虑(图 2-80、图 2-81)。

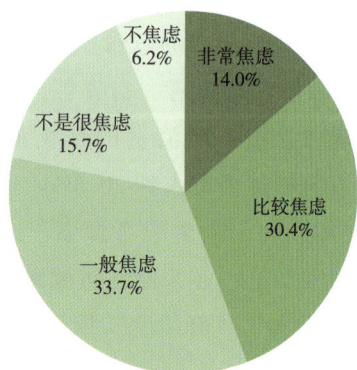

图 2-80 信息焦虑程度调查

图 2-81 突然感到焦虑的情形调查

快节奏的生活压力和海量的信息过载,消费者感官陷入疲劳和困顿,期待在消费中拥有更多有趣的、能直击精神和心灵的感官体验。调查显示,人们通过不同的方式来解压,运动健身、睡觉、刷短视频/社交朋友圈和外出旅游等,强身健体、放松身心、视觉盛宴、感官愉悦、情感交互、听觉陶醉都成为让人们感官得到放松的方式。

从事感官营销研究 20 多年的学者克里希纳(Krishna)认为,营销者可以通过改变消费者的感官体验,打造品牌的专属印记,或者影响消费者的潜意识和行为。如何打造感官印记?调查显示,产品的包装设计、快闪活动、购物场所的香气、品牌的文化展示和产品上的有趣文案都属于这个范畴,感官印记作用于消费者的触感体验,也有助于缓解

消费者的情绪和压力（图 2-82）。

无论是线上体验，还是线下消费场所，感官的塑造都变得更加重要，需要全方位创造视觉、听觉、触觉、嗅觉等体验，来构建从感官驱动情感的链接，品牌的"感官滋养力"，成为品牌连接消费者之间重要的情感纽带，需要贯穿于品牌营销的各个环节，无论是场景创新、产品设计、产品选材还是消费者触点，都需要建立一种全新的、感官的、能够在情感上吸引消费者的品牌视野。

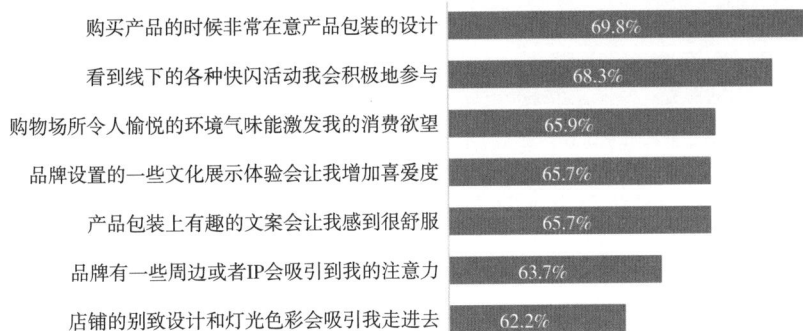

感观体验	百分比
购买产品的时候非常在意产品包装的设计	69.8%
看到线下的各种快闪活动我会积极地参与	68.3%
购物场所令人愉悦的环境气味能激发我的消费欲望	65.9%
品牌设置的一些文化展示体验会让我增加喜爱度	65.7%
产品包装上有趣的文案会让我感到很舒服	65.7%
品牌有一些周边或者IP会吸引到我的注意力	63.7%
店铺的别致设计和灯光色彩会吸引我走进去	62.2%

图 2-82　感观体验吸引力调查

例如，1998 年在加拿大诞生的 lululemon，一直以健康生活方式为灵感，通过瑜伽及瑜伽以外的各种热汗形式，帮助人们实现更加有意义的生活目标。lululemon 始终致力于技术性能的开发和创新功能的研发，并独创了"触感科学"（Science of Feel）设计理念，力求将身体感受与情感诉求合二为一，为用户提供更多的产品选择，以满足用户在各种运动场合以及日常生活中的不同需求，体验身心紧密相连的联结力量，无惧挑战尽情释放，活出可能。"感触科学"正是感官滋养的展现，亲肤裸感，轻松舒适，拥抱贴合，这一切依靠 lululemon 在面料领域的创新来实现，弹力良好的、柔滑的 Nulu™，轻盈灵活的 Nulux™，软绵舒适的 Luon®，低阻、更强包裹性的 Luxtreme® 等面料科技，都是 lululemon 独特的 "Science of Feel"。2021 年 8 月，lululemon 发布了名为"感受这种 FEEL"的全球营销活动，这是其在全球范围内发起了迄今为止规模最大的整合营销战役，鼓励所有人从身、心、灵的维度找到自在的状态，感受更好的自我，在全球范围疫情影响的大背景下，这一口号有着极强的目的性，希望鼓励公众敞开心扉，拥抱改变，用运动来感受最好的自己，通过跨越不同年龄、职业、性别的人物故事，突出运动给人们所带来的独特感受、感悟，借此与消费者对话，传递 lululemon 的品牌文化和运动哲学，引起更广泛的共鸣，让处于不同生活状态里的消费者都可以时刻通过运动来感受幸福、感受最好的自己，滋养和愉悦身心。

（三）趋势三：驭感消费

2021 年，由于疫情的局部反复，中国消费者正在适应新的"不确定性"，在消费中追求更加稳妥的"安全感"成为重要的改变，他们希望在各个环节中，获得确定性的"掌控感"，让"驭感消费"成为选择。从多方求证寻求"性价比"最高的产品，到对产品的多方位、全面的信息掌控，再通过社交媒体平台观看产品测评内容和评价，选定最适合和中意的产品，消费者对自己的生活和消费要有一种可控的"安全感"，可靠的"驾驭感"和可感知的"价值感"。

调查显示，60.7% 消费者在购物时会货比三家，选择最优解；56.1% 的消费者会通过产品详情页和评论全方位了解产品信息，53.4% 消费者在购物前会通过社交媒体平台观看种草内容，因此，品牌需要提供消费者需要的信息和选择，让他们感觉自己处于主导地位（图 2-83）。

比较 （多方求证）	货比三家，确保性价比最优	32.3%
	对比多个品牌，确保购买到最好的	28.4%
了解 （从浅到深）	仔细浏览产品的详情页 （图文/视频等）	29.5%
	对产品和相关知识做深度了解	26.6%
佐证 （多方种草）	去社交媒体平台看种草内容	24.9%
	看消费者评论是积极正向的	28.5%

图 2-83　消费者购买产品之前的准备工作调查

围绕驭感消费，品牌要打造信息的"驭感系统"：一方面，需要通过不同渠道、不同角度给予消费者更立体和全面的信息感知；另一方面，要主动塑造品牌正面形象，建构与消费者的关系和信任。

例如，加拿大知名可持续时尚品牌 Frank And Oak 弗兰奥克（简称为 Frank And Oak）的亚洲首家线下门店 2021 年 12 月在上海前滩太古里正式开业，上海新店展出的新品包括采用环保牦牛绒的冬日系列，该环保牦牛绒供应商为可持续纺织品牌 Shokay，近日刚刚与唯链区块链达成环保纺织物追溯的合作。门店消费者扫码即可看到储存在唯链区块链上的信息，了解织物背后的绿色故事，即可持

续纺织品牌 Shokay 与全球领先纺纱供应商 UPW 如何携手为 Frank And Oak 提供环保织物。Frank And Oak，Shokay 和 UPW 会共同将此系列收入的 1% 回馈四川省的草原保护项目，实现从原料商到终端品牌整体供应链的可追溯性，共同推动社会影响力，区块链技术所带来的数据透明、数据可信，成为 Frank And Oak 线下体验的亮点之一，这也是"驭感消费"的行业趋势实践案例。

（四）趋势四：品牌心域

互联网红海竞争时代，用户注意力的获取变得越来越难，更多品牌会把目光转向私域，然而，私域流量的价值点也是有限的，私域虽然缩短了品牌与用户的触达渠道，但是，想要打动消费者最终依靠的还是产品的品质和品牌与消费者的关系。

品牌如何赢得信任？调查显示，品牌获得信任的来源是品牌价值的持续传播、情感连接和社会公益三个维度。树立良好的形象，传达意义深刻的文化内涵，会使品牌及产品在消费者心目中形成美好的印象；有温度，注重情感价值才能与消费者建立紧密的关系；品牌对于社会公益的投入，有助于提升信任感（图 2-84）。

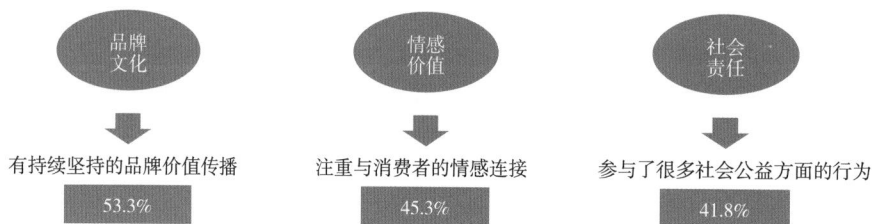

品牌文化	情感价值	社会责任
有持续坚持的品牌价值传播	注重与消费者的情感连接	参与了很多社会公益方面的行为
53.3%	45.3%	41.8%

图 2-84　赢得消费者信任的品牌营销动作调查

因此，获取一时的流量简单，而想要获取用户认同，品牌必须有长线思维，流量只是工具，建构消费者的"心域场"才是品牌的终极目标。

流量只是起点，品牌塑造的终极追求是构建可以与消费者共鸣共振的"心流体验"，将公域流量、私域流量转化为"心域流量"。如果说公域流量是品牌声量，私域流量是用户关系，心域流量才是品牌真正可以依赖的"认同资产"，打造品牌心域才是品牌的终极目标。

要打造"品牌心域"，不仅要持续地开展品牌影响力传播，还需要思考如何更深度地与消费者实现沉浸式卷入，品牌的流行度是基础，实现曝光到建构认知心智的过程，而品牌的卷入度则是一种关系黏性，需要品牌进行精细化运营。

如何建构"品牌心域"？这两年"专精特新"企业受到资本市场的关注，作为国内唯一高尔夫服饰上市公司，比音勒芬自 2003 年成立以来，就深耕高尔夫服饰细分领域，将高尔夫"阳光、健康、

自信"的文化通过工匠精神演绎在公司产品之上，提倡生活高尔夫的健康慢生活理念，通过差异化定位，在品牌、产品、风格、文化等方面形成了独有的品牌特性，高尔夫文化已经成为比音勒芬品牌的文化基因。2018 年，比音勒芬正式启动"星"战略，多线并行加速娱乐营销的脚步，加速品牌建设。一方面，品牌签下实力派演员杨烁为品牌代言人；另一方面，比音勒芬携手蓝盈莹、杨千嬅、曾黎、林雨申等众多明星演绎多组时装大片，让品牌关注度迅速上升，刷新市场和人们对比音勒芬的固有印象。2021 年，比音勒芬与吴尊、马天宇、刘烨、茅子俊四位男星推出了一系列的时尚大片，掀起了一阵阵高端时尚风潮，这也让比音勒芬收获"王子的选择"这一美誉；2021 年，在世人瞩目的东京奥运会上，比音勒芬打造的国家高尔夫球队比赛服"五星战袍"抢眼亮相，这也是比音勒芬为国家奥运健儿打造的第二代中国国家高尔夫球队奥运比赛服，力求为中国国家高尔夫球队的队员增添时尚的华彩，持续的品牌价值建设，强化了高端时尚的品牌定位，夯实了比音勒芬"中国高尔夫服饰领军品牌"的地位。

（五）趋势五：国货进化

伴随中国经济崛起，消费者的民族自豪感和文化自信心的提升，对国货的热情也逐渐高涨。据百度联合人民网研究院发布的《百度 2021 国潮骄傲搜索大数据》显示，国潮在过去十年间关注度上涨528%，2021 年国货品牌关注度达到洋货品牌的 3 倍。知萌的调查显示，在 2021 年，42.5% 的消费者增加了对国货的消费。

随着中国制造转型中国创造，国货品牌也在不断创新，不再是廉价的代名词，也不甘做外国大牌的"平替"，持续的产品创新和品质升级，也让消费者对于国货品牌的感知发生了变化，不仅是因为情感的认同而消费，更源自品质的认可和文化的共鸣，在很多品类的消费选择中，国货正在成为"首想"和"首选"。

加上新消费的崛起，国货的品牌认知在进一步

刷新，研究显示，57.0% 的消费者表示，在新增加的国货消费中，新消费品牌占据了主流，在提到国货品牌与国际品牌的差别时，56.3% 的消费者表示国货品牌与国际品牌没有什么差别。

有很多品牌成为国货创新的典范，安踏就是一个典型的例子。2019 年，安踏进入国潮市场，推出"安踏×冬奥"商品，将故宫经典配色与安踏经典鞋型及服饰相结合；2020 年，安踏发布一系列国旗款、致敬李白国潮系列；2021 年 3 月底开始的新疆棉事件让体育国货迎来发展东风，4 月，安踏与新生代顶流偶像王一博签约，而王一博在 3 月底因新疆棉事件与耐克解约，官宣海报中王一博所穿的安踏冬奥特许国旗款 T 恤一时成为爆款。在 2021 年东京奥运会期间，安踏更是借势而起，备受关注。在 2021 年吕小军打破奥运纪录夺金当天，"吕小军黄金战靴"也成为微博热门话题，引发网友热议。跟着"军神"吕小军登上领奖台的，还有安踏的"吨位级"举重鞋，而作为北京冬奥会的官方合作伙伴，安踏是北京冬奥唯一特许授权使用"国旗图案"的运动品牌，只有安踏的冬奥特许商品，可以将国旗印在衣服上进行市售，顺势而为的安踏，正在迎来一个逆流而上的超越国际运动品牌的能量场。

安踏等品牌的实践证明，无论是新消费品牌还是经典品牌想要在国货领域持续进阶，不仅要在保证品质的基础上持续创新，还要能够借助社会顶流事件和文化热点进行品牌声量放大，并要以更强的设计感助力国货破圈，向更多的消费者传递内在的品牌精神。

（六）趋势六：质懒生活

"枯藤老树昏鸦，空调 WiFi 西瓜，葛优同款沙发，夕阳西下，我就往上一趴"成为当代一些年轻人的真实写照，"懒人经济"一词走入大众视野。但随着消费升级，人们对生活品质的要求越来越高，懒人经济也从过去单纯为了赶时间吃泡面的"效率懒"，升级为如今为了更好享受生活的"品质懒"。预制菜、快手料理、智能产品等兼具

"懒"与"质"的产物迅速发展，成为不少消费者的选择。

如果说过去的"懒"是为了节省时间，今天的"懒"则是要为了更加精致地享受美好时光，"质懒"正在成为一种新的生活方式。调查显示，有近三分之一的人认为"质懒经济"是人类进步和社会发展的标志，还有27.4%的人认为"质懒经济"是现代人对时间更好地利用与分配的体现。

数据显示，懒得做饭或者更简单更高效地做饭成为国民"偷懒"的第一梯队，外卖和预制菜/快手料理分别以37.4%和37.2%的占比，飞入万千百姓家，其次是智能产品和速食。

近几年"自热食品"凭借其速食、便捷的属性，在消费者中广泛流行，除了自热食品外，速冲食品和即食食品以"低负担"为标签，切入"质懒"消费板块。此外，"智慧懒"也在促进着智能家电的市场迭代升级。

品牌如何抓住"质懒生活"的商机？2020年海尔智家发布全球首个场景品牌——三翼鸟，借助5G、AI、IoT等技术，将小的智能单品进化为大的智能生态，为用户提供阳台、厨房、客厅、浴室、卧室等智慧家庭全场景解决方案，为用户提供最领先的产品、最丰富的场景、最有温度的生态服务。不仅推动了定制化智慧美好生活的全面普及，开启智慧家庭升级的新时代，并开辟了"质懒"和"智懒"物联网时代场景品牌的新赛道。2021年11月29日，三翼鸟阳台正式发布"三衣留香"服务标准，不仅有洗衣机、干衣机等高品质产品的服务内容，同时还整合家装设计、生活服务等生态资源带来阳台空间定制，从场景设计，到家具、家电购买，再到改装施工，一步到位满足用户需求，在装修过程中，服务团队通过铺设防护地贴、防尘膜，确保"衣"体防护、"衣"尘不染；不放过防漏水、防磨损等各个细节；结束后测试产品间联动效果，确保"衣"联无忧。此外，将洗衣球、香薰块放入洗衣机、烘干机，香薰贴贴进衣柜、鞋柜，实现衣香、筒香、人香，让阳台成为人们"质懒生活"的休憩空间。

（七）趋势七：极致低减

在疫情的影响下，健康经济全面扩容，从医疗保健到日常快消，求低量、求天然、求轻装、求新奇，消费者越来越注重硬核的健康。产品不仅各种热量糖分要"低"，还要极致地"减"，0脂肪、减盐、零添加、零触感……新成分、新功能、新感官，将开启更多的新消费赛道（图2-85）。

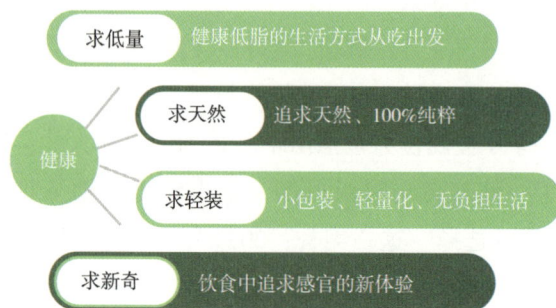

图2-85 健康经济

在"低量更健康"的概念中，消费者最感兴趣的是低盐、低脂。除此之外，非油炸、低糖、0脂0糖0卡、低卡、低碳也是消费者关注的因素，在日常生活中，0脂油醋汁、沙拉汁、无糖饮品、即食燕麦、全麦面包、肉干/果干、鸡胸肉是消费者购买"低量更健康"的产品TOP6（图2-86）。

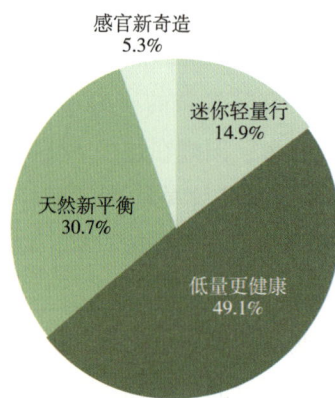

图2-86 消费新概念

在"天然新平衡"的需求中，100%天然/0添加、纯植物、绿色有机、营养价值丰富成为用户追求天然食品的四大因素；此外，一口气就能喝完的可乐，迷你糖果，既能解馋，又有助于控制体重，迷你速溶饮品包、奶茶包……市场上不少食品出现了小包装，显得更加精致。让每个消费品都可以通过迷你款来打造新的入口。

除此之外，在健康的基础上消费者还追求刺激新鲜体验，如从解渴向解馋、寻求味蕾刺激气泡爽感转变而造就的气泡水市场，从酒精浓烈向微醺感转变的微醺及果酒市场，从口味复杂向清凉清爽、味道自然转变的新饮料市场等，都成为打开"极致低减"的新机会。

例如，致力于提供"健康、舒适、美"的家居产品的家纺行业领军品牌罗莱，就从消费者对床品基本的使用诉求——"柔软"出发将品牌重新定位，通过对原材料及产地进行严格筛选，采用31道致柔工艺，由此打造出超柔触感的床品，给消费者带来极致的"0感床品体验"。罗莱在生产链前端开展超柔核心科技研发，2021年，罗莱与国家棉花产业联盟、中国农业科学院棉花研究所正式签署战略合作协议，严选新疆长绒棉作为原料，应用其棉花日照时间长，棉朵洁白饱满，纤维更加细长，织成的面料更加柔软细腻的特点，用超乎想象的柔软"和消费者说晚安"，为消费者带来优质的睡眠体验，带给消费者在床品上的"感官新奇造"的体验。

（八）趋势八：闲品新生

疫情之下，人们有了更多闲暇的时间，让人们对自我的一些不太良好的习惯有了更多的反思，并开始深度践行"断舍离"，"舍弃多余物品"成为更多人断舍离的方式，而在互联网的助推下，"闲置交易"浪潮再起，"复古""古着"等元素正在成为新的流量密码，"断舍离"进一步催生"变废为宝"，也让中国二手闲置物品交易规模，从2015年约3000亿元快速提升至2021年破万亿的市场规模，预计2025年将达到接近3万亿的市场规模（图2-87）。

随着时代的改变，消费市场的不断变化，购买旧物不再是"穷人们"的做法，越来越多的富人们也加入此列，让二手交易市场焕发新机遇，在二手消费市

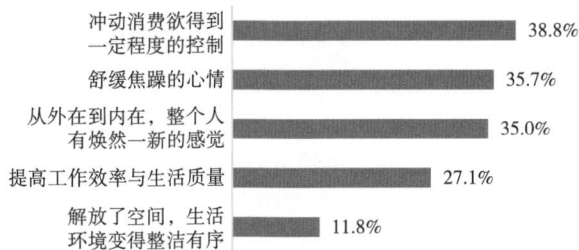

图 2-87 "断舍离"对人们生活产生的影响

场，既有闲鱼、转转这样的综合型平台，又有贝壳找房、瓜子二手车、爱回收、红布林等垂直平台。

此外，"闲品新生"的趋势还让"二奢市场"走红，有数据显示，高端闲置品市场受益于直播电商形式加持，2020年市场规模达510亿元，2021年预期将突破700亿元。

全球的奢侈品集团，已经开始关注"二奢市场"，开云集团投资转售平台Vestiaire Collective，历峰集团收购二手奢侈品腕表交易平台Watchfinder并展开诸多合作项目。Gucci、Burbery、Stella McCartney、Alexander Mcqueen等奢侈品牌，随着转售市场势头不断增强，消费者对可持续的关注度，以及对二手服装的接受度不断提高，进一步演变为越来越多品牌官方供应链的一部分，数据表示，在过去一年中Z世代顾客对转售的兴趣日益浓厚，其中买家增加了33%，卖家增加了86%。

一边要消费升级，另一边要断舍离，二手闲置市场不只是循环流转，更是简约消费理念的体现，既是闲品新生，也是绿色经济。

（九）趋势九：内容破茧

近年来，随着互联网的发展，海量信息也带来了进一步的信息过载，调查显示，在使用移动互联网时，有八成的用户感觉每天有看不完的内容，感到信息过载。

信息过载之后，用户并没有因此获得更多有价值的内容，相反"信息越多获取越少"，"信息获得感"成为大家关注的新话题。调查显示，"获取实用技能"是互联网用户最能提高满足感的内容，其次是"学习知识"及"放松解压"（图2-88）。

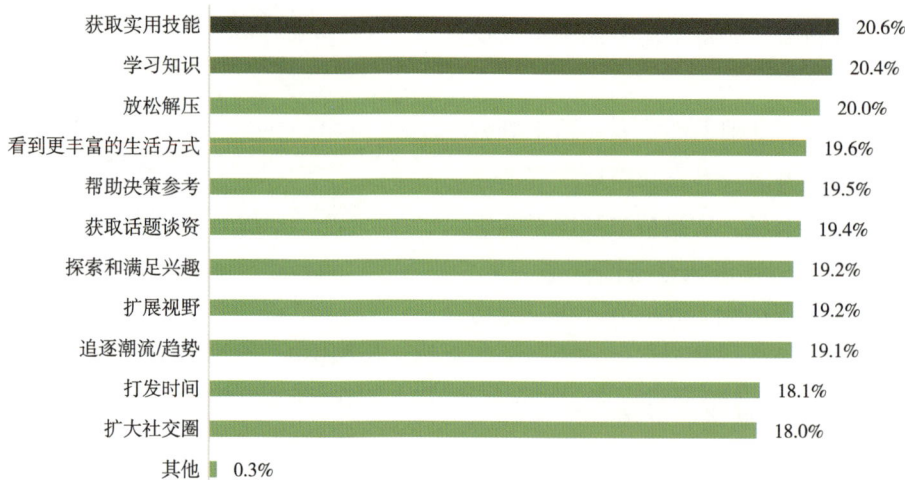

图2-88　未来移动互联网提高满足感的消费内容调查

消费者从海量信息的广泛涉猎汲取，到追求有价值的"内容获得感"，内容赛道将迎来新的"破茧"升级。从微信公众号长图文的崛起，到小红书和微博的短图文种草热；从长视频的受众逐渐转移至短视频，再到中视频概念的提出……互联网行业的内容在迅速地迭代更新。2022年，内容赛道中也有一些新的方向值得关注，如短视频的精致化、中视频的进阶化、直播的常态化、内容付费的精品化、微短娱乐的系统化等。

例如，腾讯视频在2021年底发布了业内首个微短剧品牌"十分剧场"，在腾讯视频的首页设置了单独的频道，并且已经做到了每日定时更新、无间断排播微短剧内容。这是长视频平台首次对于微短剧进行剧场化运营，让微短剧创作者们看到了市场与商机。"十分"既代表十分钟左右的微短剧时长，更是寓意了"十分精彩"和"十分期待"，这也意味着微短剧领域迈入内容矩阵化布局、营销分季化传播的新台阶。

同时，抖音也发布了抖音综艺研发新模式，用多维数据科学验证节目内容的可行性、可看性，通过短视频、中视频、长视频的多元形态以及结合直播和电商等延展的形式，带来全新的综艺模式，满足更多用户的内容获得感。

（十）趋势十：虚实相生

随着5G高速覆盖，虚拟世界与现实世界的融合与协同随之"启程"。关于虚拟和现实的关系，知萌调查显示，有52.4%的消费者认为是互相关联，交织互动的，而随着2021年元宇宙的走俏，虚拟与现实的交融时代全面到来。

虚拟偶像成为首当其冲，知萌2020年消费趋势报告显示，2019年虚拟偶像出现在大众世界，登入舞台，初音未来和洛天依等开启了"新偶像时代"虚拟偶像1.0时代；2021年，随着"95后"的消费力成长以及"00后"成为新消费人群，虚拟偶像从柳叶熙开始二次爆发，这次虚拟偶像的爆发点以新的概念和技术支撑、全新视觉等将虚拟"偶像"推向了虚拟偶像2.0时代。

除了虚拟偶像外，元宇宙也是2022年逃不开的一个关键词。元宇宙是基于互联网为基础创新的新概念之一，与现实世界相互打通、平行存在的虚实共生世界。无数的虚拟世界、数字内容相互之间不断碰撞、融合而形成的初体状态的数字世界，而元宇宙只是数字世界过程中的其中之一。数字宇宙是一个可以独立于现实世界的虚拟世界，可以容纳 N 个虚拟形态存在，如 N 个元宇宙、N 个虚拟数字人、N 个 NFT 等。

"元宇宙"的诞生，让这个时代有了新的前进动力，带动着数字化的快速运转，推动着产业界和投资界"不得不向前"。同时，多元化的发展前景也带来了不可忽视的营销可能性，全新的虚拟世界带着新概念走在崛起的路上，也是各个产业争相勇　夺的"价值"目标（图2-89）。

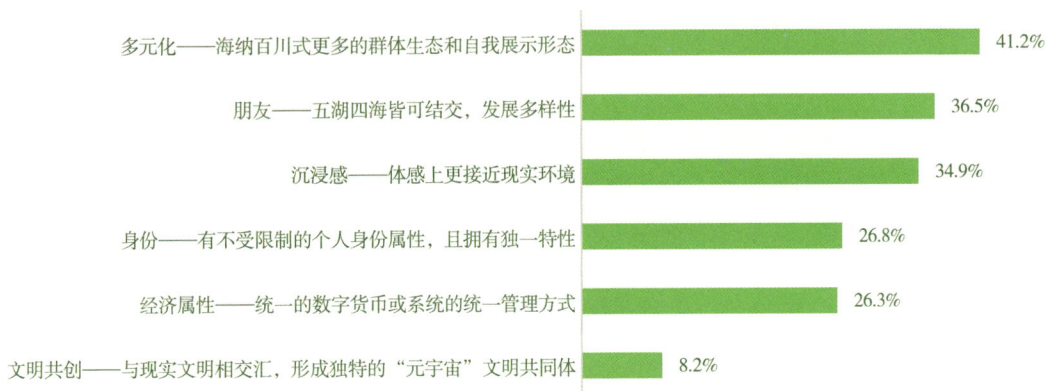

图2-89　"元宇宙"特质属性调查

随着人类创造技术和掌控技术的提升，虚拟世界与现实世界还会存在"壁垒"吗？"元宇宙"只是一个开场，随着无数的产业"玩家"进场，相互之间的技术"碰撞"以及5G持续的迭代推进，互联网的"扁平化"时代即将过去，迎来的是"立体式"的新生"数字宇宙"世界，而无数个"元宇宙"玩家的相互碰撞、融合会创造出一个"爆炸"式数字新时代。

虚拟偶像、虚拟主播、元宇宙、时尚走秀、NFT艺术家等，每个人都希望有丰富的自我，一个在虚拟世界穿梭，另一个在现实世界游走，元宇宙打开的是消费者对于全感官的、沉浸式的、开放网络的、随时随地连接虚拟与现实的未来想象，虚实终将无界，虚实将互为依存。

2022年，在"回归"与"追寻"的趋势牵引下，消费者正在以另外的姿态在回归：从追求外在的符号，正在走向深度的"向内探索"，更加注重自我的建构与生长，商业和营销也一样，从趋势中找寻商业的底层逻辑，关注消费者的心灵体验，创造更多的精神价值，赋予消费者向内求索和探寻的能量，才能真正打破流量焦虑，建构充满温度和善意的消费"心域"。

数据来源：知萌咨询机构《2022中国消费趋势报告》，2021年12月针对北京、上海、广州、成都、西安、杭州、武汉、沈阳、青岛、南京等15个城市的15~60岁消费者进行的在线调查，样本 $N = 3000$ 。

2021～2022年中国纺织服装品牌发展报告

中国纺织工业联合会品牌工作办公室　惠露露　刘正源

　　"共同富裕是全体人民共同富裕，是人民群众物质生活和精神生活都富裕。"站在迈向第二个百年奋斗目标的新起点，在"科技、时尚、绿色"的纺织行业发展导向下，中国纺织服装品牌不断开拓新思路、焕发新生机、迈向新高度，对于创造人们物质领域和精神领域美好生活、推进共同富裕的支撑引领作用更加凸显。

一、品牌发展的机遇环境更加利好

　　2021年是"十四五"开局之年，也迎来了中国共产党新的百年征程。实现中华民族伟大复兴的中国梦，是每一个中国人共同奋斗的目标，成为新时代最伟大的梦想。在此背景下，中国文化受到更加广泛、深刻的关注，加之国内消费市场逐步恢复，营商环境持续向好，中国品牌迎来更加良性、积极的成长环境。

（一）民族复兴大计打开更广阔的品牌市场空间

　　早在2017年1月，中共中央办公厅、国务院办公厅发布的《关于实施中华优秀传统文化传承发展工程的意见》便提出，到2025年，中华优秀传统文化传承发展体系基本形成，具有中国特色、中国风格、中国气派的文化产品更加丰富，文化自觉和文化自信显著增强，国家文化软实力的根基更为坚实，中华文化的国际影响力明显提升。

　　《中华人民共和国国民经济和社会发展第十四个五年规划和2035年远景目标纲要》强调了"十四五"时期"加快构建以国内大循环为主体、国内国际双循环相互促进的新发展格局"的指导思想，提出"传承弘扬中华优秀传统文化，深入实施中华优秀传统文化传承发展工程，强化重要文化和自然遗产、非物质文化遗产系统性保护，推动中华

优秀传统文化创造性转化、创新性发展"。

　　3月22日，习近平同志在福建考察时指出："要推动中华优秀传统文化创造性转化、创新性发展，以时代精神激活中华优秀传统文化的生命力。要把坚持马克思主义同弘扬中华优秀传统文化有机结合起来，坚定不移走中国特色社会主义道路。"

　　中华民族伟大复兴的根本是文化复兴，而品牌是文化的载体，也是行业高水平发展的凝结和体现。新发展格局对于"国内大循环"主体地位的确定，为自主品牌、自主创新打开了更大的空间，为国内市场激发了更强的活力。

（二）国内消费市场恢复韧性继续显现

　　消费持续成为我国经济增长的强劲动力，2011～2019年最终消费支出对国内生产总值增长的贡献率连续9年超过50.0%，平均稳定在60.0%。2020年受疫情冲击影响，其贡献率下滑至-22.0%。随着统筹防疫取得显著成果，2021年上半年最终消费支出对国内生产总值增长的贡献率达到61.7%，消费在新发展格局中的作用进一步凸显。

　　国家统计局数据显示，2021年，社会消费品零售总额44.1万亿元，比2020年增长12.5%，两年平均增速为3.9%。其中，限额以上单位服装鞋帽、针纺织品类商品零售额1.38万亿元，占限额以上单位商品零售的9.0%，零售额比2019年、2020年分别增长2.4%、12.7%，纺织服装消费市场呈现活跃态势（图2-90）。

　　根据国家统计局数据，2021年我国服装行业规模以上企业完成服装产量235.41亿件，同比增长8.38%，增速比2020年同期提高16.03个百分点，两年平均微增0.04%。运动健康领域备受关注，运动类服饰的穿着场景延伸的同时，服装的运动泛化趋势明显。数据显示，"十三五"期间，我国运动服装市场规模由1650亿元增长至2540亿元，年复合增

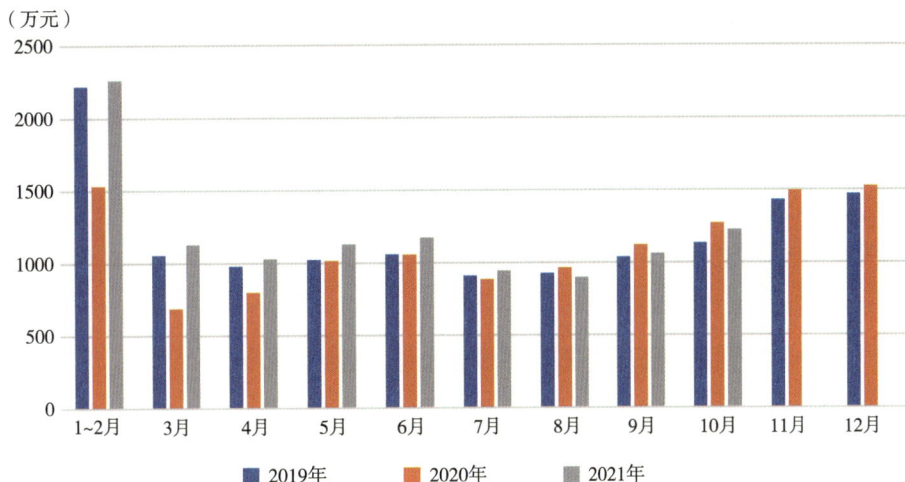

图 2-90 2019~2021 年服装鞋帽、针纺织品类商品零售额走势

（数据来源：国家统计局，中国纺织工业联合会整理）

长率达 9.01%。京东 618 消费趋势显示，2021 年 6 月 1~18 日，国潮运动品牌整体成交额同比增长超 100%，安踏和李宁成为最受欢迎的国潮运动品牌。后疫情时代人们愈加关注健康生活，国务院 7 月发布《全民健身计划（2021~2025）》，全民健身运动概念逐渐普及，将进一步拓宽运动健康领域纺织服装产品市场空间。

当前境外疫情持续蔓延，我国疫情防控形势依然严峻复杂，虽然多点散发本土疫情对部分地区消费市场产生一定影响，但随着疫情防控更加精准有效，促进消费政策持续显效发力，消费市场将持续稳定恢复，预计 2025 年中国内需市场纤维消费量将超过 3700 万吨。

（三）国货国潮受到更广泛关注

在大国复兴、民族振兴的时代背景下，中国文化日益走近世界舞台中央，人民多元化、高品位的文化需求逐步提升，美好生活需要日益广泛。在年轻人群成为消费主流、居民收入水平提升、民族文化认同感提高、人们消费理念革新等多因素的共同支撑下，国潮兴起成为标志性社会现象。

百度发布的《2021 国潮骄傲搜索大数据报告》显示，近五年，中国品牌和境外品牌的关注度发生巨大变化，2016 年关注度分别为 45% 和 55%，而 2021 年为 75% 和 25%，中国品牌的关注度提高三成，其中服饰品牌关注度五年来提升 56%；在"新疆棉"事件后，中国服装品牌关注度增长 137%。而且随着人群的关注度来看，从"80 后"到"90 后""00 后"呈现逐渐递增的趋势，消费人群越年轻化，国潮的关注度越高（图 2-91）。

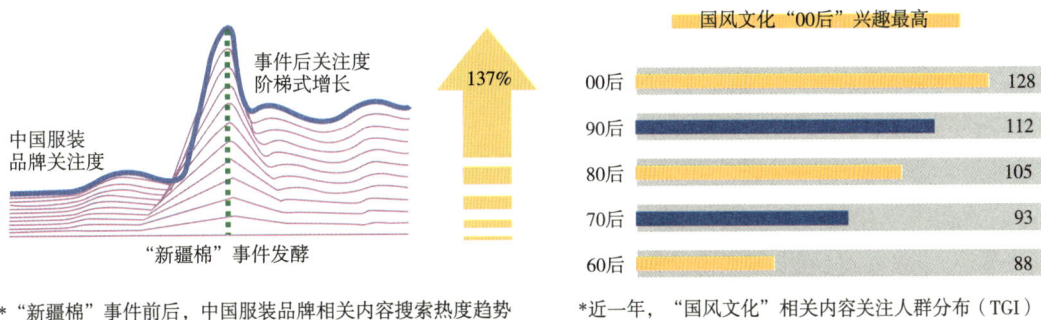

* "新疆棉"事件前后，中国服装品牌相关内容搜索热度趋势

*近一年，"国风文化"相关内容关注人群分布（TGI）

图 2-91 中国服装品牌、国风文化关注度

年轻消费群体成为国潮消费的重要推动力量，拥有 2.6 亿人口规模的 Z 世代消费者已成为消费主力。对国家实力、优越社会制度、科技进步等的认知，加之疫情防控展现出的中国优势、中国态度、中国精神，使年轻一代的国家荣誉感与民族自豪感更加强烈，成为关注国潮、推进中华传统文化发展的主力军。极光（Aurora Mobile）发布的《2021 新青年国货消费研究报告》显示，在日常消费中，分别有 70% 的"90 后"以及近 80% 的"00 后"消费者以购买国产品牌为主，新生代消费群展现出更高的国货消费偏好（图 2-92）。

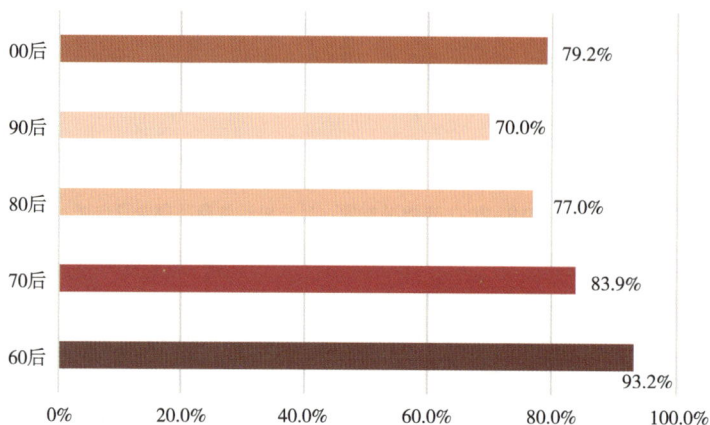

图 2-92　不同代际人群对国产品牌的购买偏好度

中国服装协会编撰发布《当代中华礼仪服饰白皮书》，聚焦工作与生活中较为常见的特定场景，在商务着装、婚礼庆典、学位服、当代中国校服、当代职业装、体育赛事服装六大场景中定义新中式服装礼仪文化，从服饰的功能属性、审美属性、就穿着场合、设计理念、款式设计建议、颜色、图案纹样、面辅材料、示例款式等方面着手，提出服装设计与着装指导性建议。

汉服作为国潮产品的一个类别，越加受到消费者的追捧。《线上汉服洞察报告》显示，2020 年天猫汉服品类年成交额同比增长近 500%。1200 多个服饰品牌新增汉服类目商品，"90 后"和"95 后"消费力持续提升。艾媒咨询《国潮经济发展报告》预测，2021 年汉服市场销售规模将达到 101.6 亿元，汉服爱好者数量规模达 689.4 万人，同比增幅分别达 59.7%、33.5%（图 2-93）。

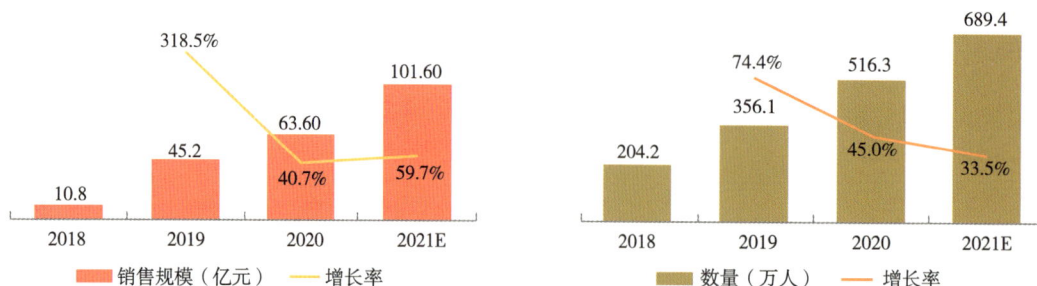

图 2-93　2018~2021 年中国汉服市场与爱好者规模

年轻消费者对于国货的购买动机，不仅停留在爱国"情怀"，而且是基于对产品本身的"认可"。《2021 新青年国货消费研究报告》显示，近半数的"00 后"在实际消费中因产品融入国风元素而购过国货。利用现代科技与现代审美在产品设计上融合国风元素，既能在客观上实现年轻消费者对产品的使用需求，又能在主观上满足他们对于颜值审美和精神内涵的追求（图 2-94）。

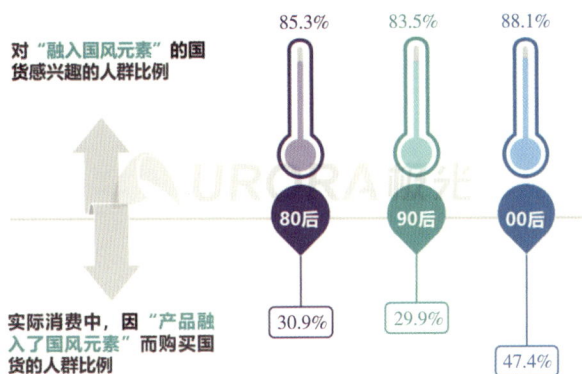

对"融入国风元素"的国货感兴趣的人群比例

85.3%　83.5%　88.1%

80后　90后　00后

实际消费中，因"产品融入了国风元素"而购买国货的人群比例

30.9%　29.9%　47.4%

图2-94　不同代际人群对国风元素的喜好与消费

（四）营商环境持续向好

我国营商环境改革持续深化，营商环境进一步优化。2021年10月31日，《国务院关于开展营商环境创新试点工作的意见》（国发〔2021〕24号）印发，明确在北京、上海、重庆、杭州、广州、深圳6个城市开展营商环境创新试点，提出首批改革事项清单共101项举措，主要包括：进一步破除区域分割和地方保护等不合理限制；健全更加开放透明、规范高效的市场主体准入和退出机制；持续提升投资和建设便利度，支持市场主体创新发展；进一步提升跨境贸易便利化水平；优化外商投资和国际人才服务管理；加强和改进反垄断和反不正当竞争执法；进一步加强和创新监管，健全事前事中事后全链条全流程监管机制；依法保护各类市场主体产权和合法权益；进一步优化涉企服务等。

1. 市场竞争环境不断优化

2021年8月，市场监管总局、中宣部、中央网信办、工信部等14家单位联合发布《关于印发2021网络市场监管专项行动（网剑行动）方案的通知》，于2021年9～12月中旬开展2021网剑行动，聚焦电子商务平台，突出平台企业责任落实；聚焦竞争秩序问题，突出排除、限制竞争问题治理；聚焦重点商品和服务，突出社会热点问题治理；聚焦消费痛点问题，突出消费者权益保护。2021年11月18日，国家市场监督管理总局反垄断局正式挂牌，国家对反垄断体制机制进一步完善，将充实反垄断监管力量，切实规范市场竞争行为，促进建设强大国内市场，为各类市场主体投资兴业、规范健康发展营造公平、透明、可预期的良好竞争环境。近期，市场监管总局对43起未依法申报违法实施经营者集中案做出行政处罚决定，反垄断执法深入推进，为各类市场主体公平参与竞争提供更大保障。

2. 直播电商行业监管愈加严格

2021年5月25日，七部委联合发布《网络直播营销管理办法（试行）》，文件划定了网络直播营销领域的八条红线，五个重点管理环节，囊括了网络直播的"人、货、场"，并进一步明确了"台前幕后"各类主体的权责边界。文化和旅游部8月30日发布《网络表演经纪机构管理办法》；商务部重点研制直播电商、社交电商等标准，完善电子商务公共服务标准体系，9月8日《电子商务直播基地管理与服务规范》行业标准发布；9月18日国家税务总局办公厅发布通知，加强文娱领域从业人员税收管理；10月27日广东省知识产权局关于印发《直播电商知识产权保护工作指引》。随着政府部门对直播行业的监管愈加严格，直播行业将迎来更加健康规范运营。

二、中国纺织服装品牌焕发新生机

在经历了因2020年新冠肺炎疫情影响带来的下降之后，2021年纺织服装品牌运营整体保持持续回暖态势。从受到冲击到主动应对，中国纺织服装品牌迎来深度调整，品牌竞争力逐步提高，中国纺织工业联合会开展的品牌价值评价结果显示，55家竞争力优势企业品牌价值超过50亿元，总价值达1.3万亿元，其中24家企业品牌价值超过百亿。

（一）品牌运营整体回暖

从工业和信息化部、中国纺织工业联合会"重点跟踪培育纺织服装品牌企业"（以下简称"重点品牌企业"）数据来看，2021年上半年"重点品牌企业"（77家数据）营业收入同比增长16.3%，其中终端消费品牌增长13.5%，加工制造品牌企业

近几年波动更加明显，增长20.7%（图2-95）。部分企业高速增长，四成企业增幅超过25%，16.9%的企业增幅超过50%（图2-96）。

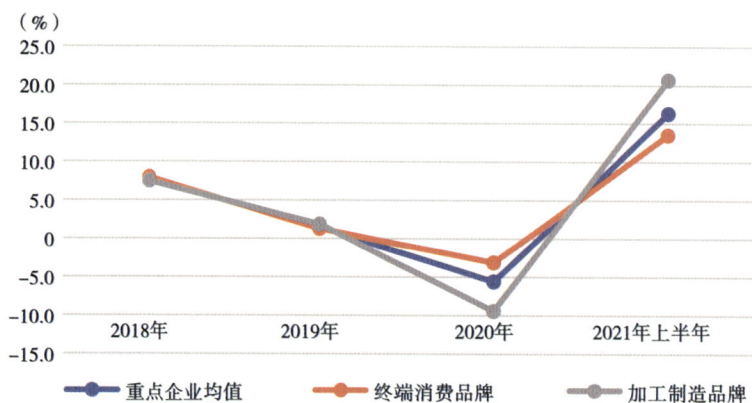

图2-95 近几年"重点品牌企业"营业收入增长率变化

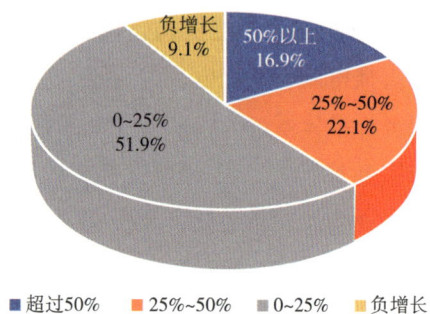

图2-96 2021年上半年"重点品牌企业"
营业收入增长率区间分布

品牌竞争力优势凸显，盈利能力大幅回升。2021年上半年"重点品牌企业"利润总额同比增长59.4%，其中终端消费品牌增长58.3%，加工制造品牌企业近几年波动更加明显，增长60.8%（图2-97）。其中，部分企业高速增长，四成企业增幅超过50%，

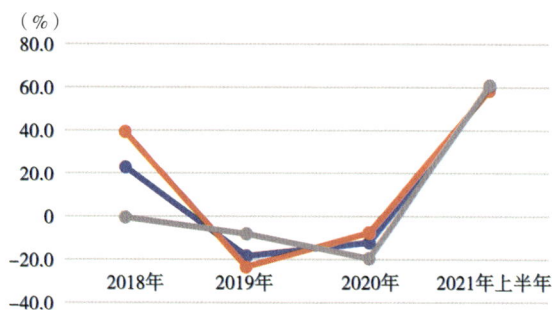

图2-97 近几年"重点品牌企业"利润总额增长率变化

27.3%的企业增幅超过100%（图2-98）。利润率为10.2%，明显高于2020年7.2%的水平（图2-99）。

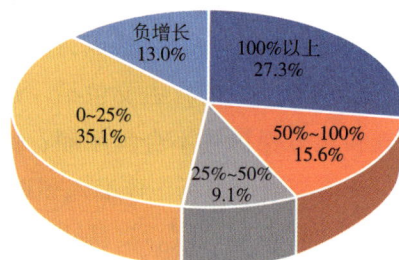

图2-98 2021年上半年"重点品牌企业"
利润总额增长率区间分布

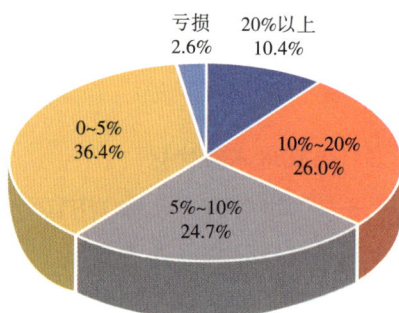

图2-99 2021年上半年"重点品牌企业"利润率区间分布

（二）中国文化支撑当代时尚

早在19世纪30年代，鲁迅先生便在《且介亭杂文集》中说过："只有民族的，才是世界的。"

只有根植于中国文化，提升文化自信、坚定民族自信，才能将其升华为全人类共同的文化财富。

当前"国潮"3.0时代到来已获得广泛认知。"国潮"1.0时代，以复古风和符号化的形式表达中国元素为标志；"国潮"2.0时代，以时尚流行元素演绎中国风，强调与消费者之间的互动为标志；"国潮"3.0时代，是在深入理解中国文化的基础上，将传统文化与现代审美进行深度融合，将中国文化与消费者在思想、精神、生活层面建立更加真实的联系，从而多元化地表达、应用与传输中国文化。从品牌年龄来看，中国纺织服装品牌的"国潮"化一方面表现为老字号、老品牌创新，另一方面表现为新锐品牌力量的兴起。从表现方式来看，"国潮"不再拘泥于产品外观对于典型实体元素、传统工艺技法的应用，而是逐渐趋于更加富有文化内涵、创意支撑、价值导向的多元化深度呈现，让品牌更加富有生命力、感染力，更加年轻化、生动化。

1. 品牌定位国潮化

注重"国"与"潮"的融合，将中国传统文化与时尚消费方式相结合进行品牌定位，倡导"天人合一、自然舒适、绿色健康、时尚生活"等理念，延续传统文化精髓而又不止于传统，将民族文化注入品牌鲜活的思想与灵魂，将品牌文化植入消费理念、价值追求，从而与消费者产生心灵深处的共鸣，讲求品牌态度、个性与思想主张，提升国内消费者对于本土品牌、中国文化的认可度，在弘扬民族文化的同时，构建多元包容的现代文化体系，树立提升大国文化自信。

2. 品牌设计国潮化

在品牌产品外观造型、制作工艺、包装设计、门店设计、陈列设计等方面，更加注重对中国文化元素、民族精神、当代时尚的融合运用。例如，借助传统手工艺与当代技法融入产品设计，对点翠、花丝镶嵌、錾刻工艺、金蜡银、玉雕等传统工艺进行传承创新；运用"龙、凤、如意、祥云、松竹梅、京剧脸谱"等元素，借鉴国画、剪纸等艺术手法，跨界融合少林功夫、英雄人物等中国特有的元

素进行创新性变化，表达美好寓意与个性主张，以及不拘泥于代表中国文化的传统的有形的元素，而是将文化精髓与新时代人们的价值主张植入创意设计中。

北京2022年冬奥会和冬残奥会系列制服设计中，将中国传统山水画与冬奥会核心图形"赛区山形"完美融合，长城灰、霞光红、天霁蓝、瑞雪白等颜色的运用凸显中国文化特征与内涵。"霞光红"取自北京冬季初升的太阳与霞光，象征温暖与希望，与黑白灰相配，有冬季白雪冰封中点缀柿红色的美好、吉祥意象；"天霁蓝"是中国传统陶瓷珍品霁蓝釉的颜色；大量运用瑞雪白作为调和色，象征瑞雪兆丰年；水墨山水不是简单的写实画，更代表了一种海纳百川的情怀。

HUI品牌在米兰时装周上发布"Nü Shu 中国·女书"系列，以世界上发现的唯一一种由女性创造和使用的文字——女书为灵感，用女书文字本身的艺术表现力赋予时装当代感和力量感，从女性主题切入，深入挖掘与传达中国女性文化，对中国文化的表达与输出上升了新高度。

设计师品牌 Grace Chen 秉承"静、深、富"的审美哲学，将设计建立在对中国灿烂历史文化的深入思考、对中国迈向现代化美丽图景的憧憬、与国际时尚消费思潮的紧密结合、对传统的中国文化符号和边界打破与再造创新的基础之上，表达和弘扬中国人骨子里的"风雅"，把中国传统文化和工艺通过现代设计手法和审美进行传承和弘扬，表达优雅、唯美和风骨，引导当代生活方式。

361°携手潮牌 IISE、金顶设计师刘勇，联合打造"东方·破晓"主题大秀，以科幻小说《三体》的宏大故事为背景，将传统与未来兼容并蓄地融为一体，将国潮演绎为以未来为导向的时尚精神，将传统的元素与未来的概念相融合，通过科技感及想象力的多重表现形式，引导人们在产品中畅享未来。

3. 品牌营销国潮化

品牌营销的国潮化包括以下几种典型方式：第一，将品牌文化、区域文化、民族文化相结合，丰

富品牌内涵，讲好品牌故事，赋予深厚文化底蕴，实现品牌升级焕新，用消费主体的思维方式进行更有温度的对话，建立情感连接，从而打造更加具有亲和力和影响力的品牌形象；第二，通过跨界联名，打造具有中国元素特征的强有力IP，达到借力发力的效果，表征与升级品牌形象与价值导向；第三，借助中国传统节日与礼仪文化，选择凝聚浓厚中国文化底蕴的建筑文化场所、代表时代潮流的时尚地标等进行展演，带动消费者共同参与创造，增加品牌黏度，引导消费者不仅是消费商品，而是表达对民族文化、国风文化的喜爱，满足消费者对于中国文化的深层次需求。

（1）"国潮"支撑老品牌的焕新。创建于1937年的三枪品牌携手故宫宫廷文化，撷取故宫博物院馆藏文物元素，将中国特色传统古典美学与高品质面料相结合，推出"大内高手"系列产品，联名款服装还亮相"埃菲尔铁塔中国品牌设计展"，让中国文化元素以更时尚的艺术形式展现"中国国潮"的魅力。诞生于1853年的内联升旗下潮流副线"大内联升"与日本街头品牌BAPE合作，推出全新"BAPE×大内联升"布鞋，以传统的千层底布鞋为基础，将BAPE标志性迷彩注入鞋身，致敬工匠精神的同时，将街头气氛与经典文化相融合。

（2）"国潮"的国际影响力正在扩大。TEENIE WEENIE KIDS（小熊童装）联合南京云锦研究所发布"腾云而上，锦绣少年"联名系列。优衣库首次与画风极具国风特色的中国艺术家"老树"合作，将"真之情""善之爱""美之物"三幅作品融入产品中，打造"新人文"UT系列。优衣库北京首家"UT me！定制工坊"，融入环球影城、国风迪士尼、国潮书法图案等IP元素，为消费者带来创意设计体验。

（三）科技创新铸强中国力量

后疫情时代人们消费与生活方式发生巨大改变，全民健康意识与环保意识明显增强，健康、舒适、环保、休闲成为消费主旋律，与纺织服装品牌加大创新变革形成互促。国家统计局、科技部、财

政部联合发布《2020年全国科技经费投入统计公报》显示，2020年我国纺织业R&D经费为231.4亿元，R&D经费投入强度0.99%，其中纺织服装、服饰业为0.76%，化学纤维制造业为1.66%。2021年上半年，"重点品牌企业"专职研发设计人员平均为327人，同比增长4.2%，48.6%的企业研发人员超过200人，40.5%的企业专职研发设计人员比重超过10%；科研投入额增长19.7%，投入强度平均达2.04%，高于2020年1.96%的水平，48.0%的企业研发投入强度超过3%（图2-100）。

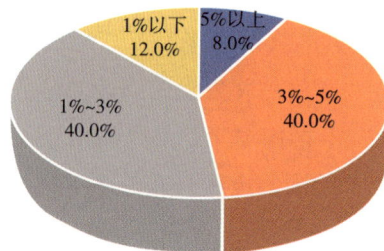

图2-100　2021年上半年"重点品牌企业"研发投入强度区间分布

1. 功能性纤维面料更加广泛应用

新产品、新技术加快研发应用，健康、舒适、易护理、防护、控温等功能性纤维面料开发应用更加广泛，如长效抑菌、抗菌、抗病毒、除螨、玻尿酸美容、氨基酸护肤、太极石唤能健康、竹炭纤维消臭等健康类面料；储能保暖、火山岩羊毛、发热牛仔、太极石远红外发热等保暖类面料；无氟防水、防泼水、防污、防蚊、阻燃、储能发光、冰感防晒莱赛尔纤维等防护类面料；吸湿排汗、抗静电等舒适类面料领域；免烫、易清洁、可机洗毛纺、微胶囊芳香等易护理类面料。

北京冬奥会和冬残奥会制服装备成为纺织服装科技创新的典型代表，制服填充絮料选择多层结构新型保暖絮片，并进行针对性改良，满足寒冷环境的保暖需求；功能外套采用的层压复合面料结合高性能膜材料，轻盈、服贴、有弹性，且具有良好的防水性、透气性和抗结露功能；制服板型设计上，基于冬季运动专业装备穿搭和人体工程学原理，采用立体剪裁方法，兼顾动静状态下室内外多场景作业需求，实现全方位防护和辅助支持；功能内衣套

装在易出汗部位采用单项导湿材料与亲肤速干材料拼接；防寒服采用内里无缝线热熔压合工艺，防风、防水、防漏绒。功能外套增加了夜间反光安全设计，袖口、领口、拉链、肩部增加防水、防滑、透气等设计，同时配有对讲机挂襻、求生哨、隐藏触控笔及眼镜布、隐形拉链口袋等（表2-11）。

表2-11　部分企业研发的代表性产品与项目列举

分类	企业简称	代表性产品与项目列举
制造品牌企业	申洲国际	储能夜光、光敏变色、热敏变色面料、充气调温服、免烫保型系列、新型导电面料
	传化化学	无氟防水整理后的防泼水科技帮面跑鞋、凉感户外休闲裤、玻尿酸小黑裤、具有抗病毒和广谱抗菌效果的全棉衬衫、微胶囊芳香整理的丝巾与抱枕等面料制品
	瑞鑫集团	生物基海藻纤维纺织专用纱项目，具有阻燃、舒适、抑菌、防霉、环保等性能
	华纺股份	工业大麻纤维等多组分混纺及交织系列家纺产品，发挥工业大麻纤维抗菌、防霉、防螨、吸湿快干、抗静电、防紫外线、耐高温等功效
	鲁泰集团	极适无烫衬衣面料、四级免烫麻衬衫、炫染面料、舒弹衬衫面料、AI智能印花面料
	众望布艺	高日晒、阻燃、耐用性、防水性、防污性、防霉抗菌和易清洁性沙发面料产品
	悦达家纺	医用纺织品、3D康养床垫、石墨烯医用敷料、功能性悦棉家纺等产品领域，二醋酸、三醋酸、37.5、海藻纤维等新品类
终端消费品牌企业	森马服饰	"冰激凌"莱赛尔牛仔裤
	赢家时尚	三醋酸西装
	七匹狼	都市机能、户外探索等运动产品系列，具备吸湿排汗、抗紫外线、抗菌等特点
	爱慕	抗静电氨基酸护肤保暖衣、美容裤，凉感抗菌吸湿排汗可降解生物基女士内裤、调温裤，防蚊防螨抗菌家居服
	三枪	高支"艾草""匠心"系列面料内衣
	东方国际	太极石远红外发热、聚乳酸纤维混纺毛衫、阻燃羊毛衫
	孚日	竹炭纤维消臭毛巾、镂空远红外印花床品
	罗莱	"COOL系列"晶凉双重凉感夏被、PCM智能相变调温羽绒被、吸湿发热磨毛暖绒家用纺织品
	愉悦	Warm FiR暖红外发热产品，具有改善人体微循环、提高免疫力、改善睡眠等保健功能；"凉凉双面夏被"选用锦纶基玉石纤维结合吸湿排汗工艺，加速热量从高温处传导到低温处的热传递
	金蝉窗帘	可净化家居环境的窗帘，将光半导体技术与材料应用在窗帘布艺上，可以分解甲醛、苯等有害物质、杀灭室内细菌、消除霉腐异味
	全球康	"大自然生态能量"系列产品，将板蓝根、益生菌、海藻、艾草等大自然有益的健康元素制成微胶囊融入面料
	明远	抗菌、保暖、消臭、可降解、凉感、速干、智能控温等产品

2. 制造环节新技术应用水平愈加成熟化、广泛化

行业数字化、信息化、智能化水平逐步提高。国家工业信息安全发展研究中心、中关村信息技术和实体经济融合发展联盟数据显示，截至2021年9月底，纺织行业数字化研发设计工具普及率达71.6%，关键工序数控化率为53.1%，生产设备数字化率为54.1%，智能制造就绪率为12.3%，比2020年分别提升1.3、3.4、2.0、1.9个百分点。截至2021年6月，应用电子商务比例66.1%，实现网络化协同的企业比例42.6%，开展服务型制造的企业比例27.1%，开展个性化定制的企业比例12.7%。"重点品牌企业"中，42.4%的制造品牌企业已实现关键工序全数控化，21.2%的企业实现

供应链管理全信息化，51.5%、69.7%的企业分别实现部分数控化、部分信息化。智能服装领域增长迅速，中国产业信息研究网发布的《2019~2024年中国智能服装行业市场调查研究及发展前景预测报告》数据显示，到2024年我国智能服装行业市场规模将达到2995亿元（图2-101）。

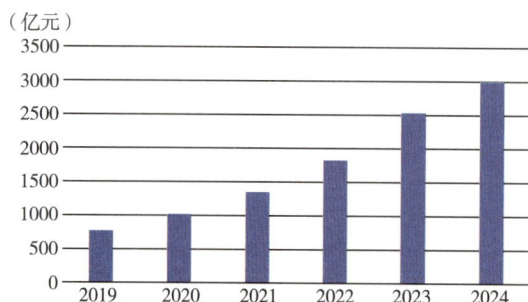

图2-101　2019~2024年我国智能服装市场规模

凌迪科技的"3D数字化建模设计软件"，可实现数字化打板，选中面料后即刻就能看到样衣效果，通过渲染效果可直接生成成品图，平均3天可以定款，每年可为企业减少数十万到百万的样衣成本；"3D研发全流程协同平台"通过大量3D数字资源实现"轻设计"，面料、辅料、制板、印花、绣花工艺等环节实现远程在线协同，实现全产业链高效协同、快速决策。

康赛妮建成投产高端羊绒纱线制造智能工厂，联合浙江理工大学、上海交通大学等高校院所打造全球首家智能化、信息化、数字化、无人黑灯工厂，投产后生产效率将提升50%，大批量订单甚至翻倍，库存周转率提升100%，交货周期缩短50%，开启业界三周交货新时代，创立"纺纱单元化、工厂黑灯化、物流全自动、数据互联通、排产高智能、质量可追溯"的创新生产模式。

万事利克服小批量丝巾生产的成本和像素难题，可实现单条丝巾的个性化定制。消费者通过"万事礼"智能交互平台定制专属丝巾，纹样设计多样性可以达到 10^{26} 。

3. 品牌营销数字化信息化水平不断提升

中国互联网络信息中心（CNNIC）在京发布第48次《中国互联网络发展状况统计报告》显示，

截至2021年6月，我国网民规模达10.11亿，较2020年底增长2175万，互联网普及率达71.6%，形成全球最为庞大、生机勃勃的数字社会；网络支付用户规模达8.72亿，较2020年底增长1787万，占网民整体的86.3%。

（1）线上销售比重持续增加。2021年1~10月，全国实物商品网上零售额同比增长14.6%，两年平均增长15.3%，其中穿类和用类商品两年平均分别增长9.7%和15.8%。从2021年上半年服饰上市公司数据来看，线上营收在全渠道比重呈明显增长态势，森马服饰、七匹狼、安正时尚比重均已超过40%，安踏、李宁、太平鸟、汇洁股份、锦泓集团（维格娜丝）在30%左右，其中，安踏、李宁、森马服饰、太平鸟线上营收已分别达到62.59亿元、29.67亿元、26.92亿元、15.48亿元（图2-102）。从"重点品牌企业"来看，2021年上半年重点终端消费品牌企业线上销售额比重平均为22.6%，同比提高1.2个百分点，其中43.2%的企业线上销售额比重超过30%，13.5%的企业线上销售额已超过线下（图2-103）。天猫"双11"总交易额达5403亿元，创下新高，同比增长8.45%；京东"双11"累计下单金额超3491亿元，同比增长28.58%，10月31日晚8点开始的4个小时内售出商品超1.9亿件，超500个服饰品牌成交额同比增长3倍以上。

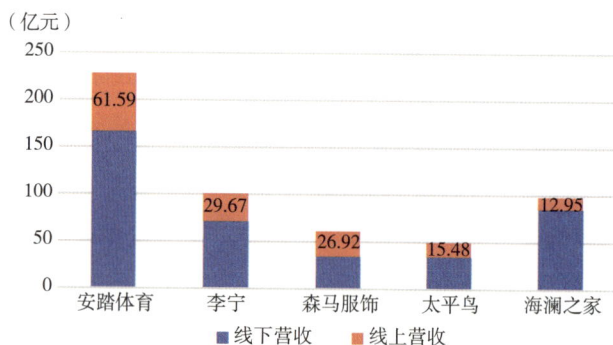

图2-102　2021年上半年部分服装上市公司线上线下营收情况

（2）数字化技术手段得到普遍运用。借助抖音、快手、京东、天猫、微信小程序、公众号等平台，通过网络直播、公众号推文等新模式，充分发挥粉丝经济、社群营销的优势，构建多维度、广覆

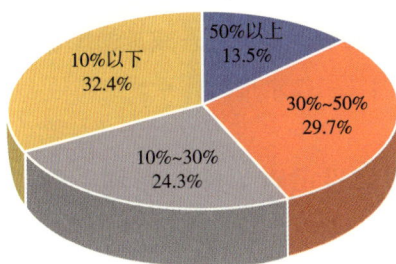

图 2-103　2021 年上半年重点终端消费品牌企业线上销售额比重分布

图 2-105　2020 年中国主要直播电商平台商品成交总额

（数据来源：艾媒数据中心）

盖、即时、高效的推广体系，提升品牌营销推广的即时性、精准性、高效性，展示品牌建设新面貌。网络直播高速增长，截至 2021 年 6 月，我国网络直播用户规模达 6.38 亿，同比增长 13.4%，占网民整体的 63.1%，其中电商直播用户规模为 3.84 亿，增长 24.4%，占网民整体的 38.0%。虚拟偶像逐渐渗透，部分纺织服装品牌开始借助虚拟偶像直播，有数据显示，预计 2021 年虚拟偶像市场可达 60 亿元规模。艾媒咨询数据显示，预计 2021 年中国直播电商市场规模达 1.2 万亿元，同比增长 25%，2023 年将超过 4.9 万亿元（图 2-104、图 2-105）。2020 年直播电商在社会消费品零售总额的渗透率为 3.2%，在网络购物零售市场的渗透率为 10.6%，预计 2023 年后者可达 24.3%。2021 年 10 月 20 日下午开启的直播带货中，带货金额前两位的主播合计高达 189 亿元。

图 2-104　2017~2021 年中国直播电商市场规模及预测

（数据来源：艾媒数据中心）

（四）责任发展点亮中国态度

中国纺织服装行业是第一个在全球供应链和产业层面推动社会责任能力建设和可持续发展创新实践的行业，是全球生态文明建设的重要参与者、贡献者、推进者，一直走在中国气候创新与可持续发展的前列，率先提出减碳目标和零碳产业的宏大愿景，积极承担国际责任，彰显世界纺织大国的担当。纺织服装品牌企业责任发展意识不断提升，从"重点品牌企业"来看，近 90% 的企业开展了社会责任相关工作，24.7% 的企业已建立社会责任体系。

1. 行业气候行动有序推进

中国纺织工业联合会于 2021 年 6 月启动"中国时尚品牌气候创新碳中和加速计划"，推动一批中国纺织服装行业竞争力 500 强企业、优先支持 30 家重点品牌企业和 60 家重点制造企业开展气候创新行动，并引导重点产业集群气候创新行动碳中和先行示范，助力实现国家自主减排目标，探索可持续生产与消费的模式与经验，并有力推动全球时尚产业绿色变革。劲霸男装、太平鸟、山东魏桥、晨风集团、兰精集团、杭州万事利、赛得利、申洲国际、前进牛仔等 57 家企业成为集合 3000 亿元营收时尚产业领跑者引领万亿美元市场的气候行动。

越来越多纺织产业集群、纺织企业规划气候行动，共同推动纺织行业双碳行动。绍兴柯桥发布气候行动宣言，盛泰服装集团发布气候行动白皮书，伊芙丽女装进行中国首次女装全生命周期评价 LCA 实测，太平鸟 LCA 项目突破国内纺织服装行业碳足迹研究缺少溯源的困境，完成了全球第一个新疆棉的实测碳足迹数据。亚光家纺的无盐低碱染色技术具有不用盐、节水节能、绿色环保优势；红豆集团倡导绿色可持续发展，推进品牌绿色化发展，2021 年 7 月举行中国第一批碳中和服装出口发布会，展示了实现"碳中和"的红豆运动沙滩裤，这批共计 11020 条的红豆运动沙滩裤将出口美国，将由江苏红豆杉健康科技股份有限公司提供的红豆运动沙滩裤碳汇林项目进行"碳抵消"。

2. 构建绿色制造体系成为共识

根据中国纺织工业联合会社会责任办公室的纺织品全生命周期评价 LCA 研究表明，纺织品在材料端的碳排放影响比例可以达到 30%～50%。在全球消耗的纤维中，化学纤维占 65%，而天然纤维只占 35%。因而，更加符合循环经济模式的可持续材料成为大势所趋，天然环保、可再生纤维面料越来越受到青睐，天丝（Lyocell 莱赛尔）、莫代尔等再生纤维的应用逐渐提升。越来越多的企业开始关注生产过程中的环境污染问题，更多地采用污染排放低的印染原材料，如植物印染等纯天然印染方式也逐渐扩大运用，构建绿色制造体系成为共识。《纤维素纤维市场：2020～2025 年预测》报告预测，2020～2025 年纤维素纤维市场将以 9% 左右的复合年增长率增长。未来可持续材料将朝着低碳、零碳、负碳的方向不断迈进，推动可持续、可循环时尚。

康赛妮将深海中的废旧渔网回收，通过高科技手段加工成尼龙纤维与优质天然原料混纺制成纱线，从而减少海洋污染；芮邦科技推出回收塑料瓶、再生瓶片、切片、再生纱线、再生系列面料、服装等产品；国望高科于 2020 年底正式投产国内首条由瓶片直接纺丝的 6 万吨熔体直纺再生纤维生产线，全面进军绿色低碳纤维领域，打造全球最大的绿色纤维生产基地；江苏丹毛推出完全可生物降解的聚酯纤维，其安全性达到婴幼儿级别标准，拥有手感绵柔、抗起毛球和常温染色等性能；浙江金晟作为天竹纤维西装面料开发生产基地，持续强化专精特新，产品源于自然、回归自然；愉悦旨在打造"可再生纤维+天然环保染色工艺+可自然降解"的全生命周期环保无污染流程，推出幻彩系列、植物染麻系列、数码印花系列新品；孚日集团注重再

生纤维面料应用，加大植物染色、原液着色技术的应用，推行无染低染、生态减排的绿色设计，加快建立可持续发展技术推广体系。

三、品牌建设重点关注与发展方向

遵循 2035 年我国纺织行业成为"世界纺织科技的主要驱动者、全球时尚的重要引领者、可持续发展的有力推进者"的远景目标，巩固深化"国民经济与社会发展的支柱产业、解决民生与美化生活的基础产业、国际合作与融合发展的优势产业"的行业地位，切实发挥品牌建设对于创建美好生活、推动行业高质量发展、推进全社会共同富的强劲支撑作用。

（一）系统提升中国纺织服装品牌竞争力

立足消费品牌、制造品牌、区域品牌三大领域，注重提升消费品牌的文化承载力、时尚引领力与国际认可度，提升制造品牌的产业链协作能力、新产品新技术开发能力与快速响应能力，持续提升重点区域品牌的区域协作与联动辐射全行业的能力，进一步推动企业品牌与区域品牌协调发展。借助科学系统的评估提升工具，开展不同主体的品牌价值评价，系统性、针对性提升品牌竞争力；培育一批品牌价值百亿以上的制造品牌和消费品牌，以及品牌价值千亿以上的区域品牌；打造科技创新能力高、时尚消费引领能力强、国际竞争优势明显的优质品牌；制定实施"国潮品牌培育计划"，培育一批中国文化特色明显的"国潮"品牌，进一步扩大跻身国际第一梯队的品牌企业规模。

（二）加大培育新型消费的品牌引领力

在消费群体上，重点关注当代青年消费生活方式、三胎政策带来的消费市场空间，同时重视人口老龄化的相应消费需求；在产品创新创意设计上，注重先进技术、流行趋势、多元文化、跨界融合等在产品设计的融合体现，加强新信息技术的应用，满足健康功能、自然舒适、时尚创意、环境友好等

不断升级的新消费需求；注重中华文化在当代时尚生活的引领应用，推进《当代中华礼仪服饰白皮书》实践应用，引导支持基于中华优秀文化的礼仪服饰设计与着装应用；在品牌运营管理上，基于人们消费与生活方式，依托数字化、信息化、智能化等新技术手段，不断提升全链路运营、快速响应、内容营销、话题营销、社群营销等水平，挖掘创新消费方式。

（三）着重强化品牌的可持续发展力

强化产品全生命周期绿色管理。开展绿色产品评价，发布绿色产品目录，促进绿色生产与绿色消费良性互动。鼓励制造品牌、消费品牌、区域品牌实施绿色发展战略，加快绿色化改造提升，促进品牌主体环境信息公开，建设绿色工厂、绿色园区。构建从采购、生产、物流、销售、回收等环节的绿色供应链管理体系，培育绿色供应链示范企业。加快落实生产者责任延伸制度，建立重点产品全生命周期追溯机制。营造绿色消费的良好氛围，深入开展系列宣传活动，引导公众践行绿色生活理念，引导绿色消费，推动构建全民参与的生态环境保护新格局。

（四）注重发挥专业化平台的支撑力

纺织服装创意设计园区已成为提升创意设计能力、孵化新生品牌、培训专业人才、培育壮大品牌企业的重要平台，成为促进区域品牌建设、行业高质量发展、文化自信提升的重要力量。截至目前，工业和信息化部共认定五批、53 家试点园区，培育首批 9 家示范园区，53 家园区线上线下共入驻设计机构 126 万家、线下入驻设计师 6.7 万名，网签设计师 173 万名，服务企业 146 万家，孵化品牌 6691 个。下一步，应注重发挥纺织服装创意设计试点示范园区对于培育自主品牌、提升创意设计能力、服务行业提质增效的支撑作用，加大对创意园区共同服务平台建设水平提升与培育力度；借助中国品牌日、品牌消费节、时装周、博览会、时尚节以及优势网络平台的作用，设立纺织服装优势、特色品牌专区，不断增加中国品牌拉动消费、共建美好生活的重要作用。

2021~2022年中国服装行业科技创新白皮书（精简版）

中国服装协会/中国服装智能制造技术创新战略联盟/中国服装科创研究院

一、服装业科技创新概述

服装业是创造美好时尚生活的基础性消费品产业和民生产业，也是体现技术进步、社会文化发展和时代变迁的创新型产业，在提高人民生活质量、发展国家经济、促进社会文化进步等方面发挥着重要作用。科学技术和服装行业从来就是密不可分的关系，从第一次工业革命开始，到现如今服装越来越呈现可持续、智能化、个性化的趋势。

为充分了解服装行业科技创新发展的进展，把握未来服装科技发展的脉搏，中国服装协会组织中国服装智能制造技术创新战略联盟和中国服装科创研究院共同编撰了《服装行业科技创新白皮书（2021）》，并得到了高校、科技企业、品牌服装企业的支持。

白皮书围绕服装行业智能化、可持续和高端化的发展趋势，以产业价值链为主线，从新材料、智能服装、智能营销、智能研发、智能装备、智能制造及绿色可持续七大维度，分析了当下服装产业科技创新发展情况并总结了未来新趋势，为相关部门及企业提供参考（图2-106）。

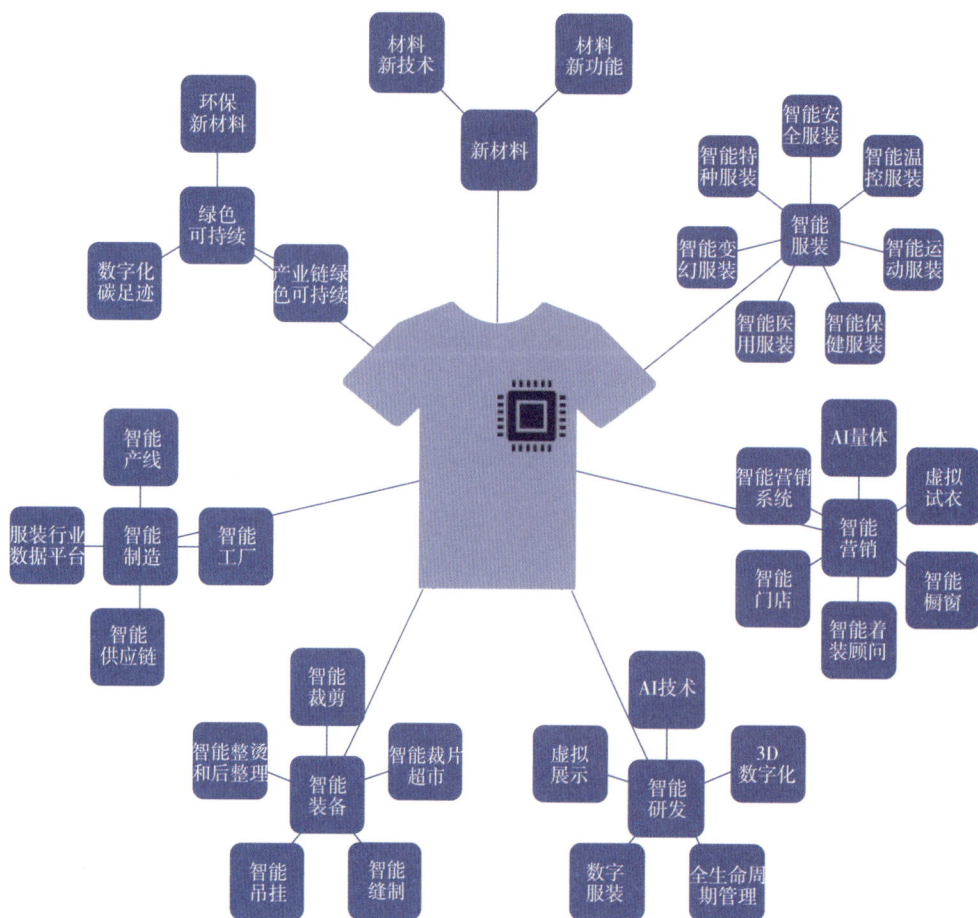

图2-106　围绕服装行业价值链的科技创新

（图片来源：中国服装科创研究院）

二、服装科技进展及趋势

（一）服装新材料

1. 发展进展

服装材料是服装设计的重要元素，在服装设计制造中，服装材料的选择是重要的一环，随着社会的不断发展，大众对服装提出越来越多样性的要求，在服装设计时，必须要选择合适的服装材料，以满足服装款式、色彩以及工艺方面的要求，因此服装材料呈现出多元化的发展趋势，尤其是功能性材料的不断推出，带动了功能性服装的发展。

基于使用人群和适用环境，服装的应用需求差异较大，对服装材料提出了新的需求，具体表现在户外环境中的应用、特殊环境中的应用、智能领域的应用、绿色环保领域的应用四个方面（图2-107）。

图 2-107　应用场景驱动服装材料创新

（图片来源：中国服装科创研究院）

2. 发展趋势

未来服装新材料将根据用户不断变化的需求，朝着更加环保化、更加相容性、更加多样化、更加精准化及多种复合材料的应用等方向进行持续迭代发展。

（1）更加环保化。一方面，围绕产品生命周期，形成绿色设计、绿色生产、绿色营销、绿色消费的可持续发展生态；另一方面，发展新的着色技术，部分替代传统化学印染。此外，结构色纤维和面料的开发符合服装绿色发展趋势。

（2）更加相容性。服装新材料的制备工艺已经不仅是传统的纺纱和织造，也包括无纺布技术、三维编织技术、静电纳米成网技术等。

（3）更加多样化。为适应健康、养老、运动休闲等消费新需求，开发健康舒适、绿色安全、易护理等功能性服装所用的服装新材料。

（4）更加精准化。消费者越来越看重服装的智能性，智能性服装的研发可以满足消费者舒适和个性化的穿着需求。

（5）多种复合材料的应用。服装面料不仅局限于纤维和面料，越来越多地依赖与其他材料（如塑料、橡胶、矿物等）复合，通过不同性质、不同特点的几种层次织物复合成一个完善的面料，使之比单一织物更具有广泛的适应性。

（二）智能服装

1. 发展进展

智能服装是服装与智能科技相结合的产物，是在传统服装覆盖人体、保温避寒、美化装饰等基本功能的基础上，将服装工程学与材料科学、传感技术、信息处理、通信技术、人工智能等多门学科交叉融合，将传感技术、微电子技术和信息技术引入服装中，从而实现信息采集、数据存储、移动计算、个性展示等诸多功能，实现对服装功能进行拓展，属于智能可穿戴的重要分支，是一个多技术跨界融合的前沿产业。

智能服装是面向最终用户的科技型产品，因此针对客户细分基础上的场景应用就显得非常关键，

目前智能服装的主要应用场景有：智能安全服装、智能温控服装、智能运动服装、智能保健服装、智能医用服装、智能变换服装及智能特种服装等（图2-108）。

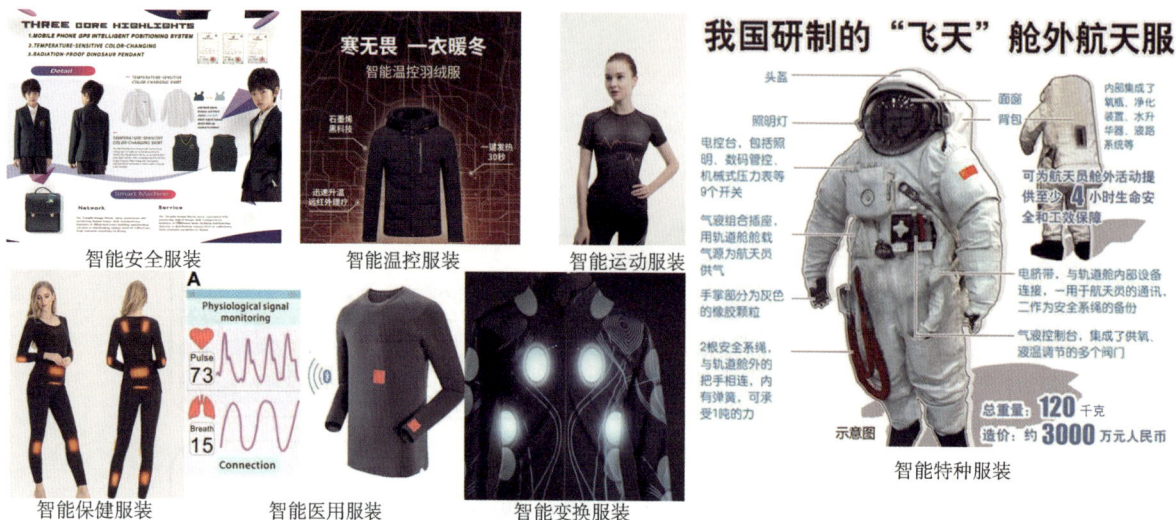

图2-108　智能服装系列

2. 发展趋势

智能服装的研究与开发单靠服装企业本身是很难健康发展的，而是需要跨行业融合，与化学、光学、材料、纺织、电子、信息等领域进行深度合作，并与医疗、健康、运动等产业融合。

（1）核心关键技术仍需进一步突破。柔性传感器技术、柔性储能技术、高效电池技术及优化算法及基于应用场景融合技术等仍需进一步优化及完善。

（2）从智能纤维到智能服装的发展。智能纤维是目前智能可穿戴领域研发的热门，相关技术不断突破，但从智能纤维到真正智能服装尚有距离。

（3）多维度全方位的系统设计。未来智能服装将整合现有的功能和应用，构建一个新型智能服装系统，为用户提供个性化、一体化的智能体验。

（4）理性与感性的双重兼顾。未来智能服装除了满足功能需求，还可提供新颖的交互模式、情感反馈、手势交互、语音识别和沉浸式感受等。

（5）高效率、低成本制备技术。智能服装相关制备技术、智能材料测试技术、材料再集成技术及

服装制板工艺技术等有待突破。

（6）安全可靠的智能服装。在关注技术发展的同时，完善监管机构与行业规范日渐凸显，行业标准、市场监督、产业政策等相关研究也越来越重要。

（三）智能营销

1. 发展进展

伴随营销理念的迭代变化，科技在营销中所扮演的角色越来越重，很多很好的营销创意，如果没有科技的加持将大打折扣，甚至没法实施。服装行业在智能营销领域的应用一直处于前列，具体表现在：人工智能渗透率大幅提升；全顾客、全渠道、全时段、全链路、全数据的新零售模式正在立体构建；商业模式创新多点进发，网红经济等迅速兴起；品牌营销内容化、内容产品化特征明显；虚拟技术驱动从"在线"到"在场"；市场服务体系不断完善（图2-109）。

2. 发展趋势

智能营销正在进行全链路的数字化变革。通过全链路的数字化变革将前端的需求、个性化定制、

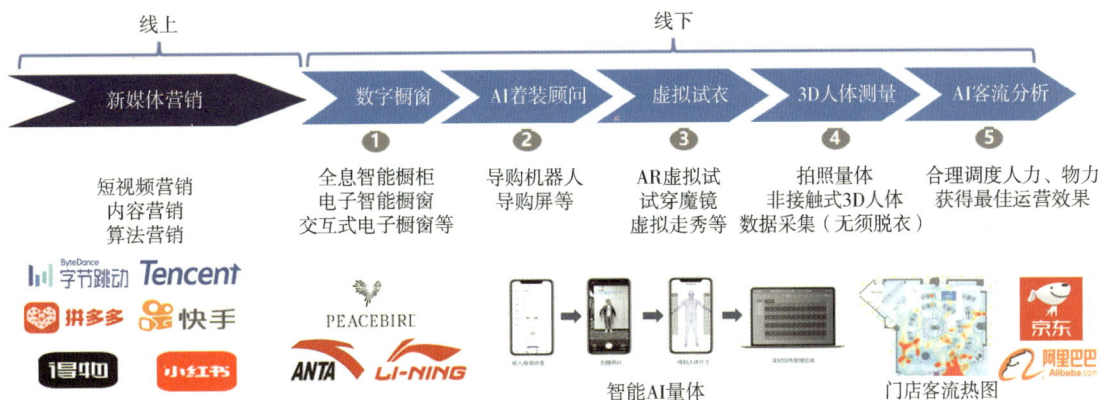

图 2-109　服装行业全渠道、全链路的智能营销

（图片来源：中国服装科创研究院）

整体营销与后端的设计、制造、仓储、供应链、服务等全链路打通；实现客户需求感知、流行趋势、整体传播与智能营销的无缝对接；实现线下、电商、社区等全渠道、一体化、全时段营销；实现线上线下无差别的感知；通过重塑会员机制，实施"商品+社交+服务"的一站式服务；以全面满足顾客的个性化需求，提升订单转化率。

（1）单一渠道向全渠道的变革。全渠道将成为智能营销变革的核心，并通过线上线下渗透和融合，以多种方式实现消费者触达，从而获取更多的流量资源。

（2）线上线下无界融合建立流量壁垒。企业通过打造线上线下的无界融合，公域和私域流量的整合，建立企业自主可控的流量壁垒。

（3）合纵连横构建生态体系。通过生态精准快速服务于消费者，快速拓展边界与流量，提升营销。

（4）"商品+社交+服务"的变革。打造"商品+社交+服务"的一站式平台，在满足客户物资需求的基础上，通过多种社交方式挖掘精神需求。

（5）智能基因改变传统"人货场"。借助RFID等智能技术，实现"人货场"与供应链体系的深度匹配，实现客户对于"多、快、好、省"的本质需求。

（6）数据重塑管理模式变革。通过数据连接，实现"市场→消费者→价值链→品类"的延伸，

有效提升对需求的响应效率，降低运营成本；通过数据洞察业务的各个环节，通过数据可视化业务流程，通过数据模型提升预测准确性；通过数据分析深挖流量价值，实现精准营销和供应链重塑。

（四）智能研发

1. 发展进展

服装智能研发是指将智能技术应用于服装研发过程中，精准把握市场趋势和客户需求、有效提升研发的质量、缩短研发周期、降低研发成本，实现与上游供应商（面辅料）之间的协同，并与市场和生产环节实现信息集成，有效提升整体供应链的效率，提升企业综合市场竞争力（图2-110）。

目前，智能研发在服装行业中主要应用在精准研发、研发设计工具的智能化升级、全生命周期管理、数字服装、虚拟展示等方面。

2. 发展趋势

智能研发未来的发展趋势将围绕更加智能的设计、高逼真度的设计展示、人体动态数据融入开发、社交网络融入开发、知识充分挖掘与量化应用和构建数据资产等方向发展。

（1）更加智能化设计。通过算法聚焦提升数据的质量和规模，深度学习加速探索与多元学习方式、多种技术分支的结合，少量数据训练、弱化人为干预以及多模态学习成为未来发展关键。

（2）高逼真度的设计展示。服装自身的交互碰

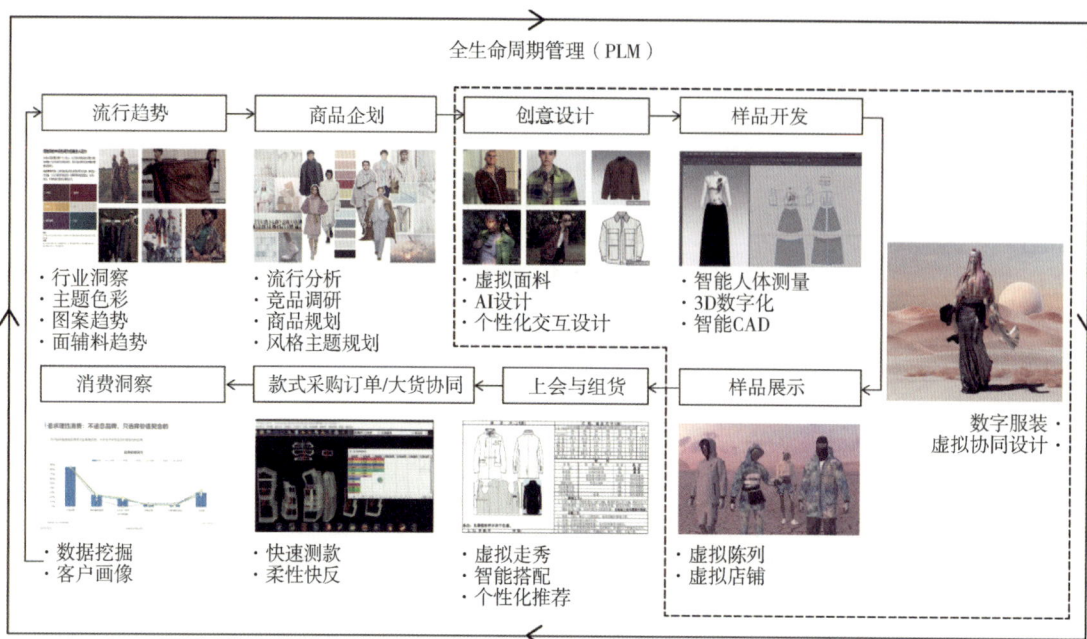

图 2-110　智能研发在服装行业的应用

（图片来源：苏州大学）

撞以及服装与身体的接触问题、仿真的实时性问题、服装本身的各向异性和非线性力学行为模拟等。

（3）人体动态数据融入开发。通过动态跟踪系统，大量采集人体胸部、关节关键点的运动情况，为服装（尤其是运动服及智能服装）的研发提供开发依据，并配合仿真模拟技术的应用，可有效提升服装的设计质量。

（4）社交网络数据融入开发。借助海量的数据监测和分析，总结社交网络上的时尚潮流热点及消费者偏好走向，品牌可以精准地定位当季的服装设计风格，规划产品结构，从而获得更多的市场可能性。

（5）知识充分挖掘与量化应用。服装的知识特点包括感性特征丰富、结构复杂、种类繁多、不确定性和抽象性强等。如何对这些带有更高级的认知色彩的知识充分挖掘并提取特征，从而进行量化建模和开发相应设计交互系统应用在服装产品研发中是智能化研发的关键技术。

（6）构建数据资产。随着 3D 技术应用的深入，服装企业可以此不断完善相应的基础库（图形

库/板型库/色彩库/部件库/工艺库/面辅料库等），形成数字资产；同时将蕴涵于设计师、工艺师的隐性知识进行建模；借助区块链等技术，实现数据资产的交易，谋求商业模式的突破。

（五）智能装备

1. 发展进展

服装生产装备的单元自动化水平明显提高，已形成大类服装加工流程所需系列产品，单元机全自动上料和收料装置普遍应用，机器人或机械手抓取及传送技术取得积极进展，吊挂及带式智能衣片输送技术与自动缝制单元、模板缝制系统的集成应用全面推广。

服装智能装备的广泛应用，不仅有效地提升了最终产品的质量和生产效率，还有效降低了操作工的技能要求，部分缓解了服装加工的用工压力（图2-111）。

2. 发展趋势

服装智能装备将呈现多样性服装智能装备不断涌现、基于数字孪生的服装智能装备、物联网与服装智能装备深度融合、人工智能与服装智能装备嵌

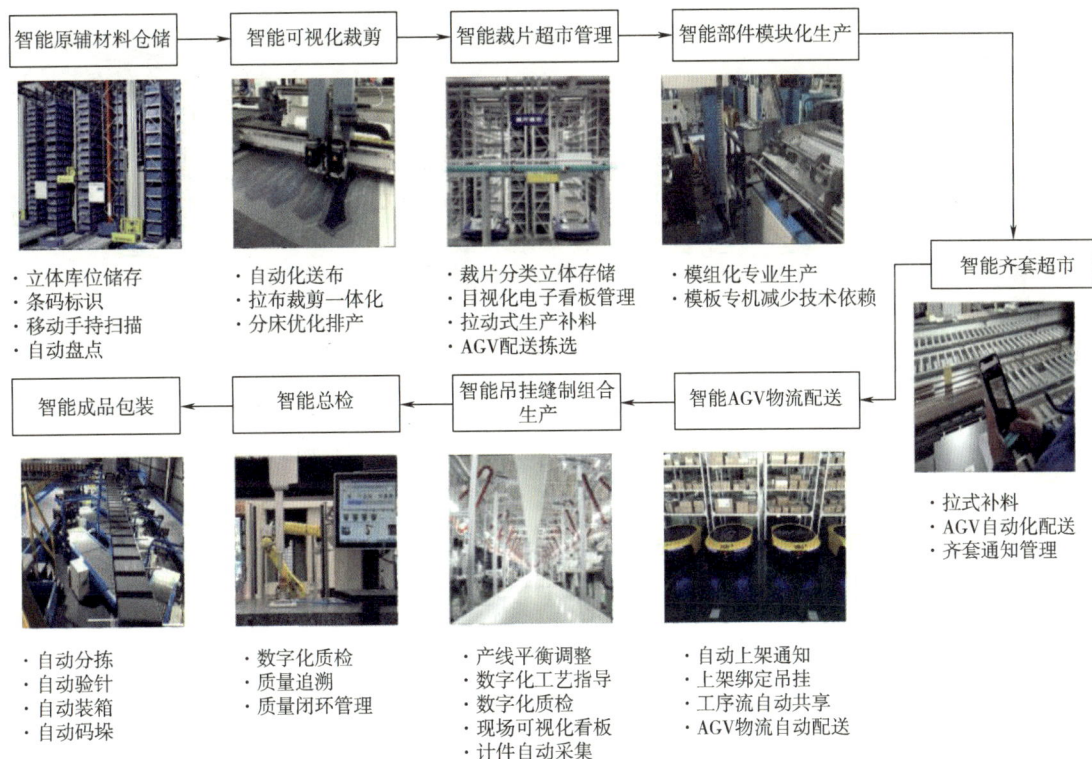

图 2-111　智能装备在服装行业的应用

（图片来源：中国服装科创研究院）

入融合、机器人与服装智能装备成组融合、即插即用服装智能装备等发展趋势。

（1）多样性服装智能设备不断涌现。未来将有更多、更智能、更符合服装生产特点的智能装备不断涌现。

（2）基于数字孪生的服装智能装备。将数字孪生技术有效地应用于服装智能设备中，一方面可以提升研发质量、缩短研发周期、降低研发成本；另一方面是基于数字孪生的智能制造系统的有机组成部分，提高虚拟体与物理实体的数据交互，为服装生产车间的数字孪生打下坚实基础（图 2-112）。

（3）物联网与服装智能装备深度融合。物联网技术可以实现装备与装备、数据与数据的互联互通，并进行可视化分析，实现智能化识别、定位、跟踪、监管等功能。

（4）机人工智能与服装智能装备嵌入融合。服装智能装备正朝着更加智能模块式、自感知、自决策、自适应、自学习、动态的加工流水线发展，人工智能技术将深度嵌入服装智能装备，在智能装备

的应用上朝着机器感知、机器思维、机器学习和机器行为等。

（5）机器人和服装智能装备成组融合。随着各种吸附抓取技术的成熟，机械手可以轻松抓取单片布料，实现分层、铺摊等动作，未来在服装加工中通过机器人和智能机器成组融合，实现服装企业智能单元、智能产线，乃至智能工厂的升级实现。

（6）机即插即用服装智能装备。随着服装企业智能设备应用场景不断增多、智能设备种类不断丰富、智能装备数量攀升，由于接口的多样性，必然会带来集成的挑战，一方面是集成问题，另一方面是互联互通，协同作业问题。因此，通过实现智能装备的即插即用，从而实现服装柔性生产。

（六）智能制造

1. 发展进展

智能制造是基于新一代信息技术与先进制造技术深度融合，贯穿于设计、生产、管理、服务等制造活动各个环节，具有自感知、自决策、自执行、

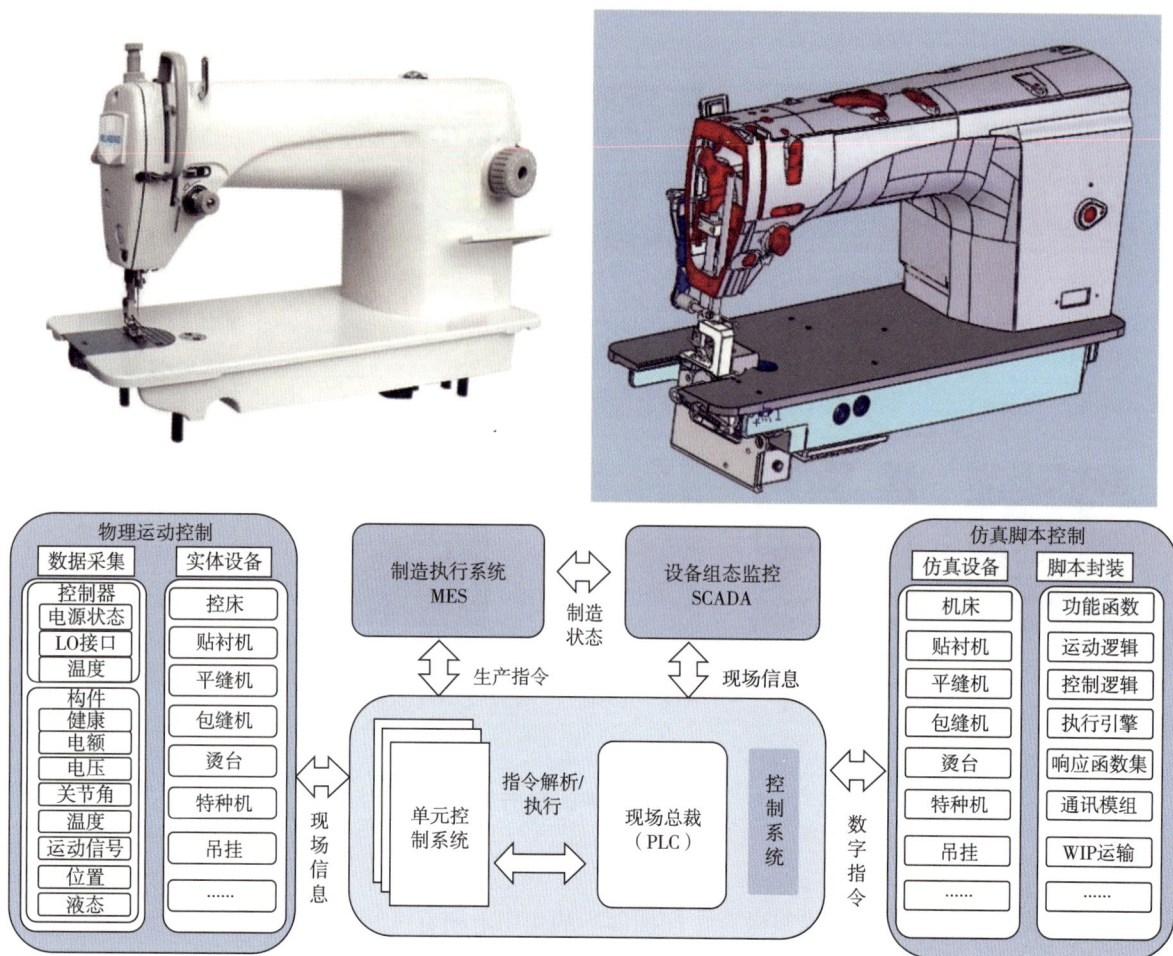

物理运动控制		制造执行系统 MES	设备组态监控 SCADA	仿真脚本控制	
数据采集	实体设备			仿真设备	脚本封装
控制器	控床			机床	功能函数
电源状态	贴衬机			贴衬机	运动逻辑
LO接口	平缝机			平缝机	控制逻辑
温度	包缝机			包缝机	执行引擎
构件	烫台			烫台	响应函数集
健康	特种机			特种机	通讯模组
电额	吊挂			吊挂	WIP运输
电压	……			……	……
关节角					
温度					
运动信号					
位置					
液态					

图 2-112　设备数字孪生数据流

（图片来源：中国服装科创研究院，东华大学）

自适应、自学习等特征，旨在提高制造业质量、效益和核心竞争力的先进生产方式。

近年来，服装企业纷纷加大了对智能制造的投入，围绕"三衣两裤"（西服、衬衫、T恤、西裤、牛仔裤）开展了卓有成效的工作，先后有南山、红领、迪尚、爱帝、报喜鸟、柒牌、九牧王等企业成功入选工信部与"智能制造"及"工业互联网"相关的示范企业；阿里巴巴新制造平台犀牛智造成为目前全球唯一入选"灯塔工厂"的服装企业；雅戈尔集团+中国联通，艾莱依集团+中国电信作为典型应用，成功入选工信部"5G+工业互联网"典型应用场景和重点行业实践；制定并发布服装行业智能制造团体标准九项。

智能制造在服装行业已经由理念普及、试点示范进入深入应用、全面推广的新阶段，在智能产线、智能工厂、数字孪生、服装个性化定制、智能供应链等方面的应用不断深入，成为推动服装行业高质量发展的强劲动力。

中国服装行业正面临内外部的挑战，外部世界政治经济格局变动给产业未来带来巨大的不确定性，全球产业结构和布局调整使得竞争加剧；内部产业中心西移、用工短缺、小微企业生存困难、自主品牌难以塑造等难题，服装行业亟须通过数字化实现产业升级。

因此，基于行业发展的需要，搭建"服装行业数智平台"，通过平台汇聚行业产业链、创新链、供应链、贸易流通等数据，运用大数据、人工智能技术，为政府侧、产业侧及企业侧的多场景的应用提供数字化支撑和数据服务，从而推动服装行业数字化转型升级，实现存量市场的持续发展，同时创新孵化增量市场，实现服装行业的共同富裕及高质　量发展（图2-113）。

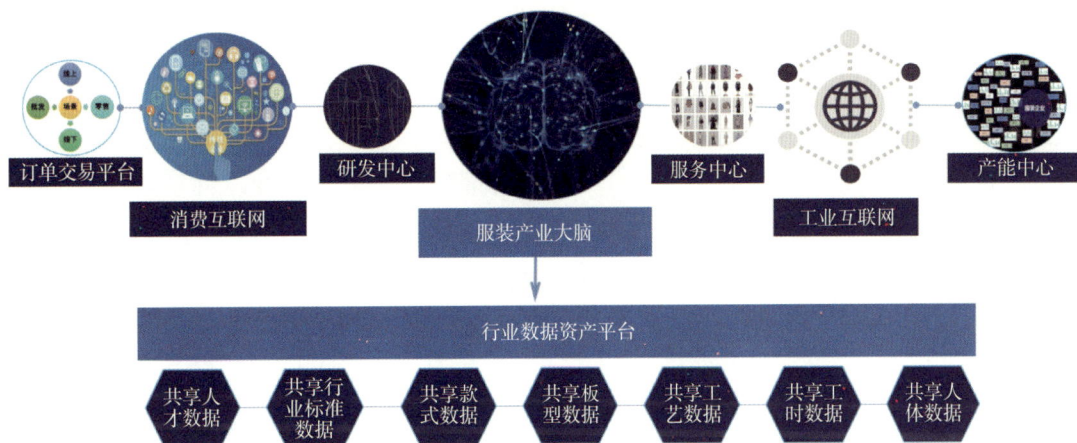

图 2-113　服装行业数智平台整体构架

（图片来源：中国服装科创研究院）

服装行业数智平台由"一脑、二平台、三中心"体系组成。

一脑是指政府侧的产业数据大脑，通过多源的数据采集和智能分析，实现服装行业经济运行监测、产业发展分析、企业画像评价、政策效果评估以及经济风险预警，为行业和地区政府提供决策支撑。

二平台是指企业侧的"订单交易平台"与"行业数据资产平台"，以订单为牵引，吸引有效数据资源、盘活平台赋能闭环，汇集海内外优质订单资源，精准链接上下游源头工厂，实现产能的智能匹配，订单的全流程可视化追溯；沉淀服装行业全链路数据资源，形成服装行业数据资产。

三中心分别指产能中心、研发中心、服务中心，通过归集服装行业科技成果及共享经济资源，实现订单与产能的精准匹配、赋能研发设计能力及品牌建设、为服装行业提供新智造数字化转型、人才培训、产业链上下游协同、共性技术推广、供应链金融服务。

2. 发展趋势

新一代信息技术与制造业深度融合，数字产业化和产业数字化进程加快，新产业新业态新模式不断涌现，服装智能制造将呈现以下发展趋势。

（1）新一代服装智能制造体系。从系统构成的角度看，智能制造系统也始终都是由人、信息系统和物理系统协同集成的"人—信息—物理系统"（Human-Cyber-Physical Systems，HCPS），面向新一代智能制造的 HCPS 2.0 不仅可使制造知识的产生、利用、传承和积累效率都发生革命性变化，而且可大幅提高处理制造系统不确定性、复杂性问题的能力，极大地改善制造系统的建模与决策效果。

通过"人—信息—物理系统"组成固定的智能的服装模块式加工流水线，实现模块化的生产制造方式，继而实现服装智能制造工位、服装智能制造产线、服装智能制造车间、服装智能制造工厂。

（2）新一代服装智能制造架构。未来 AI 技术、5G 技术与 IoT 技术将逐步融合为一体，三浪叠加的技术变革背景之下，为服装智能制造提供新技术、新场景和无限的想象空间。

新一代智能制造的主要特征表现在制造系统具备了学习能力，通过深度学习、增强学习等技术应用于制造领域，知识产生、获取、运用和传承效率发生革命性变化，显著提高创新与服务能力。

（3）打造服装行业未来工厂。未来工厂是广泛应用数字孪生、人工智能、大数据等新一代信息技术革新生产方式，以数据驱动生产流程再造，以数字化设计、智能化生产、绿色化制造、数字化管理、安全化管控为基础，以网络化协同、个性化定制、服务化延伸等新模式为特征，以企业价值链和核心竞争力提升为目标，引领新智造发展的现代化工厂。

（4）挖掘服装数据价值。随着智能制造的深入应用，企业将积累大量的数据，应在数字优先和数据驱动决策的理念下，充分利用数字化手段和方法，有效地发现、获取、利用数据，优化与提升制造与服务的质量效率。

以数据资产的方式共享工艺、知识、创意等技术能力资源，汇聚知识基础、沉淀核心能力、发挥知识洞察价值。

（七）绿色可持续发展

1. 发展进展

2021 年 10 月，习近平总书记在《生物多样性公约》第十五次缔约方大会领导人峰会发表主旨讲话时提出了"碳达峰、碳中和目标，以及 1+N 政策体系。"

2021 年 6 月，中国纺织工业联合会发布《纺织行业"十四五"发展纲要》及《科技、时尚、绿色发展指导意见》，随之启动"中国时尚品牌气候创新碳中和加速计划"。

2021 年 10 月，中国服装协会发布的《中国服装行业"十四五"发展指导意见和 2035 年远景目标》中明确了"十四五"期间服装行业可持续发展目标：围绕产品生命周期，形成绿色设计、绿色生产、绿色营销、绿色消费的可持续发展生态，重点形成服装行业绿色制造体系，突破一批废旧服装回收利用关键共性技术，提升服装纤维循环利用水平。

引导服装企业加速绿色低碳转型，要从取材、生产、使用三个维度，由原材料、产品设计、绿色印染、集约生产、新能源运输、低碳消费、延长使用周期等，全链条推动全产业链的制造高效化、能源清洁化、产品低碳化、材料可循环化的发展目标，才能逐步达成中国服装行业绿色可持续发展的初级阶段目标。

2. 发展路径

要实现我国服装行业绿色可持续发展，需要从科技创新、全产业链贯彻、数字化碳足迹、消费理念转变四个方面全面推进。

（1）科技创新为服装行业提供环保新材料。一方面，技术成熟的再生材料加大推广应用。目前再生材料技术已经比较成熟，为服装行业可持续发展创造了绿色材料基础。另一方面，科技创新加速天然纤维新材料涌现。天然纤维的科技创新不断涌现服装行业的新材料，进一步加速了可持续发展的进程。

（2）服装全产业链贯彻绿色可持续发展。创新材料的应用和高新科技的赋能，只是服装可持续发展的基础，服装行业的可持续发展，需从原材料开始，覆盖设计、生产、供应链、消费和处置，通过循环利用、材料创新、绿色设计、有机印染、绿色柔性制造、包装物流环节的创新科技使得每一件产品的全生命周期完全实现可持续发展（图 2-114）。

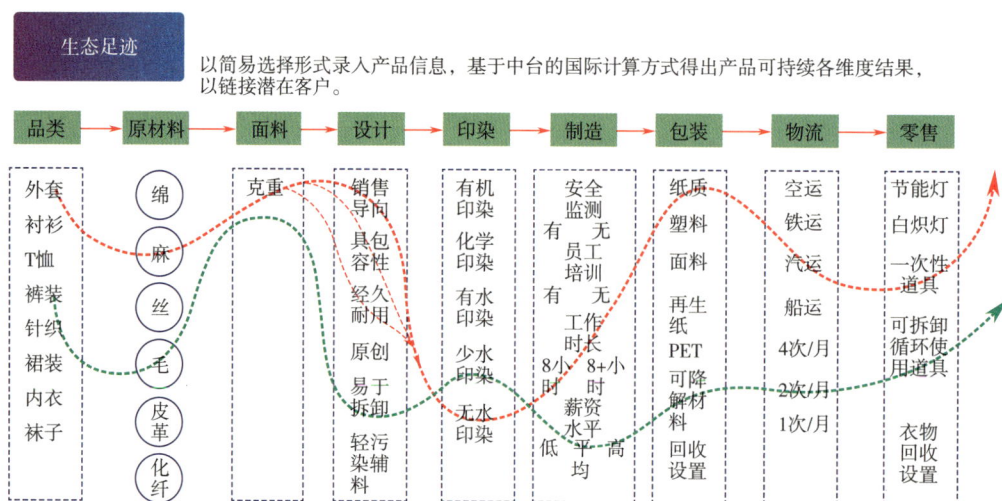

图 2-114 服装全产业链贯彻绿色可持续发展

（图片来源：RTF）

（3）数字化碳足迹建立服装行业真正的可持续发展。我国在 2019 年就开始了时尚产业可持续发展数字化的研究，围绕联合国 17 个可持续发展目标及其子目标，进行了详细的分析，考量联合国可持续发展目标的准则，并依据时尚产业特征，从气候与环境、发展与治理、健康与权益、道德与福祉、透明度管理、低碳时尚 6 个目标维度，构建了首个中国时尚产业可持续发展数字平台。

碳足迹及可持续管理的数字化云平台项目，将时尚产业可持续发展的全链路、全路径、全流程实现数字化呈现，在以区块链技术解决可持续产品溯源的同时，实现时尚产品的可持续发展管理，最终成为企业的绿色资产。

（4）消费理念转变实现服装行业可持续发展。在数字媒体与多元文化中成长起来的年轻消费群体，更善于使用数字媒体以及科技手段，选择符合自己行为理念的产品。年轻人的消费观念和选择的变化，会成为驱动企业更主动地选择可持续发展道路的重要力量。

虽然我们跟欧美的可持续发展的进程还有不少的差距，但充分发挥我们的数字科技能力和创新思维能力，相信我们会跳过欧美等发达国家服装品牌各自为战的时代，直接迈向协同共创的时代。

三、服装业科技创新展望

当前，尽管全球经济还没有走出疫情的阴霾，世界处在一个动荡的变革期，服装行业的发展也面对着国际供应链深度调整和诸多不确定因素，但在国家"两个一百年"奋斗目标的历史交汇点上，中国服装行业依托改革开放四十多年发展构建起的全球规模最大、配套最完备的产业体系和数字技术带来的全新动能以及消费升级、变革的巨大市场空间，整个行业正以强大的定力和信心迎接挑战。

智能制造作为服装行业企业科技创新的"主战场"，应推进制造基础装备与管理信息系统的数字化改造，突破设备设施与生产管理系统全面连接的瓶颈，加快企业数字化转型；按照个性化需求深度挖掘和精准配置制造资源，依托云计算、大数据、区块链等技术手段，利用超柔性化生产模式，建立制造资源动态优化配置的新机制；促进组织管理模式与智能制造体系的协同，加快各类体系建设，加强产学研用相结合，形成跨界融合、开放合作的科技创新生态体系。

到 2035 年，中国服装行业要成为世界服装科技的主要驱动者、全球时尚的重要引领者、可持续发展的有力推动者，从而实现从制造强国向时尚强国的转变。

本文为《2021 服装行业科技创新白皮书》精简版，完整版共 139 页，为单独纸质印刷，请联系中国服装协会科技部获取。

第五届中国服装定制高峰论坛

时间：2022年6月
地点：苏州市吴江区盛泽镇盛虹万丽酒店

同期活动

2022中国服装协会定制专业委员会年会
中国服装定制品牌联合发布秀

咨询联系
中国服装协会定制专业委员会
联系人：谢文靖/葛雪欢
电 话：17701380302/13611353527

9.9定制周

服装定制狂欢体验周

中国服装行业"9.9定制周"是由中国服装协会定制专业委员会联合衣邦人于2021年1月份共同发起倡议
由服装定制相关企业共同参与的年度定制行业品质购物节

行业意义

推广服装定制文化
提升企业销售
推动供应链合作
形成全行业良性联动

首届成绩

223家 报名企业
近5000万元 零售总成交额
121% 同比增长率 零售企业订单量
39% 同比增长率 供应链企业订单量

2022年度第二届中国服装行业"9.9定制周"诚挚邀请您参加！

主办单位：CNGA 中国服装协会 China National Garment Association

中国服装协会定制专业委员会
联系人：谢文靖/葛雪欢
电 话：17701380302 / 13611353527

中国服装好设计

CHINESE
CLOTHING
GOOD
DESIGN
SEASON
THREE

好·远·设计

第三季

主办单位
中国服装协会
海宁市人民政府

承办单位
海宁中国皮革城
海宁市服装协会

戳我了解
大赛详情

好设计
中国服装好设计
GOOD DESIGN FOR CHINESE CLOTHING

第三部分　产业链报告篇

2021~2022 年中国棉纺织行业发展报告

中国棉纺织行业协会　徐潇源

2021 年，我国经济发展和疫情防控保持全球领先地位，国家战略科技力量加快壮大，棉纺织产业链韧性得到提升，实现了"十四五"的良好开局。与此同时，我国经济发展面临需求收缩、供给冲击、预期转弱三重压力。世纪疫情冲击下，百年变局加速演进，外部环境更趋复杂严峻和不确定，棉纺织行业发展面临挑战和压力。

一、2021 年棉纺织行业运行情况

（一）生产情况

2021 年，世界各国加快推进新冠疫苗接种，疫情防控形势向好，全球经济从 2020 年的衰退中逐步复苏，中国市场消费潜力持续释放，棉纺织企业设备利用率不断提升，逐步达到甚至好于疫情前（2019 年）的水平，纱、布产量同比持续增长。中国棉纺织行业协会（以下简称中棉行协）跟踪的 260 余户棉纺织企业数据显示，截至 2021 年 10 月，跟踪企业纺纱、织造设备利用率分别为 94.6% 和 91.4%，同比分别提高 1.3 个和 1.5 个百分点，其中，纺纱设备利用率高于 85% 的企业占比 86%，织造设备利用率高于 85% 的企业占比 85%。2021 年 1~10 月，棉纺织企业纱产量累计同比增长 11.81%，布产量累计同比增长 8.42%，增速均呈现放缓态势（图 3-1）。

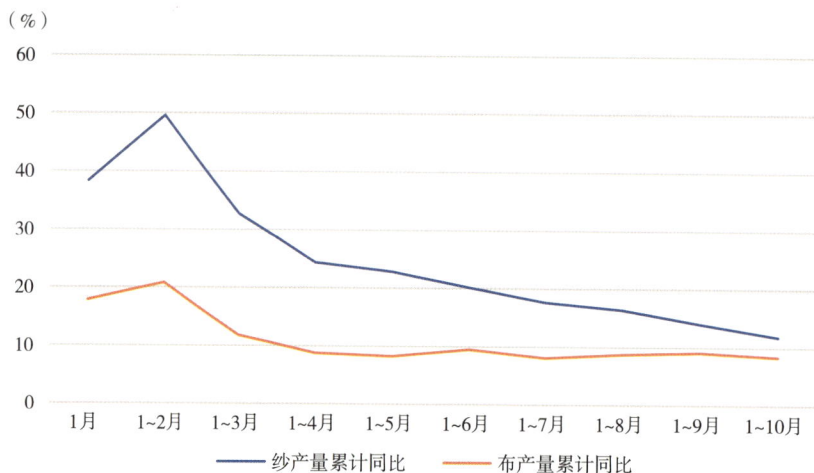

图 3-1　2021 年跟踪企业纱、布产量累计同比变化情况

（数据来源：中国棉纺织行业协会）

产业集群方面，根据对棉纺织产业集群的跟踪调查，集群企业以中小企业居多，生产经营情况与跟踪企业基本一致，但整体恢复相对缓慢。2021 年 1~10 月，集群企业设备利用率平均约为 75%，同比增长 4.8%，其中规上企业在 86% 左右。1~10 月，集群企业各类纱线产量同比增长 23.5%，其中规上企业同比增长 25.4%；布产量同比增长 11.6%，其中规上企业同比增长 11.8%，增幅较高与 2020 年基数较低相关。

（二）市场情况

1. 原料价格

（1）国内外棉价共振上涨，国内棉价持续高于国际棉价。2021 年春节过后，全球疫情形势趋缓，

经济复苏明显，美国加码刺激政策推升通胀预期攀升，造成国际金融市场动荡，引发棉花市场大幅波动。2021年上半年，国内棉价整体在15000~17000元/吨的区间振荡，内外棉价差基本在2000元/吨以内。进入下半年，在大宗商品上涨、外盘大幅拉升以及新疆籽棉收购价格大幅高开的推动下，国内棉价脱离基本面持续上涨，内外棉价差最高扩大至4489元/吨，10月31日，国内3128B级棉花价格涨至近十年高位为22950元/吨，较1月初上涨49.9%（图3-2）。

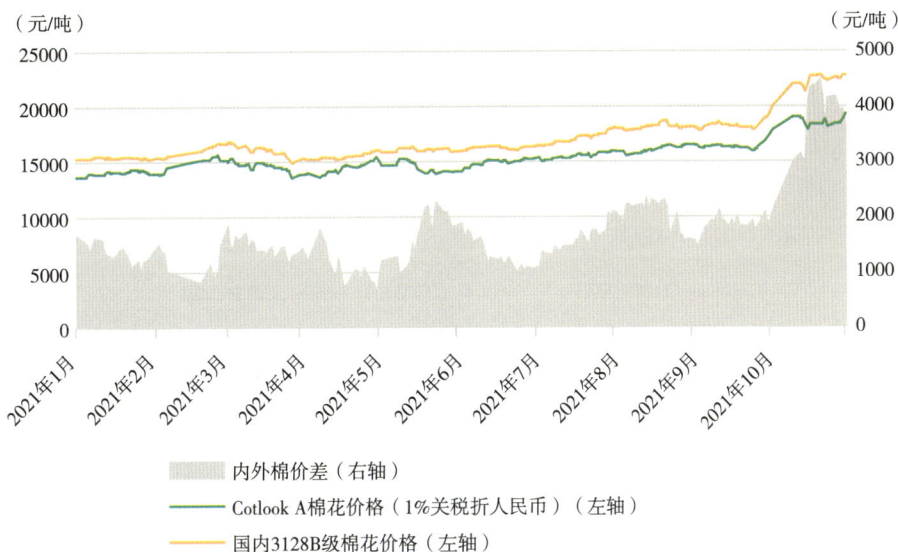

图 3-2　国内外棉花价格走势

（数据来源：中国棉纺织行业协会）

（2）黏胶短纤价格波动幅度较大，涤纶短纤价格相对平稳。受通胀预期、棉花价格上涨等因素影响，春节后黏胶短纤价格跳涨，2021年3~4月其价格超过了同期棉花价格，达到15600元/吨的年内最高点。之后，由于终端需求低迷，市场对高价原料接受能力不足，采购消极，价格走低，6~9月价格基本在12000~13000元/吨振荡，10月受"能耗双控"政策影响，市场对成本增长以及生产负荷下降的预期增强，支撑黏胶短纤价格上涨至14500元/吨左右。涤纶短纤价格跟随原油价格波动，整体相对平稳，价格基本在6500~7500元/吨，10月受"能耗双控"政策影响涤纶短纤产量下降，叠加原料端价格走高，涤纶短纤价格涨至年内高点8300元/吨左右（图3-3）。

2. 纱、布产品价格

纱、布价格跟随原料波动上涨，上下游价格传导不畅。纱线价格方面，32支纯棉纱价格从2021年1月初的23150元/吨上涨至10月的29600元/吨

高位，涨幅27.9%，低于棉价49.9%的涨幅，尤其是国庆节后，棉花价格大幅上涨，棉纱价格跟涨，涨幅达到2000元/吨左右，但下游采购明显放缓，至月中棉价回调后呈现震荡走势，棉纱价格随之回落。坯布价格方面，与纱线价格走势基本一致，整体呈波动上涨态势，10月纯棉坯布（32英支×32英支，130根/英寸×70根/英寸，2/1斜纹，幅宽47英寸，1英寸=2.54cm）价格达到6.6元/米的高点，较1月初上涨26.2%，低于棉纱27.9%的涨幅。整体来看，棉花价格涨幅最高，棉纱次之，坯布涨幅明显不及棉花和棉纱，说明上下游传导不畅（图3-4）。

（三）运行质效

1. 主要经济指标情况

中棉行协跟踪数据显示，2021年棉纺织企业主要经济指标同比增长明显，亏损面持续收窄。1~10月，260余户棉纺织企业营业收入累计同比

图 3-3　主要棉纺织原料价格走势

（数据来源：中国棉纺织行业协会）

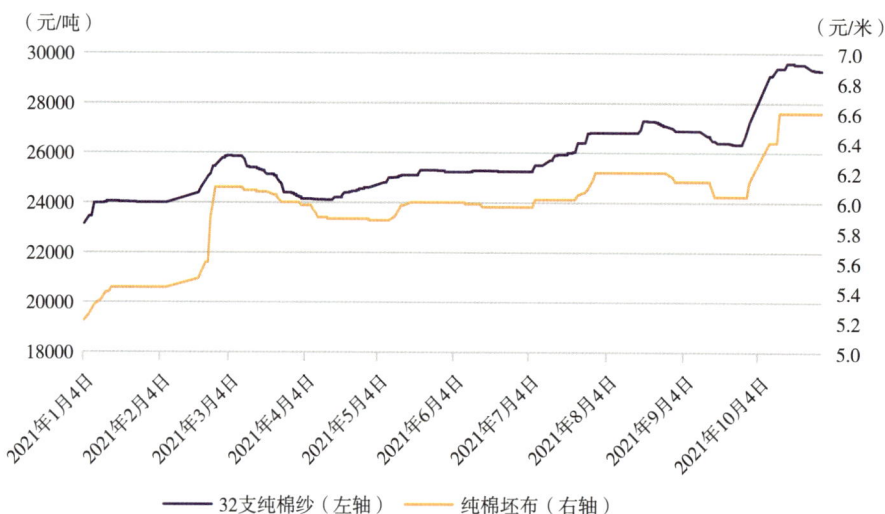

图 3-4　棉纺织代表产品价格走势

（数据来源：中国棉纺织行业协会）

增长 18.76%，出口交货值累计同比增长 13.0%，利润总额累计同比增长 67.5%，亏损面 14.4%，同比下降 22.4 个百分点（图 3-5）。从跟踪企业出口交货值占工业销售产值的比重看，1～10 月占比为 12.9%，同比增长 1.4 个百分点，随着全球经济的逐步复苏，企业出口形势出现好转。

从跟踪的棉纺织产业集群情况看，集群企业主要经济指标同比变化趋势与跟踪企业基本一致。1～10 月，集群企业营业收入累计同比增长 5.1%，出口交货值累计同比增长 41.6%，利润总额累计同

比增长 11.3%，出口交货值增幅较高与 2020 年基数较低相关，整体来看，集群企业营业收入和利润总额的同比增幅均小于跟踪企业，运行压力较大（图 3-6）。

2. 景气指数

2021 年以来我国经济持续稳定恢复，主要经济指标处于合理区间，棉纺织行业景气度提升，但行业运行压力不减。中棉行协发布的景气指数显示，2021 年前 10 个月，1 月、3 月、5 月、6 月、7 月、8 月表现较好，其余 4 个月表现较差。从分项

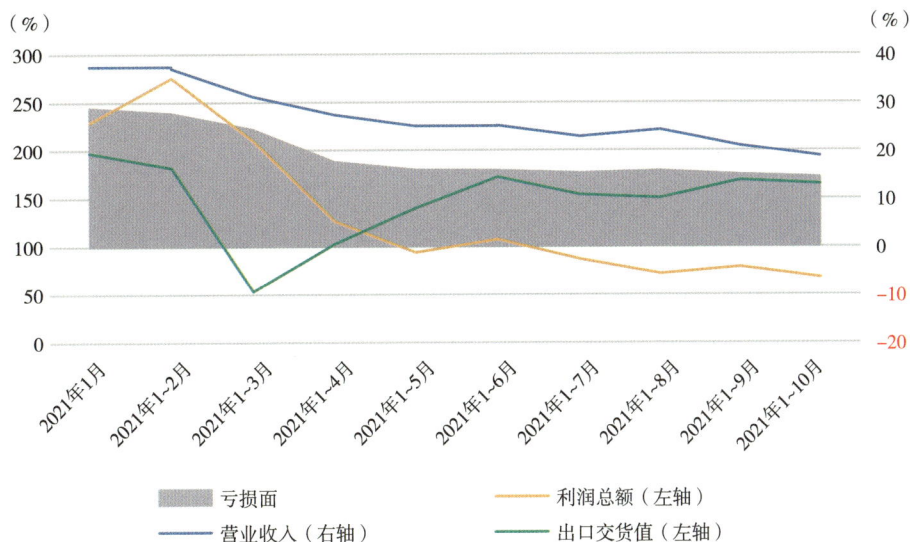

图3-5　跟踪企业营业收入、利润总额、出口交货值累计同比及亏损面变化

（数据来源：中国棉纺织行业协会）

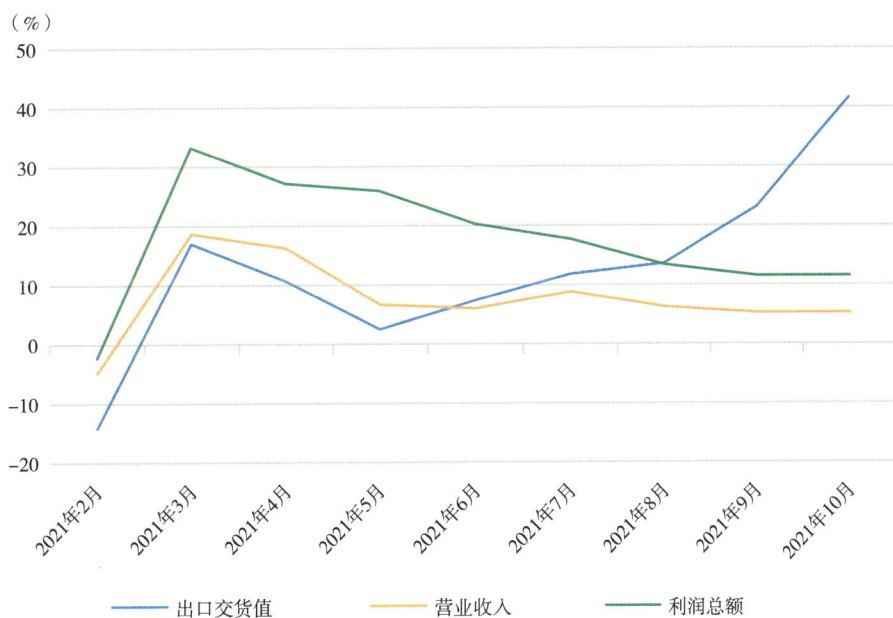

图3-6　跟踪集群主要经济指标累计同比变化

（数据来源：中国棉纺织行业协会）

指数看，10月原料价格大幅上涨，用电压力逐步缓解，但市场活力未有明显提升，企业经营谨慎，在构成中国棉纺织景气指数的7项分类指数中，原料采购指数、产品销售指数高于枯荣线，原料库存指数、生产指数、产品库存指数、经营指数、企业信心指数均位于枯荣线下方，尤其是上游原料价格大幅上涨，下游接受意愿较低，价格传导明显不畅，上下游企业生产经营情况分化，在全球通胀压

力加剧、国际能源供应紧张、大宗商品价格上涨而终端需求未有明显好转的形势下，企业对后期市场充满担忧（图3-7）。

（四）进出口

1. 棉花进口情况

2021年，为保障纺织企业用棉需要，国家除发放89.4万吨棉花进口关税配额外，增发了70万

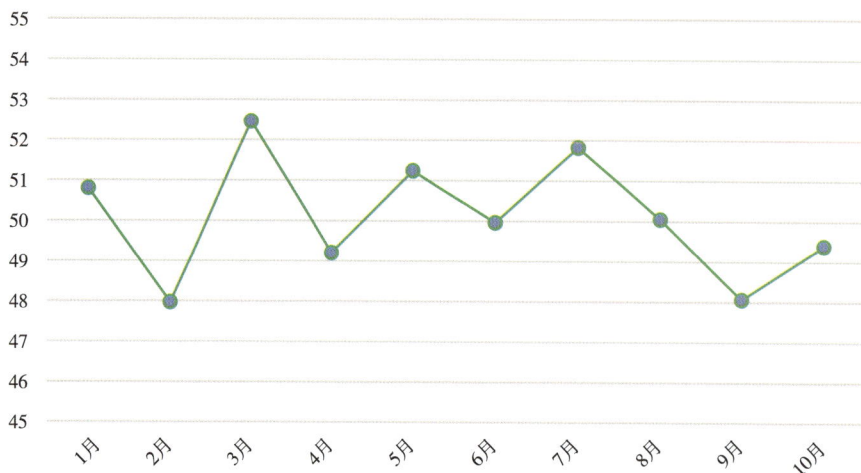

图 3-7　2021 年中国棉纺织景气指数变化

（数据来源：中国棉纺织行业协会）

吨滑准税配额。1~10 月，我国累计进口棉花 191.3 万吨，同比增长 19.0%。从进口来源国看，美国依然是我国棉花进口的最大来源国，进口量占比 40.7%，同比下降 7.3 个百分点；其次是巴西和印度，占比分别为 26.5% 和 21.0%，其中印度棉进口占比同比增长 10.6 个百分点，主要因为 2021 年上半年印度棉价格较低，国内加大了对印度棉花的采购（表 3-1）。

表 3-1　2021 年 1~10 月我国棉花进口情况

项目	数量（万吨）	同比（%）	占比（%）
总量	191.29	19.04	100.00
美国	77.86	1.04	40.70
巴西	50.63	19.07	26.47
印度	40.18	139.74	21.00
其他	22.62	-7.10	11.82

（数据来源：中国海关）

2. 棉纱进口情况

2021 年 1~10 月，我国累计进口棉纱 182.4 万吨，同比增长 17.7%（表 3-2）。分析其主要原因，一是 2021 年棉花价格处于高位，企业进口棉纱代替棉花；二是内需市场表现较好，对纺织品的需求增加；三是与国产纱相比，外纱价格存在优势。

从进口来源国看，我国进口棉纱的前五大来源地全部来自亚洲地区，合计占比 90%。越南一直稳居我国棉纱进口来源地首位，进口量占比 44.5%，同比下降 1.4 个百分点；印度和巴基斯坦棉纱线进口量占比分别为 14.6% 和 13.3%，同比均基本持平；乌兹别克斯坦政府大力推动纺织业发展及出口，为当地企业提供了多项出口优惠政策，进口量同比增长 55.7%，占比 12.8%，同比提升 3.1 个百分点。

表 3-2　2021 年 1~10 月我国棉纱进口情况

项目	数量（万吨）	同比（%）	占比（%）
总量	182.39	17.66	100.00
越南	81.20	14.11	44.48
印度	26.67	30.61	14.61
巴基斯坦	24.22	11.39	13.27
乌兹别克斯坦	23.28	55.69	12.75
印度尼西亚	8.52	-4.63	4.67

（数据来源：中国海关）

3. 棉纱、棉布出口情况

2021 年，我国棉纱、棉布出口增长明显，1~10 月出口量同比分别增长 7.7% 和 11.5%（表 3-3、表 3-4）。棉纱出口方面，除对中国香港出口同比大幅下降 28.9% 外，我国对主要市场出口同比均大幅增长，值得一提的是，近年来中俄双边经贸合作规模稳步扩大，中俄贸易增速在中国主要贸易伙伴中位列第一，中国继续保持俄罗斯第一大贸易伙伴国的地位，对俄罗斯出口棉纱同比增长 19.4%，占比同比提高 0.9 个百分点。棉布出口方面，对菲律宾出口同比大幅下降 18.3%，对其他主要市场出口均出现增长，其中对孟加拉国和尼日利亚出口增长明显，特别是对尼日利亚出口同比增长 31.2%，主要得益于中尼经贸合作取得了丰硕的成果，尼日利亚是中国在非第一大出口国，中国也是尼日利亚第一大贸易伙伴。

表 3-3　2021 年 1~10 月我国棉纱出口情况

项目	棉纱出口量（万吨）	同比（%）
总量	24.43	7.71
孟加拉国	7.98	28.27
尼日利亚	6.68	31.19
越南	3.48	23.18
中国香港	2.51	−28.87
俄罗斯	2.27	19.41

（数据来源：中国海关）

表 3-4　2021 年 1~10 月我国棉布出口情况

项目	棉布出口量（亿米）	同比（%）
总量	61.45	11.54
孟加拉国	7.98	28.27
尼日利亚	6.68	31.19
越南	5.15	1.87
菲律宾	4.27	−18.26
多哥	2.59	12.00

（数据来源：中国海关）

二、2021 年行业发展特点

（一）原料保障企业生产经营

2021 年，储备棉轮出、棉花进口配额及棉花目标价格等政策措施在保障我国棉纺织用棉需求、稳定棉花市场价格、降低纺织企业用棉成本等方面发挥了重要作用。

1. 储备棉轮出与投放

2021 年，为优化中央储备棉结构，确保质量良好，增强中央储备调控能力，促进棉花市场平稳运行，并满足棉纺企业用棉需求，国家先后两次轮出和投放储备棉。第一次，7 月 5 日~9 月 30 日，轮出总量安排 60 万吨，累计成交 63.04 万吨，市场对储备棉的竞拍热情持续高涨，有效满足了棉纺织企业的用棉需求。第二次，10 月 10 日~11 月 30 日，每个法定工作日原则上投放 1.5 万吨左右，根据市场形势等情况动态调整，其中 10 月 10 日~11 月 9 日投放第一批储备棉，累计投放 64.6 万吨，累计成交 39.54 万吨，11 月 1 日起，地产棉的销售底价计算方式调整为与国际市场棉花现货价格挂钩联动，降低了棉纺织企业竞拍地产棉的成本；11 月 10 日起开始投放第二批，计划投放总量 60 万吨，每日投放量根据市场形势等情况合理安排，11 月底郑棉期货受奥密克戎变异毒株带来资金恐慌抛售影响大幅下挫，综合考虑棉花市场形势，自 12 月 1 日起暂停储备棉轮出，第二批投放累计成交 17.67 万吨，此次轮出成果显著，抑制了棉价过快上涨的势头，使棉价逐步回归合理区间，降低了棉纺产业链经营风险。

2. 棉花进口配额

为保障纺织企业用棉需要，2021 年国家在发放 89.4 万吨 1% 关税配额的基础上增发 70 万吨棉花关税配额外优惠关税税率进口配额，全部为非国有贸易配额，其中，40 万吨限定用于加工贸易方式进口；30 万吨不限定贸易方式，获得配额的企业申领配额证时可自行选择确定贸易方式。企业可单独申请加工贸易配额或不限定贸易方式的配额，也可同时申请。这是连续第四年发放滑准税棉花进口配额，为纺织企业签约进口棉提供了一定的条件，但是仅 30 万吨配额不限定贸易方式，低于市场预期。

3. 棉花目标价格

2021 年国家继续深入推进新疆棉花目标价格改革政策，目标价格水平为 18600 元/吨。兵团在总结前两轮棉花目标价格改革工作的基础上，结合兵团实际，印发关于完善棉花目标价格政策实施方案。针对2020年棉花质量大幅下降的情况，2021年着力提升棉花品质，全面推广"一主两辅"用种模式，开展质量追溯，实现优质优补到户，激发种植者和加工企业质量意识。合理引导棉花生产，按照"控制面积、提质增效"的原则，合理控制棉花种植面积，促进棉花生产向优势产区集中。将中央年度拨付补贴资金总额的7%用于棉花生产效益补贴，主要开展棉花高质量发展、多种补贴方式探索等，93%用于兑付兵团棉花种植者交售量补贴。补贴标准实行一年一定，特种棉（包括长绒棉和彩色棉）补贴标准按照陆地棉补贴标准的1.4倍执行。棉花目标价格政策其核心是建立以市场供需为基础的农产品价格形成机制，对缩小内外棉价差、提高棉花品质、提升棉纺织品国际竞争力等有着重要作用。

（二）国内循环促进国际循环

2021年，在国内大循环为主体、国内国际双循环相互促进的新发展格局下，我国经济保持持续恢复、稳定向好发展，特别是在经历了疫情反复、极端天气变化以及国际局势不确定性等因素影响，凭借庞大的内需市场和人才红利，消费重新恢复了作为经济第一增长动力的地位，充分展示了我国消费市场的强大韧性。

内销规模超过疫情前水平。国家统计局数据显示，2021年前三季度，全国居民人均衣着消费支出1002元，同比增长18.2%，占人均消费支出的比重为5.8%；1~10月，全国限额以上单位服装鞋帽、针纺织品类商品零售额同比增长17.4%；农村电商、跨境电商、直播电商等新模式快速发展，全国网上穿类商品零售额同比增长14.1%，两年平均增长3.0%。国内循环促进国际循环，产业资源实现优进优出，同时，在世界产业链、供应链出现不稳固甚至断裂时，我国纺织产业链、供应链在国际上起到了很好的补充作用。1~10月，我国纺织品服装出口2565亿美元，同比增长5.0%，其中纺织品出口1177亿美元，同比减少9.1%；服装出口

1389亿美元，同比增长25.2%。

（三）创新驱动高质量发展

创新是推动产业高质量发展的决定性因素。随着我国经济的持续快速发展，特别是第三产业的发展，人民的生活水平快速提升，新一代年轻人的就业观和消费观发生变化，导致国内制造业企业普遍面临招工难的问题。为了适应环境变化，应对工人短缺等一系列问题，棉纺织企业通过科技创新、技术改造和信息化建设等方式，努力保持市场竞争优势。许多企业设立了研发中心，为技术改造、产品研发提供了有力支撑。棉纺织企业对科技进步的重视程度逐步提高，研发投入不断提升，创新能力不断提高，通过长期的投入积累，创新成果逐步显现。

与此同时，随着数字经济重心向工业互联网迁移，平台经济成为制造业实现数字转型、智能升级、融合创新的重要支撑。数字经济深入发展，个性化定制、智能化生产、服务型制造等新模式不断涌现，倒逼企业改变要素结构和生产方式。棉纺织企业加大自动化和信息化技术装备的投入，从产品的自动化、数字化生产线为突破，推进智能车间和智能工厂的建设，减少对人工的依赖，同时扩展线上销售渠道，与市场进行深度连接、广泛连接。

三、2022年行业发展展望

（一）全球价值链发生深刻变革

新冠肺炎疫情的暴发让全行业经历了一个历史性的关口，世界正经历百年未有之大变局，世界经济进入动荡变革和深度调整期，经济增长乏力且复苏存在不稳定性，全球价值链的结构性调整不断加快。美国劳工部数据显示，2021年10月美国消费者价格指数同比涨幅达6.2%，是1990年11月以来最大涨幅。年末节日消费季来临之际，美国密歇根大学消费者信心指数却下降至66.8，降幅达6.8%，跌至十年来最低点。欧元区2021年11月消

费者信心指数为-6.8，录得7个月来最差，显示通胀高企带来的消费者对经济复苏产生担忧，叠加新型毒株出现，影响棉纺织市场的需求前景。同时，全球力量对比发生深刻调整，全球化以区域化的新形态发展演进，不断深化的区域合作引发了产业版图的重构，全球价值链的缩短与内化进程加快。在区域产业合作的支撑下，越南、孟加拉国等经济体在全球纺织服装产业链上的地位不断巩固强化。

（二）消费升级对行业发展提出新要求

不确定性是当前外部环境的主基调，内需市场已成为产业发展的战略重心。2021年中央经济工作会议提出，全面推进乡村振兴，提升新型城镇化建设质量。人口向城市流动的趋势将带来中国经济由量到质的跃升，展望2022年，中国经济长期向好的基本面未变，消费有望继续改善。《中华人民共和国国民经济和社会发展第十四个五年规划和2035年远景目标纲要》提出，深入实施扩大内需战略，建设消费和投资需求旺盛的强大国内市场，全面促进消费，顺应居民消费升级趋势，促进消费向绿色、健康、安全发展，稳步提高居民消费水平。国内市场规模不断扩大和居民消费结构升级，对行业的发展提出了新的要求。

我国人均GDP超过1万美元，14亿人口中有4亿多为中等收入人群，是全球最具潜力的消费市场。新冠肺炎疫情之下，简约适度、实用性强、性价比高的产品和服务更加受消费者青睐，同时，随着社会活动变迁，新生活方式正在形成，裂变出众多细分市场领域。例如，运动与健康的生活方式，使得体育用品成为行业最具成长性的领域。此外，在数字经济迅速发展、年轻人独立意识增强的趋势下，消费者的个性需求将进一步被挖掘，多元化、精细化、定制化消费将持续成为消费热点。

（三）绿色发展成为产业发展的刚性要求

当前，绿色可持续发展成为大势所趋和硬性约束。截至2021年10月，已有132个国家和地区提出碳中和目标。从材料、能源、制造到循环回收，绿色技术正深度融入产业价值链的各个环节。

棉纺织行业始终把绿色作为重要的战略方向，不断加快绿色、低能耗生产技术研究和推广，树立能源高效利用企业示范样板。持续提高清洁能源的消费比重，使用高效低能耗电机、风机、水泵压缩机等节能设备；加快行业绿色升级改造，提高绿色产品开发能力和循环再利用纤维的应用比例，开发低能耗、高附加值纺织产品；研发推广低耗能纺纱技术、无聚乙烯醇（PVA）上浆及少上浆工艺、可替代PVA环保浆料和染料助剂；建立绿色工厂、绿色生产示范企业（生产线）；完善棉纺织绿色工厂评价指标体系及相关标准等。在我国构建"双循环""双碳"战略新发展格局的背景下，立足新发展阶段，加快行业绿色转型。

2021~2022 年中国纤维流行趋势发布报告

中国化学纤维工业协会　杨涛　靳高岭

化纤工业是我国具有国际竞争优势的产业，是纺织工业整体竞争力提升的重要支柱产业，也是战略性新兴产业的重要组成部分。为了打造"中国纤维"品牌，提升"中国纤维"在国际市场的整体形象和竞争力，2012 年，由工信部牵头，中国化学纤维工业协会、东华大学、国家纺织化纤产品开发中心共同组织的"中国纤维流行趋势"活动拉开序幕。历经八年的培育和发酵，对纤维流行元素及应用进行了系统调研分析，深刻阐释中国纤维的发展内涵，逐渐形成了具有中国特色的纤维品牌建设推进体系。时至今日，中国纤维流行趋势已然成为化纤行业发展的风向标，引领着中国纤维产业在科技创新、绿色发展、匠心精神等诸多方面实现全方位提升，使产业链整体竞争能力不断增强。

中国纤维流行趋势 2021/2022 的主题是"激荡与领航"，围绕该主题，发布了纤·溯绿源、纤·筑安心、纤·致风尚、纤·创未来四个篇章及入选和入围纤维。本文重点解读中国纤维流行趋势 2021/2022 发布的主题篇章及发布产品（表 3-5、表 3-6）。

表 3-5　中国纤维流行趋势 2021/2022 入选产品

篇章	入选纤维	产品名称
纤·溯绿源	生物基化学纤维	聚乳酸纤维
		卫材专用莱赛尔纤维
		竹莱赛尔纤维
		细旦生物基聚酰胺 56 纤维
	循环再利用化学纤维	高透气性循环再利用聚酯纤维
		弹性循环再利用聚酯纤维
		循环再利用聚酰胺 6 纤维
	原液着色化学纤维	原液着色细旦超黑聚酯纤维
		原液着色循环再利用空变聚酯纤维
		原液着色高耐日晒户外专用聚酯纤维
		原液着色细旦聚丙烯纤维
纤·筑安心	健康防护纤维	锌系抑菌聚酯纤维
		银离子抑菌氨纶
		银/锌复合抑菌聚酰胺 6 纤维
		PTFE 微纳纤维膜
	安全防护纤维	阻燃抗熔滴聚酯纤维
		一步法高强聚酰胺 6 纤维
		抗老化阻燃循环再利用聚酯纤维
	可追溯性纤维	可追溯性再生纤维素纤维

篇章	入选纤维	产品名称
纤·致风尚	弹性纤维	异组分异收缩全消光聚酯纤维
		凉感 PET/PTT 双组分复合纤维
		熔体直纺原液着色 PBT 纤维
		低温易黏合氨纶
	仿真纤维	全消光聚酯仿棉纤维
		仿皮草用异形循环再利用聚酯纤维
		仿马海毛聚丙烯腈纤维
		车内饰专用原液着色仿毛 PBT/PET 复合纤维
纤·创未来	产业用高强纤维	原液着色黑色高强聚酯工业丝
		细旦高强高模聚乙烯醇纤维
	高性能碳纤维	超高强度碳纤维
		中模高强碳纤维预浸料

表 3-6　中国纤维流行趋势 2021/2022 入围产品

品类	产品名称	品类	产品名称
安全防护纤维	白色抗静电聚酯纤维	安全防护纤维	胶原蛋白改性聚酰胺 6 纤维
	碳黑导电聚酰胺 6 纤维		铜系抑菌竹莱赛尔纤维
弹性纤维	低温定型熔纺氨纶		青蒿素改性再生纤维素纤维
	瑜伽服专用高伸低模氨纶		消臭抑菌再生纤维素纤维
定制化纤维	单组分双捻抗皱聚酯纤维		PE（PHBV）/PP 双组分皮芯复合纤维
	抗起球喷织磨毛布专用聚酯纤维	生物基化学纤维	抑菌莱赛尔纤维
	细旦多孔灯芯绒专用弹性聚酯纤维		三维卷曲 PLA/PTT 双组分高弹性纤维
仿真纤维	消光仿棉聚酰胺 6 混纤	舒感纤维	异组分异规格异收缩棉感聚酯纤维
	仿棉弹性双组分混纤		一步法异形涤锦复合纤维
功能复合纤维	遮光用聚酯复合纤维		低熔点聚酰胺 6 纤维
	原液着色功能复合聚酰胺 6 纤维		小麦蛋白改性再生纤维素纤维
	石墨烯改性异形聚酰胺 6 纤维		超高收缩聚丙烯腈纤维
	石墨烯原位聚合改性细旦聚酰胺 6 纤维		一步法易染阳涤包覆纱
	太极石改性高强高模再生纤维素纤维	循环再利用化学纤维	循环再利用再生纤维素纤维
	非六方氮化硼（h-BN）改性再生纤维素纤维		
健康防护纤维	艾草改性聚酯纤维	原液着色化学纤维	原液着色超黑聚酯纤维
	超低纤度锌系抑菌聚酰胺 6 纤维		原液着色高蓬松聚酯纤维
	锌系抑菌聚酰胺 6 纤维		原液着色异形截面混纤 BCF

一、趋势主题：激荡与领航

（一）激荡

化纤行业 40 年沧海桑田，经历风雨变幻，在激荡冲击中发展与壮大。第一次金融危机之时，中国化纤人慧眼识机，聚酯熔体国产化技术快速发展；第二次金融危机，我国化纤行业逆势上扬，提质增效，差别化品种快速发展。新冠肺炎疫情暴发，中国化纤为战"疫"提供原料保障，为中国人民保驾护航。中国化纤面临着前所未有的复杂局面，产业转型与升级、国内外产业链市场都面临着艰巨挑战。

1. 产业结构，激荡中升级

化纤产业发展进程中，中国化纤工业抓住国际产业梯次转移、国内市场需求释放以及加入世贸组织的发展红利等重大机遇，进入了纤维产业发展的"快车道"，迎来了"黄金期"。随着原材料涨价、劳动力成本上升，下游纺织产业链向东南亚等国家和地区转移，中国化纤披荆斩棘，在智能、绿色、互联网科技上融合创新，迎来了纤维产业的高质量内涵式发展。

2. 产业链条，激荡中延伸

随着化纤产能的集聚和利润空间的压缩，化纤龙头企业系统整合资源，向上拓展到炼化，向下延伸至终端消费品，横向拓展要素支撑能力，打造全产业链竞争优势。中小型化纤企业错位竞争，精准对接终端需求，整合上下游客户渠道，在细分领域和市场发挥灵活优势，游刃有余，营造专精特新优势。

3. 市场格局，激荡中相变

中国化纤已成为世界上品类最全、产业链条最完整的产业。伴随经济结构的调整、新中产的崛起、传播方式的改变，新消费形态的诞生，来自国内巨大的消费能力，必将促进化纤产业加速形成以国内大循环为主体、国内国际双循环相互促进的新发展格局。

（二）领航

中国化纤企业以不息为体，日新为道，不停地追求上进、革故鼎新。中国化纤坚守主业，将做大做强与做精做细相结合；中国化纤包容开放，对国内外装备、助剂技术引进吸收再创新，挑战极限；中国化纤不断革新，紧跟时代步伐，与国际接轨，将传统行业打造成优势竞争产业。中国化纤展现中华民族坚忍不拔的特质，在制造模式、资本融合、产品开发等方面不断迭代更新，铸就新一轮领航趋势。

1. 聚焦三品，领航纤维新视界

中国化纤品种百花齐放，涤纶、锦纶、循环再利用化学纤维、生物基纤维、超高分子量聚乙烯纤维等品种规模、品质名列前茅；海藻纤维、壳聚糖纤维自主开发，独占鳌头。中国化纤秉承利国计民生的情怀，打造精湛匠艺、讲好品牌故事，创造多元应用。在战役中为医护人员保驾护航；在环境保护中，默默担当；在土工建筑、国防军工中顶天立地。

2. 责任担当，领航低碳新生活

中国化纤产业积极构建绿色技术创新体系、清洁生产评价体系、安全高效能源体系，加速推广先进节能减排技术和装备，实现制造方式的绿色转型。中国再生循环技术水平及创新能力跻身世界前列、聚酯清洁生产水平居国际领先水平。打造"绿色纤维"品牌，推进化纤行业的绿色发展和绿色生态文明建设。

3. 勇立潮头，领航竞争新优势

中国化纤产业规模和效益增长态势良好，化纤制造向着柔性化、智能化、定制化与服务化转型，资源整合向跨领域、网络化协同转变。大型化纤企业不断与资本融合，向上下游延伸，继续领跑化纤行业，亮相世界排名。2020 年，3 家化纤相关企业入围世界 500 强企业榜单，7 家化纤相关企业挺进千亿俱乐部，16 家化纤相关企业入选中国企业 500 强榜单。

二、发布篇章及发布纤维

（一）发布篇章一：纤·溯绿源

溯本清源，山青水碧。随着人们对自然环境、生态健康的关注，纤维制造从消耗资源环境到与环境和谐永续共存。如今，中国纤维采用可再生、可循环利用的原料，利用先进的纤维加工技术、生态绿色的产品理念，从纤维设计、节能工艺反哺环境，全方位为消费者提供优质绿色产品和可持续环保的解决方案，构筑绿色产业链，打造生态时尚新业态。

1. 生物基化学纤维

采用可再生的生物质原料、先进的清洁生产技术，实现纤维的自然再生、品种再造，解决原料供应与环保问题，尽享人与自然的和谐共生。创建高光纯乳酸原料国产化基础，实现高品质聚乳酸纤维的华丽转身；开发以竹为原料的新型莱赛尔品种；拓展莱赛尔在卫材领域的定制化应用。突破生物基聚酰胺 56 纤维细旦化技术，成就高品质生物基锦纶的精致印象。

（1）聚乳酸纤维。

推荐理由：基于可再生的生物质原料打造可降解的生物基纤维，打破国外封锁，实现玉米秸秆等农作物到乳酸、丙交酯再到聚乳酸纤维的生产过程。

品牌：丰原绒。

①制备技术：从玉米、木薯、高粱等农作物中提取出淀粉，再经淀粉酶水解制成葡萄糖；或从秸秆中提取纤维素和半纤维素，再通过物理和化学方法转化成葡萄糖。葡萄糖经发酵生成乳酸，乳酸脱水制得丙交酯，再经开环聚合生成聚乳酸，经熔融纺丝工艺制成聚乳酸纤维（图 3-8）。

②主要规格：短纤维，1.33 ~ 6.66dtex×38 ~ 51mm，中空和实芯，本色和有色；长丝，83.33 ~ 166.67dtex/72 ~ 144F。

③性能及制品特点：

图 3-8 生态循环示意图

- 生物基原料，绿色环保。
- 亲肤、保暖、透气、回潮率低。
- 具有良好的生物相容性，可生物降解。
- 抑菌、抗螨、抗过敏。
- 本质阻燃、燃烧无黑烟。

④应用领域：休闲服、运动服、家居服、贴身内衣、袜子等服装领域；床上寝具、窗帘、地毯、填充物等家用纺织品；汽车内饰、医护用品、卫生纺织品、清洁用品、过滤产品等产业用纺织品（图 3-9）。

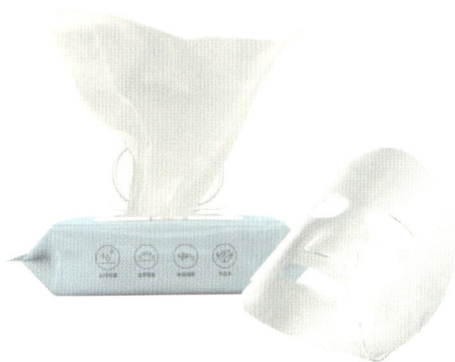

图 3-9 聚乳酸纤维应用领域

（2）卫材专用莱赛尔纤维。

推荐理由：绿色原料、绿色溶剂、绿色工艺制备的全绿色生物基纤维，实现在卫材领域的应用拓展。

品牌：元丝。

①制备技术：将再生纤维素溶解于 NMMO/水溶剂体系中，制成再生纤维素溶液，经干喷湿法纺丝制备莱赛尔纤维，短切至特定的长度规格。

②主要规格：短纤维，1.0~6.0dtex × 12~20mm。

③性能及制品特点：

- 生物可降解，绿色环保。
- 力学性能优异，干湿强度高、干湿强相差小，后加工适应性强。
- 无纺制品吸湿透气，具有良好的可冲散性能。
- 织物手感柔软、可染性好、易上色，耐水洗。

④应用领域：休闲服、家居服、牛仔、贴身内衣、羽绒服等服装领域；床上寝具、地毯、填充物等家用纺织品；电池隔膜、医用纺织品、卫生纺织品、清洁用品等产业用纺织品。

（3）竹莱赛尔纤维。

推荐理由：以天然竹材为原料，制备竹材莱赛尔纤维。纤维力学性能优异，生产工艺绿色环保，对环境与人体友好。

品牌：绿纤。

①制备技术：以天然竹材为原料，以 NMMO 为纺丝溶剂，通过干喷湿法纺丝制备纤维素纤维。

②主要规格：短纤维，1.3dtex×38mm。

③性能及制品特点：

- 生物质、生产过程绿色环保。

- 干湿强度高，吸湿透气，亲和舒适。
- 天然抑菌。
- 纤维含有微量叶绿素铜钠，具备天然紫外线吸收能力。
- 抗原纤化性能较好，在外力作用下不易起毛起球。
- 织物抗拉伸和抗压缩性较好，蓬松、柔软、滑爽、服用飘逸性和动态垂悬性好。

④应用领域：家居服、贴身内衣、衬衣等服装领域；军用纺织品、面膜等产业用纺织品。

（4）细旦生物基聚酰胺 56 纤维。

推荐理由：关键单体生物基戊二胺为我国自主知识产权产品，主要原料为生物质，不受石油供应影响，缓解国家能源紧缺问题。纤维细旦化，品质稳定，提升了生物基聚酰胺纤维的精致印象。

品牌：泰纶。

①制备技术：将玉米淀粉经酶水解制成葡萄糖，经生物技术转化成精戊二胺，控制聚合条件制备高品质生物基聚酰胺，经熔融纺丝制备细旦生物基聚酰胺 56 纤维（图 3-10）。

②主要规格：长丝，44dtex/51F。

图 3-10　纤维原貌图

③性能及制品特点：

- 低温易染，上色速度快，色牢度高，不易褪色。
- 耐磨、抗静电、织物手感柔软。
- 本质阻燃、抑菌、吸湿排汗。

④应用领域：休闲服、运动服、家居服、工装

等服装领域；地毯、毛巾等家用纺织品。

2. 循环再利用化学纤维

以废旧纺织品、废旧聚酯瓶、废丝为原料，物理法、化学法技术全覆盖，助力再生资源重获新生。循环再利用化学纤维品质媲美原生、品质稳定的同时，更可实现高透气、超高弹等功能，助力纤维高值化发展，创新诠释循环再利用化学纤维无限可能。

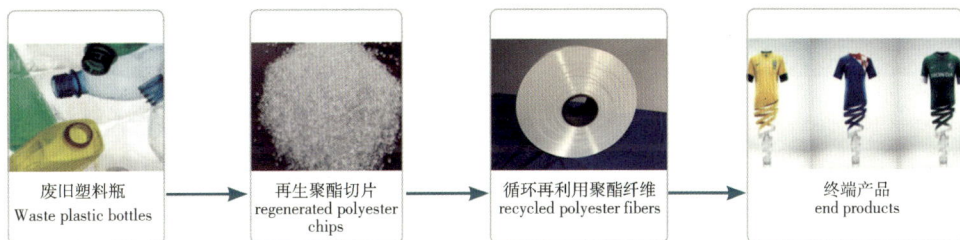

图 3-11　制备流程图

②主要规格：长丝，180dtex/144F（POY）。

③性能及制品特点：

- 绿色环保、品质接近原生。
- 十字型截面、纤维内部稳定、蓬松。
- 低旦多孔、吸湿排汗、透气性好。

④应用领域：运动服、鞋材等服装领域（图 3-14）。

（2）弹性循环再利用聚酯纤维。

推荐理由：绿色环保，实现纤维—纤维的闭环循环。化学法循环再生技术缔造更多可能，实现循环再利用聚酯纤维的差别化及高值化开发。

品牌：Green Circle

①制备技术：以废旧纺织品为原料，利用先进的化学法循环再生技术，经熔融纺丝工艺制备，再通过调整后处理工序的工艺参数，赋予纤维优良的弹性性能。

②主要规格：长丝，82.5dtex/72F（DTY）。

③性能及制品特点：

（1）高透气性循环再利用聚酯纤维。

推荐理由：符合绿色发展理念，丰富了循环再利用纤维差别化品种，拓展了应用领域和市场空间。

品牌：桐昆。

①制备技术：以再生聚酯切片为原料，经过干燥、预结晶，采用"十字型"喷丝板，通过熔融纺丝工艺后卷绕成型（图 3-11）。

- 化学法循环再生，实现资源再利用。
- 高弹性、卷曲收缩率高。
- 产品品质稳定，接近原生纤维。

④应用领域：休闲服、运动服等服装领域（图 3-12）。

（3）循环再利用聚酰胺6纤维。

推荐理由：变废为宝，将纺织废弃物回收并转化为聚酰胺6纤维，纤维品质媲美原生。

品牌：中纤。

①制备技术：纺丝或织造过程中的产生的废丝、废料块、边角料，通过物理法再生技术，经破碎、熔融、过滤、冷却、切粒、干燥得到再生切片，经熔融纺丝制备。

②主要规格：短纤维，1.33dtex×38mm，1.67dtex×38mm，3.33dtex×38～88mm。

③性能及制品特点：

- 物理法再生，减轻环保压力。
- 强度高、耐磨性好。
- 产品稳定性高。

④应用领域：休闲服、运动服、工装等服装领

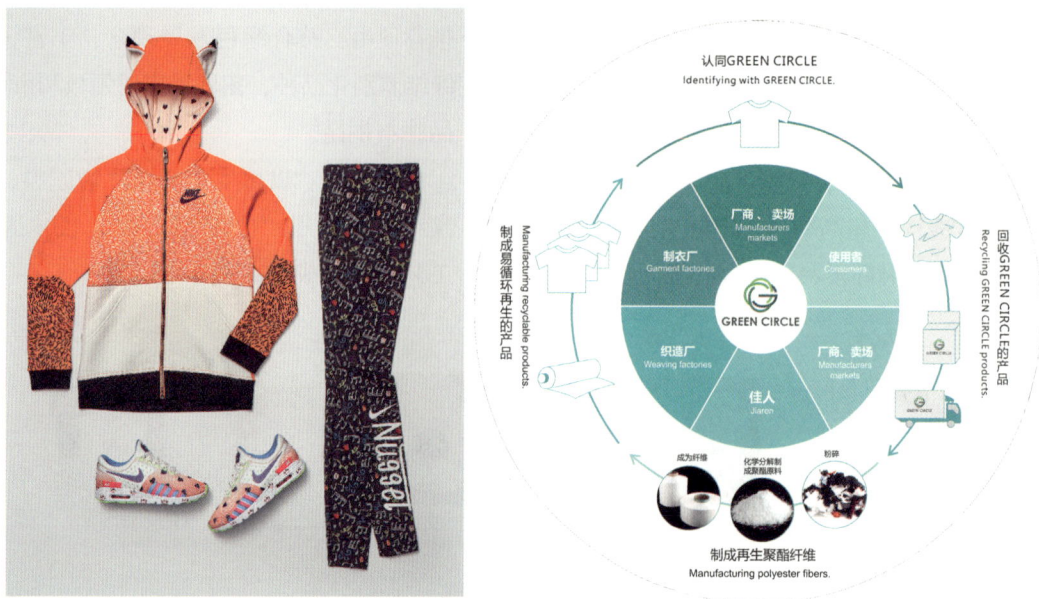

图3-12　高透气性循环再利用聚酯纤维应用领域

域；床上寝具、填充物等家用纺织品；汽车内饰等产业用纺织品。

3. 原液着色化学纤维

采用先进的原液着色技术，赋予纤维色彩属性，打造纤维"天生丽质"，勾勒出千变万化的时尚个性，演绎充满活力的创趣风格。原液着色纤维减少后道印染环节，坚守了纺织产业链的绿色生态价值，创造了更优的经济效益。

（1）原液着色细旦超黑聚酯纤维。

推荐理由：攻克高浓度均匀添加，实现原液着色超黑与细旦异形的结合，减少后道印染过程，纤维外观鲜亮，手感柔软。

品牌：桐昆。

①制备技术：通过在线添加结合动静态共混方式，将高浓度色母粒熔融注入聚酯熔体管道中，实现母粒均匀性分散，设计三角形细旦纤维用喷丝板，经熔融纺丝工艺制备。

②主要规格：长丝，140dtex/144F（POY 特黑丝）。

③性能及制品特点：

- 色彩鲜亮、色牢度高。
- 三角形截面，纤维手感滑爽，柔软亲肤。

④应用领域：运动服、婴儿服、贴身内衣等服装用纺织品。

（2）原液着色循环再利用空变聚酯纤维。

推荐理由：融合循环再利用+原液着色绿色工艺属性，迎合多色系、多风格、快反应的市场需求。

品牌：百川。

①制备技术：以100%废弃饮料瓶为原料，加入多色系的无机颜料，通过熔融共混，制备多色的原液着色循环再利用聚酯纤维。经过不同的超喂比，通过高压空气无序扰乱，实现特殊的外观风格和手感（图3-13）。

②主要规格：长丝，333~2000dtex/96~576F。

③性能及制品特点：

- 减少染整能耗、绿色环保。
- 多色系、色彩丰富、色牢度高。
- 仿毛、仿麻、仿棉效果。
- 小批量、高品质、快反应。

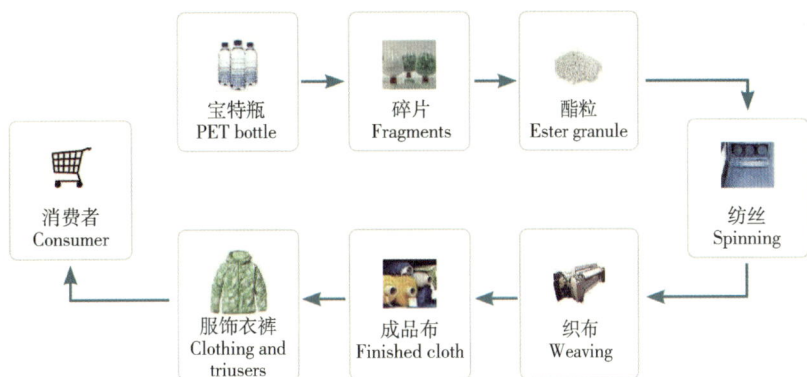

图 3-13　制备流程图

④应用领域：牛仔、毛衣、帽子等服装用纺织品；窗帘、地毯、沙发布等家用纺织品；汽车内饰、体育用品、军用纺织品、过滤产品、户外用品等产业用纺织品。

（3）原液着色高耐日晒户外专用聚酯纤维。

推荐理由：原液着色聚酯纤维的功能性延伸。实现节能环保的同时赋予纤维良好的耐日晒、抗紫外等性能，为户外用品提供专属选择。

品牌：恒运。

①制备技术：将色母粒、抗紫外抗老化母粒采用共混改性技术添加到聚酯切片中，再通过熔融纺丝工艺制备，经卷绕成型、加弹等工艺形成低弹丝。

②主要规格：长丝，82~165dtex/48~144F（DTY）。

③性能及制品特点：

- 色牢度高、色彩丰富。
- 耐日晒、耐磨耐热。
- 强度高、有弹性。

④应用领域：箱包等服装用纺织品；户外用品等产业用纺织品（图3-14）。

（4）原液着色细旦聚丙烯纤维。

推荐理由：采用原液着色技术，绿色环保。聚丙烯纤维单丝细度小，在提高手感舒适性的同时增强单向导湿的功能，应用于高端运动服。

品牌：蒙泰丝。

①制备技术：采用聚丙烯切片，结合原液着色

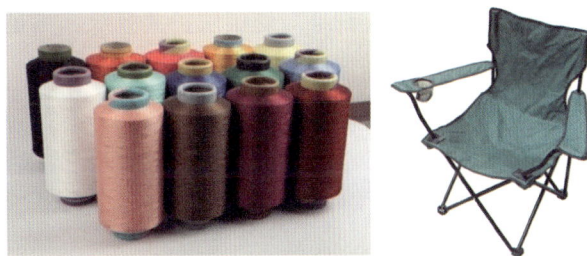

图 3-14　原液着色高耐日晒户外专用聚酯纤维应用领域

技术，通过熔融纺丝工艺及调节喷丝孔径比，实现原液着色细旦聚丙烯纤维的制备。

②主要规格：长丝，33dtex/48F。

③性能及制品特点：

- 原液着色、色牢度高、绿色环保。
- 单丝细度小，细度达到0.68dtex。
- 织物具有柔软、舒适、透气、导汗、导湿、快干的特点。

④应用领域：休闲服、运动服、家居服等服装用纺织品；户外用品等产业用纺织品。

（二）发布篇章二：纤·筑安心

屏障构筑，安全守护。中国纤维科技聚焦消费升级，不断超越自我，围绕抑菌主题，绽放舒适健康属性，走进千万中国家庭；中国纤维致力于为消

费者的健康舒适提供解决方案，打造环保阻燃、高强、抗老化等纤维，构筑安全防御的"保护锁"，让消费者拥有健康安心的品质生活。中国纤维追本溯源，实现从供应链下游至上游的双向流通，提升整体产业链透明度。

1. 健康防护纤维

新型冠状病毒席卷全球让人们重新开始审视生活中的健康需求。纤维融入健康元素，透过锌离子、银离子、银/锌复合等抑菌剂打造健康防护属性；高透气小孔径 PTFE 微孔薄膜实现口罩和防护服的高效低阻及可重复性使用性。由外到内、由日常服用到医疗防护，纤维与健康防护共升级，满足人们对安心生活的新期待（图3-15）。

图 3-15　健康防护纤维

（1）锌系抑菌聚酯纤维。

推荐理由：融合锌系抑菌、异形截面设计和原液着色技术的聚酯纤维，带给消费者兼具颜色艳丽、导湿快干和安全有效的抑菌体验。

品牌：锌力康。

①制备技术：以锌系抑菌剂作为改性剂，对聚酯进行共混添加改性，设计独特的四 T 型异形截面，采用原液着色技术经熔融纺丝制备（图3-16）。

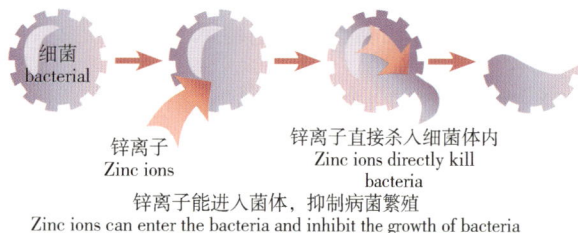

图 3-16　制备技术

②主要规格：短纤维，1.33~6.67dtex×32~102mm。

③性能及制品特点：

- 有效抑制纤维表面细菌、真菌的繁殖。
- 具有良好的防霉功能，防止异味。
- 纤维四 T 型截面赋予制品导湿快干功能。
- 采用原液着色技术，低碳环保。

④应用领域：家居服、婴儿服、贴身内衣等服装用纺织品；床上寝具、窗帘、沙发布等家用纺织品；汽车内饰等产业用纺织品。

（2）银离子抑菌氨纶。

推荐理由：兼具氨纶的优势，并赋予氨纶优异的非溶出型抑菌功效，安全可靠、抑菌效果持久，具有良好的市场认可度。

品牌：奥神。

①制备技术：在连续聚合干法纺丝的生产工艺流程上，采用共混技术，将银离子抑菌剂加入氨纶纺丝原液中，实现柔性稳定生产。

②主要规格：长丝，15~150D。

③性能及制品特点：

- 兼具氨纶弹性与抑菌功能，菌种抑菌圈宽度为0，非溶出。
- 织物耐洗涤性优异，对金黄色葡萄球菌、大肠杆菌和白色念珠菌的抑菌率达99%以上达 FZ/T 73023—2006 AAA 级。

④应用领域：贴身内衣、袜子等服装用纺织品；医用纺织品等产业用纺织品（图3-17）。

图 3-17　银离子抑菌氨纶应用领域

（3）银/锌复合抑菌聚酰胺 6 纤维。

推荐理由：针对医护人员贴身着装领域开发的功能复合纤维，兼具抑菌与温湿调控功能。

品牌：达洁纶。

①制备技术：采用银/锌复合抑菌剂在线添加，与聚酰胺 6 切片共混，经熔融纺丝制备。

②主要规格：44.4～77.7dtex/12～68F（FDY、DTY）。

③性能及制品特点：

- 兼具聚酰胺 6 纤维自身特点，同时具有高效抑菌特性，对金黄色葡萄球菌、大肠埃希氏菌、白色念珠菌抑菌率均大约 95%。

- 其面料通过 AATCC-100 的抑菌性能测试，亲肤舒适，适合贴身穿着。

④应用领域：医用纺织品等产业用纺织品。

（4）PTFE 微纳纤维膜。

推荐理由：可作为熔喷材料的应急产品，其制作的口罩可实现重复使用，并可拓展在空气过滤领域应用。

品牌：禾海。

①制备技术：融合树脂共混改性、异型截面设计、高剪切挤出技术及共牵伸工艺，实现了不同孔径、不同微孔形状、不同高孔隙率的 PTFE 全纤维膜的制备。

②主要规格：厚度：0.2mm；幅宽：1600mm；长度：5000m。

③性能及制品特点：

- PTFE 微纳粗纤维直径 0.5～1μm，PTFE 微纳细纤维 17～26nm。

- 粗纤维（微米级纤维）比例为 8%，细纤维（纳米级纤维）比例为 92%。

- PTFE 微纳纤维膜厚度 10～15μm，孔径小于 0.1μm，膜阻 38Pa。

- 具有高效低阻，过滤性能持久稳定的特点。

④应用领域：儿童口罩、民用防护口罩、医用口罩和 FFP2/FFP3 类别口罩（图 3-18）。

图 3-18　PTFE 微纳纤维膜应用领域

2. 安全防护纤维

安全防护纤维以人为本，安全为先，复配与再生、聚合与萃取，由繁至简、由好到精，不断打磨纤维的内在价值，构筑生命安全屏障。环保阻燃、抗熔滴、抗老化、高强耐磨等性能亮点精锐尽出，在工装防护、装备防护等领域发挥着举足轻重的作用（图 3-19）。

图 3-19　安全防护纤维

（1）阻燃抗熔滴聚酯纤维。

推荐理由：经特殊阻燃改性后的聚酯具有良好的可纺性，制得的纤维具备高阻燃、高残炭量以及一定的抗熔滴性能。

品牌：葛伦森。

①制备技术：通过熔体混合反应的方式，在低聚物熔体段注入反应型高分子磷系阻燃剂，制得阻燃抗熔滴聚酯切片，再经熔融纺丝制得阻燃抗熔滴纤维。

②主要规格：短纤维，1.67dtex×38mm，2.22dtex×51mm。

③性能及制品特点：

- 无卤阻燃、成炭性好，符合 RoHS、REACH 无卤环保。

- 燃烧残炭量高，具有良好自熄性，抗熔滴效果好。

④应用领域：安全防护服等服装用纺织品；军用纺织品、消防用品等产业用纺织品（图3-20）。

图3-20　阻燃抗熔滴聚酯纤维应用领域

（2）一步法高强聚酰胺6纤维。

推荐理由：高强聚酰胺纤维强度远高于常规锦纶，可用于军用纺织品及户外用品。

品牌：恒申。

①制备技术：采用两段式聚合和切片多段萃取技术，制备低聚物含量低的高性能锦纶切片；利用高效冷却、多倍牵伸、高效热定型、长纺程、慢冷却纺丝技术，保证熔体从喷丝板喷出后缓慢冷却，防止形成皮芯结构，制得高强度聚酰胺6纤维。

②主要规格：长丝，16.5～88.8dtex/5～24F（FDY）。

③性能及制品特点：

- 强度高、耐磨性好。

- 吸湿性好。

- 织物的弹性及弹性回复性优异。

④应用领域：运动服、安全防护服、鞋材等服装用纺织品；军用纺织品等产业用纺织品（图3-21）。

图3-21　一步法高强聚酰胺6纤维应用领域

（3）抗老化阻燃循环再利用聚酯纤维。

推荐理由：功能复合纤维，兼具力学性能的同时，集阻燃、抗紫外、抗老化、再生环保性于一体，提升了产品附加值。

品牌：鹭安丝。

①制备技术：将聚酯瓶片、废料等经过物理法回收切粒得到再生切片，然后与阻燃母粒、抗老化剂等改性剂共混，经熔融纺丝制备。

②主要规格：长丝，167dtex/48F。

③性能及制品特点：

- 物理再生，实现资源再利用。

- 抗紫外老化性好，使用寿命长。

- 磷氮系阻燃，低烟无毒。

④应用领域：工装、床上寝具、窗帘、沙发布、汽车内饰等。

3. 可追溯性纤维

采用分子追踪技术，即使纺织加工、后道印染，历经千变万化，仍可在终端产品中识别出纤维的前世今生。再生纤维素纤维追溯体系的建立，实现从供应链下游至上游的双向流通，提升整体产业链透明度及可持续发展水平。

可追溯性再生纤维素纤维。

推荐理由：纤维制备过程中加入示踪技术，实现从原材料到终端品牌整体产业链的透明。

品牌：唐丝。

①制备技术：采用可分子追踪的特殊成分，与纤维素纺丝溶液共混形成均匀分散体系，经湿法纺丝制备。

②主要规格：短纤维，1.33dtex×38mm。

③性能及制品特点：

- 采用特殊成分的分子追踪技术，即使通过纺织品加工过程后，仍可在终端应用中识别原料来源。
- 纤维具有吸湿性好，易于染色，不易起静电，有较好的可纺性特点。
- 织物柔软光滑、透气性、穿着舒适，染色后色泽鲜艳、色牢度好。

④应用领域：羽绒服、家居服、婴儿服、毛衣等服装用纺织品；填充物等家用纺织品；卫生纺织品等产业用纺织品。

（三）发布篇章三：纤·致风尚

风尚所领，至臻至美。中国纤维洞察消费者的身心感受，捕捉风尚潮流趋势，将极致、专注、创新融入产品每一个环节，通过点、线、面、体、色彩等多维度的技术设计，表达纤维弹性仿真效果。通过静态与动态美学设计结合，满足多场景下多姿伸展的极致需求，让服装与运动同步，开启形随心动的舒适轻松体验；吸取自然灵感，利用仿真技术，超越真实体验，满足消费者追求时尚的同时提供最佳伦理选择，开启消费新时代。

1. 弹性纤维

设计异材质、异截面、异收缩、异功能等多元组合，以复合纺丝、混纤、加弹等工艺为支撑，打造功能性弹性纤维；突破PBT纤维熔体直纺技术，提品创效。无氨弹纤维开启随心所欲的运动舒适体验、低熔点氨纶打造随心裁时尚面料等，让消费者身随意动，型随心动。

（1）异组分异收缩全消光聚酯纤维。

推荐理由：复合纺丝、混纤与加弹技术的创新结合，提高了纤维差异化水平，纤维棉感优异，市场热度颇高。

品牌：舒棉弹。

①制备技术：弹性复合纤维与全消光聚酯纤维同时喂入罗拉，经过特殊加弹、变形、定型、卷绕等工序制备。

②主要规格：长丝，60~167dtex/53~152F。

③性能及制品特点：

- 具有优异的弹性，其面料弹力好。
- 光泽柔和，触感温暖，仿棉效果优异。
- 织物组织紧密、染色均匀。

④应用领域：休闲服、运动服等服装用纺织品（图3-22）。

图3-22　异组分异收缩全消光聚酯纤维应用领域

（2）凉感PET/PTT双组分复合纤维。

推荐理由：该复合纤维的PTT组分采用生物基原料，具有可再生性和环保性。纤维具有优异的弹性回复性、抗皱性、易染性和接触凉感性能，竞争优势明显。

品牌：桐昆。

①制备技术：采用PET、PTT两种组分，并在线添加一定比例的凉感母粒，经复合纺丝技术制成的弹性凉感纤维。由于两种组分不同的收缩性能，使纤维形成永久性的弹簧状卷曲（图3-23）。

②主要规格：长丝，55~83dtex/32F。

③性能及制品特点：

图 3-23 制备流程图

- 生物基原料，绿色环保。
- 极佳的卷曲弹性，弹性永久。
- 接触凉感。
- 易上染，色彩鲜艳。
- 面料蓬松柔软、耐污、抗皱、挺括、易打理。

④应用领域：休闲服、运动服、家居服、贴身内衣等服装用纺织品。

（3）熔体直纺原液着色 PBT 纤维。

推荐理由：率先在国际上实现了 PBT 纤维熔体直纺技术。该纤维产品品质优良稳定、条干不匀

率明显下降、节能降耗效果突出、经济和社会效益显著。

品牌：海洋天丝纤维。

①制备技术：以对苯二甲酸和 1，4-丁二醇为原料，采用钛系催化剂，优化催化剂加入量和加入方式，调控酯化釜回流比，控制酯化率，开发熔体输送系统实施动态协同控制技术，降低熔体黏度的波动，增加在线添加混合系统，实现熔体直纺原液着色 PBT 纤维的制备（图 3-24）。

②主要规格：长丝，56~110dtex/24~48F。

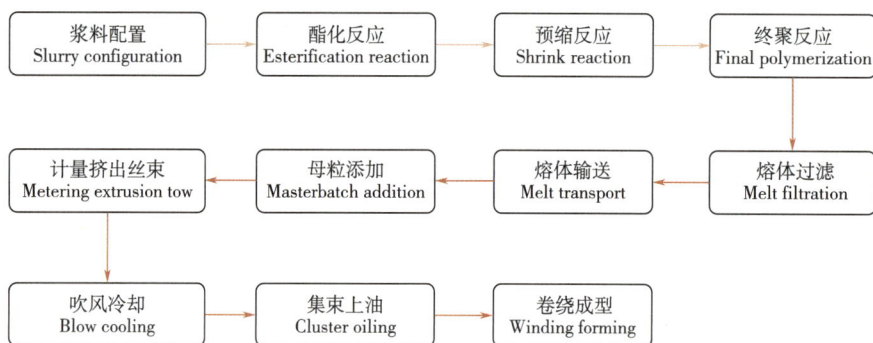

图 3-24 制备流程图

③性能及制品特点：

- 良好的染色性能、色泽鲜艳饱满、耐氯性优良。
- 优良的耐化学药品性、耐光性和耐热性。
- 色级控制精准、色牢度高，免染整废水排放，绿色环保。
- 纤维卷曲性、拉伸弹性和压缩弹性极好且弹性不受湿度的影响。
- 其制品手感柔软、尺寸稳定性好、耐磨性好、易打理。

④应用领域：牛仔、袜子、泳衣、专业运动服等服装用纺织品（图 3-25）；医用纺织品等产业用纺织品。

图 3-25 熔体直纺原液着色 PBT 纤维应用领域

（4）低温易黏合氨纶。

推荐理由：具有低温熔融黏着特点，在织物中形成黏结点，增加终端制品的强度。

品牌：千禧。

①制备技术：使用特殊的聚合原料及功能助剂，对聚合工艺、纺丝工艺进行创新性改变，降低氨纶熔点，使其具有低温熔融特点。

②主要规格：长丝，18D。

③性能及制品特点：

- 弹性优异，伸长率高，应力低。

- 熔融温度低，氨纶丝的编织相交点易形成黏结点。

- 提高织物使用寿命和美观度。

④应用领域：休闲服、运动服、贴身内衣、袜子等服装用纺织品。

2. 仿真纤维

仿真纤维从视觉、触觉等多角度无限接近自然属性，演绎棉花触感、皮草视感、羊毛暖感等，材料的科技创新为时尚服装、舒馨家纺、多元产业用等领域提供最佳伦理选择，点缀时尚的灵动与活力，刷新消费者体验。

（1）全消光聚酯仿棉纤维。

推荐理由：采用原位聚合技术，实现高浓度 TiO_2 的均匀、稳定添加，从手感、光泽上实现仿棉。

品牌：凤逸棉。

①制备技术：采用原位共聚和熔体直纺技术，卷绕采用高速纺丝工艺（3400m/min以上），一步法生产低伸长、高强度POY全消光产品。

②主要规格：长丝，72dtex/72F（POY）。

③性能及制品特点：

- 强度高、低伸长。

- 光泽柔和，触感似棉。

④应用领域：家居服、贴身内衣、衬衣、床上寝具、填充物等服装家用纺织品（图3-26）。

图3-26　全消光聚酯仿棉纤维应用领域

（2）仿皮草用异形循环再利用聚酯纤维。

推荐理由：引领仿皮草纤维向着循环再生、节能环保方向发展，符合目前环保概念的流行趋势。

品牌：龙杰。

①制备技术：以废弃聚酯瓶再生聚酯为原料，经筛料、预结晶、干燥、熔融、计量等工序后从自主设计的鱼骨形特殊孔型喷丝板喷出，再经过侧吹风冷却、上油、卷绕制得。

②主要规格：长丝，83dtex/36F、72dtex/24F。

③性能及制品特点：

- 再生资源，绿色环保。

- "鱼骨状"截面，纤维具有持久的弹性。

- 仿真度高、光泽柔和、手感顺滑。

- 耐磨、抗拉伸性能好，织物清洁、保养方便、易打理。

④应用领域：家居服、围巾、高端成衣等服装用纺织品（图3-27）；地毯、玩具等家用纺织品；汽车内饰等产业用纺织品。

（3）仿马海毛聚丙烯腈纤维。

图3-27 仿皮草用异形循环再利用聚酯纤维应用

推荐理由：腈纶仿马海毛，风格独特，可部分替代马海毛，供高端服饰。

品牌：马海腈纶。

①制备技术：采用DMAC湿纺两步法，利用特殊工艺生产具有马海毛特性的腈纶纤维。

②主要规格：短纤维，12.2dtex×102mm。

③性能及制品特点：

- 表面光滑，光泽闪亮。
- 极强的回弹性和蓬松感。
- 卷曲数少，酷似幼羔马海毛，仿天然马海毛风格。
- 染料亲合力强色彩鲜艳。

④应用领域：家居服、围巾、高端成衣等服装用纺织品（图3-28）；地毯、玩具等家用纺织品；汽车内饰等产业用纺织品。

图3-28 仿马海毛聚丙烯腈纤维应用领域

（4）车内饰专用原液着色仿毛PBT/PET复合纤维。

推荐理由：粗旦仿毛双组分复合纤维，结合原液着色技术，开发汽车内饰专用定制化产品。

品牌：旷达。

①制备技术：采用原液着色在线添加技术，将熔点较低的PBT与PET材料先经复合纺丝，再结合空气变形后纺工艺及芯纱加湿工艺制备而成。

②主要规格：长丝，556~1111dtex/146~288F。

③性能及制品特点：

- 三维立体卷曲，具有很强的延伸性，蓬松性好。
- 采用原液着色技术，色牢度高，绿色环保。
- 织物柔软蓬松、弹性适中的手感，极具装饰效果。

④应用领域：家居服、毛衣、休闲服等服装用纺织品；汽车内饰等产业用纺织品（图3-29）。

图3-29 车内饰专用原液着色仿毛PBT/PET
复合纤维应用领域

（四）发布篇章四：纤·创未来

创领未来，品质塑造。中国纤维勇攀高峰，挑战装备加工和纤维性能极限。突破超高强度碳纤维高品质制备技术，中模高强碳纤维预浸料制备工艺越加成熟稳定。高性能碳纤维材料全方位渗透到民用大型飞机、无人机、固体发动机等领域，为工程制造提升革命性动力。聚酯工业丝、高强高模维纶性能与功能更上一层楼，为交通防护、特殊用纸领域注入新活力。中国纤维用科学、智慧、创新引领未来。

1. 产业用高强纤维

没有最强，只有更强。在固相增黏、凝胶纺丝工艺上升级，挑战纤维的加工及性能极限，提高纤维强度、韧性、耐候性、耐晒性，使纤维性能与功能更上一层楼，对接交通防护、证券用纸等领域新应用。

（1）原液着色黑色高强工业丝。

推荐理由：兼顾了高强聚酯工业丝的力学性能、尺寸稳定性、柔韧性、耐环境性和耐紫外老化性，在安全防护产品的减重轻量化方面具有突出优势。

品牌：尤夫

①制备技术：通过固相增黏改进技术制备熔体分子量分布均匀、分子链排列整齐的高黏聚酯切片，然后与原液着色黑色抗紫外母粒共混，经熔融纺丝制备。

②主要规格：工业丝，1100～3300dtex/192～384F。

③性能及制品特点：

- 强度高。
- 耐环境性、抗紫外老化性能良好。
- 原液着色技术、色牢度高、绿色环保。

④应用领域：军用纺织品、户外用品、建筑增强、缆绳、航空航天、织带等产业用纺织品（图3-30）。

图3-30 原液着色黑色高强工业丝应用领域

（2）细旦高强高模聚乙烯醇纤维。

推荐理由：差异化小品种，竞争力强，通过技术革新，与下游市场精准对接。

品牌：皖维。

①制备技术：采用含硼凝胶湿法纺丝工艺，经纺丝原液配制、凝固成型、湿热拉伸、干燥定型制成。

②主要规格：短纤维，0.56～1.1dtex×3～12mm。

③性能及制品特点：

- 细旦纤维，比表面积大。
- 纸张的柔软性、湿抗强度提高，整体品质提升。

④应用领域：证券用纸、药品包装（图3-31）。

图3-31 细旦高强高模聚乙烯醇纤维应用领域

2. 高性能碳纤维

碳纤维为复合材料之"芯"，大国之重器。企业自主研发全套国产化技术与装备，突破高品质超高强度碳纤维制备技术，强度达到6400MPa以上，整体水平达到国际先进；中模高强碳纤维预浸料制备技术越加成熟，满足大尺寸、曲面复合材料主承力结构要求。高性能碳纤维为航空航天、固体发动机壳体等提供国产化原料支撑，也为进一步实现轻量化提供解决方案。

（1）超高强度碳纤维。

推荐理由：企业自主开发技术，超高强度碳纤维力学性能、工艺性能均与国外同类产品相当，实现国产替代。

品牌：神鹰、拓展。

①制备技术：先制备出高分子量、高特性黏度、高均一性的聚合原液，然后采用干喷湿纺纺丝技术制备出 T1000G 级超高强度碳纤维原丝，最后通过预氧化和碳化纤维结构精细控制技术制备出超高强度碳纤维。

②主要规格：HF30F-12K、HF30F-24K。

③性能及制品特点：

- 超高强度、超高模量。
- 可加工性好、纤维利用率高。
- 复合材料转化率及其拉伸性能优异。

④应用领域：体育用品、航空航天、发动机壳体等（图3-32）。

图3-32 超高强度碳纤维应用领域

（2）中模高强碳纤维预浸料。

推荐理由：中模高强碳纤维预浸料具有比强度、比模量高和耐疲劳等特点，可应用于复合材料主承力结构部件，进一步实现在航空航天等领域的轻量化。

品牌：恒神。

①制备技术：在一定的压力和温度下，把树脂胶膜和相应的纤维或织物经过热熔浸胶进行辊压浸渍，所制备出来的材料为热熔预浸料。第一步涂膜，在涂膜设备上完成胶膜的制备，树脂面密度控制在±2%；第二步含浸，将制备好的胶膜转移至含浸设备与碳纤维进行复合，树脂在温度和压力的作用下完成对碳纤维的浸润，最后冷却收卷。预浸料面密度控制在3%。

②主要规格：EH918－35%－12KHF40－U－145gsm－1000，EH918－T－33%－12KHF40－U－133gsm－300。

③性能及制品特点：

- 碳纤维预浸料的强度可以达到钢材的6~12倍，密度只有钢材四分之一。
- 可塑性好，可根据模具形状做成任何形状，成型容易，便于加工。
- 黏性寿命长，能够满足大型航空航天制件的铺贴周期要求。
- 抗冲击性能优异，单向预浸料冲击后压缩性能（CAI）大于300MPa。

④应用领域：民用大型飞机结构部件、无人机等（图3-33）。

图3-33 中模高强碳纤维预浸料应用领域

2021~2022年中国纺织面料流行趋势报告

中国纺织信息中心　国家纺织产品开发中心

2021年，整个世界在百年未有之大变局中开启了一场崭新的认知之旅。伴随新冠疫情的常态化和以人工智能、VR技术为代表的新科技的爆发式增长，人类对于生命价值、生存方式和生活理念生发出更多的理解，生态性、实用性、功能性与美学性的兼容并蓄由此成为当今时代视角下纺织产品研发的重要标尺。

基于以上背景，中国纺织信息中心、国家纺织产品开发中心组织研究并编著本报告。报告倡导以流行趋势为导向的产品研发理念，通过对社会生活方式、消费市场动向、科技工艺技术、材质外观表现和时尚风格设计等关键维度的深入洞察，同时结合本土文化特色和我国纺织产业发展实际，力求为从事纺织产品研发的专业从业人员提供更多产品开发理念和前瞻方向，并为基本实现纺织工业强国目标的中国纺织产业进一步增效赋能。报告内容具体分为两大部分，分别针对2022年春夏和2022/2023年秋冬中国纺织面料流行趋势的核心理念、分主题方向、流行色彩、关键材质、图案风格和工艺特点等内容进行深入全面的专业解读。与此同时，报告还结合中国流行面料大赛入围产品，具体分析未来春夏、秋冬两季的纺织品发展方向。

一、2022年春夏中国纺织面料流行趋势解读

（一）趋势总述

总趋势主题：新生

（关键词：可持续性优先/消费者觉醒/日常疗愈/价值与耐用性/材料革命/数字升级）

当今世界正历经百年未有之大变局，时尚产业既面临前所未有的危机，也迎来独一无二的挑战和机遇。日益加剧的"可持续发展"焦虑推进创新

思维迭变，时尚重新审视其与生命价值的内在关联；生存本能激发谨慎型消费价值观，设计聚焦于对生态性、实用性、功能性与美学性的兼容并蓄；挑战重重的后疫情时代，精神疗愈演变为日常课题，健康忧虑推动优胜劣汰的新一轮材料革命；数字化增强模式实现人与科技的颠覆性智能链接，时尚于虚拟和现实当中展现双重创造力……于危机中求存思变，于困境中逆势崛起，时尚终将以崭新的能量，蜕变新生，重燃未来。

1. 第一主题：物真境

（关键词：精致慢生活/质感至上/返璞归真/高级原生美学）

"贵精不贵多"成为主流消费理念，促使消费需求由追求数量向质感至上过渡，同时关注可持续内涵。极简主义持续盛行，耐久品质与简约风格相辅相成，再现永恒经典；舒适触感彰显精湛工艺、手工质感和实用性之间的冷静关联，用平衡身心的节奏，将诗意融入日常生活；原生美学对话人与自然，考究面料与科技创新焕新日常单品，设计崇尚返璞归真，并以敬畏之心开创可持续未来（图3-34）。

色彩：重新平衡季节节奏，跨季节色彩因稳定与不过时特性变得极为重要。关注蓝色调，灰雾蓝散发令人平静的气息，营造夏日基调的恬静舒适；自然大地暖色调和沉稳褪色感中性色带来亲切、含蓄、熟悉感，展现舒适的同时增添精致格调；未染原色仍是关键，配合自然肌理带来视觉上的轻盈感。一组冷暖兼容的自然色营造出更加温和、更富感性的中性色盘，拥抱真实的山岩与泥土，怀揣浓厚的人文气息（图3-35）。

面料："少而精"的生活方式促使面料设计根植于舒适性、实用性、可持续性与品质感的融合。羊绒、羊毛、桑蚕丝、国产优质长绒棉等奢华材质或纯纺，或与天丝、醋酸等纤维混纺，以轻量化极

图 3-34　物真境

| coloro 012-28-14 | coloro 022-51-20 | coloro 030-77-17 | coloro 111-42-21 | coloro 118-61-25 | coloro 036-89-06 | coloro 014-69-02 | coloro 030-85-08 | coloro 052-74-06 | coloro 038-76-18 | coloro 120-29-26 |

图 3-35　物真境色彩

简设计打造不过时的垂坠造型；毛/棉、毛/丝、纯棉等材质通过致密结构呈现挺括百搭外观；细洁针织融合舒适性和精致感，升级居家通勤多用风格；棉、亚麻等原生材质与精湛工艺碰撞，塑造精美瑕疵感的微自然纹理；未染原色面料在手工灵感的启发下呼应返璞归真潮流；同色系条纹设计彰显高级时尚；常态化环保设计契合可持续消费诉求；抗菌、控温、易护理等功能性提升服装的实用性；精简百搭与舒适实用是基础设计原则。从感性而柔和，到稳固而具功能性，面料细节无不体现都会生活的高质品位。

2. 第二主题：适心源

（关键词：简单欢愉/正念疗愈/健康恢复/幻想度假）

现实充满焦虑与不确定性，时尚透过一种温暖、关爱、舒适、多彩的滤镜重新描绘生活。夏日情怀触发自由悸动，用细微体察的生活美学视角与世界重逢，唤醒感官活力；身体被情绪包裹，关注内心欢愉需求，用设计的力量振奋思维、情绪及身心；放慢脚步，以正念疗愈重塑身心秩序，通过创新与技术满足"健康舒适"的生活诉求。将实用性与梦幻感相结合，打造一个兼具时尚力量和生活乐趣的美丽新世界（图 3-36）。

色彩：一组富有"日常"之美的新粉彩色系。柔光粉蜡色与疗愈氛围冷色调适度柔和，营造宜人的欢愉轻松氛围；生活中各处的色彩尽显亲切随和，如十分治愈的柔和阳光黄、蜜橙色、玻璃蓝等，如同透明的水彩画般澄澈，迸发盎然生机与活力；居家灵感激发疗愈氛围，氧气薄荷绿与薄雾紫色呈现细腻的沙砾外观，暖肤色与粉笔粉色加强关怀舒适感。新粉彩带来的现代甜美气息如微风轻拂，焕然灵动（图 3-37）。

图 3-36　适心源

| coloro 056-83-16 | coloro 131-74-12 | coloro 144-51-26 | coloro 020-68-23 | coloro 050-88-24 | | coloro 091-88-10 | coloro 009-58-31 | coloro 159-80-10 | coloro 110-62-24 | coloro 024-75-15 | coloro 078-80-25 |

图 3-37　适心源色彩

面料：治愈系面料在正念疗愈和居家灵感的启发下焕发新意。色彩更新是关键，简约的新粉彩单色以灰度调和，提升面料的实用性；超轻超薄面料展现多样外观，色彩柔和的浪漫薄纱或以褶皱、印花、剪花、珠光涂层装饰，或与蕾丝、府绸拼接，契合轻量化及弱性别趋势；精致垂坠的单色毛呢、致密府绸焕新高级经典，弱化年龄界限；光滑挺括的塔夫绸、山东绸展现刚柔并济的轻复古魅力；质地细腻的丝质面料以超亮反光纱线实现哑光与高光对比的纹理效果；轻盈光洁的缎感面料垂坠顺滑，具有半透明光泽的精致覆膜升级其防护性能；细密丝绸及棉质面料以同色系印花呈现精致浪漫氛围；治愈系的功能性设计关注源于自然界的健康材质，如 UMORFIL®、海藻纤维、芦荟纤维、玉石纤维等，赋予面料呵护身心的保湿、护肤、凉爽等性能；具有缓释效果的玻尿酸整理、芳香整理等为服装带来更持久的治愈体验。

3. 第三主题：共自然

（关键词：自然基因/数码生态/性能美学/工艺能量）

人类向往由都市生活的压力和喧嚣中抽离，并与大自然重新建立联系。回溯与自然共处的浪漫时光，时尚聚焦于以原生态为灵感的叙事性主题，书写自然罗曼蒂克篇章；虚拟技术迅猛发展，向足不出户的消费者持续输送户外乐趣，基于数字化表达的数码自然风格演绎逃避现实和探索新自然的奇幻故事；新的设计系统以工艺形式赋能并传递了人与自然的新共生关系。"零碳生活"的负责任理念逐渐走入人们的生产与生活，可持续发展成为永续时尚的核心，技术创新不仅升级了现代化功能性，也保留了自然力量的美学实感（图3-38）。

色彩：色彩组合让人联想到健康、生机与希望，在丰富的自然绿色与人造美学之间达到平衡。

充满未来氛围的数码自然色更新生态色组原始风貌，有机感紫罗兰色与初日黄色带来浪漫、优雅、弱性别化的精致面貌；源于户外灵感的色调逐渐兴起，冷峻的蓝绿色系让人不禁联想到海水、山峦、泥土、深邃的天空和致密的岩石；金属化灰蓝色增添矿物的精致度，如石头发出的冰冷微光，呈现科技与功能性相融的外观（图3-39）。

图3-38 共自然

| coloro 065-57-12 | coloro 128-44-14 | coloro 136-65-16 | coloro 065-62-26 | coloro 047-56-12 | coloro 045-84-32 | coloro 129-47-21 | coloro 096-62-08 | coloro 109-38-16 | coloro 027-36-14 | coloro 083-38-09 |

图3-39 共自然色彩

面料：求生模式和户外生活的盛行启发全新的可持续自然灵感，面料的功能性和舒适度是首要设计要素，生物成分与环保可追溯材料是值得探索的技术创新方向。有机棉、认证棉、有机亚麻等是关键材质，有利于实现挺括感、舒适性、生态性和自然风格的合一；具有未加工感天然棉

结、麻节的质朴面料以原生自然风貌打造高级实用款型；防护型面料附加经典纹理如人字纹、菱形纹、提花等呈现考究外观，精细涂层赋予其防风防水、抗菌抑菌、防蚊虫、抗UV等功能性；立体的仿真肌理展现对原生自然最本真的回归；田园格纹，或复古仿旧或活力数码，呈现两极分

化的设计趋势；印花面料以花园植物为原型，通过艺术化表现手法诠释新自然印象；轻质的原色牛仔依然关键；可持续性设计是创新准则，环保染色及整理工艺升级产品的绿色价值。

4. 第四主题：幻造化

（关键词：欢乐避世/多元包容/赛博复兴/新未来美学）

由数字化所定义的时代，现实生活与数字世界紧密交融，以全球化新常态为契机，人们开启新生的狂欢。世界变幻万千，分歧与包容并存，跳出界限的束缚，运用华丽语言和精致装饰来描述日常造型；数位科技、电竞、扩增实境、人工智能和3D打印等技术的蓬勃发展为虚拟创造力注入全新活力，光学效果和虚拟性的全新想象精

神融合美学的同时超越想象极限；动态能量和技术光泽的表达，积极向上、欢欣雀跃，重塑时尚及风格（图3-40）。

色彩：色彩对视觉和感官造成冲击。激发活跃思维的复古暖色调，渲染欢乐避世氛围，加强感染力，虚幻冷冽的光感色彩强调未来性与技术感融合的虚拟现实。色彩基调在浓烈与冷峻中调和，探索人与时尚未来的联系与思考；复古橙红色以幻蓝色点缀呈现科技复古外观，尽显强烈的超脱现实感，极具90年代狂欢气息；关注暗黑质感的亮彩色、数字亮色碰撞酸性强调色，呈现振奋不羁的电光感；红铜色与哑金色呈现技术光泽外观，活力十足的潮流色既能扫去暗沉的阴霾，也是对未来的憧憬和期盼（图3-41）。

图3-40 幻造化

| coloro | coloro | coloro | coloro | coloro | coloro | coloro | coloro | coloro | coloro | coloro |
| 009-44-36 | 150-25-23 | 024-57-38 | 101-66-24 | 022-57-20 | 149-37-30 | 050-83-41 | 078-45-30 | 131-29-32 | 036-61-15 | 073-25-01 |

图3-41 幻造化色彩

面料：迎合智慧时代的高科技表现，数字化外观带来引人注目的醒目效果，高性能纺织品提供耐久实用的功能性与便捷性。几何变形、数字电波、柔焦效果、3D视幻、像素化等几何或花卉图案通过提花、印花或复合工艺，实现对数字世界的多样表达；超强色彩饱和度和夸张丰富的印花契合逃避现实主义基调，为潮流单品注入顽趣个性和欢快动感；变体条纹及色块以丰富明艳的色彩设计颠覆传统造型；赛博美学复兴，3D设计融合自由无序的混搭方式碰撞出复古新未来的奢华风格；花朵、波点、几何、条纹、格纹、风景的变幻组合诠释极具地域特色的宅度假魅力；未来科技主义金属外观面料与抗菌抑菌等功能性内涵相结合，是未来值得探索的创新方向。

（二）面料解析

随着消费体验的升级和"贵精不贵多"的市场诉求日趋强烈，以极致舒适为显著特性的面料变得越来越重要，而面料的表面质感和内在功能性与轻量化趋势一道，成为本季春夏值得关注的重点方向。经典面料经由微创新呈现出更加休闲化、弱性别化等特征。数码自然风格和欢乐避世理念则为后疫情时代带来更为多元的面料风格理念。

1. 精致舒适

精致舒适的面料顺应"贵精不贵多"的消费理念，成为简约高品质的代表，重点关注轻量化、高品质感、百搭性和不过时设计。光洁顺滑的表面兼顾光泽和触感，提花、压绉、混色效果凸显细节设计的精致感，用作外套、西装甚至是衬里，都完美顺应更加考究的趋势，展现表里如一的高级感。同色系套装设计非常重要。原料以高支棉、细羊毛等优质纤维为主，天丝、醋酸等可以改善光泽和悬垂度，或加入涤纶等化纤进行混纺，但要确保优异的手感。功能性设计同样重要，考虑适合春夏季的凉爽、抗菌、抗紫外等，优化服用价值。面料遵循轻量化设计原则来升级穿着体验（图3-42）。

2. 质朴实用

受农耕文化启发，具有可持续性的原生质地面

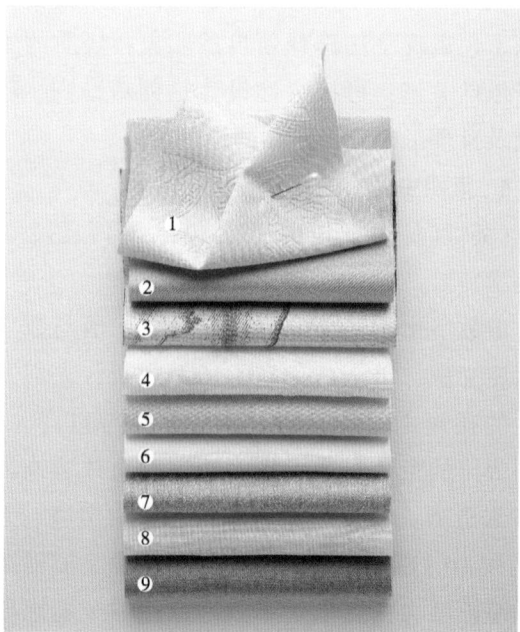

图3-42　精致舒适
①—晋江万兴隆染织实业有限公司　②—绍兴舜佳纺织科技有限公司　③—山东如意科技集团有限公司　④—苏州楚星时尚纺织集团股份有限公司　⑤—山西华晋纺织印染有限公司　⑥⑨—江苏阳光集团　⑦—山东南山智尚科技股份有限公司　⑧—吴江区恒佳纺织有限公司

料有所更新，精致的乡村基调结合不过度修饰的表面纹理，搭配经典中性色，打造舒适高级的实用风格。原料以棉麻为主，有机棉、再生棉、有机亚麻和大麻等是重点纤维，天丝、FSC认证黏胶等优化面料的光泽与柔和触感。基于全球化可持续发展趋势，产品的可追溯性、可回收性、可降解性十分重要，环保染料和未染原色得到重点应用。面料表面保存原料本身的不完美质感，如棉结、麻节、颗粒、微皱肌理等，充满自然基调。含蓄的压褶、简约的条纹、低调的提花等为质朴质地增加精致感和设计感（图3-43）。

3. 改良经典

微创新成为经典格纹面料改良的重点，同时面料还呈现出更加休闲化和弱性别化的趋势。干爽手感、凹凸肌理、花式纱线、亮色点缀等是突出风格休闲化的关键设计元素。大提花双面结构运用日光黄色，在经典格林格上打造错落有致的仿刺绣装饰

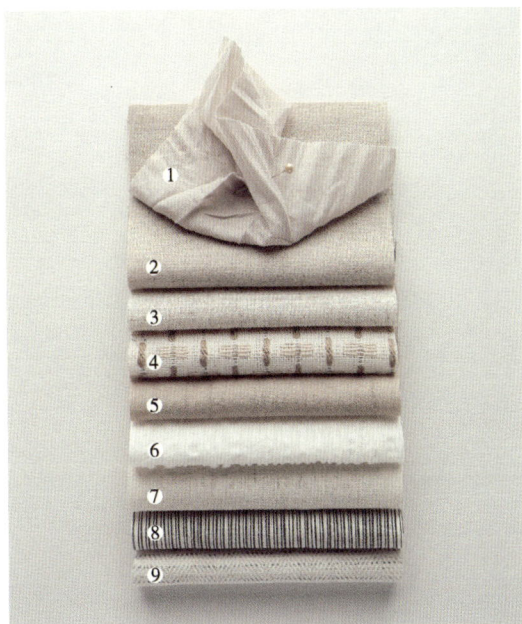

图 3-43　质朴实用

①—江苏丹毛纺织股份有限公司　②③—永新纺织印染有限公司　④⑨—愉悦家纺有限公司　⑤—泰州市龙达亚麻纺织有限责任公司　⑥—常州丁丁纺织科技有限公司　⑦—河南平棉纺织集团股份有限公司　⑧—湖南华升株洲雪松有限公司

图 3-44　改良经典

①—嵊州市津津布业有限公司　②④—山东南山智尚科技股份有限公司　③—南通市通州区德胜纺织品有限公司　⑤—江苏箭鹿毛纺股份有限公司　⑥—江苏阳光集团　⑦—山东如意毛纺服装集团股份有限公司　⑧—江苏丹毛纺织股份有限公司　⑨—浙江富润纺织有限公司

纹样，营造活跃气氛；荧光黄绿色或粉蜡色条带、圈圈纱嵌线、小提花肌理等作为点缀元素融入传统格纹，提升精细感；经典千鸟格结合个性标语印金图案，增加面料立体肌理的同时，使其更具年轻表现力；放大的格纹尺寸与数字化变形细节相辅相成，赋予面料个性化特质。RWS 认证羊毛、有机羊毛、未割尾羊毛等环保或道德羊毛是关注重点，运动羊毛、防缩羊毛等升级休闲户外属性，自然弹、抗皱、抗菌、机可洗等功能性提升实用价值（图 3-44）。

4. 舒适田园

经过疫情的洗礼，人们对慢节奏的舒适田园生活更加憧憬，具有轻松田园基调的舒适肌理、闲适格纹、新颖印花面料十分重要，融入具有人造数码感的新自然色调是关键创新点。保留原生质感的棉麻质地结合同色系绿条纹或仿树皮皱肌理设计，打造精致实用风格；受垂直花园、模块绿地灵感的启发，从色彩和纹样入手，将数码亮色如荧光黄色、

亮橙色等融入传统格纹设计，同时考虑通过段染工艺实现纹样的数码化，更新传统田园格纹；植物纹样是重要的图案趋势，重点关注艺术化的表现手法，如数码印花、扎染、吊染等工艺。材质重点关注舒适感和可持续性，亲肤、抗菌抑菌、防紫外等功能性满足基础户外休闲需求（图 3-45）。

5. 度假衬衫

度假衬衫呼应后疫情时代人们向往欢乐避世的宅度假潮流，清新的格纹、条纹、花朵等元素通过艺术化手法，采用色织、印花、提花、剪花或其组合工艺加以呈现，突出人们对美好生活的向往。经典的整洁格纹或细条纹结合佩斯利、热带植物纹样，展现活跃的轻都市造型；格纹线变化更新传统设计，雪尼尔纱、透孔效果丰富面料细节；融合丰富森林色调的拼接感条纹面料展现乐观向上的新自然风格，契合回归自然趋势。与艺术家联名是该品类重要的创新途径，可以集合跨界领域不同的品牌流量和影响力。有机棉、丝光棉、天丝、

图 3-45　舒适田园

①—浙江盛泰服装集团股份有限公司　②—鲁泰纺织股份有限公司　③—吴江区锦通纺织有限公司　④—常州市欣东源纺织品有限公司　⑤—江苏丹毛纺织股份有限公司　⑥—江苏阳光集团　⑦—常州市谷雨纺织品进出口有限公司　⑧—绍兴达亦纺织品有限公司　⑨—张家港市金陵纺织有限公司

图 3-46　度假衬衫

①④⑦—江苏联发纺织股份有限公司　②⑨—常州市谷雨纺织品进出口有限公司　③—常州市欣东源纺织品有限公司　⑤—苏州炎贸纺织贸易有限公司　⑥—福建协盛协丰印染实业有限公司　⑧—苏州梵诺纺织有限公司

莫代尔等是重点材质，涤纶的加入需重点关注手感（图 3-46）。

6. 甜美功能风

科技功能性面料褪去厚重、暗沉和金属感设计，通过清新色彩、唯美纹理等元素创新性融入更多日常之美，打造夏季实用的多场景防护型风格。利用清新甜美的粉蜡色，将传统扎染效果运用于超轻锦纶面料上，结合自然微皱的精致肌理，呈现梦幻童话外观；凹凸起伏的大理石压绉纹理和小尺寸绗缝结构，经恬淡的灰绿色或奶白色的装点，塑造精致轻都市风格，营造活力治愈氛围；虹彩花膜运用于透明 TPU 或趣味提花面料有效升级浪漫感。材质选用关注环保属性，具备可追溯或可生物降解证书的再生聚酯、再生尼龙是重点推荐；吸湿透气、抗 UV 是基础性能。除用于传统防晒类服装外，该类面料可用于风衣、单西、套装等款式打造甜美科技风格（图 3-47）。

图 3-47　甜美功能风

①—昆山华阳新材料股份有限公司　②—苏州棋玥纺织有限公司　③—绍兴三仁纺织科技有限公司　④⑨—吴江福华织造有限公司　⑤—苏州迪赛贸易有限公司　⑥—苏州飒露紫纺织有限公司　⑦—嘉善东亮纺织科技有限公司　⑧—苏州翔鲲纺织科技有限公司

7. 都市自然风

都市自然风面料重点强调精致感和实用性，面料的表面质感和内在功能性设计是关键，并且呈现出轻量化趋势，以提升服用舒适性。原料重点选用有机棉、再生棉、再生涤纶、再生尼龙等环保原料，同时关注减少有害化学物质的使用与排放，并推荐使用生物基涂层，将绿色举措贯穿于产品的全生命周期设计。强调表面纹理设计，如微肌理感隐条隐格、自然微皱质地、竖纹绉、森林风迷彩提花等，丰富面料细节的表现力。强耐气候性能设计是关键，致力于提供安全舒适的户外防护效果，如良好的防风防水、抗菌抑菌、防蚊虫、抗紫外以及控温等性能（图3-48）。

图3-48 都市自然风

①—华芳集团毛纺织染有限公司 ②—佛山市尚纶恒裕纺织有限公司 ③—广州市彬胜纺织品有限公司 ④—吴江区晨龙新升纺织品有限公司 ⑤—吴江区涂泰克纺织后整理有限公司 ⑥—深圳市创伦纺织有限公司 ⑦—苏州飒露紫纺织有限公司 ⑧—达狮雄（福建）纺织研发有限公司 ⑨—昆山东利新材料科技有限公司

8. 升级两英里

随着消费体验升级，以极致舒适为显著特性的"升级两英里"面料变得越来越重要，它逐渐模糊时装和休闲装的界限，重点满足后疫情时代居家、休闲和日常通勤等多场景自由切换的需求。面料设计强调简约实用，多以舒适精致的针织面料为主，优质棉、羊毛、羊绒、黏胶等是重点原料，涤纶的加入可以增加耐用性，重点打造仿机织的外观效果，但面料的柔软度、舒弹性、抗皱性、贴合性等相较传统机织面料有显著优势。珠地、华夫格、提花、格纹等纹理设计提升面料的精致感，微绒表面升级触觉体验，不规则的喷花工艺丰富设计细节。此外，为满足日常通勤需求，可适当考虑面料的抗紫外、抗菌、抗病毒等功能性，以吸引注重安全防护的消费群体（图3-49）。

图3-49 升级两英里

①—佛山柿蒂坊纺织有限公司 ②—中多控股有限公司 ③④⑥—佛山市图胜纺织有限公司 ⑤—常州裕源灵泰面料科技有限公司 ⑦—浙江省华孚色纺有限公司 ⑧—达狮雄（福建）纺织研发有限公司 ⑨—浙江燿光纺织品有限公司

9. 潮酷外观

虚拟世界与现实生活紧密交织，融合数字视觉、光学效果、夸张艺术等元素的未来主义科技感面料进一步发展，通过艺术印染、压绉、涂层、覆膜等工艺，形成多样化的潮酷风格。无序的扎染艺术、数码印花结合轻复古暖色调或冷冽光感蓝色，以超现实主义表达手法渲染欢乐避世氛围；精细涂层以哑光或反光形式呈现，斑驳闪烁的金属光点打造星空景观；无规则魔术褶皱在复古幻彩金属色、撞色裂纹的装饰下，展现赛博风格或暗黑艺术；多彩纱线交织结合组织变化实现双色效果，打造年轻街头风格。再生涤纶、再生锦纶、环保染料与涂层工艺等符合可持续准则，是关注重点（图3-50）。

涂鸦技术结合牛仔纹理，呈现清新的自然视觉，双层提花结构不仅可以丰富表层花型纹理，同时确保里层其他内搭服装不易被染色。防水、抗菌、抗病毒等功能性设计提升面料的科技内涵（图3-51）。

图3-50　潮酷外观
①—晋江万兴隆染织实业有限公司　②—吴江区涂泰克纺织后整理有限公司　③—华懋（厦门）特种材料有限公司　④—苏州迪赛贸易有限公司　⑤—盛虹集团有限公司　⑥⑨—吴江区东方丝绸市场翔龙复合厂　⑦—弘裕纺织（浙江）有限公司　⑧—苏州欧勋纺织有限公司

图3-51　个性牛仔
①—江苏易可纺家纺有限公司　②—江阴市恒亮纺织有限公司　③—泰州市姜堰新型纺织有限公司　④⑥—高青如意纺织有限公司　⑤⑦⑧—广州市莱纱纺织品有限公司　⑨—广东前进牛仔布有限公司

10. 个性牛仔

牛仔是时尚界不可忽视的潮流元素，在全球持续加码可持续战略的局势下，牛仔的原料选用、加工工艺和外观设计都呈现出加速创新的趋势。有机棉、再生棉是环保设计准则下重点的原料升级方向，除此之外，亚麻可提升面料的凉爽感，天丝、黏胶优化其柔滑度，涤纶提升其耐用性。无水、少水染色加工工艺是创新重点，如激光雕花、色织提花等相较酸洗等工艺更加环保。除传统牛仔外，将钩花、提花、剪花、数码印花等工艺应用于牛仔面料的设计，呈现出新颖个性化的外观。如数码喷墨

11. 经典焕新

本季春夏，经典外套面料继续焕新升级，展现出更多设计巧思，如通过珠片纱线或金银丝营造高级优雅的光泽效果，或是通过不同层次色彩的叠加使用，造就朦胧、混杂的外观。经典格纹搭载肌理效果，在追随精致化潮流的同时，赋予传统面料新鲜的生命力；不规则的格林格毛呢材质辅以蓝红嵌线装饰细节，塑造自由的闲适精神。美丽诺羊毛、桑蚕丝、亚麻等高档天然材质为面料赋予更多品质内涵，也可通过后整理技术改善含麻织物的抗皱性等，提升实用性（图3-52）。

12. 精致都市

当代都市，对精致生活的强烈诉求致使优异的织物质感成为打造热卖单品的关键。精细的直条纹理、

图 3-52　经典焕新

①—浙江金晟纺有限公司　②③—江苏丹毛纺织股份有限公司　④—兰州三毛实业有限公司　⑤—山东如意毛纺服装集团股份有限公司　⑥—吴江区永达纺织品有限公司　⑦—江苏阳光集团　⑧—嵊州雅戈尔毛纺织有限公司

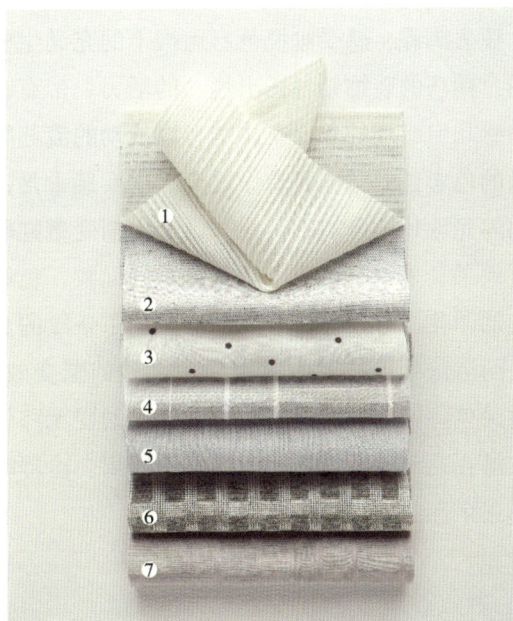

图 3-53　精致都市

①—上海棱枫纺织有限公司　②—石狮市仟佰纺织科技有限公司　③—苏州多田纺织科技有限公司　④—苏州璟之毅纺织有限公司　⑤—江美欣达纺织印染科技有限公司　⑥—绍兴飞美针纺有限公司　⑦—山东魏桥特宽幅印染有限公司

小巧清晰的波点印花、渐变的提花条纹与规律工整的格纹肌理……以简约表面诠释错落有致但轻松的纹理风格，结合柔和的灰彩色，打造出一系列精巧、百搭的面料，成为塑造休闲、商务皆适宜的都市通勤造型的必备材质。棉、麻、芦荟纤维等天然纤维为面料加持良好性能，黏胶纤维造就柔软的手感，带来更多舒适感受。环保色织整理工艺、天然染料染色技术等是契合可持续理念的重点（图 3-53）。

13. 清新立体

春夏时节，清新的色彩与立体多变的表面效果一道呈现出轻松俏皮的欢快氛围，更为多场景穿着的通勤外套带来更多选择。硬挺轻薄的面料凭借复合、压绉等工艺造就风格多元、形态各异的 3D 外观，精巧的褶皱、几何图形与植物花卉一起，将织物的视觉张力由此扩展至最大。立体感强的绉条配以柔和温馨的浅淡虹彩色，带出更多精致观感。光滑、丰满的涤纶混纺材质与治愈感极强的色彩强强联合，打造温馨治愈的面料风格（图 3-54）。

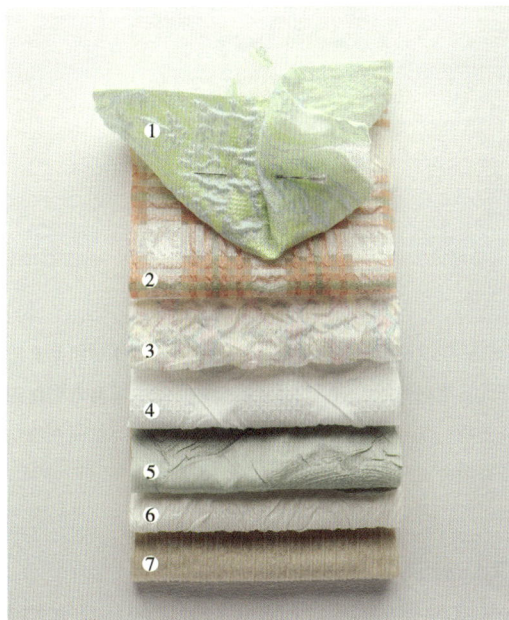

图 3-54　清新立体

①—海宁市天一纺织有限公司　②—绍兴旭卓纺织品有限公司　③—苏州棋玥纺织有限公司　④⑥—绍兴旭延纺织有限公司　⑤—苏州迪赛贸易有限公司　⑦—吴江化纤织造厂有限公司

14. 欢愉装饰

拨去阴霾，感受愉悦色彩点缀下的充满生机的氛围，精巧的装饰则衬托出悦动的活力。带有精致凹凸感几何肌理的双层立体绣，以拽动的流苏配搭粉嫩的色彩，完整诠释欢愉之美，少女感十足；立体的闪光珠片结合幻彩印花，呈现出渐变霓虹般的外观效果。采用半色织半印花技术的面料，色织条纹叠加印花，打破色块的沉闷，增加了条纹的灵动性；两浴法染色技术的运用呈现柔和的渐变效果；采用绿色环保助剂的涂层面料，彰显幻变无踪的多变效果；几何变形图案设计的撞色使用，诠释时尚而不乏个性的外观风格（图 3-55）。

图 3-55　欢愉装饰
①—宁波萌恒抽纱有限公司　②—绍兴达亦纺织品有限公司　③—绍兴柯桥山韵纺织品有限公司　④—上海宏创纺织品有限公司　⑤—宁波新大昌织造有限公司　⑥—广州众缘纺织科技有限公司　⑦—华纺股份有限公司

15. 朴拙天然

干爽触感的面料以其通透细腻的特质和良好的服用性，在炎热的春夏时节备受推崇。有机棉、桑蚕丝、亚麻、羊毛等优质天然纤维成为本主题面料的绝对主角，更带出低调奢华的高级质感。为了提升天然麻的亲肤感，可添加三醋酯等纤维，既可保留麻调的布面风格，又可令手感更为亲肤。朴拙无

华的织物质地结合人文情怀满溢的大地色调，有效顺应返璞归真的潮流理念。带有凹凸手感的植物花卉提花和变形几何图案，赋予面料更多精巧的外观变化（图 3-56）。

图 3-56　朴拙天然
①—绍兴中维纺织有限公司　②—愉悦家纺有限公司　③—江苏富莎丝绸有限公司　④—佛山市南海永鸿纺织有限公司　⑤—湖南华升株洲雪松有限公司　⑥—新申集团有限公司　⑦—苏州苏淮纺织科技有限公司　⑧—湖州鸿艺丝绸科技有限公司

16. 清雅浪漫

舒爽、天然的灵动色彩为精致、浪漫的柔滑面料注入更多清雅氛围。面料整体呈现细腻、静雅的自然观感，可加入少量亮片丝或金属丝为织物赋予更为动人的光泽细节；轻薄的柞蚕丝提花织物经由植物染色，显露更多生态外观；滑爽的织物表面借由细腻的颗粒质感，丰富外观效果；生动的植物花卉印花和经典的腰果花型结合纤巧的肌理，为面料加持更多治愈情怀；质地紧密、布面光洁、色光柔和的织物以滑糯厚实的质感和良好的服用性成为打造都市休闲衬衫的上佳之选（图 3-57）。

17. 绚丽华彩

礼服面料开启多场景应用的新篇章，华美的色彩结合顺滑光亮的缎感面料，将春夏时节女装华服

图 3-57　清雅浪漫

①④—吴江区永达纺织品有限公司　②—海宁市天一纺织有限公司　③—浙江朗贝尼纺织有限公司　⑤—吴江景鸿织造有限公司　⑥—苏州多田纺织科技有限公司　⑦—绍兴典韵纺织品有限公司　⑧—山西华晋纺织印染有限公司

图 3-58　绚丽华彩

①—吴江区鑫旺升丝绸有限公司　②—佛山市纤艺纺织有限公司　③—苏州飒露紫纺织有限公司　④—浙江巴贝纺织有限公司　⑤—绍兴市元无纺织品有限公司　⑥—苏州市蜻蜓纺织有限公司　⑦—苏州琛帛纺织科技有限公司　⑧—江苏易可纺家纺有限公司

柔软、细腻、滑糯的曼妙风情——袒露。富于变化的缎纹组织，呈现出明暗交错的光泽；莱赛尔长丝与亚麻混纺，保持硬挺质地的同时有效改善亚麻的粗粝质感，还具备吸湿、凉感等功能特性；创意十足的俏皮图案可以颜色的变化，表达极具韵律感的华彩之美；考究的染整工艺使布面手感爽滑、颜色饱满；环保染色、再生纤维的使用成为重要的可持续措施之选（图 3-58）。

18. 柔美通透

春夏时节，通透的面料质地结合轻柔的色彩成为展现时尚女装柔美气韵的绝佳利器。可采用立体褶皱外观、植物花卉、渐变效果等设计形式为轻薄双层织物带出更多奢华视效；采用无氟防水整理的仿真丝织物，为轻盈材质成就出功能优异、性价比上佳、契合环保理念的品质之选；垂感十足的顺滑面料借由唯美光泽凸显更多绚烂风情；晶莹剔透的棉织物结合俏皮的图案质地，带出更多灵动氛围；可加入亚麻等天然材质混纺，以呈现更具自然外观的设计风格；天然染料染色和环保染色工艺的使用致力于可持续时尚的践行（图 3-59）。

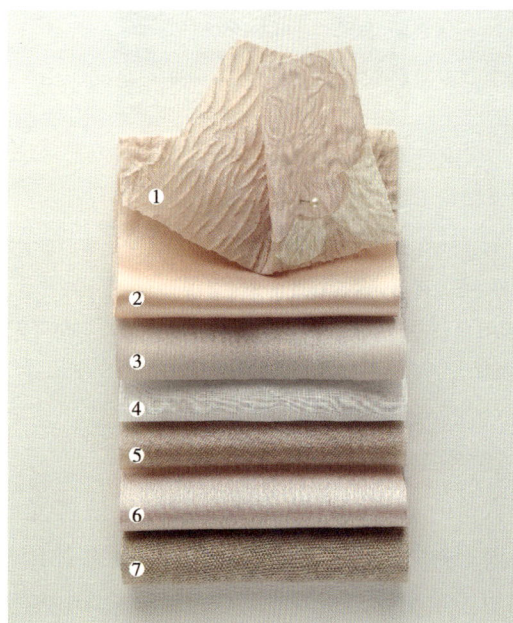

图 3-59　柔美通透

①—全顺集团有限公司　②—苏州科芙曼纺织科技有限公司　③—吴江区鑫旺升丝绸有限公司　④—杭州圣棉纺织品有限公司　⑤—吴江汉通纺织有限公司　⑥—江苏德顺纺织有限公司　⑦—佛山市纤艺纺织有限公司

19. 地貌乐园

户外运动热潮的兴盛，使得地貌灵感成为户外着装设计的重要元素。山河、湖泊、矿石、岩洞等自然纹理以不同形式融入面料设计中，为户外功能服装提供兼具自然风情和潮流外观的多元选择。烫画或印花工艺结合轻薄的褶皱面料，展现稳重又唯美的棕色系大地纹样；细腻精致的针织织物配以色彩丰富、渐变绚丽的数码印花，呈现数字化外观的科幻地貌；还可结合涂层打造细腻朦胧的光泽表面，展现更为清晰立体的地质层次（图3-60）。

图3-60　地貌乐园

①—湖南华升株洲雪松有限公司　②—杭州集美印染有限公司　③—常州裕源灵泰面料科技有限公司　④—绍兴柯桥皆美达纺织品有限公司　⑤—弘裕纺织（浙江）有限公司　⑥—南京万泰纺织有限公司　⑦—全顺集团有限公司

20. 数维校园

数维时尚潮流扩展至多元领域，使得光感十足、前卫异常的未来科幻风格渗透进更多休闲日常的使用场景。荧光感的饱满亮色碰撞校园风格，让形态多变的格纹、条纹面料焕然新生，更令经典常春藤风格单品迸发潮酷意味。一系列柔软、轻薄的色织面料，手感或滑糯、或干爽，肌理细腻精致，新疆棉、大麻等天然材质赋予织物优良质感，少许氨纶的加入助力面料打造更为舒适实穿的实用款

型。环保染整工艺、原液着色纤维、再生纤维的运用完美顺应可持续时尚理念（图3-61）。

图3-61　数维校园

①⑦—佛山市奥高针织有限公司　②—苏州雨正纺织实业有限公司　③—南通市通州区德胜纺织品有限公司　④—江苏联发纺织股份有限公司　⑤—普宁市丽达纺织有限公司　⑥—杭州新天元织造有限公司　⑧—新疆鲁意纺织科技有限公司

二、2022/2023年秋冬中国纺织面料流行趋势解读

（一）趋势总述

总趋势主题：觉知

万物从无序中复苏，也留下了痕迹。人们在"觉"与"知"当中逐步增进对自己及现存世界的理解，积极反映感知到的状态，以崭新视角看待原有事物，将温度注入未来生存中。可持续发展将成为时代变革的根本，本土文化的发展亦开启中国式新机遇，厌恶风险的消费者倾心于全链路可追溯且高质化的产品。在时间与空间对话的过程中，人们持乐观心态保有对万物变化的感知度，克制且自由。

1. 第一主题：映见

（关键词：日常之美/悠然极简/生机舒适/新精致主义/愉悦氛围）

情绪的表达被赋予了更多温度，自我审视的意识是在遵循本能，独到美学理解带领我们致敬变革，营造张弛有度的对比感。实用性与造型感，精致化与舒适性，中性主义不断被重新定义，极简风格正在焕发新的生机，无季节风潮逐渐成为主流价值体现。在与生态更紧密联系的当下，对于触觉感知、柔软温暖的渴求，致使消费者探寻令人愉悦的日常之美（图3-62）。

色彩：无季节概念赋予极简美学精神新维度，跨季感改良粉蜡色与精致天然原生色盘相结合，打造集舒适性、功能性、持久性于一身的愉悦中性色组。一组由浅驼色、葡萄褐、暖调浅米白色组成的柔和黏土色系，在柔和黄、晴山蓝的点缀下，日常美感彰显出自由与浪漫，精致与舒适。一组创意大地褪色感暖色调，经由绛纱红与姜黄色的调和，无限蓝的介入，含蓄内敛的都市气息中更添宁静质感（图3-63）。

图3-62 映见

| coloro 038-86-20 | coloro 039-90-05 | coloro 121-75-11 | coloro 030-69-10 | coloro 152-56-08 | coloro 012-51-15 | coloro 028-64-06 | coloro 121-53-13 | coloro 024-35-11 | coloro 045-71-19 | coloro 024-58-14 |

图3-63 映见色彩

面料：精致而令人倍感舒缓的面料是首选，同时各类优雅的天然材质面料永不过时，塑造安心的持久型产品。舒适的触感需要格外关注，可从特级纤维、超软处理、精致纹理、柔和绒感等方向入手；法兰绒、丝绒、精细毛绒、细腻毛呢、致密针织等面料是升级舒适的重点，并关注轻量化体验；优选可持续纤维，如羊绒、超细羊毛、羊驼毛与真丝、天丝、醋酸等混纺，面料质地平滑致密，辅以弹性纤维或织法、肌理感设计，使垂坠感、品质感与优异的弹性并存；蕾丝或精致同色提花面料将与素色面料相结合，一改传统的浪漫外观，成为日常实用装饰性产品；基础款针织强调原料的环保和亲肤性，雪尼尔纱、羽毛纱、圈圈纱等花式纱线的使用营造愉悦体验；珍贵的缎面织物及经典优质棉料具有内敛的优雅光泽，小几何提花和细条纹选用柔和色彩，面料设计无季节限制。

2. 第二主题：叙述

（关键词：怀旧都市/经典再造/当代古典/品质乡村/手工情调）

记忆中早已模糊的旧事物穿梭于时间回廊，富有年代感的图像灵感启发当代设计，建立富有内涵的都市画像。随着办公休闲化概念的兴起，经典风格表现趋向多样性，多功能性及舒适性是首要条件。"高级质感"不再高高在上，融入更多生活气息，质朴手工艺及田园乡村元素为都市衣橱添加了适度且平衡之美（图3-64）。

图3-64　叙述

色彩：这一怀旧色系以大地色作为基调，深色涂料及古董饰面为灵感，营造出醇厚浓郁的秋冬都市氛围。不同质感表达下的天然色彩，如温暖的小茴香色，经久不衰的椒褐色，经时间积淀后的琥珀黄色，将繁复古典主义以当代审美重现，红铜色是其中珍贵的点缀色。而手工文艺的复兴，令雾蓝色与复古红在日常都市色彩下显得极度和谐，温暖的民俗风色调将引发市场共鸣，锈红色更添质感（图3-65）。

| coloro | coloro | coloro | coloro | coloro | | coloro | coloro | coloro | coloro | coloro | coloro |
| 015-36-17 | 053-42-07 | 035-47-18 | 143-45-17 | 024-45-20 | | 034-61-29 | 069-43-23 | 002-25-15 | 114-43-22 | 010-40-33 | 096-61-14 |

图3-65　叙述色彩

面料：都市风格的表达趋向多样性，以更符合大众穿着的角度诠释面料质感，便于场景切换。中等克重的羊毛及羊绒/涤纶混纺面料表面搭载威尔士亲王格、人字斜纹及鸟眼组织等经典纹理，升级面料的考究休闲感，附加防风防水等性能提升面料的功能内涵；混色纹理粗花呢外观面料以自然色调为主，圈圈纱、结子线、粗结纱等花式纱线点缀其中，呼应办公休闲趋势；衬衫面料采用纯棉或棉混纺材质，简约条纹和小几何纹样通过提花或印花工艺实现，仿麻或仿旧整理增添质朴怀旧感；具有仿机织外观的针织面料穿着舒适性显著，可加入金属细丝呈现复古闪光及不规则效果；手工感面料重点关注提花、刺绣、针刺等工艺，强调经日常改良后打造慢生活单品。

3. 第三主题：镜像

（关键词：自然空间/原生力量/户外灵感/太空机能/科技未来）

未来的、数字化的、梦幻的、机能的、带有强烈自我保护意识的，技术的加持诠释了我们想象的新自然空间，生动且鲜明地向多维度延伸，共同谱写生命本源的未来图景。户外灵感启发功能性日常设计，如人造保护色般令城市人更贴近生态世界，捕捉原生色彩与形态的同时，将有机设计融入视觉美感中，同时更关注产品的可追溯性与透明度。科技的发展实现与人类新的交流融合，太空科幻元素的兴起代表了对未知领域的痴迷与向往（图3-66）。

图3-66 镜像

色彩：生态空间启发多维度性能调色盘，表达原生自然的亲切质感，及实用性极佳的出行风格。一组丛林灵感下的生态色系调和醒目亮色，以石绿色、烟草色为基调，用红釉色和海藻绿色加以点缀，表达原生力量下的超自然生物美感。冷调矿石质感的群青色与葱绿及灰蓝色搭配，森绿色与深可可棕色作为底色，呼应健康恢复的未来机能实用主义，更具功能体验（图3-67）。

图3-67 镜像色彩

面料：重新融入户外世界的声音依旧高涨，美学与功能性兼顾的材质是关键，关注将专业防护性融入日常着装当中，并尽可能打造环保类产品。棉质面料以棉/涤、棉/锦等材质为主，纸感涂层、微皱表面、压褶纹理表达对自然的致敬；运动羊毛成为应用热点，聚焦于打造适合都市、休闲、户外多场景应用的功能性品类；采用涤纶/人造丝/氨纶混纺而成的3D立体针织面料强调吸湿速干功能，凹凸的肌理设计升级精致感，机能化视错觉效果提升趣味性；轻质锦纶面料强化透气、防水、防风、抗菌及保暖性，再生锦纶结合可生物降解填料可制作更环保的保暖层产品；虹彩反光效果的机能面料通过加入金属纱线或使用反光涂层，以高能见度提升安全性能；回收、升级、再利用是避免浪费和减少生产过剩的新方向，负责任原料如有机棉、天丝™莱赛尔纤维、再生涤纶及锦纶等，结合环保的无水少水染色、节能减排工艺等均是可选之策，同时重点关注其亲民的价格。

4. 第四主题：触点

（关键词：多元街头/欢乐至上/复古派对/华丽至上/幻想艺术派）

社会生活的渐入佳境令消费者保持积极自由的乐观情绪，勇于表达自己的同时极具反叛精神，并用数字化捕捉玩趣至上的虚拟世界。丰富多元的奢华风传达着后疫情时代的美好愿景，带有复古魅力的装饰主义风貌，超现实主义迷幻舞曲下的巴洛克派对。前卫时髦美学与舒适性结合重新唤醒人们内心的热情（图3-68）。

图3-68　触点

色彩：用数字化色彩捕捉未来，上演奇光异彩与奢华体验的美妙碰撞。醒目的高饱和亮色表达自我与玩味，前卫与街头，火焰橙红色搭配活力蓝与酸性黄为经典核心款式注入生机勃勃的焕新活力。复古派对时尚的兴起，带来一组在奢华质感中极尽青春活力的华丽色盘。浓郁奇幻紫、数字玫红色、赤红色，通过纹理与表面处理的不同吸引眼球，粉末感闪金色打破黑暗，色彩在创造力的主导下，自由实验（图3-69）。

coloro	coloro	coloro	coloro	coloro	coloro	coloro	coloro	coloro	coloro	coloro
013-43-37	118-35-29	053-79-38	018-54-37	093-61-27	149-37-30	033-66-17	138-28-13	008-26-26	134-42-26	139-18-00

图3-69　触点色彩

面料：在正向乐观主义情绪的影响下，鲜艳色彩、吸睛图案、醒目搭配用于营造活力风格，材质表现丰富，饱含趣味性。装饰趋势不再局限于涂鸦设计或文字装饰，多色抽象图案以及几何图案的俏皮呈现成为新方向，提花、烂花、绣花或植绒等工艺表现多样化；双面织物结合花色和纯色设计以及组织结构的对比，为服装造型提供更多可能；装饰锦缎、天鹅绒表面等材质，在抽象艺术品给予的印花灵感启发下，打造无性别限制品类；顺滑垂坠的光感面料，大面积的光泽效果极其吸睛，经由羊毛、真丝、天丝、醋酸、优质棉等混纺而成，不仅适用于派对礼服，更是新日常款式的首选材质；金属外观以液态流动感金属涂层和闪片外观为主；大肚纱、包缠纱、粗结纱自由使用，产生独有的立体组织结构极具创意效果；功能性尼龙面料注重色彩的选择，原料优选再生锦纶，注重生态环保材料与技术的融合。

（二）面料解析

后疫情时代，柔软舒适的触感、精致考究的质地成为重点趋势；质朴粗糙的不完美外观则呈现出返璞归真的复古实用风格。一系列经典纹理通过设计巧思和色彩创新，焕发新生并展露出更具活力的时尚魅力。多元化材质和工艺的灵活创新使得基础的日常单品材质达成实用功能和时髦外观的共融。液态光泽、金属质感赋予面料强烈的未来科技主义基调。数字化理念的深入渗透，令传统的奢华手工风格在科技加持下显露更多前卫姿态。

1. 精细毛呢

后疫情时代，极致舒适的触感和方便活动成为重点趋势，面料在手感和外观上有所更新，如特级纤维、超软处理、柔和微绒等，多以经典千鸟纹、格纹塑造基础纹理，结合量感廓型或茧型板式，重新定义超舒适造型。原色羊绒、羊毛、桑蚕丝等奢华天然纤维是塑造高质量精品的关键原料，环保黏胶、原液着色涤纶等材质的加入可以制作适合大众市场的品类。轻量化和防护性（如防风雨等）提升穿着体验，精致纹样和混色效果改良细节，关注办公休闲混合风格和跨季节、耐久性设计（图3-70）。

图3-70 精细毛呢

①—江苏阳光集团　②⑦—兰州三毛实业有限公司　③—山东如意毛纺服装集团股份有限公司　④⑤—山东南山智尚科技股份有限公司　⑥—浙江凤凰庄供应链管理有限公司　⑧—正凯纺织有限公司

2. 质朴麻感

面料质朴的麻感外观受到农耕文化的启发，通过略显粗糙的手作感纱线、立体肌理等呈现出返璞归真的复古实用风格，重点突出不完美的粗糙表面与精致触感、舒适度的对比。环保的有机麻、有机棉、再生涤纶及环保黏胶是重点原料，通过优势互补优化面料的整体手感和性能。色彩以原生自然色调为主，如大地色系、黏土色系等，重点关注未染原色，提升环保可持续属性。可都市、可休闲的多用性设计契合疫情过后，办公休闲混合场景的服用需求（图3-71）。

3. 休闲冬日衬衫

触感柔软舒适的冬日衬衫面料作为跨季节使用的经典材质，变得更加考究。环保的有机棉、羊毛、莱赛尔、再生涤纶等丰富了材质表现，尤其是羊毛的使用，提升材质的精致感和保暖性，是新的关键趋势。毛型或棉型法兰绒面料精细柔和，契合极致舒适趋势，喷染纱、格纹、提花的应用是彰显

图 3-71　质朴麻感
①—安徽华茂纺织股份有限公司　②—新申集团有限公司
③⑤—哈尔滨华仁亚麻纺织有限公司　④—常州天鹰纺织有限公司　⑥—山西绿洲纺织有限责任公司　⑦—常州依丝特纺织服饰有限公司　⑧—浙江燿光纺织品有限公司

图 3-72　休闲冬日衬衫
①③—兰州三毛实业有限公司　②⑥—鲁泰纺织股份有限公司　④—浙江三元纺织有限公司-天虹色纺　⑤—江苏联发纺织股份有限公司　⑦—张家港广天色织有限公司　⑧—常州欣久纺织科技有限公司

考究休闲风格的重要手段，同时关注流行色的植入。便于搭配的设计是赢得销量的关键，如使衬衫面料的质地、色彩、纹样与外穿系列单品相呼应，打造由内而外的整套造型（图 3-72）。

4. 格纹微创新

格纹面料通过微创新改良经典外观，彰显新意。一是色彩更新，通过引入流行色使面料焕发时尚魅力，如以薄荷绿、阳光黄等明亮色彩作为嵌线色，更富年轻活力；或以撞色效果营造醒目明晰的视觉冲击力。二是纹样更新，通过圈圈纱、彩点纱、竹节纱、段染纱等作为嵌线更新窗棂格、格林格等经典纹样外观，或对格纹进行加宽、缩小、叠加、打破、缩绒和数字化变形等，优化细节设计。覆膜处理赋予传统材质科技功能，模糊正装和户外服装的外观和服用表现（图 3-73）。

5. 复古混色效果

百搭且兼容的造型需求使具有复古感的斑点和杂花混色毛呢面料在秋冬季节变得非常重要，重点关注经典大地色系或黑白核心色，同色系或者黑白

图 3-73　格纹微创新
①⑧—兰州三毛实业有限公司　②—北京翔步科技有限公司　③⑤—吴江锦晟源纺织有限公司　④—佛山华丰纺织有限公司　⑥—杭州新天元织造有限公司　⑦—江苏箭鹿毛纺股份有限公司

撞色的混色效果有助于打造不过时的耐久款式。纹理更新是重点，圈圈纱、彩点纱、结子纱、竹节纱等花式纱线营造模糊的粉末化效果，是将休闲元素带入正装造型的关键；结合加强斜纹、肌理感人字纹、小提花、大尺寸格纹设计，突出细节精致感的同时，提升更加日常的考究休闲风格，缩绒及拉绒整理提升温暖柔和气质（图3-74）。

图3-74　复古混色效果

①—江苏丹毛纺织股份有限公司　②—山东南山智尚科技股份有限公司　③—浙江金晟纺织有限公司　④⑥—上海宝勇纺织品有限公司　⑤—张家港市全瑞纺织有限公司　⑦—江苏阳光集团　⑧—广东素色纺织有限公司

6. 仿机织结构

针织面料穿着的舒适性优势非常明显，为满足秋冬季节对大衣、夹克、休闲西装的舒适性需求，通过致密的结构打造仿机织毛呢外观成为重点趋势。原料选用强调环保和舒适性，羊毛、羊绒提升品质感，莱赛尔优化光泽及手感，再生涤纶和锦纶平衡价格。经典的百搭中性色是经济不稳定时期的妥帖之选，斜纹、小格纹、山形纹、千鸟格、格林格等经典纹样通过加强肌理、夹花混色、彩点点缀等微创新设计焕发新意。无论室内还是室外，休闲还是通勤，针织仿机织结构都是打造考究舒适造型

的重点（图3-75）。

图3-75　仿机织结构

①—浙江瑞林龙纺织科技股份有限公司　②—浙江燿光纺织品有限公司　③—浙江三德纺织服饰有限公司　④—绍兴宗承纺织织品有限公司　⑤⑥—绍兴叁六纺织织品有限公司　⑦—常州旭荣针织印染有限公司　⑧—上海楚越纺织织品有限公司

7. 实用功能

将耐穿的实用性与户外防护性相结合，可以为日常核心单品增值，也是新兴实用通勤风的设计重点。实用功能性面料以棉/涤、棉/锦或涤、锦等材质为主，高性能羊毛是创新要点，重点强调面料的功能性升级，如通过使用功能性纤维、纱线或覆膜、涂层等功能性整理升级防风防水、抗菌、抗病毒等性能，从而提升面料的实用价值，如实现"通勤、休闲、户外"一衣多用性。面料的外观多样，哑光光洁、纸感、微皱、凸纹、仿扎染印花、数码印花等呈现对精致、自然的多元化表达（图3-76）。

8. 科技表面

以液态光泽或金属质感为主的面料呈现出未来科技主义基调，表达游走于虚拟和现实之间的前卫风格。面料聚焦于具有高亮涂层的表面、复合离型纸转移膜，或者选择天丝、闪光单丝等纤维混纺，打造具有高级光泽感的外观。反光纹样、科技感花

图 3-76　实用功能

①—泉州市裕荣纺织科技有限公司　②—无锡金双面料科技有限公司　③⑤—嘉兴市帝徽纺织有限公司　④—苏州秋纺纺织科技有限公司　⑥—苏州科芙曼纺织科技有限公司　⑦—苏州朗贝尼纺织有限公司　⑧—三福（中国）集团

图 3-77　科技表面

①—吴江市嘉耀纺织有限公司　②—三六一度（中国）有限公司　③—吴江文晖纺织有限公司　④—豪信纺织（福建）有限公司　⑤—上海晋龙实业有限公司　⑥—苏州琛帛纺织科技有限公司　⑦—吴江福华织造有限公司　⑧—苏州飒露紫纺织有限公司

型、压花纹理、绗缝线迹等丰富外观表现，用于奢华日常风格以适合年轻前卫市场。可持续的材料和工艺是关注重点，设计在注重外观的同时，要着重考虑穿着的舒适度（图 3-77）。

9. 创新牛仔外观

牛仔风面料设计向具有可持续性的都市风格转变，重点关注非棉材质，如羊毛、亚麻、天丝、环保黏胶等纤维的应用，外观呈现出有别于传统风格的多样化效果。雾感冷色的花式纱织打造出羊毛感和苔藓感表面，大提花磨毛塑造出双面微绒的新颖迷彩外观，大型骑兵斜凸显凹凸起伏的立体肌理，色彩斑斓的喷花段染纱打造时尚的跨性别魅力，色彩、肌理、纹样的多重糅合使面料绽放时尚和年轻化光彩。可循环设计是行业发展的终极目标，转型成为闭环式系统是践行可持续的关键（图 3-78）。

10. 光影纹理

宇宙、太空和数字化、智能化科技启发面料设计灵感，暗色闪烁的射影效果营造神秘变幻的光影对比，打造未来主义风格。面料以羊毛/黏胶、羊

图 3-78　创新牛仔外观

①⑥—广东前进牛仔布有限公司　②⑦—佛山市南海亿棉染织有限公司　③—北江智联纺织股份有限公司　④—佛山华丰纺织有限公司　⑤—高青如意纺织有限公司　⑧—黑牡丹纺织有限公司

毛/丝绸或涤纶、锦纶为主要材质，纯黑或藏蓝的深色底布上，佐以奢华金色、钢制银色，通过流光溢彩的提花或闪烁点缀，尽显暗夜当中的迷人魅力；抽象几何设计令肌理感面料质感倍增，光影变幻间带来强烈的奢华冲击力。金银丝、闪光单丝、黑白撞色、植绒、提花等纤维、色彩或工艺的灵活运用是实现外观创新的关键（图3-79）。

图3-79　光影纹理

①—华懋（厦门）特种材料有限公司　②—苏州科芙曼纺织科技有限公司　③—江苏澳洋纺织实业有限公司　④—吴江市嘉耀纺织有限公司　⑤—山东南山智尚科技股份有限公司　⑥—吴江润泽纺织品有限公司　⑦—杭州雅正纺织品有限公司

11. 立体单宁

　　风格多变的牛仔和仿牛仔面料在本季深耕立体化外观，追求趣味化表面的同时注重材质质感。双层组织赋予经典复古丹宁面料以凹凸不平的立体微皱效果；采用弹力底线工艺造就的高弹质地形成独特的褶皱外观。设计巧妙的立体图案玩转织物表面的视觉游戏，可采用菱形提花或平纹变化组织形成错落有致的独特纹路，并结合水洗强化立体观感；牛仔染色的粗条灯芯绒，以立体绒感表现不规则的扎染效果。针织双面呢、编织肌理的毛呢材质外观，拓展多元化牛仔风格理念

（图3-80）。

图3-80　立体单宁

①—广东素色纺织有限公司　②—江苏易可纺家纺有限公司　③⑤⑦—北江智联纺织股份有限公司　④—宁波萌恒抽纱有限公司　⑥—黑牡丹纺织有限公司

12. 跨季花呢

　　本季秋冬，花呢类面料以含蓄内敛的治愈色彩、多变的纹理感质地成为极具商业属性的重要跨季材质，各类花式纱线的应用令视觉层次得以加深。可采用与嵌线同一色彩的立体珠片花卉赋予简约材质更多华丽意味，彰显精致曼妙的时尚风格；还可以通过金属丝或细小亮片透出若隐若现的闪光效果，成就吸睛亮点。PU覆膜工艺的运用，使简单的花呢衬衫外套呈现兼具未来特质的防护风格。羊毛、棉等天然材质的频繁出现，令柔和软糯的手感与粗犷的质地外观形成微妙的感官平衡（图3-81）。

13. 地貌新次元

　　开启生态次元，将遥远神秘的原生态世界如镜像般投射于当下生活。结合地质色彩和粗粝多变的形态外观，地貌形态元素成为表达自然风格的有效设计手段。功能特性永远是自然主题不容小觑的要素。花型靓丽的竹纤维面料具有良好的透气性、瞬间吸水性、耐磨性，经与亚麻交织，更加持天然抗

图 3-81　跨季花呢

①—深圳市佳多信纺织品有限公司　②—苏州睿帛源纺织科技有限公司　③④—嘉善兴茂毛纺织染整有限公司　⑤—上海华佑纺织有限公司　⑥—江苏联发纺织股份有限公司　⑦—山东天翔毛纺织有限公司

图 3-82　地貌新次元

①—苏州迪赛贸易有限公司　②—愉悦家纺有限公司　③—吴江锦晟源纺织有限公司　④—烟台明远创意生活科技股份有限公司　⑤—江苏富莎丝绸有限公司　⑥—绍兴飞美针纺有限公司　⑦—全顺集团有限公司

菌、除螨、防臭的功能。质地硬挺、干爽，但触感顺滑的亚麻/桑蚕丝混纺面料，表面带有微皱的天然观感，颗粒感的提花肌理搭配写意风格的石材图案印花，呈现质朴奢华的时尚特质。绒感表面的再生涤纶面料，经纱线的粗细变化显露斑驳的外观，迎合可持续自然理念（图 3-82）。

14. 暖冬毛绒

凌冬来袭，柔软的毛绒织物和仿皮草面料再度占领衣橱，与纯净明丽的柔和色彩互为依仗，带出更多暖意。织物大多采用纯色或简单图案设计，厚实软糯的质地适用于打造风格简洁、穿着舒适的御寒单品。可采用正面绗缝、反面毛绒的双面设计更新传统绗棉服饰，令简约高级和温暖防护融为一体。多功能性诉求是消费者关注重点，可通过天然棉与细旦涤纶长丝、氨纶混编打造肌理清晰、手感挺括、浓密饱满的长毛绒织物，实现保暖、吸湿、透气等多种功能的完美统一；还可运用抗静电摇粒绒材质，有效杜绝传统材质易产生静电吸附灰尘的弊端，从而实现更为优质的穿着体验（图 3-83）。

图 3-83　暖冬毛绒

①—绍兴云耀进出口有限公司　②—广州市彬胜纺织品有限公司　③—全顺集团有限公司　④—昆山华阳新材料股份有限公司　⑤—东莞德永佳纺织制衣有限公司　⑥⑦—东经人造皮草（宁波）有限公司

15. 乡野变焦

回归乡野，体味慢生活的简约质朴，在时间沉淀中，感受粗犷毛呢的慵懒浪漫。温暖的色彩、厚实的手感、朦胧的拉毛、柔和的质地在这一乡村风格主题下兼容并蓄，开拓毛绒感面料的时尚新格局。秋冬季节不可或缺的羊毛材质继续发挥重要作用，成为材质重心，羊驼毛加持品质属性，金属丝彰显细节魅力。正面错落有致、变化多样的微花型与反面经典的千鸟格一道，实现双面织物实用功能和时尚外观的同一；环保染料打造俏丽灵动的织物色彩，使暖意十足的大衣更具少女感；经典、自然的户外纹理配以大地色系，将原生态的美感进一步放大（图3-84）。

图 3-84　乡野变焦
①⑥—山东天翔毛纺织有限公司　②—上海诚上诚纺织品有限公司　③—杭州沃泰纺织有限公司　④—泰安金绒毛纺织有限公司　⑤⑦—上海宝勇纺织品有限公司

16. 手工源境

数字化理念的深入渗透，令传统的奢华手工风格在科技加持下得以焕新升级，显露更多前卫姿态。高饱和多彩色与暗色碰撞，在欢愉情绪的引导下有效中和技术滤镜下的冷冽氛围。闪亮珠片配搭丝绒底布或网眼面料，展露绣花面料的华丽新貌；织锦类材质深耕图案设计和配色；充满个性的幻彩

针织宣达年轻而直率的个性态度；经典的色织格纹面料将组织结构做放大处理，同时配搭对撞感强烈的数码色彩，令廓型简约宽大的街头夹克更显大气、粗犷的观感；手感厚实、丰满的平纹色织面料在民俗风几何图案的协助下，成就独特的时尚魅力（图3-85）。

图 3-85　手工源境
①—浙江巴瑞面料有限公司　②—深圳市佳多信纺织品有限公司　③—绍兴柯桥山韵纺织品有限公司　④—广州众缘纺织科技有限公司　⑤—常州欣久纺织科技有限公司　⑥—麦地郎集团有限公司　⑦—诸暨市三千纺织科技有限公司

17. 古典舞台

浓郁的色彩为奢华冶艳的单品带来更多古典情趣。脱离戏剧化外观的固有印象，一系列流光溢彩的华贵织物，凭借更为精致的肌理与多元化的光泽强化面料表面的视觉效果，成为打造晚间造型的有效武器。垂坠顺滑的桑蚕丝、二醋酸面料作为本主题下的代表材质，以质感外观、梦幻光泽凸显高贵迷人的女性形象，更为简约的睡衣式连衣裙造就强烈的复古风情；表面带有金线丝缕的涤纶面料彰显超强立体观感，其璀璨的光泽更成为打造舞台着装的理想选择，同时可考虑打造日间基本款。丝光羊毛升级材质品质；再生涤纶、天然染料染色美契合可持续理念；质地通透的

硬挺织物，塑造更具张力的时尚廓型（图3-86）。

图3-86　古典舞台

①—苏州琛帛纺织科技有限公司　②—深圳文华纺织品时装有限公司　③—吴江市锦通纺织有限公司　④—绍兴俪森纺织品有限公司　⑤—杭州铭和丝绸有限公司　⑥—吴江景鸿织造有限公司　⑦—湖州鸿艺丝绸科技有限公司

图3-87　都市游戏

①—绍兴纺都植绒有限公司　②—江苏丹毛纺织股份有限公司　③—鲁泰纺织股份有限公司　④—张家港市丰瑞德纺织制造有限公司　⑤—正凯纺织有限公司　⑥—杭州新天元织造有限公司　⑦—兰州三毛实业有限公司　⑧—山东南山智尚科技股份有限公司

18. 都市游戏

正装面料在本季进一步挣脱常规设计的桎梏，成就都市休闲的崭新开局。温暖平和的经典色彩展露规整、纯正的时尚底蕴，间或出现橘色、蓝绿色注入时尚气息。丰厚、软糯的手感是必备，不落窠臼的混杂设计理念则凸显强大生命力。可对网眼面料进行多套色植绒，经典千鸟格在微妙尺寸和醒目色彩的共同作用下，表述都市风格的新颖解读；高品质美丽诺羊毛、黏胶、涤纶多组分混纺，经莱卡造就泡皱外观，并与花型改良的波浪状图案相得益彰；乡村风格融会其中；少量金银丝形成的微妙闪光，在细节之处表达精致质感（图3-87）。

19. 日常缘起

舒适百搭的针织面料已成为都市日常着装的必备材质，本季以平静清雅的色彩和细致多变的肌理传达精致生活的理念。通过少量氨纶的添加，为织物造就适宜弹性，以此更好地迎合穿着舒适的诉求。干爽挺括、质朴自然的无弹面料则便宜打造利落廓型，令简约的家居单品更具前卫意念，展露多场合穿着优势。纤巧精细的小组织提花、立体编织组织以颗粒感质地凸显细节设计上的更多创新。针织仿机织、可正反随意使用的双面异色效果等设计值得关注，不仅可以升级常规休闲单品的实用功能，更有效助力多元化风格的达成（图3-88）。

20. 华美多功能

无季节概念的持续风靡，让舒缓和煦的暖调粉彩色继续占据秋冬舞台，并借由多元化的外观表现赋予简约功能性面料更多华美意味。覆膜、涂层工艺是关键，可利用烫金珠光彩膜带出奢华观感，同时赋予材质更为出众的防水性能；也可通过生物质TPU膜结合细腻的颗粒感外观，为传统再生棉感面料拓展应用领域；还可通过珠光粉的添加和烫银后整，使原本基础廓型的轻户外单品在细节之处加持更多光泽外观和科技风格。柔滑细腻的质感为织物彰显上佳品质，更为多功能外套和风雨衣铸就优雅柔美的时尚风格（图3-89）。

图 3-88　日常缘起

①—绍兴飞美针纺有限公司　②—佛山柿蒂坊纺织有限公司　③—上海棱枫纺织有限公司　④—广东金荣华实业有限公司　⑤—常州旭荣针织印染有限公司　⑥—湖南华升株洲雪松有限公司　⑦—常熟市迅达亿针纺织有限公司　⑧—绍兴恒美染整有限公司

图 3-89　华美多功能

①—苏州泽帛纺织品有限公司　②—向兴（中国）集团有限公司　③—昆山华阳新材料股份有限公司　④—盛得亿（江苏）纺织有限公司　⑤—江苏传虹面料有限公司　⑥—绍兴云梭纺织品有限公司　⑦—苏州科芙曼纺织科技有限公司

研究编著：齐梅　李晓菲　姜蕊　彭丽桦　王玢　渠梦玮　高宇菲

2021~2022 年中国服装印花行业发展报告

中国印染行业协会 黄国光

服装是重要的民生刚需消费品。改革开放 40 多年来，作为体现服装精神文化和提高附加值的我国服装印花行业，锐意进取、砥砺前行，从小到大，由弱到强，与实现中国服装产业制造强国战略紧密相连，已成为社会文化发展、科技进步和时代变迁的一种符号。近年来，服装印花更是得到迅速发展，基本实现了从印花大国到印花强国的转变，不仅在产业的体量和规模上，更重要的是在数字技术应用、智能化发展、模式创新等方面已经走在了世界同行业的前列，在设计创意、产品开发、管理创新、品牌建设等方面也都取得了长足的发展（图 3-90）。

图 3-90 服装印花迅速发展

一、服装印花生产向数字化管理方向发展

一种多工作台的平面网版印花设备，因俯视近似椭圆，故称为椭圆形平网印花机，主要用于服装裁片网版印花，也具有 T 恤成衣印花功能，由于印花工作台的平行移动、印花网版的升降、刮浆刀的运行、闪烘机的开关是自动控制，因此也称为椭圆形自动平网印花机（以下称椭圆机）。中国台湾、西班牙、美国和葡萄牙生产的椭圆机从 2004 年陆续进入中国大陆市场，我国从 2007 年开始研制椭圆机，目前印花企业所用椭圆机国产比例约占 83%。椭圆机已成为全球服装网版印花的主流设备，国内已进入普及阶段，需求量稳步增长（图 3-91）。

图 3-91 椭圆机已成为服装网版印花主流设备

广东省中山市沙溪镇一家印花企业在目前行业普遍存在高水平技工短缺、对技术人员依赖过大、印花质量和生产管理存在很多隐患的情况下，与具有自主知识产权的"服装印花生产 ERP 管理软件"大数据结合，开发了"椭圆机印花生产数字化管理系统"。将可印图案、印花浆种类（涂料、胶浆、热固油墨、溶剂油墨等）、印花颜色（色库中选择）、织物种类（针织、机织、纤维成分、g/m²、

颜色）和订单数量等信息输入计算机"椭圆机印花生产数字化管理系统"，屏幕即自动显示印花生产操作的相应技术数据并及时传输到各生产工序，各工序即可按照指示的技术数据进行生产操作，如下（图 3-92）：

（1）图案的颜色数量、各色花纹面积、图案总面积，各种颜色花纹、一个图案印花的用浆量及成本等。

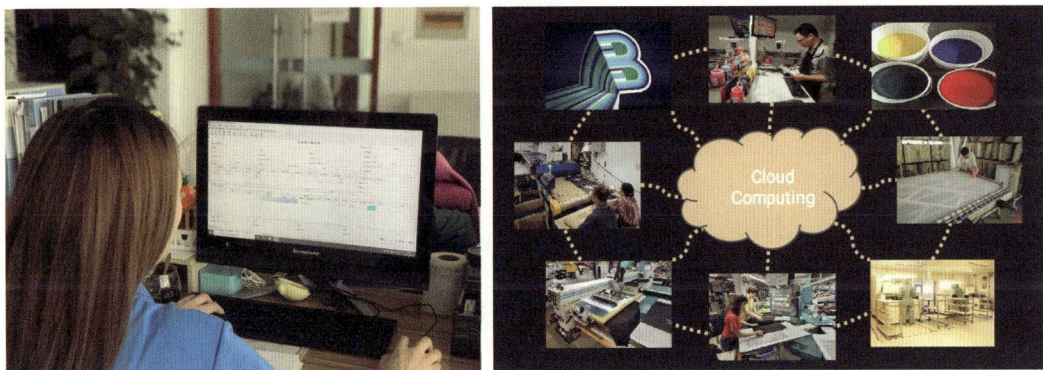

图 3-92　服装印花生产数字化管理逐步增强

（2）印花网版的网框尺寸、丝网型号、丝网角度、绷网张力、感光胶品种、涂胶方法、干燥时间、图案在网版上的方向与位置、曝光时间、显影条件、固化条件、胶膜厚度等。

（3）印花色浆的色号、色称、颜料配方、印花浆配方，该订单各色花纹用浆量及总用浆量，各种物料用量等。

（4）椭圆机工作台上铺贴截片的方向与位置，刮墨刀的胶刮硬度、厚度和刃口形状，刮墨刀运行的位置、压力、角度和速度，每色花纹印几遍、每遍刮几刀，闪烘机加热面积和时间等。

（5）导带烘干机加热固色的温度和时间。

（6）成本预算的每件或一个订单印花加工成本等。

根据数据即可进行打样和大生产，使用该系统预计一台椭圆机每年可节省费用约 20 万元。随着制板、配色、调浆、印花、烘干、质检等数字化设备制造技术的发展，未来如果再加装传感器和仪表数据采集器、处理和传输数据工控机装置，就不仅可以及时掌握现场生产状态信息，各道工序设备还

可以在完成本职工作的同时，从积累数据分析中，不断完善科学的生产数据，从而逐步实现服装印花的智能制造。

二、服装印花过程自动化智能化装备研发成果显著

作为服装产业链中的重要组成部分，我国服装印花行业正逐步实现从自动化向智能化的转变。目前，全球以裁片为主的服装印花，主流设备为椭圆机，从节省人力、降低成本、提升品质、提高效率、低碳生产和节能环保等角度出发，结合生产实际，近年来，我国设备制造企业研制出了一批与椭圆机印花相配套的自动化、智能化辅助装置，为实现智能制造打下基础。

（一）数字化干热式直接制网版机（图 3-93）

这是一种颠覆了传统上靠感光材料制版的新技术。制版流程十分简单，首先将树脂薄膜丝网绷在网框上，然后放置在干热式直接制版机工作位，热

图3-93　数字化干热式直接制网版机

打印头按分色图文数据进行扫描热穿孔，就能形成镂空的图案或文字，主要特点如下：

（1）操作简单、流程短，将传统制版流程7个步骤减少到2个。

（2）明室操作，无需涂布感光胶、分色底片、曝光、显影和烘干等。

（3）免水的清洁生产，无任何环境污染。

（4）制网版精度达600×1200dpi，满足印花要求。

（5）制版速度快，A2幅面图像约60s就能完成。

（6）节能，制版机工作时仅需300~500W，待机<28W。

（7）占用空间小，只有传统工艺的10%。

（8）设备投资少，只有传统工艺的50%。

（9）制版成本约降低50%。

数字化干热式直接制印花网版系统打破了国外多年的技术封锁，由山东省曲阜市一家高新技术企业研制成功，随着技术的不断完善，有望逐步进入服装印花企业。

（二）涂料印花色彩管理系统（图3-94）

广东省惠州市一家色彩应用科技公司针对服装印花研发了涂料印花配色调浆智能系统，使用20种标准颜料色料能瞬间精准配制系统颜色中任何一个，拥有涂料印花和胶浆印花两套配方，1~20kg的配色调浆运行顺畅。5400个颜色的布样色卡包含潘东色卡（PANTONE）纺织2940个颜色，在印花布的白度或色光有偏差影响印花颜色时有校准仪器显示误差数据。目前这套系统的软硬件在试运行中，预计2022年3月进入实际应用阶段，6~7月向国内外推广，售价是英国类似自动配色机的1/3左右。

图3-94　涂料印花色彩管理系统

（三）裁片自动铺贴定位机械手臂（图3-95）

一种专门用于椭圆机工作台板上裁片自动铺贴定位的机械手臂，近日在广东省中山市一家印花设备制造企业研制成功，这种装置在某种特定条件下完全可以达到人工操作的效果，预计2022年第二季度投入市场。

（四）印花裁片自动抓取码放机械手臂（图3-96）

专门用于椭圆机印花裁片自动抓取码放的机械手臂在江苏省无锡市一家印花设备制造企业研制成

图3-95 裁片自动铺贴定位机械手臂

功并投入市场，这种机械手臂模拟人工操作，在一定条件下完全达到了人工操作的效果。

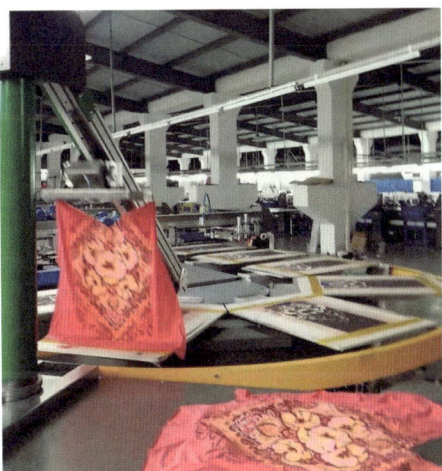

图3-96 印花裁片自动抓取码放机械手臂

（五）印花外观质量智能检验机（图3-97）

用于网版印花及数码印花疵点自动识别的检测系统由广东省广州市一家机器人公司研制，目前已用于印花生产线。可设定叠印、重影、套花不准、丢缺花纹、得色不均、色差、花纹边缘不清晰、断线等印花疵点的允许程度、范围，在线可视化检测，结果实时显示，对不符合标准的产品配有声光提醒，现场操作人员可根据情况第一时间进行处理。主要特点如下：

（1）高精度0.05mm的检测精度。

（2）高速度检测周期为1.5s。

（3）高效率多个位置图案同时检测。

（4）高准确达到100%。

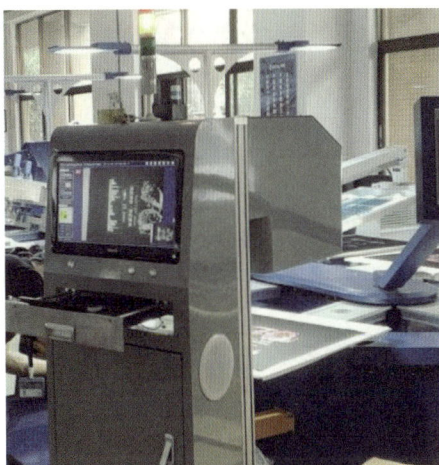

图3-97 印花外观质量智能检验机

（5）高兼容可对宽度550mm、长度650mm范围内识别。

（6）高强度可连续24h运转等。

（六）裁片烘干后抓取码放机（图3-98）

近日，广东省深圳市一家致力于打造印花场景智能制造的科技企业成功研制了裁片抓取码放机，该设备适用于服装印花裁片在隧道式导带烘干机烘干后对裁片的自动抓取、码放，目前已开始用于浙江省宁波市世界最大服装印花企业和苏州市一家新加坡纺织企业，裁片抓取的速度、码放的平整度和裁片上下整齐度超过人工操作效果。主要特点：代替人工操作；该工序人工成本节省75%；裁片码放整齐；智能化实时数据统计等。设备安装空间：长120cm×宽500cm×高230cm。设备体积：长90cm×宽411.4cm×高70cm（工作台面）。裁片码放高度：35cm（超过高度自动分包）。

图3-98 裁片烘干后抓取码放机

三、涤纶织物数码喷墨分散染料印花清洁生产技术日趋成熟

据了解，2018 年我国数码升华转移印花的转移纸用量约为 18.75 亿平方米，按 50 克/平方米计算，就要耗用转移纸 93750 吨。如果制造一吨纸需 3.5 吨木材（相当于砍伐 4 棵 20 年树龄的树木）、消耗 300 吨水、1.5 吨煤，同时还带来 300 吨废水和大量废气，对环境的破坏和污染触目惊心。杭州一家数码喷墨印花设备制造企业三年中从小试、中试到大生产，成功研发了涤纶织物数码喷墨高温分散染料印花免上浆免蒸洗清洁生产工艺，2022 年开始推广应用（图 3-99）。

图 3-99　涤纶织物数码喷墨印花设备

工艺流程：坯布→喷涂或浸轧前处理液→烘干（薄织物须烘干）→数码直喷印花→焙烘固色（200℃×2min）→成品。

主要特点如下：

（1）省去了传统数码喷墨印花工艺的上浆、蒸化和水洗工序，减少了水、电、气的消耗，从而实现印染废水零排放。

（2）印花流程短，设备投资少，占地面积小。

（3）像水一样的前处理液对织物进行处理，除去了氨氮类糊料产生的污水。

（4）印花图案清晰，色泽鲜艳，手感柔软。

（5）墨水直接喷印在织物上，其独特的固色方式，使得渗透性染色力可控，更适合弹力、毛绒、地毯类织物。

（6）印花各项指标符合国家纺织品安全性标准。

（7）印花成本低，每平方米仅 1.40 元。

设备材料配置：导带式数码喷墨印花机（星光 1024 喷头 8 个/打印宽度 2 米）；焙烘固色卷布机（门幅 2 米）；织物前处理液；高浓度高温分散染料墨水（C、M、Y、K、LC、LM、LK）。

四、数码喷墨柯式烫画成为文化 T 恤定制快反的最大亮点

用水性颜料墨水，在 PET 膜涂层上通过数码喷墨印刷图案，再粘覆热熔胶粉，经热烘干燥处理即制成热熔转移印花膜，在一定温度、压力和时间条件下，靠热熔胶把印刷的图案转印在纺织物上即烫画，属于纺织品转移印花工艺中的热熔法转移印花范畴。由于烫画图案能达到景物清晰逼真的彩色照片效果，故业内人士称其为"柯式烫画"（图 3-100）。

用途：用于 T 恤、鞋帽、箱包等图案的热熔转移印花。

主要特点：转印的图案色彩鲜艳，层次丰富，画面景物再现性稳定；印花手感柔软，符合 GB 18401—2010 标准要求；镂空图案无须切割，免除废；制作转移印花膜设备投资少，占地面积小，无环境污染；操作简单，成本低；不受数量限制等。

图 3-100　柯式烫画

设备材料配置：CMYK＋W 喷墨打印机；自动撒粉烘干机；特殊涂层 PET 膜；涂料墨水 CMYKW；热熔粉；热转移印花机（压烫机）。

工艺过程：PET 膜→CMYK＋W 打印镜像图案→撒热熔粉→抖掉余粉→烘干热熔胶粉→热熔转移印花膜（成品）。

操作方法：将镜像彩色图案和白底用 CMYK＋W 涂料墨水经数码喷墨打印机喷绘在 PET 膜涂层上；打印好的膜直接进入自动撒粉烘干机，图案的湿态墨水均匀蘸取热熔粉后自动抖掉多余粉末，经高温热烘（135～140℃×30～60s）使热熔粉融于白墨水涂层表面，即热熔转移印花膜；转移印花膜热熔胶面放在织物上，在一定温度、压力、时间条件下（150～160℃×10～20s、压力中等）将图案粘接在织物上，冷却后撕掉 PET 膜，转移印花完成即烫画。

流行原因分析：主要是由于疫情加速了服装印花传统工艺向数码印花转型。

（1）智能化生产意识的提升。

①受疫情影响，春节后印花厂无法如期开工或复工人员不足，由于数码设备所需操作人员较少，一些印花厂通过采用数码印花设备来应对订单。

②从某种程度上来说，此次疫情提升了传统印花厂的智能化生产意识，并成为向数字化转型的良好契机。

（2）小批量订单的增长。

①疫情来临后，经济大环境充满不确定性，消费逐渐趋向理性化并向"少而精"转变，同时，厂商的粗放式运营向精细化运营的转变，也将使产品从同质化转向差异化。

②从长期来看，大批量产品订单将逐渐向小批量、定制化订单转变。

（3）政策有利数码印花发展。

①在中国制造 2025 的推动下，我国政府出台了一系列关于智能制造的相关政策，服装供应链数码化生产正在转型升级。

②随着各地方相应政策的推行，可以预见的是数码印花设备的普及度将会逐步提升，用户群体也将会逐渐扩大。

五、文化 T 恤个性定制规范有序发展

T 恤是英文"T-shirt"的中文音译名，"T"是英文起首字母的发音，也是无领、短袖衣服的象形

符号。

T恤承载了政治、经济、文化、流行和时尚元素的图案和文字后，也就逐渐形成了一种T恤文化。T恤文化指T恤的纤维、织造、漂染、款式、裁剪、印花、缝制、辅料的物质文化和创意设计图案的精神文化，两者相互融合，构成了T恤文化总的内涵（图3-101）。

图3-101　T恤文化

T恤文化的产品是文化T恤，文化T恤指具有一定文化元素图案的T恤，是一种文化创意的时尚产品。T恤物质本身虽具有一定文化，对文化T恤而言，更大的文化价值和经济价值是创意设计的图案。文化靠T恤这个物质来体现，文化和T恤似鱼和水，只有两种文化融合，才更有生命力和价值。当今世界，文化T恤几乎可以作为社会文明的标杆之一。从目前全球T恤产业和文化的发展状况看，越是经济自由和文化繁荣的地区，T恤的消费量就越高，人们对文化T恤设计的参与就越多元，设计内容也就越自由，T恤文化也就越繁荣。无论是在纽约、洛杉矶、伦敦、东京、悉尼，还是在北京、上海、广州，T恤已不仅仅是印着个性图案的休闲服装、团体形象和立场的代言，也成为人们记录生活以及各类设计师展示灵感和发泄激情的载体。任何一种服装都无法同T恤一样和感情、态度、立场

以及个人意识如此紧密而且自由地结合。T恤是通俗的平民服装，却是精神的贵族和设计的盛宴。据不完全统计，2021年全球T恤消费为160亿件，我国年消费量为28亿件，其中文化T恤约占90%。中国是T恤生产最大国，也是文化T恤生产最大国，为了适应国内外个性化市场需求，我国上海、厦门、杭州、广州、深圳等城市在不断完善个性定制网站建设、APP和小程序的研发，基本能够满足国内外品牌服装、商场商店、批发商及消费者的需求。列举几家有代表性的企业：

厦门一家做文化T恤定制起家的高新技术企业，从2014年开始就专门为跨境电商卖家提供定制印花服务，凭借沉淀多年的产品研发和自建柔性供应链优势，努力打造全球领先的S2B2C柔性定制供应链服务平台。该企业以信息商品化为发展愿景，打造可视化定制、柔性化生产、高效化物流、专业化支付、系统化培训、数字化营销、IP化运营和全方位服务的闭环生态链，并与国内外多家设备、物流、支付系统和电商平台长期战略合作，拥有专利及软件著作权100多项，员工数量超过1000名。2021年预计交易额约10亿元人民币，累计向全球交付3000万个订单，产品出口覆盖全球165个国家及地区（图3-102）。

图3-102　文化T恤定制出口覆盖全球

杭州市一家成立两年专为服装供应链服务的"互联网+"综合性企业，面向全球文化T恤市场，应用数字化和智能化技术，采用柔性制造工艺，一件起订快速交货，为品牌服装、电商平台、个性潮牌或团体客户提供端到端的大规模文化T恤按需生

产一站式服务，并与各类 IP 衍生品合作，协助客户开发多样化产品、流量变现等需求。完善的 S2B2C 柔性定制供应链服务平台，真正让客户实现零投资、零库存，坐等销售分成的一站式服务解决方案。企业的全流程工作系统，无论大小单均可灵活分配，快速交货，并积累和签约海量有版权的 IP 原创设计图案素材库，采用国际一流的数码环保印制工艺，专业化的运营及服务团队保障做出高品质产品。通过多年整合服装及相关行业供应链，不断研发创新产品和市场延伸，为客户提供更多元化的产品服务。公司拥有日本兄弟（Brother）T 恤成衣数码喷墨印花机 10 台套，自主研发的软件著作权 20 多项和 10 多项专利技术。2021 年产值约 1000 多万元，产量约 30 多万件，同比增长 200%（图 3-103）。

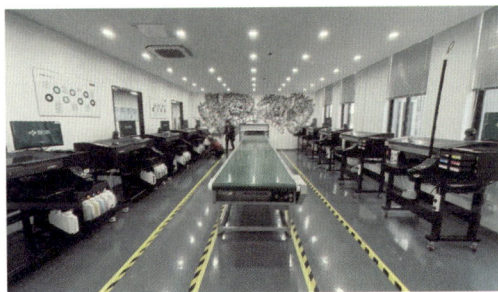

图 3-103　多台套的 T 恤成衣数码喷墨印花机提供按需生产的一站式服务

佛山市一家 2011 年创建的文化 T 恤印花定制工厂，拥有以色列康丽（Kornit）双工位 T 恤成衣数码喷墨印花机 6 台，最大印花面积达 900mm×600mm，为品牌服装和商家每天印花加工超过千件，每年印花图案约 2000 个（图 3-104）。

图 3-104

深圳市一家 2014 年由一名大学生创业的集设计、生产、销售的综合性高品质团体服饰供应商，至今已服务 800 多所院校、2500 多家企业，为 3000 余个歌迷后援会、志愿者组织、艺术团体、民间协会、培训机构等提供团体服装定制。公司旗下的天猫旗舰店，致力于提供物超所值的团体服产品，日均生产 5000 件，已成为全国线上团体服供应商十强品牌，年产值达 1 亿元（图 3-105）。

图 3-105

美国南加州大学一位归国学士创建的校园文化品牌 PNG 和"爆造定制 APP"，打造"聚原创设计、推爆款服饰、造人气品牌"的理念，为社群、原创设计师、企业提供 T 恤类供应及定制服务。2021 年为清华大学、北京大学和厦门大学等院校定制 T 恤、卫衣、棒球服 10 多万件，营业额 500 多万元（图 3-106）。

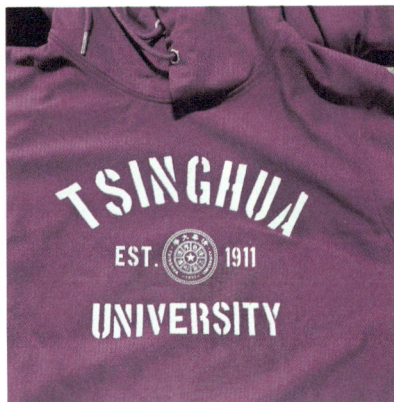

图 3-106

目前，我国文化 T 恤人均消费仍远远低于经济发达国家，究其原因：一是市场上的文化 T 恤图案缺少创意，同质化现象严重，消费者不感兴趣；二是相对好的图案设计山寨版多，让消费者产生审美疲劳；三是艺术家和设计师的图案作品宣传渠道过于分散，作品流通性不强，无法到达大众视野；四是 T 恤的面料、辅料、款式、做工质量良莠不齐等。近年来，随着我国经济的迅速发展，人们对文化和时尚产品的需求迅猛增加，文化 T 恤已成为最流行的文化创意时尚化大众时装，备受人们青睐，市场潜力巨大。

六、棉 T 恤活性染料数码喷墨印花免上浆免蒸洗清洁生产工艺研发成功

目前，全球在棉 T 恤上的数码直接喷墨印花一般采用颜料墨水工艺，存在人工喷涂预处理剂费工费时、颜料墨水成本高并容易堵塞喷墨头喷嘴、需要加热固色、印花皮膜的柔软度和透气性无法彻底改变等缺点。曾有专家提出并尝试采用活性染料数码喷墨印花工艺，因为需要上浆、汽蒸和水洗，并存在工艺复杂、成本高、T 恤缩水和变形等问题，很难用于大生产。杭州市和青岛市两家数码印花科技企业先后研发成功了棉 T 恤活性染料数码喷墨印花免上浆免蒸洗清洁生产工艺，目前主要用于白色 T 恤，预计明年可向重点企业推广（图 3-107）。

图 3-107

工艺流程：可印 T 恤→活性染料数码喷墨印

花→后处理剂（无色透明）数码按需喷印→烘干（120℃×1~2min）→成品。

主要特点：

（1）打破了棉 T 恤成衣数码喷墨印花使用颜料墨水的传统工艺。

（2）墨水不堵塞喷头，喷墨流畅。

（3）织物得色均匀、饱满，颜色鲜艳、牢固。

（4）印花花纹无手感，透气。

（5）符合国家纺织品安全性技术标准要求。

（6）工艺流程缩短，投资少，操作简单。

（7）印花成本显著降低，A4 幅面图案印花只有 0.20 元等。

2021 年随着中国疫情防控形势的好转，面对百年未有之大变局和不断变幻复杂的国内外形势，尽管行业面临招工难、小批量复杂工艺订单多、原材料涨价、加工费降低、交货期短、消费复苏波动等困难和压力的挑战，但整个行业正在以强大的韧性，持续转变的发展方式，聚焦产业本质，不断加快数字技术和产业的深度融合，转型、调整、创新都在不断深化。服装印花行业总体运行良性平稳，生产规模已恢复到疫情前水平，企业效益加速修复，保持着持续稳定的恢复性增长，效率和效益也在不断提升（图 3-108）。

图 3-108

2021~2022年中国产业用纺织品行业经济运行报告

中国产业用纺织品行业协会　白晓　季建兵

一、2021年产业用纺织品行业经济运行情况

2020年由于防疫物资需求的推动，我国产业用纺织品行业经历了一轮高速增长，为2021年行业的发展积累了较大的基数。2021年，外部环境更趋复杂严峻，大宗商品价格和海运费用的上涨改变行业成本结构，防疫物资需求下降和巨量的产能导致行业竞争加剧，虽然非防疫物资领域反弹势头强劲，但整个行业呈现深度调整的态势，主要经济指标增速大幅下降。根据国家统计局数据，受2020年同期高基数效应的影响，2021年1~10月我国产业用纺织品行业规模以上企业的工业增加值持续下滑，降幅为20.4%，但两年平均增速仍达12.4%（图3-109）。

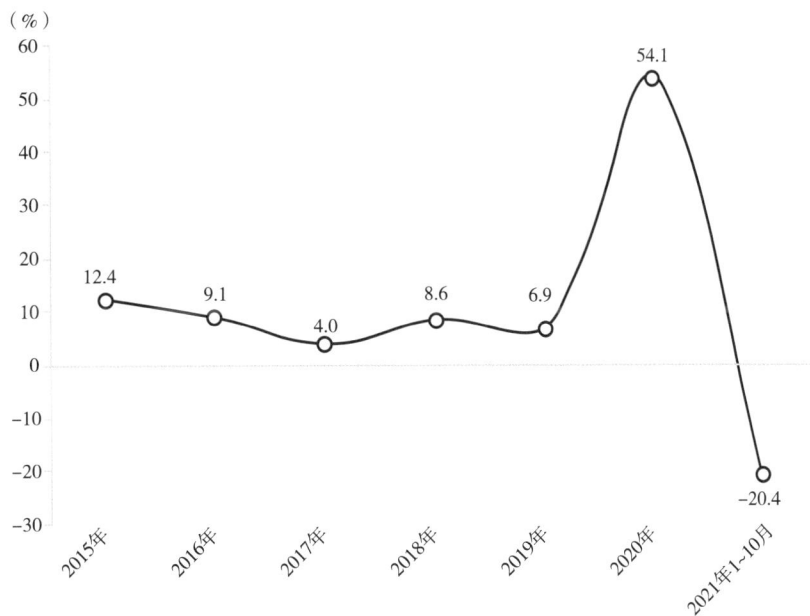

图3-109　我国产业用纺织品行业工业增加值增速

（数据来源：国家统计局）

（一）生产保持平稳运行

"十四五"开局之年，我国产业用纺织品行业继续坚持高质量发展理念，努力克服新增产能释放、市场需求下降、国内能耗双控以及限电限产政策等不利因素影响，主要产品的生产基本保持稳定。根据国家统计局数据，2021年1~10月规模以上企业的非织造布产量达到500.7万吨，同比小幅下降1.7%，如果除去疫情因素，两年平均增速依然达到10.2%（图3-110）；帘子布的产量为67.3万吨，同比增长26.9%，两年平均增速为14.4%。

（二）经济效益下滑明显

根据国家统计局数据，2021年1~10月，产业用纺织品行业规模以上企业（非全口径）实现营业收入2456.7亿元，同比下降14.6%，两年平均增

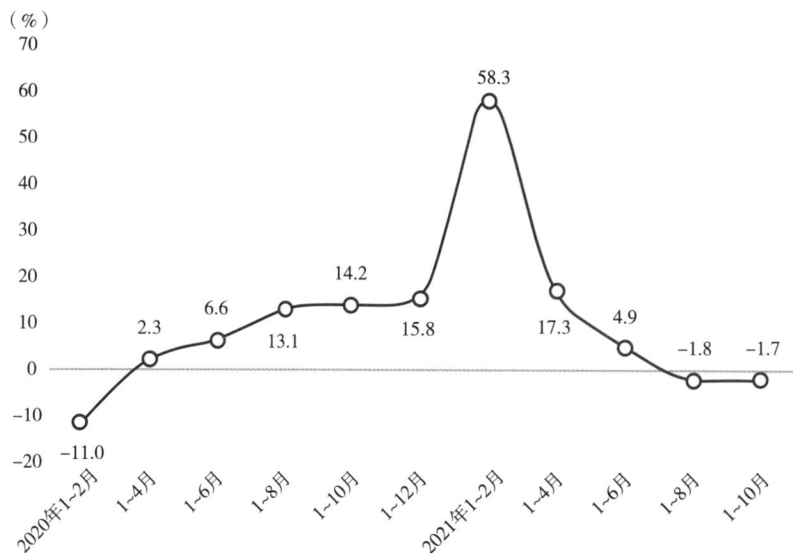

图 3-110 2020 年以来我国规模以上企业非织造布产量累计增速情况

（数据来源：国家统计局）

长 13.1%；利润总额为 129.2 亿元，同比下降 62.7%，两年平均增长 17.4%；营业利润率为 5.3%，同比下降 6.8 个百分点。

营业利润率是反映行业盈利能力的一项重要指标。尽管疫情的暴发使产业用纺织品行业经历了"过山车"式的发展，但除去疫情因素，行业近年来坚持以科技创新为核心，不断加大产品开发和业务拓展的力度，企业持续通过提升精细化管理水平

实现降本增效，行业的营业利润率一直处于健康平稳的运行区间。从历史数据来看，2011 年以来，行业的营业利润率一直在 5.5% 左右的附近，2020 年在防疫物资需求的推动下达到 11.4% 的历史高点；进入 2021 年，随着防疫物资需求退潮，市场恢复理性，行业的营业利润率逐步回归疫情前的运行区间，1 ~ 10 月的营业利润率为 5.3%（图 3-111）。

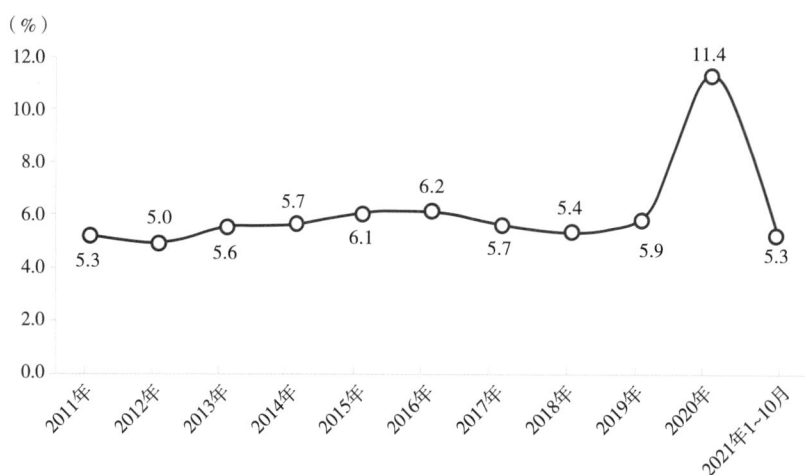

图 3-111 我国产业用纺织品行业规模以上企业利润率情况

（数据来源：据国家统计局数据整理）

分领域看，与防疫物资相关的领域受市场需求下降和 2020 年高基数的影响，主要经济指标出现

明显下降。根据国家统计局数据，2021 年 1 ~ 10 月我国规模以上非织造布企业的营业收入为 1224.9

亿元，同比下降 23.9%，利润总额为 63.7 亿元，同比下降 73.6%，毛利润率和利润率分别为 16.1% 和 5.2%，分别同比下滑 8.5 个百分点和 9.8 个百分点；医疗卫生、过滤、土工用纺织品所在的其他产业用纺织品规模以上企业的营业收入和利润总额分别达到 510.5 亿元和 27.1 亿元，分别同比下降 23.7% 和 65.6%，毛利润率和利润率分别为 16.8% 和 5.3%，分别同比下降 5.4 个百分点和 6.5 个百分点。

与防疫物资关联度不高的领域复苏势头明显。绳、索、缆规模以上企业的营业收入为 142.3 亿元，同比增长 12.1%，实现利润总额 5.9 亿元，同比增长 9.6%，毛利润率为 14.2%，同比增加 0.4 个百分点，利润率为 4.1%，同比微降 0.1 个百分点；纺织带、帘子布规模以上企业的营业收入和利润总额分别为 310.7 亿元和 16.7 亿元，分别同比增长 20.2% 和 85.2%，毛利润率和利润率分别达到 15.0% 和 5.4%，分别同比提高 2.5 个百分点和 1.9 个百分点；篷、帆布规模以上企业的营业收入和利润总额分别达到 268.4 亿元和 15.8 亿元，分别同比增长 25.9% 和 27.7%，毛利润率为 16.1%，同比下降 0.5 个百分点，利润率达到 5.9%，同比增加 0.1 个百分点（表 3-7）。

表 3-7　2021 年 1~10 月我国产业用纺织品行业主要经济指标（规模以上企业）

项目	单位	产业用纺织品	非织造布	绳、索、缆	纺织带和帘子布	篷、帆布	其他产业用
营业收入	亿元	2456.7	1224.9	142.3	310.7	268.4	510.5
	±%	-14.6	-23.9	12.1	20.2	25.9	-23.7
营业成本	亿元	2064.1	1028.2	122.0	264.1	225.3	424.5
	±%	-8.2	-15.3	11.5	16.7	26.6	-18.4
毛利率	%	16.0	16.1	14.2	15.0	16.1	16.8
	±百分点	-5.9	-8.5	0.4	2.5	-0.5	-5.4
利润总额	亿元	129.2	63.7	5.9	16.7	15.8	27.1
	±%	-62.7	-73.6	9.6	85.2	27.7	-65.6
利润率	%	5.3	5.2	4.1	5.4	5.9	5.3
	±百分点	-6.8	-9.8	-0.1	1.9	0.1	-6.5
产成品周转率	%	84.2	84.3	72.7	84.6	70.1	98.7
总资产周转率	%	5.6	5.5	5.5	5.7	6.9	5.4

（数据来源：据国家统计局数据整理）

受市场竞争、供给冲击等因素的叠加影响，2021 年 1~10 月行业企业间的经营分化继续扩大，693 家产业用纺织品行业规模以上企业出现亏损，亏损面达到 23.1%，亏损企业的亏损额同比增长 139.5%。

上市公司方面，根据 2021 年各上市公司公布的第三季度报告，31 家行业上市公司第三季度的营业收入同比下降 1.2%，利润总额同比下降 33.6%。其中，13 家行业上市公司实现营业收入和利润总额双增长，这些上市公司主要集中在车用纺织品和过滤用纺织品领域；12 家行业上市公司的营业收入和利润总额双双出现下降，这些上市公司主要涉及医疗与卫生用纺织品、非织造布等与防疫物资关联度较高的领域。

（三）防疫物资出口大幅回落

1. 出口情况

根据中国海关数据，2021 年 1~10 月我国产业用纺织品主要出口产品（按出口金额排名前十二类产品）的出口额为 355.5 亿美元，同比下降 54.8%，出口量同比增长 5.5%。

从出口金额来看，未列名纺织制成品（主要为口罩）目前是行业最大的出口产品，出口额109.6亿美元，但因国外对口罩需求的大幅回落其出口额已较上年同期下降了78.2%；海外市场对毡布/帐篷、产业用涂层织物、线绳（缆）带纺织品、合成革及革基布、产业用玻纤制品等传统产品的需求较旺盛，出口额分别达到36.2亿美元、34.1亿美元、24.6亿美元、18.7亿美元、17.1亿美元，分别同比增长54.1%、32.9%、24.5%、46.5%、32.8%。

非织造布及相关制品的出口呈现不同走势，卷材出口37.7亿美元，同比下降13.1%；化纤非织造布制防护服（含医用防护服）出口20.1亿美元，同比下降80.0%；一次性卫生用品出口20.1亿美元，同比增长11.2%，擦拭布出口11.2亿美元，同比增长9.4%。

当前，行业的出口受价格因素影响较大，主要产品的出口价格呈现出不同的变化趋势。其中，未列名纺织制成品（主要为口罩）和化纤非织造布制防护服（含医用防护服）等防疫物资的出口均价分别同比下降了75.0%和61.6%，非织造布作为其主要原材料，出口均价下降10.9%；毡布/帐篷、合成革及革基布、产业用玻纤制品的出口均价在海外市场需求的持续修复下明显回升，分别同比增长14.7%、12.9%、18.4%（表3-8）。

表3-8 2021年1~10月产业用纺织品行业主要产品出口情况

产品名称	出口额（亿美元）	出口额增速（%）	出口量增速（%）	出口价格增速（%）
未列名纺织制成品（含口罩）	109.6	-78.1	-12.6	-75.0
非织造布	37.7	-7.6	3.7	-10.9
毡布、帐篷	36.2	54.1	34.4	14.7
产业用涂层织物	34.1	32.9	23.2	7.9
线绳（缆）带纺织品	24.6	24.5	20.4	3.4
尿裤卫生巾	20.1	11.2	5.7	5.1
化纤非织造布制防护服（含医用防护服）	20.1	-80.0	-47.9	-61.6
合成革、革基布	18.7	46.5	29.8	12.9
产业用玻纤制品	17.1	32.8	12.2	18.4
包装用纺织品	14.9	23.5	12.5	9.8
医用敷料	11.2	22.9	4.4	17.7
擦拭布	11.2	9.4	3.1	6.1
合计	355.5	-54.8	5.5	-57.2

（数据来源：据中国海关数据整理）

2020年由于全球对口罩、防护服等防疫物资的需求激增，拉动我国产业用纺织品行业的出口额大幅增长，产能的供不应求也直接推高了防疫物资的出口均价，其中口罩和防护服的出口额占行业出口总额的比重超过七成。而随着各国进口防疫物资的需求降温以及相关产能的逐步恢复，2021年产业用纺织品行业主要产品的出口额和出口均价已基本回归疫情前水平。

2. 进口情况

2021年随着防疫物资的进口需求大幅下滑，海外产业用纺织品产能逐步恢复，行业进口产品结构发生变化。根据中国海关数据，2021年1~10月我国产业用纺织品主要进口产品（按进口金额排名前十二类产品）的进口额为36.4亿美元，同比下降24.4%，进口量为34.0万吨，同比下降14.4%。

在主要进口产品中，非织造布的进口需求最大，进口额达到8.7亿美元，同比小幅增长0.6%，但进口量同比下降了11.7%；国内市场对于产业用玻纤制品、产业用涂层织物和线绳（缆）带纺织品等传统产品的进口需求依旧旺盛，进口额分别为

7.0 亿美元、5.8 亿美元和 2.4 亿美元，分别同比增长 10.7%、28.2%和 22.4%；近年来，随着国内卫生用纺织品企业的竞争力不断提高，消费者对于国产品牌的接受度越来越高，我国对一次性卫生用品的进口需求持续下降，降幅达到 24.7%。

疫情暴发以来，我国公共卫生应急物资保障体系不断健全和完善，目前国内防疫物资储备充足，因此对于口罩和防护服的进口需求大幅下降，未列名纺织制成品（主要为口罩）和化纤非织造布制防护服（含医用防护服）的进口额分别同比下降 82.6%和 93.6%（表 3-9）。

表 3-9　2021 年 1~10 月产业用纺织品行业主要进口产品情况

产品名称	进口额（亿美元）	进口额增速（%）	进口量增速（%）	进口价格增速（%）
非织造布	8.7	0.6	-11.7	13.9
产业用玻纤制品	7.0	10.7	11.2	-0.5
产业用涂层织物	5.8	28.2	17.0	9.6
尿裤卫生巾	5.3	-24.7	-31.9	10.5
线绳（缆）带纺织品	2.4	22.4	5.3	16.3
医用敷料	2.3	25.7	27.7	-1.5
合成革、革基布	2.1	2.0	1.7	0.3
未列名纺织制成品（含口罩）	2.1	-82.6	-65.4	-49.7
擦拭布	0.2	9.7	-7.2	18.1
化纤非织造布制防护服（含医用防护服）	0.2	-93.6	-56.4	-85.3
包装用纺织品	0.2	1.8	-32.6	51.0
毡布、帐篷	0.1	129.3	147.5	-7.3
合计	36.4	-24.4	-14.4	-11.6

（数据来源：据中国海关数据整理）

二、2022 年产业用纺织品行业发展展望

2022 年是党的二十大召开之年，是实施"十四五"规划承上启下之年。当前，变异新型冠状病毒持续扩散、刺激政策边际退出以及供应链瓶颈修复缓慢等多重因素使全球经济复苏仍不稳定，国内经济发展也面临需求收缩、供给冲击、预期转弱三重压力。展望 2022 年，我国产业用纺织品行业将面临更为复杂的环境，但推动行业连续增长的积极因素没有改变，扩大内需、生态环保、健康中国等战略深入实施，将给产业用纺织品行业带来巨大发展空间，行业将走出调整期重入增长通道。

2022 年，产业用纺织品行业将坚持新发展理念，以高质量发展为主题，以满足国民经济各部分对高性能纺织品的需求为宗旨，扩大优质供给、保持供需平衡，推进行业科技创新、产业链升级、数字化改造、绿色发展和质量提升，推动高性能非织造布、海洋产业与渔业用纺织品、应急与安全防护用纺织品、医疗卫生与大健康用纺织品、环境保护用纺织品、国防军工与航空航天用纺织品、交通工具用纺织和过滤用纺织品等八大重点领域的技术升级、产能升级、品牌升级，向高端化、数字化、绿色化持续前进。

预计，2022 年我国产业用纺织品行业的生产和销售增速将会恢复 3%~5%的平稳增长，盈利能力保持基本稳定；行业的固定资产投资，特别是扩充产能的投资行为将趋于谨慎，但在智能化改造、绿色生产方面的投资将会继续保持一定增长；行业的出口增速将恢复正增长。

2021~2022年中国缝制机械行业经济运行报告

中国缝制机械协会　吴吉灵　卢芳

2021年，是新冠疫情发生以来世界各国努力摆脱疫情影响、全球经济不断走向复苏轨道的重要一年。中国经济持续复苏，国际经济明显回暖，全球经济增长前景显著改善。行业企业充分把握需求回暖和市场反弹重要机遇，积极克服新冠疫情影响、招工难、原材料大幅上涨等内外部压力与挑战，大力推进增产扩产，对接内外市场需求，行业经济实现恢复性中高速增长，效益持续改善，生产、出口等均超过2018年水平，经济发展呈现稳中向好、稳中加固的良好势头。

一、2021年行业经济运行概况

（一）景气指数持续过热，行业发展稳中向好

据中国轻工业信息中心数据显示（图3-112），2021年前10月我国缝制机械行业综合景气指数均维持在过热区间，显示了行业经济发展呈现稳中向好、稳中加固的良好势头。10月行业综合景气指数126.83，其中，主营业务收入景气指数141.26，出口景气指数132.97，资产景气指数111.73，利润景气指数106.48，四项指数中主营业务收入和出口两类指数均在过热区间，资产指数在渐热区间，利润指数在稳定区间。

（二）生产动力强劲，产能加速复苏

2021年前10月，整机企业面对强劲的市场需求，加快产能恢复，加大生产协同，持续保持高负荷生产状态，取得了产出大幅增长的显著业绩。

据国家统计局数据显示，2021年前10月我国缝制机械行业规上企业工业增加值累计增速为32.9%。而从行业月度工业增加值增速指标来看，自2020年9月以来该指标由负转正，2021年二、三季度该指标高至30%以上，明显超过全国工业规上企业同期均值，至四季度指标数据才有所回落（图3-113）。

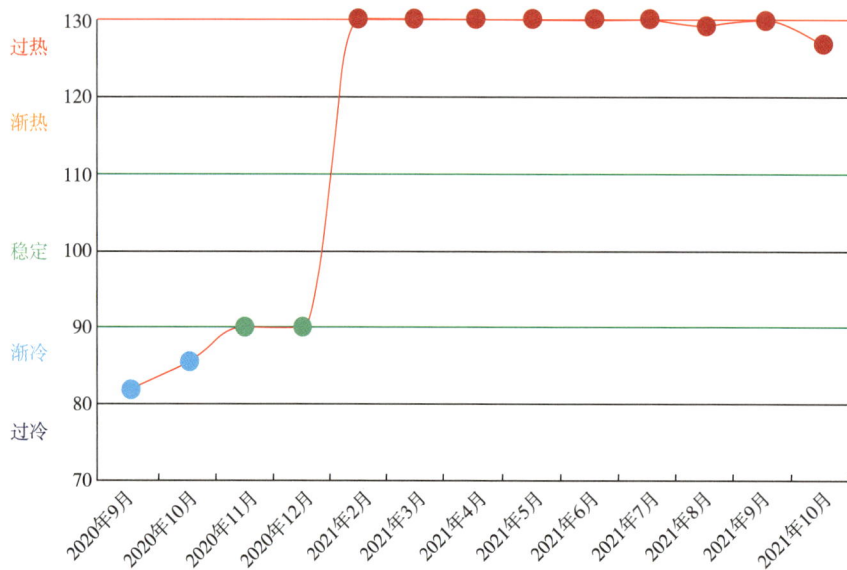

图3-112　2020年9月~2021年10月缝制机械行业综合景气指数变化情况

（数据来源：中国轻工业信息中心）

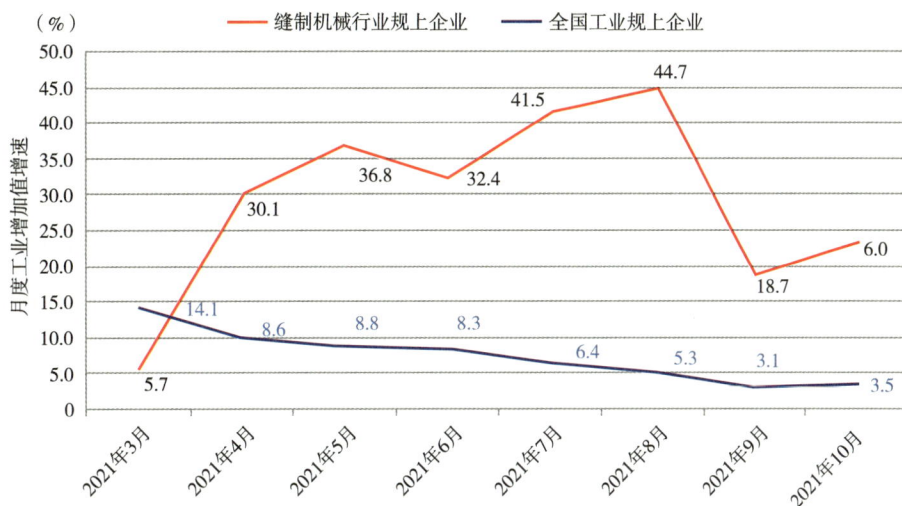

（%）

缝制机械行业规上企业　　全国工业规上企业

图 3-113　2021 年行业规上企业月度工业增加值累计增速走势图

（数据来源：国家统计局）

据协会统计的百家骨干整机企业数据显示，前 10 月百家整机企业工业总产值 212.16 亿元，同比增长 65.10%；缝制设备产量 760.98 万台，同比增长 70.14%，产量比 2018 年同期增长 21.85%，比 2019 年同期增长 48.80%。10 月末行业百余家整机企业产品库存量约 157 万台，同比增长 121.41%，达到历年来库存最高点，充分显示了企业产能的快速恢复、较强的补库动力和良好的市场预期。

1. 工业缝纫机

2021 年前 10 月，协会统计的百余家骨干整机企业累计生产工业缝纫机 534.34 万台，同比增长 85.78%，产量比 2018 年同期增长 18.11%，比 2019 年同期增长 54.48%。工业缝纫机月产量增速自 2020 年 8 月起由负转正，2021 年月均产量在 50 万台以上（图 3-114）。

从主要品种来看，2021 年前 10 月行业百余家骨干整机企业主导性产品平、包、绷缝机产量同比增长均在 90% 以上，特种工业缝纫设备产量同比增长 48.81%，自动缝制设备产量同比增长 48.81%，电脑刺绣机产量同比增长 92.70%。

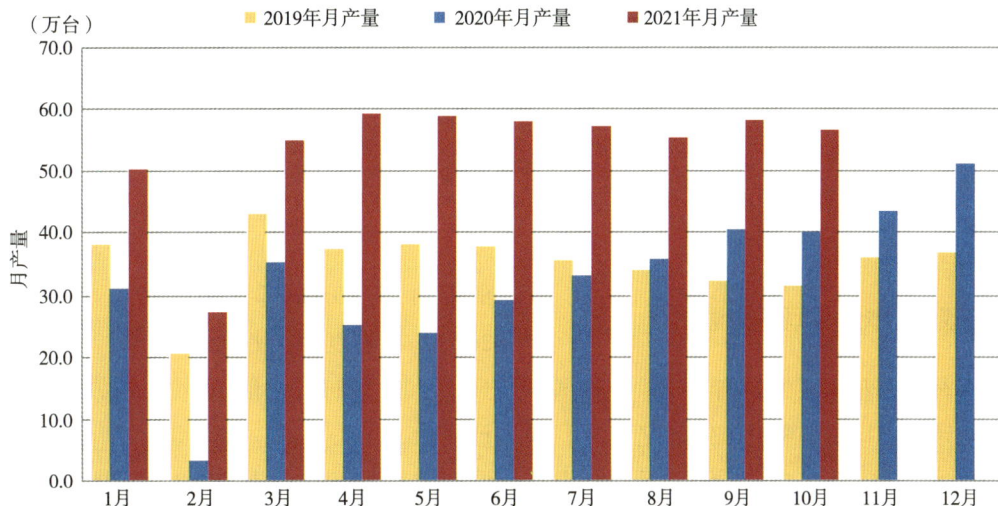

（万台）

2019年月产量　　2020年月产量　　2021年月产量

图 3-114　2019~2021 年协会统计百余家整机企业工业缝纫机月度产量情况

（数据来源：中国缝制机械协会）

2. 家用缝纫机

受海外疫情逐渐缓解以及复工复产的持续推进，"宅经济"效应有所减弱，家用机需求较上年明显放缓。2021年前10月，协会统计的百余家骨干整机企业累计生产家用缝纫机188.27万台，同比增长39.76%，较上半年增速下降31个百分点。其中，多功能家用机产量101.58万台，同比增长72.86%；普通家用机产量86.69万台，同比增长15.53%。

3. 缝前缝后设备

2021年前10月，协会统计的百余家骨干整机企业累计生产缝前缝后设备38.37万台，同比增长53.13%。

（三）内销大幅回升，增势前高后低

2021年，在国内外经济强劲复苏和下游服装等行业需求释放的带动下，我国缝制设备销售同比大幅回升，内销基本恢复到2019年水平。据协会统计数据显示，2021年前10月协会统计的百余家骨干整机企业累计销售缝制机械产品691.87万台，同比增长47.58%，缝制设备内销额同比增长约82.12%。从协会估算数据来看，2021年前10月我国工业缝制设备内销约280万台，同比约增长50%。从内销的增长轨迹来看，内销在上半年均保持了高速增长，但是从三季度开始，内销增速明显放缓，相比上半年降幅达到30%以上。

虽然三季度我国服装等出口保持增长，东南亚疫情暴发推动国外订单回流中国，但是三季度并没有给缝制设备内销带来大幅拉动，一方面说明内销市场逐渐趋于饱和，新增需求明显减少；另一方面说明订单回流具有短期性，下游企业产能扩展谨慎，在成本上涨的挤压下，对缝制设备购置意愿逐渐较低（图3-115）。

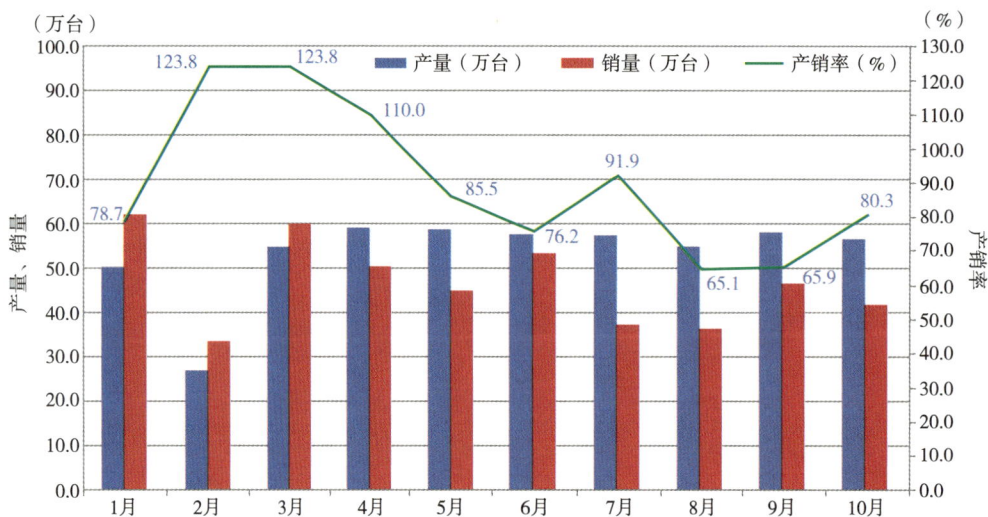

图3-115　2021年前10月行业百家企业工业缝纫机月度产销情况

（数据来源：中国缝制机械协会）

（四）进出口双向增长，展现较大潜力

据海关总署数据显示，2021年前10月我国缝制机械产品累计进出口贸易额达33.24亿美元，同比增长27.30%；贸易顺差17.30亿美元，较上年同期增长6.52亿美元。

1. 出口高位运行，再创历史新高

在国际经济全面复苏和世界各国加快复工复产的带动下，2021年我国缝制机械出口继续延续2020年四季度恢复性增长态势。据海关总署数据显示（图3-116），前10月我国累计出口缝制机械产品25.26亿美元，同比增长37.02%，比2018年同期增长23.98%，比2019年同期增长23.60%。9月出口额达2.52亿美元，再次刷新近年来月出口额最高值。但是随着行业上年出口基数的提高，我国缝制机械月出口增势有所减缓。

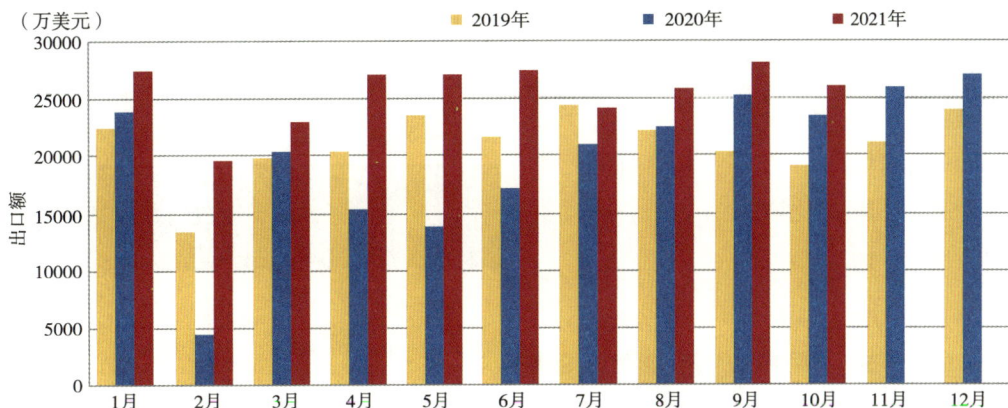

图 3-116　2019~2021 年我国缝制机械产品月出口额变化情况

（数据来源：海关总署）

分产品来看，2021 年前 10 月我国出口工业缝纫机 388.93 万台，出口额 12.18 亿美元，同比分别增长 35.12% 和 50.28%，出口额比 2018 年同期增长 20.63%，比 2019 年同期增长 20.03%；缝纫机零部件出口额 3.80 亿美元，同比增长 24.74%；刺绣机受印巴两大重点市场需求回暖带动，行业出口量、值同比增幅高达 68.93%、98.50%；家用缝纫机年内出口依然持续增长，但增幅明显收窄，主要为上年出口增长过快，基数较大所致（表 3-10、图 3-117）。

表 3-10　2021 年前 10 月我国缝制机械分产品出口情况

产品分类	出口量		出口额	
	数据	同比（%）	数据（美元）	同比（%）
家用缝纫机（台）	9721835	7.29	308344956	34.40
工业缝纫机（台）	3889260	35.12	1218415555	50.28
刺绣机（台）	31164	68.93	278361341	98.50
缝前缝后设备（台）	1032863	5.37	340699602	-4.94
缝纫机零部件（千克）	68302307	27.86	380351772	24.74
总计	—	—	2526173226	37.02

（数据来源：海关总署）

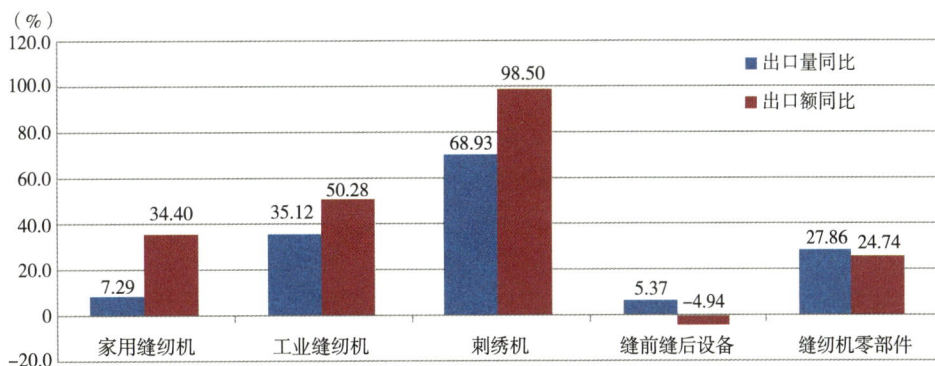

图 3-117　2021 年前 10 月我国缝制机械分产品出口增速情况

（数据来源：海关总署）

从出口价格来看（表3-11），2021年前10月我国各类缝制机械产品，除家缝前缝后设备以外，其余产品出口均价呈现同比增长态势。其中，工业缝纫机出口均价同比增长11.22%，刺绣机同比增长17.51%，家用缝纫机同比增长25.26%，自动类工业缝纫机同比增长10.62%。

表3-11 2021年前10月我国缝制机械分产品出口均价情况

产品分类	出口均价 （美元/台）	同比（%）
家用缝纫机	31.7	25.26
工业缝纫机	313.3	11.22
刺绣机	8932.1	17.51
缝前缝后设备	329.9	-9.79

（数据来源：海关总署）

2. 出口全面增长，传统市场增势喜人

从出口大洲市场来看（表3-12），2021年前10月我国对除大洋洲以外的五大洲市场出口同比均呈现两位数增长态势。亚洲地区依然是我国缝制机械产品最主要的出口市场，前10月我国对亚洲市场出口缝制机械产品总额15.92亿美元，同比增长42.29%，占行业出口额比重的63.03%，份额较上年同期增长2.33个百分点，而对欧洲、非洲、南美、北美市场出口额同比分别增长24.48%、31.15%、44.94%、17.88%。

表3-12 2021年前10月我国缝制机械分大洲出口情况

大洲	出口额 （美元）	同比 （%）	比重 （%）	比重增减 （%）
亚洲	1592167221	42.29	63.03	2.33
非洲	240300987	31.15	9.51	-0.43
欧洲	288794135	24.48	11.43	-1.15
南美洲	228649752	44.94	9.05	0.49
北美洲	163334123	17.88	6.47	-1.05
大洋洲	12927008	-1.95	0.51	-0.20

（数据来源：海关总署）

从主要出口区域市场来看（图3-118），2021年前10月我国对"一带一路"市场缝制机械产品出口额15.79亿美元，同比增长47.91%，占行业出口额比重62.50%，比重较2020年同期增长4.60%；出口东盟市场6.35亿美元，同比增长38.53%；出口南亚市场4.87亿美元，同比增长91.35%；出口西亚市场1.96亿美元，同比增长18.14%；出口欧盟市场1.89亿美元，同比增长12.07%；出口东亚市场1.51亿美元，同比下降9.46%。

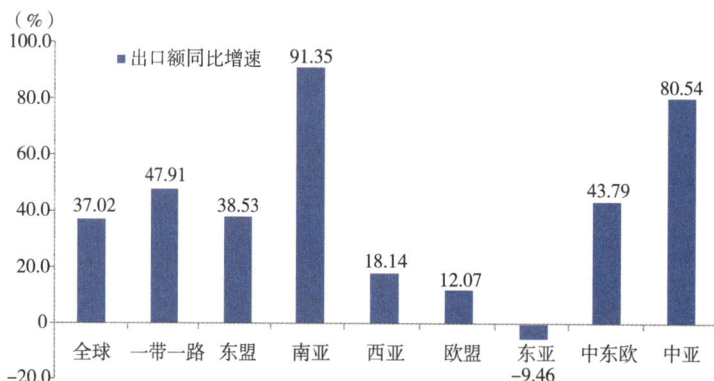

图3-118 2021年前10月我国缝制机械分区域出口情况

（数据来源：海关总署）

从出口国家和地区来看（表3-13、图3-119），越南、印度依然稳居2021年行业前两大出口市场，占行业出口额比重分别为11.77%和9.31%。2021年前10月我国对越南出口额为2.97亿美元，同比增长34.32%；对印度出口额为2.35亿美元，同比增长74.20%。美国为我国第三大出口市场，我国对其出口额1.49亿美元，同比增长19.22%。此外，我国对巴基斯坦、孟加拉、马来西亚、乌兹别

克斯坦、阿联酋等市场出口翻倍增长，对新加坡、印度尼西亚、巴西、柬埔寨、尼日利亚、墨西哥等市场　　出口额增速达 40% 以上。

表 3-13　2021 年前 10 月我国缝制机械产品出口重点市场

国家和地区	出口额 （美元）	同比 （%）	比重 （%）	比重增减 （%）
越南	297311003	34.32	11.77	-0.24
印度	235260869	74.20	9.31	1.99
美国	149187765	19.22	5.91	-0.88
巴基斯坦	118701874	134.24	4.70	1.95
孟加拉国	105415223	104.45	4.17	1.38
日本	101721753	28.74	4.03	-0.26
土耳其	94877366	27.84	3.76	-0.27
新加坡	82938327	97.00	3.28	1.00
印度尼西亚	76443559	40.39	3.03	0.07
巴西	76086193	43.23	3.01	0.13
俄罗斯联邦	61769715	25.84	2.45	-0.22
马来西亚	57396338	122.67	2.27	0.87
埃及	55113491	18.42	2.18	-0.34
柬埔寨	53456181	61.43	2.12	0.32
韩国	48076490	-44.54	1.90	-2.80

（数据来源：海关总署）

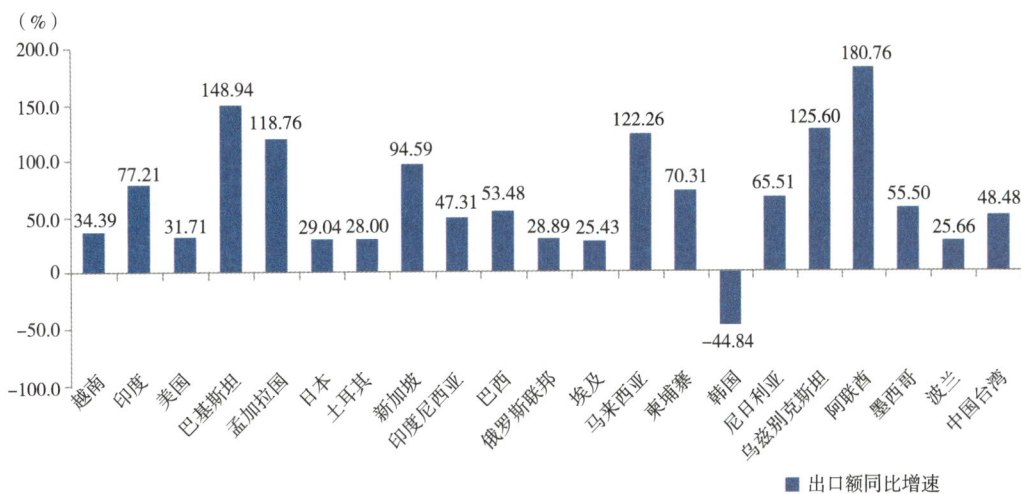

图 3-119　2021 年前 10 月我国缝制机械分区域出口增长情况

（数据来源：海关总署）

3. 进口持续放缓，工业机明显增长

据海关总署数据显示（图 3-120、表 3-14），2021 年前 10 月我国累计进口缝制机械产品 7.98 亿美元，同比增长 3.96%，增速较 2020 年同期下降 8.75　　个百分点。其中，工业缝纫机累计进口量 4.41 万台，进口额 1 亿美元，同比分别增长 42.93% 和 73.22%；缝前缝后设备累计进口 1.81 万台，同比下增长 15.66%，进口额 6.13 亿美元，同比下降 5.52%；家用

缝纫机累计进口 7.07 万台，进口额 613 万美元，同比 分别下降 16.84% 和 20.06%。

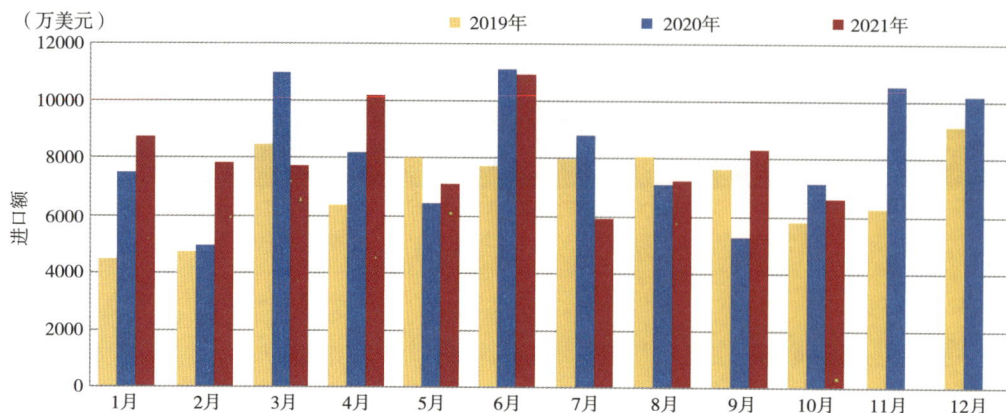

图 3-120　2019~2021 年我国缝制机械产品月出口额变化情况

（数据来源：海关总署）

表 3-14　2021 年前 10 月我国缝制机械分产品进口情况

产品分类	进口量		进口额	
	数据	同比（%）	数据（美元）	同比（%）
家用缝纫机	70678 台	−16.84	6131946	−20.06
工业缝纫机	44071 台	42.93	100463023	73.22
刺绣机	557 台	−3.80	8528358	200.02
缝前缝后设备	18100 台	15.66	613356762	−5.52
缝纫机零部件	1867998 千克	56.35	69773153	39.12
总计	—	—	798253242	3.96

（数据来源：海关总署）

从进口国家和地区来看（表 3-15），2021 年前 10 月我国缝制机械进口来源地依然以日本和德国为主，但从中国台湾、越南、意大利市场进口比重略有增长。其中从日本进口缝制机械产品总额达 3.80 亿美元，同比增长 2.65%，占行业进口比重的 47.64%，比重较上年末下降 0.61 个百分点；从德国进口缝制机械产品总额 2.75 亿美元，同比下降 7.21%，占行业进口比重的 34.46%，比重较上年末下降 4.15 个百分点。

（五）效益明显改善，成本压力增大

2021 年，随着行业企业生产的扩大和营收的全面增长，效益明显改善。据国家统计局数据显示（图 3-121），2021 年前 10 月缝制机械行业 239 家规上企业累计营业收入 298.52 亿元，同比增长 50.81%；利润总额为 18.68 亿元，同比增长 42.19%；企业资产总额同比增长 19.84%，总资产周转率同比增长 25.85%。

但是受原材料等制造成本快速上涨的影响，行

表 3-15　2021 年前 10 月我国缝制机械产品
进口国家和地区情况

国家和地区	进口额（美元）	同比（%）	比重（%）	比重增减（%）
日本	380266252	2.65	47.64	−0.61
德国	275085026	−7.21	34.46	−4.15
中国台湾	51721288	54.73	6.48	2.13
越南	31503718	43.88	3.95	1.09
意大利	25072736	92.35	3.14	1.44
捷克	10805290	42.65	1.35	0.37
法国	5671780	45.84	0.71	0.20

（数据来源：海关总署）

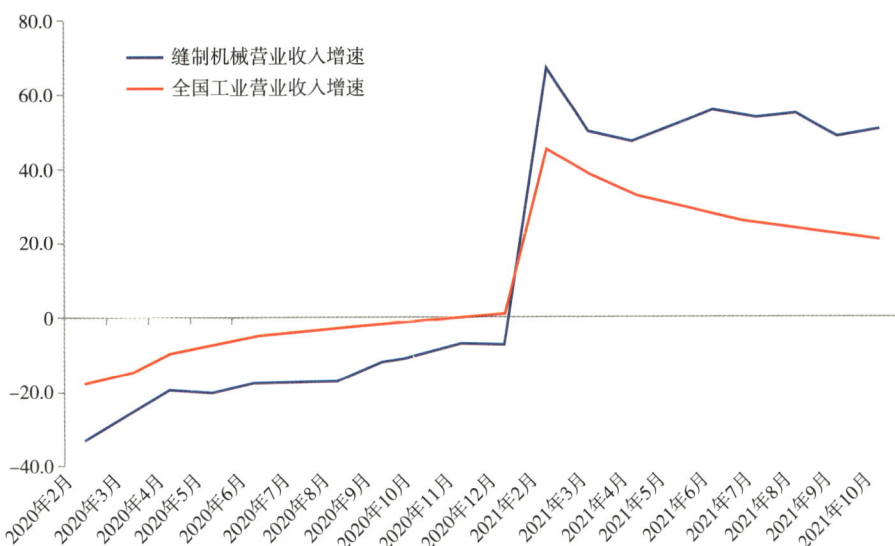

图 3-121　2020~2021 年规上企业月度累计营收同比增幅走势图

（数据来源：国家统计局）

业利润率呈现下降，利润增速小于营收增速。据国家统计局数据显示（表 3-16），2021 年前 10 月缝制机械行业 239 家规上企业毛利率 18.08%，同比下降 7.37%；营业收入利润率 6.26%，同比下降 5.72%。企业累计成本费用 273.92 亿元，同比增长 50.23%；三费比重为 9.84%，较上年同期下降 1.79 个百分点；百元营业收入成本 81.92 元，较上年同期增长 1.44 元，低于我国规模以上工业企业 83.70 元的均值。

表 3-16　2021 年前 10 月我国规上上缝制机械生产企业效益成本费用增长情况

指标名称	同比（%）
成本费用（千元）	50.23
营业成本（千元）	53.51
销售费用（千元）	35.25
管理费用（千元）	29.14
财务费用（千元）	-16.46

（数据来源：国家统计局）

从部分行业骨干企业来看，受需求放缓、各项成本上涨和去年同期高基数影响，企业三季度以来单季营收增势普遍放缓，营业成本大幅增长，利润同比普遍下降，利润降幅平均接近 50%。

二、2021 年缝制机械行业运行特点

（一）全球经济复苏推动行业恢复性中高速增长

2021 年，新冠疫苗接种率持续提升，各国防疫措施及经验不断丰富，全球新冠疫情不断走向缓解，前三季度在中国经济不断接近增速顶点的同时，欧美经济解封和需求全面回暖，推动全球需求在同一时刻实现共振，我国缝制机械行业迎来了内外需求集中爆发的市场高潮，实现恢复性高速增长。

据相关权威机构预测显示，2021 年全球经济保持较快复苏态势，全球经济增长率约为 5.9%，中国 GDP 约为 8.5%，美国 GDP 约为 5.5%，全球贸易强劲复苏，贸易额同比增长 23%，商品贸易量约增长 10.8%。从下游需求来看，越南纺织服装全年出口预计增长 11.2%；2021 年前 10 月美国服装和配件零售额同比增长 50.39%，连续 6 个月突破往年最高纪录；马来西亚和土耳其服装出口同比分别增长 72.71% 和 23.55%；前 9 月孟加拉国成衣出口同比增长 18.33%；前 8 月土耳其服装出口增长 30.3%。2021 年前 10 月，我国服装生产同比增长

8.88%，服装出口增长 25.2%；鞋靴出口量同比增长 19.3%；前 9 月我国箱包出口额同比增长 21%；前 11 月我国家纺出口额同比增长 28.7%。

在国际经济全面复苏和下游行业强劲需求拉动下，我国缝制机械行业预计 2021 年规上营收同比增长 33%，工业机生产同比增长 45%，均好于 2018 年水平，行业出口额同比增长 30%，创历史新高。

（二）骨干龙头企业在新格局中呈现更强引领作用

在新的发展格局下，骨干龙头企业凭借强大的制造能力、完善的网络渠道、较强的运营能力和更强的品牌竞争力，凝聚了更多的优势资源，发展步伐和势头要远远领先中小企业，推动行业格局发生持续转变，展现了更大的行业引领作用。而中小企业由于缺乏综合竞争力，创新能力薄弱，产销增长不大，效益下降明显，可持续发展动力不足，明显低于行业平均发展水平。表现在以下几点：

1. 产能继续向优势企业集中

据协会百家整机企业统计数据显示，2021 年前 9 月行业前 10 强整机企业占百家整机企业产量的比重占比达 61%，较 2020 年同期提高 1.2 个百分点，占百家企业产值的比重 62.9%，较 2020 年提高 7.4 个百分点，行业集中度得到持续提升。多家骨干零部件企业抢抓机遇，通过增加先进的技术装备，进一步扩大产能，产销增长超过 30%，创历史新高。例如，宁波德鹰继续引进上百台五轴多功能加工中心，产能提升 30%，智能化旋梭工厂建设效果更加显著；宁波华一、宁波祥瑞、浙江振盛等抢抓行业洗牌机遇进一步做大做强，产能和销售额提升近 40% 等。

2. 骨干企业发展好于行业平均水平

据协会百家整机企业数据显示，行业前三季度工业总产值平均增速 67.6%，而杰克、中捷、美机、舒普、乐江、宝宇、信胜、富山、川田等 23 家骨干企业产值均超过 70%，增速均高于行业平均增速。例如，杰克前三季度营收增长 81.14%，利润增长 41.09%；大豪前三季度营收增长 112.61%，

利润增长 150.99%。

3. 骨干企业规模扩张势头不减

杰克旗下杰羽公司通过控股等方式继续向鞋机、箱包等领域拓展，做大做强厚料机产业；顺发公司搬迁进新厂实现制造能力和水平的大幅提升；浙江乐江投资设立江苏乐江智能科技，进一步优化产业布局和扩大智能缝制设备产能等。

（三）科技创新的支撑和引领作用持续增强

在协会的持续引导和行业企业的共同努力下，科技创新已经成为行业高质量发展的主要推动力，创新体系日臻完善，创新成果持续涌现，科技创新对行业的支撑和引领作用持续增强。主要表现在以下几点：

1. 骨干企业创新投入持续增长

据不完全统计显示，大豪 2021 年前 9 月研发投入同比增长 59.5%，创新投入占比达到 9.9%；杰克前 9 月研发投入同比增长 80.35%，创新投入占比达到 5.46%；上工申贝创新投入占比达到 3.5%；中捷公司研发投入同比增长 124.89%。2021 年前 9 月缝制机械行业申请各类专利同比增长 8.81%，杰克、广州科琪两家缝企荣获中国专利优秀奖。

2. 新产品新技术持续涌现

在协会举办的 CISMA 2021 主题产品评选中，共有 76 项主题示范产品入围。例如，智能验布机、个性化云刺绣定制应用解决方案、西服个性化定制智能混流生产管理系统、数控烫片刺绣一体机、优产物联工单系统组合生产线、三合一平台物联网智慧平缝机、全自动家纺生产线、牛子无人工作站、双头超声波焊接对字母拼接橡筋机、智能服装生产管理控制系统等，产品加快向数字化、智能化、单元化、系统化和成套化发展。

3. 行业科技基础研究越来越深入

经协会征集和评选，共有 24 个科技软课题入围 2021 年度"缝制机械基础理论及短板技术软课题研究"项目，研究方向包括"大幅面平面送料机构动力学建模""立体缝纫数据表示及轨迹生成方

法""基于仿生软体机械手的服装裁片逐层抓取模型研究""智慧缝制工厂规划与设计"等，既有强化缝纫基础原理的研究，也有引领当今智能化、数字化工厂技术建设的前瞻性研究，不断强化行业科研创新体系和创新理论。

4. 创新体系不断完善，产品技术升级加快

舒普、标准、美机、大族四家缝企获评第二批中国轻工业工程技术研究中心，杰克携手下游企业盛泰集团成立联合创新研究院，各类缝制设备全面迈入步进技术时代，1500 转/分的超高速多头刺绣机完全量产并加快存量产品迭代，自动缝制单元、自动缝制生产线等智能缝制设备占比继续提高约20%。

（四）数字化、智能化转型持续提升行业发展水平

面对百年未有之大变局，数字化、智能化已经成为行业实现弯道超车、转型升级和迈进强国第一阵营的重要手段和发展共识，行业企业加快数字化、智能化创新进程，有效提升行业的竞争力和发展水平。主要表现在以下几点：

1. 缝制设备行业智能工厂建设加快

德鹰公司耗资上千万，继续引进上百台五轴加工中心和抛光机械手，持续提升工厂的智能化生产水平；上工申贝黄岩智能制造基地大量使用机器人、AGV 小车等智能装备，实现了机壳的无人化加工和多品种小批量的柔性化、智能化生产，杰克、上工、TP 等多家企业的制造工厂基本实现了生产的自动化、数字化和信息化看板管理。

2. 下游智能缝制方案稳步扩大

围绕赋能下游服装等行业骨干企业的数字化、智能化转型，行业企业加快智能物联成套解决方案的研发和场景应用，积极拓展行业服务新价值。例如，TP 入选 2021 年江苏省智能制造领军服务机构；杰克分别与乐驼、易腾、盛宝丽、广东佳都、瑞华集团、杭州得体等分别签订战略合作，提供全系列物联缝制设备以及硬软件为一体的智能成套解决方案；大豪智能工厂项目成功签约罗莱家纺；瑞晟智能与雅戈尔、武汉凯骏、安踏等开展战略合

作，打造数字智能车间；中捷科技与衣拿智能联合共建服装智能制造全场景解决方案，赋能服装制造企业的效能提升。

3. 行业产品的智能化和服务的网络化水平持续提升

机器人技术、图像视觉技术、智能缝制技术、设备物联技术、数据采集及云平台等技术的研究和应用在行业应用日渐深入，杰克正在探索开发从面料仓储到智能裁剪房、缝纫车间，到分解系统、成品仓储的五大模式的智能制造成套解决方案和个性化定制方案；TP 推出的枕套机、毛毯机、床单机等自动化生产线及家纺云平台，有效助力家纺智能工厂建设。伴随服装网络销售的火爆，缝制设备的销售已开始由传统的渠道经销，逐步向电商化销售方向转型，特别是配件和耗材的销售，基本实现了线上、线下一体化销售及服务体系建设。

（五）内外部多因素挑战影响加剧企业经营压力

2021 年，受内外部环境及形势变化影响，企业面临挑战压力加大。一是新冠疫情影响持续。国内多点散发、国外不断反复，对企业的生产和供应链、产业链造成影响。例如，三季度东南亚疫情暴发，导致我行业对越南等重点市场出口下滑。2021 年 12 月初发生在宁波镇海区的疫情，造成部分零部件企业停工以及货物停发等。二是招工难导致行业的产能和供应链能力不足。例如，发黑、热处理、毛坯等协作生产因招工难，导致生产进度和供货缓慢，导致部分零部件生产一直紧缺，供给不足。三是材料涨价导致企业赢利能力降低。受全球经济复苏、货币宽松以及双碳减排目标等影响，全年来与缝制设备行业密切相关的铜材、铝材、钢铁、塑料、芯片等大宗商品价格均大幅上涨，导致企业制造成本明显提升。据初步测算，整机企业制造成本普遍涨幅达 5%，零部件企业制造成本普遍涨幅达 10%。四是全年人民币汇率累计涨幅接近 7%，企业汇兑损失明显加大。海运费翻倍增长，海运箱十分紧缺，海外主要港口拥堵，导致企业出口不畅、成本上涨，产品出口周期延长，企业正常

交货回款的风险增大，企业出口利润平均下降5~6个百分点。

三、2022年行业形势展望及发展趋势

2022年是新冠疫情冲击逐渐平复并结束大流行后，全球经济全面复苏、中国经济归于常态化的第一年，对于"十四五"开局更具方向性意义。全行业应以习近平新时代中国特色社会主义思想为指导，把握新发展阶段，贯彻新发展理念，构建新发展格局，着力推动行业高质量发展。

（一）2022年形势展望

1. 国际经济有望持续复苏

国际货币基金组织预测2022年全球经济增长4.9%，WTO预测2022年全球商品贸易量将增长4.7%，中国经济依然具有较强发展韧劲，2022年将加大稳增长力度，IMF最新预测2022年中国经济增速为5.6%；美国制造业补库意愿充足，消费需求依然旺盛，经济增长仍有发展空间，预计美国仍将是海外经济复苏的"领头羊"，IMF最新预测2022年美国经济增速达5.2%；日本从2021年底计划启动79万亿日元的大规模经济刺激计划，全力推动经济复苏和增长。总体来看，2022年全球经济依然将处于后疫情时期的持续恢复阶段，国际经济将继续保持恢复性趋势。

2. 市场需求尚有发展空间

一是出口前景总体看好。2021年行业出口大幅增长的惯性有望延续到2022年，中美关系有望逐渐趋向缓和，区域全面经济伙伴关系协定明年即将生效，全球服装供应链布局加快调整，服装制鞋等供应链进一步向靠近欧美市场的周边国家和地区转移，为缝制设备出口带来新的机遇。二是越南疫情解封红利释放。越南政府提出2022年GDP增长6%~6.5%，将从全方位加快经济复苏，行业对越南出口留下了较大缺口预计在明年较快释放。三是欧美下游行业补库拉动需求。欧美服装、鞋靴等下游品牌商受供应链中断、海运资源紧张等影响，库存空虚，补库需求和消费回升需求叠加将推动下游行业订单集中释放和生产强劲反弹。四是海外缝制设备经销商受疫情、海运和涨价等影响，需求释放有所滞后，尚有一定补库空间。五是我国规上服装连续两年处于低水平投资，随着国家扩内需的政策逐渐加码，特别是疫情后下游行业将加快智能制造发展布局，服装等行业投资有望在2022年不断改善。六是技术升级红利快速释放。随着下游小单快反、提质增效、快速交货、降低库存对服装生产模式提出的新要求，高品质、高性能的自动化缝制设备需求将不断增加，贴袋机、模板机、自动拉布机、自动裁床等智能设备将加快普及。

3. 疫情发展仍具有不确定性

当前国内疫情多点散发，国外疫情再度反弹，防控形势依然严峻。多数国家选择与疫情共存发展模式，将在一定程度上延长疫情存在的时间，也给病毒持续变异创造条件，奥密克戎（Omicron）超级变异病毒比德尔塔的传播力和毒性更强，正在全球快速蔓延，引发了全球性恐慌和再度封锁。随着疫苗的效力减弱，疫情预计还将在明年持续反复发生，以劳动力市场为代表的实体经济仍受广泛影响。但是，随着疫苗加强针接种率的提高和新冠病毒口服药的陆续面世，全球新冠疫情大概率有望在明年下半年得到明显缓解甚至不断走向终结，海外经济进一步迈向常态化，全球经济将迈入后疫情时代，经济、生活、贸易、商业等各种活动全面恢复常态化已经依稀能见到曙光。

4. 外部挑战依然复杂多变

一是大宗商品价格持续高企。疫情因素导致供需错位，加上全球央行放水，全球性通胀和能源危机加剧，全球通胀水平预测将达4.3%，使得大宗商品价格持续上涨，随着全球产业链、供应链的逐步恢复正常，预计大宗商品价格明年下半年才能有望得到明显缓解。因此，行业制造成本等还将在一段时间内继续高位运行。二是海运、汇率等影响持续。海运资源紧张、海运费高企、人民币汇率坚挺等因素，预计还将在未来一段时间内对经济和进出口贸易产生持续影响，外贸型服装企业赢利能力难

见改善，设备投资意愿和持续发展能力减弱，我行业出口、成本、需求等还将面临一定影响。三是全球性金融风险隐存。当前各国金融体系较为脆弱，通胀问题、债务飙升问题、货币贬值问题等比较严重，美联储为抑制高通胀已经开始实施购债紧缩计划，并逐步启动加息周期。美国逐步退出量化宽松，各国央行逐渐收紧政策，市场流动性明显紧缩，将对经济复苏带来潜在冲击。

（二）2022年行业发展趋势

综上分析及判断，预计2022年国际经济整体复苏和市场反弹的强度将不及2021年。2022年上半年全球经济仍具有较大的不确定性和下行风险，大概率处于经济放缓后的触底及回升周期，下半年随着疫情明显缓解、各国经济刺激政策较快发力，全球经济有望再度进入强劲复苏态势。在此背景和趋势下，我国缝制机械行业将呈现以下趋势：

1. 行业经济有所收缩，逐步回归常态化

2022年，疫情反弹红利逐步结束，行业经历阶段性回升后整体将步入恢复性、常态化发展，过剩产能将逐步调整，基于2021年行业增长的高基数效应和市场反弹力度的减弱，行业2022年经济发展总体较2021年成下行态势，预计行业营收将下降10%，生产下降12%，经济回落到接近2018年水平。

2. 国内市场明显下滑

2022年上半年内销市场不太乐观，下半年随着服装企业的复苏和全球经济的持续恢复，有望迎来止跌回升。但是随着中国出口红利的放缓，服装等外贸订单减少，中小型服装企业的设备购置动力不足，加之2021年国内缝制设备市场供给高企并不断趋于饱和，从行业周期、产品周期的综合特征来看，缝制设备内销市场总体充满挑战，面临持续下行压力，预计工业缝制设备内销将下滑18%，总体差于2019年水平。

3. 国外市场相对稳健

2022年行业出口总体向好。随着国外疫情持续缓解，国外复工复产和信心提速，订单则会持续回流海外，海外缝制设备市场依然会维持相对稳健发展。随着国际市场在连续经过近15个月的恢复性增长后，预计2022年下半年逐步迎来饱和的压力。因此，随着上年基数的提高和市场饱和度的持续提升，全年行业出口可能将逐渐回归常态，出口总体较上年持平甚至可能小幅下滑，预计出口额为28亿~30亿美元。

4. 国内中高端需求有望逐渐释放

随着国家双循环战略深入推进、扩内需提振消费的政策措施陆续出台以及招工难等影响更加深入，后疫情时期，下游规上服装、家纺、制鞋等企业将加快数字化、智能化转型升级和智能工厂建设进程，预计高品质的缝纫设备，自动化、智能化的缝制单元、缝制产线和成套缝制解决方案等逐步迎来市场回暖。因此，2022年各企业应该将发展重心从关注量的增长，积极转移到关注质的提升和效益的改善，转移到关注技术创新、产品档次和附加值的提高上来。

FASHION
PARK

中国服装优质制造商联盟

中国服装优质制造
"国家队"

—

拥有 **2万** 平方艺术空间

吸纳超 **200** 家优质制造企业

吸引 **2万+** 专业人士考察合作

每年举办近 **100** 场精准对接活动

服务 **500+** 服装品牌和平台

董雨 15151768684　　张杰 15232508918　　杨洁 13501690204

富怡·第七届
全国十佳服装制版师大赛

　　"全国十佳服装制版师大赛"是中国服装协会举办的专业赛事，首届始于2013年，每年举办一次。2017年、2019年、2021年全国十佳服装制版师竞赛已升级为国家级技能竞赛"全国纺织行业'富怡杯'服装制版师职业技能竞赛"，"国赛"每两年举办一次，"国赛"间隔年度继续以"全国十佳服装制版师大赛"名称举办该项赛事，即两年为一届，同样在全国服装行业具有广泛影响力。2022年将继续举办"富怡·第七届全国十佳服装制版师大赛"，敬请关注和参与。

主办单位：中国服装协会
协办单位：全国各省、自治区、直辖市服装行业协（商）会
冠名单位：上工富怡智能制造（天津）有限公司
地址：北京市朝阳区朝阳门北大街18号

中国服装版师大联盟

　　中国服装版师大联盟（以下简称：联盟）是中国服装协会面向全国服装制版领域从事相关技术、科研、应用的企业和高等院校等专业人士，以推动中国服装制版行业发展而构建的工作机制。联盟坚持以围绕服务行业为宗旨，通过开展专业培训、举办专业赛事、组织国内外行业考察交流与合作等活动，不断选拔和培育更多优秀的、具有国际视野和水平的技术人才，增进服装技术人员、企业、院校及政府间的交流合作，推动我国服装技术人员技能和综合素质的提升，促进我国服装行业的转型升级和产业健康可持续发展。

联系人：王延、赵雅彬 联系电话：010-85229689/85229009
电子邮箱：fzshijiazhibanshi@126.com 网址：www.cnga.org.cn

当代
中华礼仪服饰
白皮书

White Paper *of* Contenmporary Chinese
Ceremonial Costumes

以衣载道，人文入衣。中国素有"礼仪之邦"之称，正所谓有礼仪之大，故谓之夏；有服章之美，故谓之华。作为历史悠久的衣冠王国，中华服饰和中华文化相得益彰，不仅体现着礼仪的内涵、哲学的理念，也展现着以文化自信重塑的东方文化内涵和生活美学。

《当代中华礼仪服饰白皮书》，立足于当代中国，基于新文化美学，以六大礼仪场景着装为契机，举旗帜、兴文化、展形象，着力构建能够满足新时代新生活新消费、代表中国时尚新高度的礼仪服饰体系，打造具有中国特色、世界影响、时代特征的时尚生态，推动中华优秀传统文化创造性转化、创新性发展，提升中国时尚、中国文化的凝聚力与感召力，向全世界人们展示中国智慧、中国特色、中国精神。

发布单位：CNGA 中国服装协会 China National Garment Association　　合作联系：010-85229301　15572728787

官方微信　咨询微信

中国服装物联生态联盟

由中国服装协会、中国物品编码中心、青岛海尔洗衣机有限公司等单位共同发起成立的"中国服装物联生态联盟"以实现"科技物联、协同创新、产业推动、合作共赢"为目的，依托物联新科技为服装企业及产业集群提供智能化、个性化的物联解决方案；协同调研制定推广服装、家电、洗护等相关产业物联标准；共享产业链信息及资源，推动跨产业链协同创新，提升服装产业物联发展水平。

联盟秘书处设在青岛云裳羽衣物联科技有限公司，负责联盟的日常成员服务和组织联系工作。服装企业及产业集群相关部门加入联盟不收取任何费用。

咨询联系

中国服装协会：李　昕　010-85229010　　13901062332

第四部分　专题篇

稳中求进　守正创新　开启高质量发展新征程

国际纺织制造商联合会（ITMF）主席　中国纺织工业联合会会长　孙瑞哲

2021 年是党和国家历史上具有里程碑意义的一年。我们隆重庆祝中国共产党成立一百周年，实现第一个百年奋斗目标，开启向第二个百年奋斗目标进军新征程；我们沉着应对百年变局和世纪疫情，构建新发展格局迈出新步伐，高质量发展取得新成效，实现了"十四五"良好开局。中华民族迎来了从站起来、富起来到强起来的伟大飞跃。

伟大成就伟大实践催人奋进，伟大历程伟大经验定向明心。党的十九届六中全会审议通过的《中共中央关于党的百年奋斗重大成就和历史经验的决议》，系统总结了党的百年奋斗重大成就和历史经验，贯通历史逻辑、理论逻辑、实践逻辑，为我们迈向新时代、启航新征程提供了重要遵循，为我们增强历史自觉、把握历史主动做出了重要指引，为我们观察时代、把握时代、引领时代设立了重要参照。

接续奋进新征程，要坚持以人民为中心，构建生产、生活、生态之美相融共生、价值共享的社会发展形态，实现人的全面发展，稳步推进共同富裕。这是我们要坚持的大目标。

接续奋进新征程，要坚持开放与自主，平衡发展与安全，保障资源要素高效畅通，构建以国内大循环为主体、国内国际双循环相互促进的新发展格局。这是我们要构建的大格局。

接续奋进新征程，要坚持新发展理念，保持稳中有进，破解我国社会主要矛盾，实现更高质量、更有效率、更加公平、更可持续、更为安全的发展。这是我们要践行的大方向。

大目标、大格局、大方向统一于中华民族的伟大复兴，是相互贯通的战略总体。在新历史征程中建功立业，我们需要在整个大框架下，深入总结、深入分析，寻找发展路径、落实行动方案。

一、2021 年纺织行业为经济社会稳定发展做出积极贡献

2021 年是"十四五"开局之年。尽管面临着新冠疫情冲击、原料价格波动、货运价格高涨、部分地区限电限产等因素影响，行业依旧表现出强大的发展韧性与活力，在构建新发展格局中迈出了新步伐，高质量发展中取得了新成效。

截至 2021 年 11 月，纺织行业规模以上企业工业增加值同比增长 4.8%，增速较上年同期提高 7.9 个百分点，纺织产业链绝大部分环节工业增加值实现正增长，长丝织造、家用纺织品及纺织机械行业同比增速超过 10%，纺织产业综合实力持续提高。行业的发展为稳定宏观经济大盘，落实"六稳""六保"任务，做出了建设性贡献。

（一）行业为稳定经济增长做出积极贡献

纺织行业面对疫情冲击，率先恢复生产并获得较好的经济效益。2021 年 1~11 月，全国 3.4 万户规模以上纺织企业实现营业收入 46262 亿元，同比增长 13.2%。规模以上企业实现利润总额 2335.8 亿元，同比增长 30.8%。产业结构持续优化，企业创新能力显著增强。行业企业在绿色转型、科技创新、数字经济等领域可圈可点。行业集约化程度不断提升。2021 年至少 9 家涉及纺织领域的企业进入《财富》世界 500 强。中小企业实现平稳发展。2021 年已有 124 家纺织相关企业进入工信部前三批"专精特新"小巨人企业名单。工信部前六批单项冠军遴选工作中，纺织行业有 51 家企业获得单项冠军企业，29 家获得单项冠军产品企业。

（二）行业为拉动内需增长做出积极贡献

线下线上协同发展，内需体系进一步完善。

2021 年 1~11 月全国限额以上服装鞋帽、针纺织品类商品线下零售额为 12363 亿元，同比增长 14.9%；网上穿类商品零售额同比增长 11.1%。纺织产品是内销市场相对比较平稳的品类。2021 年双 11 期间，安踏、李宁分别位列体育服饰销售榜单第二、三位。新锐品牌 Beaster 和 bosie 在双 11 首轮预售中进入了男装销量排行榜前 10 位。新国潮品牌、时尚品牌快速崛起。

（三）产业为全球产业链供应链通畅做出积极贡献

2021 年 1~11 月我国纺织品服装出口总额为 2852.8 亿美元，同比增长 7.7%，近两年年均增速为 7.6%，已超过疫情前水平。在海外订单回流等因素支撑下，服装出口实现平稳增长。2021 年 1~11 月出口额为 1543.5 亿美元，同比增长 25.1%，为 2014 年以来的最好增长水平。外贸结构更加多元，新兴经济体对我国纺织行业出口增长起到积极支撑作用，2021 年 1~10 月对越南、印度出口纺织原料及制品的金额同比分别增长 23.3% 和 72.2%。

（四）行业为创造人民美好生活做出积极贡献

纺织类产品的充分稳定供给，有效满足了人民生活的基本需要。2021 年 1~11 月，主要大类产品中，化纤、纱、布、印染布、服装，产量同比分别增长 10.3%、10.1%、8.5%、15.1%、8.5%，增速较 2020 年同期分别加快 9.2、20.2、26.8、22.3 和 17.3 个百分点。在通胀预期加重的背景下，纺织产业链平稳、顺畅运行对于平抑物价发挥积极作用。行业的发展有效带动了乡村与县域经济，对于巩固脱贫攻坚成果，推进乡村全面振兴做出了积极贡献。产业转移与产业集群的发展也促进了区域协调发展。从投资看，2021 年 1~10 月湖北和湖南纺织业投资额均实现 50% 以上的增长。化纤行业的投资，在中部地区除湖北外其余省份均实现了正增长，西部地区陕西、新疆维吾尔自治区、内蒙古自治区等实现了成倍增长。

另外，行业发展仍然面临综合制造成本上涨、产品价格传递不畅、就业结构不合理等现实压力，

2021 年全年经济运行呈现"前高后低"态势。2022 年行业运行还将面临低基数效应消失、涉疆问题影响等挑战。我们需要在更加宏观又接地气的图景下看待行业发展，找准定位、把握时机、迎难向前。

二、适应内外形势的新变化，把握战略机遇，赢得发展主动

当前，全球进入常态化疫情防控阶段，经济经历不平衡、不同步复苏。但整体上，经济全球化遭遇逆流，世界经济仍处在低迷期。地缘政治、病毒变异等因素影响下，需求收缩、供给冲击、不确定性的氛围浓重。近期，美国参众两院通过 H. R. 6256 涉疆法案，试图以"有罪推定"方式，把"强迫劳动"标签强加于新疆出产的所有农产品、工业品，通过海关行政措施以及要求进口商自查供应链，阻止"新疆制造"进入美国市场。

（一）大国博弈正在对未来发展形成更深刻影响，世界经济进入动荡变革期

1. 成本结构之变

受流动性泛滥、供需失衡、政策调整等因素影响，全球大宗商品价格大幅波动、海运费用持续攀高、劳动力与用能紧张，成本结构正在发生改变。产业竞争优势和产业链布局也在随之调整。以海运费用为例，当前从中国运往美国西部的集装箱费用比 2019 年高出 10 倍，这将助推企业加快就近化生产与采购，减少对远程供应商的依赖。

2. 市场预期之变

疫情下的刺激政策正在引发通胀与通缩的彼此胶着，全球经济发展的预期不断转弱。受此影响，市场态度与行为在发生改变。一方面，避险情绪高涨，企业对实体投资、长期投资的整体态势渐弱。另一方面，短期投机炒作行为增多，资产价格出现很大泡沫。市场信心的不足损害着产业的长久发展。

3. 信任体系之变

面对经济的低迷，一些国家在短期利益的驱使

下出尔反尔，破坏协议，打破了全球经济发展和贸易往来的稳定性。以企业债务风险为重点，供应链上的企业信任也在经受考验。"有单不接""长单不做"现象增多。信任机制的破坏正在增加经济成本。

4. 贸易结构之变

全球供应链缩短与内化，呈现区域化态势。WTO 数据显示，2020 年全球新签署的自由贸易协定达 37 项。有报告显示，全球消费品企业计划三年后加强区域化制造商选择占比为 33%，加强本土化供应商选择的占比为 50%。2021 年上半年，土耳其向欧盟出口商品同比增长 42%。效率与安全的平衡成为供应链布局的重要考量。

（二）百年变局持续演进，要素变化与体系变革相互交织，以数字、绿色与科技为支撑的发展范式和产业形态开始形成

1. 我们处在科技创新的爆发期

新科技浪潮下，科技创新密集活跃，成为重塑产业生态、引领产业升级的核心要素。科技意味着话语权、发展权、生存权。科技创新日益成为国家间竞合的核心领域和大国战略博弈的主要战场。发达国家凭借技术上的先发优势，已经开始了体系化的知识产权和标准布局。这对其他国家的产业技术创新和发展路径形成了锁定。我国目前正面临着更多的战略遏制与封锁打压。2021 年 12 月 16 日，美国商务部又将 34 家中企列入实体清单。面对压力，唯有把握大势，坚持科技自强，才能打开局面，赢得主动。

（1）科技创新正成为复杂系统。2021 年诺贝尔生理学或医学奖、物理学奖和经济学奖都聚焦于探讨各类复杂系统的本质特征与内在规律。这从一个侧面反映出科技创新正成为一个高度复杂系统。

学科间的界限正在模糊。数学、物理学、化学和生物学等自然科学与计算科学和社会科学多点突破、交叉汇聚，在相互促进中不断衍生新的分支学科。学科领域的多层次和异质性、学科体系的非对称和无规则性、演化路径的多样化与不确定性交错

推进，使得科技创新呈现"涌现"现象。所形成的结果是，整体大于局部之和。复杂系统可以不断突破传统的认知观念和已有的理论框架，形成新的认知与未知。在复杂系统下的科技创新，需要推动大跨度、大纵深的交叉学科融通并行，基础研究的重要性得到进一步强化。我们要进行开源创新，以协同方式化解复杂性问题；要强化基础创新，以确定性去探索不确定性。

（2）不平衡正成为科技创新的发展态势。前沿基础理论和关键技术对科技发展具有强大的带动效应。美国包揽了近 70% 的诺贝尔奖，创造了同期世界总数 60% 以上的科学成果，集聚了全球近 50% 的高被引科学家。与此匹配的是其在科技创新领域的引领地位。从全球看，对基础理论、根本创新重要性的认识在不断强化。2021 年 2 月以来，美国累计发布了 28 份科技经济战略部署文件，欧盟发布了 12 份文件，这些文件将人工智能、量子科技、5G/6G 等作为前沿重点领域加快布局。近年来，我国科技创新整体水平加速迈向国际第一方阵，但在基础科学领域与发达国家依然存在较大差距。《科学结构图谱 2021》显示，我国仍在 28% 的研究领域没有发表论文。基础领域的不足，也是我国产业面临"卡脖子"技术问题的核心原因。

基础理论创新从来不是立竿见影，需要长期的技术积累、高额的研发投入和试错成本，以及经济社会发展的持续检验。我国在这些方面与发达国家依然存在着差距。

在人才方面，2019 年，我国 R&D 研究人员在 R&D 全部参与人员中的占比为 43.9%，而世界主要国家都在 50.0% 以上，韩国高达 81.5%；我国 R&D 研究人员投入强度为 27.2 人年/万人，不足丹麦、韩国等国家的 1/3。

在资金方面，尽管我国基础研究投入年均增幅达到 16.9%，但在研发总投入中的占比仍不足发达国家的 1/3（6%/20%）。2000~2019 年，美国国家科学基金资助项目经费累计约 8479 亿元，而中国国家自然科学基金资助项目总经费仅为 2785.9 亿元。

新时期，我们需要将更多资源和能力汇聚到基础创新上来，要全面系统地开展知识产权战略布局，抢占科技创新的制高点。

（3）以人为本正在成为科技创新的基本准则。人体克隆、算法滥用等已经引起了社会各界对科技创新伦理价值的广泛关注和系统反思。科学技术的进步并不一定给人类带来幸福，科技向善成为全球共识。"负责任创新"已被纳入欧盟地平线2020框架计划。2021年12月17日，我国审议通过了《加强科技伦理治理指导意见》，要求推动科技伦理贯穿科学研究、技术开发等科技活动全过程，覆盖到科技创新各领域。

科技向善就是要将科技创新纳入道德的管辖，以科技创新赋能人类命运共同体构建、赋能人的全面发展与共同富裕，保障生命健康、消除经济贫困、保护生态环境。

科技向善首先要导向向善。科技创新的导向应该趋向解决美好生活的需求、克服社会发展的痛点、破除资源能力的束缚、致力造福民生的实践。这就需要我们坚持以正确的价值导向引领科技创新，推进产学研协同发展。

2. 我们处在数字经济的稳定期

据联合国国际电信联盟（ITU）统计，2021年全球互联网用户达到49亿。截至2021年12月10日，全球包含单独电子商务章节的区域贸易协定已达113个。全球数字经济生态已经形成。从产业形态看，随着盈利模式基本定型、网络用户更加成熟、流量红利已经见顶，平台间从外延式的平行发展逐步进入内卷式的竞争状态。刚刚经历的所谓史上最冷清的"双11"与"双12"是一种信号，消费互联网以往水大鱼大的粗放发展模式出现瓶颈，数字经济进入成熟期，未来价值将来自深水区、硬骨头。

（1）产业价值来自场景深耕。数字经济的应用场景开始从消费领域转向设计研发、生产加工、运营管理等领域；价值创造方式开始由消除信息不对称、建立市场连接，向决策支持、替代传统经验等更为复杂的功能延伸。更广范围、更深程度、更高

水平上的应用创新正成为产业价值的重要来源。

一是产品深耕。智能纺织品的发展使得产品成为服务的端口。纺织品开始向医疗健康、国防科工等领域延伸，支撑产业升级和消费升级。

二是制造深耕。数字经济重心向工业互联网迁移，制造服务化、个性化成为重要趋势。网络化协同、平台化设计、智能化制造，生产由数据驱动，贴近需求、更具柔性。

三是管理深耕。数字经济的深入，推动企业的组织架构调整与业务流程再造。将管理实践固化为信息系统与工业软件，能够提升整个组织的管理效率与精益水平。

（2）产业价值来自鸿沟跨越。数字经济"规模报酬递增"，领先优势会持续累积，具有明显的反馈效应。

数字鸿沟与发展鸿沟呈现相互强化的特征。从全球看，发达国家在世界数字经济总量中的占比超过70%，处于绝对优势地位；从国内看，前十位数字化产业强省的排名与实体经济大省排名高度一致，呈现强者愈强的态势。在数字经济中相对弱势一方，存在着被低端锁定与边缘化的风险。只有更多的主体，更充分地参与到数字经济中，才能真正地释放产业势能。

缩小数字鸿沟、减少数字差距的必要性已经显现。完善工业互联网等信息基础设施建设，赋能中小企业等弱势群体，将是未来产业发展的巨大价值空间。

（3）产业价值来自内容生态。虚拟社会、数字世界正在与现实世界叠加，数字化成为一种生存方式。商业场景从物理空间扩展到虚拟空间，价值创造开始从物质世界延伸到意识世界。伴随数字孪生、数字原生、虚实相生，新的数字化文化形态和价值形态正在形成。

数字创意产业成为产业创新发展的重要领域。从虚拟偶像、数字IP到虚拟服装，数字不仅是一种资源，更成为一种资产，当前热议的NFT与元宇宙都属于这种范畴。Nike正式宣布收购虚拟球鞋与时尚品牌RTFKT Studios成立第四大品牌；Dapp

统计，2021 年 11 月 22 日起一周内，元宇宙房地产总交易额超过 1 亿美元。这些究竟是真实价值还是资产泡沫尚待观察，但数字资产无疑已为时尚产业打开一个新的价值空间。

（4）产业价值来自阳光之下。持久的价值源于健康的生态。随着数字经济走向成熟，构建良好的数字社会环境成为全球共识，相关立法进入快车道。信通院报告显示，全球至少有 128 个国家在数据和隐私保护方面正式通过了相关立法，占全球国家总数的 66%。

《数据安全法》和《个人信息保护法》的出台开启我国数字经济治理的新阶段。从内容看，对数字经济的管理开始穿透技术面纱，直击经济关系实质。针对数据垄断、流量垄断、算法垄断和市场垄断的执法正在加强；针对新业态、新模式的税收与管理走向规范；针对直播平台内容与知识产权保护更加明确；针对网络文明与风气建设持续加强。产业价值将在阳光之下、透明之中。

3. 我们处在绿色经济的形成期

（1）世界经济正在变轨，绿色发展成为全球共识和硬性约束。绿色规则的形成期。从全球看，绿色规则进入出台和制定的活跃期。截至 2021 年 3 月 31 日，已有 41 个国家正在国家层面或次一级行政层面推动碳定价。这些规则正在重塑产业的成本结构和竞争优势，决定着未来发展的位势。围绕规则内容目前处于多方博弈的阶段，我国绿色规则也在加速制定。由于碳达峰碳中和是一项复杂工程和长期任务，在制定与执行规则初期，个别地区与部门存在粗放管理、想毕其功于一役的情况，没有充分考虑现实基础，这无疑对产业发展造成不良影响。国务院出台的《2030 年前碳达峰行动方案》对碳达峰碳中和工作进行了系统谋划和总体部署，绿色规则在内容与范围上正在逐渐完善。面向未来，行业企业要关注规则变化，积极适应规则，在规则形成过程中做好应对、占得先机。

绿色技术的形成期。《绿色知识产权报告 2021》显示，近十年全球绿色技术专利快速增长。但整体看，绿色技术发展仍处于探索期。目前绿色技术普遍面临着研发周期长、投入成本高、应用成本高、产品稳定性差等问题，同一场景，多种截然不同的技术路线并存。例如，新能源汽车同时有锂电池、氢能和燃料电池等多种技术方案。一旦未来技术架构锁定，其他方案的前期投入可能付诸东流，绿色技术真正走向成熟产业化还有距离。我们要关注国内外绿色技术的最新进展，充分考量绿色技术与自身发展阶段的适配性，辨别炒作概念，科学合理推动绿色转型。

绿色金融的形成期。绿色金融正在成为全球经济社会发展的必选项。不同国家间，绿色金融产品的互认与兼容在加快。中国绿色金融发展迅猛。银保监会数据显示，2020 年末，我国 21 家主要银行绿色信贷余额达 11.6 万亿元，信贷规模世界首位。2021 年全国碳排放权交易市场成交量突破一亿吨大关。排污权交易市场也日渐活跃。2020 年 1 月至 2021 年 1 月，柯桥区完成了 147 笔排污权抵押，抵押金额达 72.15 亿元。但整体来看，绿色金融产品结构不尽合理、参与主体不够活跃、对传统制造业支持不足等问题依然存在。工信部近期发布了《关于加强产融合作推动工业绿色发展的指导意见》，推动建立工业绿色发展的产融合作机制。行业要充分利用绿色金融发展的机遇，以绿色金融带动绿色发展。

绿色市场的形成期。消费者的环保意识正在觉醒，绿色消费开始成为新趋势。但与绿色发展面临的紧迫形势相比，绿色市场的发展依然偏慢。一是实际行动与消费意愿存在落差。可持续时尚实验室（R.I.S.E. Fashion Lab）消费者调研显示，面对可持续产品，有购买意愿的消费者占 89.1%，但有购买行为的仅为 50.3%。二是产品供给与市场需求间存在差距。低碳产品品类少、性价比不高降低了消费意愿。三是消费者对可持续产品的界定不清晰。市场概念丛生，难以辨别，存在劣币驱逐良币现象。绿色消费市场的成熟度影响着绿色发展的进程。要在供需两端发力，在提升绿色产品供给能力的同时，也要加强消费者教育。

（2）在绿色经济的不稳定中，我们要找到价值的平衡点。数字与绿色的平衡。发展智能制造、融入数字经济是产业转型的重要方向。当前，行业数字化、网络化、智能化发展的主要动机是提升制造效率、强化市场分析、实现机器换人。对于数字经济本身的能耗问题关注不足。据统计，2018年全国数据中心耗电总量达到1609亿千瓦时，超过上海市当年全社会用电量。随着智能制造、工业互联网、行业大数据中心等大幅铺开，数字与绿色间的矛盾可能更加突出。行业发展要提前布局，将绿色化作为数字化转型的重要考量因素。

时尚与绿色的平衡。时尚感往往伴随着复杂性，复杂的产品需要更长的工艺流程、更多的资源消耗，会带来更大的生态负担，这与绿色发展的理念相悖。绿色的产品倾向于单一的材料，简单的工艺，注重耐用性、可循环性。行业要平衡好对美的追求和对德的向往，用新的方法在时尚美学与环境责任中找到支点。例如，不断丰富单一纤维的功能性、持续降低印染等工艺的污染性等。

消费与绿色的平衡。创造更大规模的消费市场是时尚产业长期遵循的价值逻辑。但规模消费必然对环境形成现实压力。绿色规制下，产业发展需要找到新的价值来源。在延长产品生命周期的同时实现价值的增长。这就需要我们提升产品品质与服务，开拓绿色发展的新维度。

技术创新的爆发期、数字经济的稳定期、绿色经济的形成期三期叠加，这是我们当前经济发展所处的发展区间。我们需要在当前的产业时空中厘清形势、把握机遇与挑战，找到撬动行业未来发展的价值支点。

三、中华民族伟大复兴的历史潮流是行业发展的时与势

在党的领导下，经过百年奋斗，中华民族伟大复兴进入了不可逆转的历史进程。这是行业发展的底气所在、信心所在，也是行业未来的空间所在、价值所在。服务国家富强、民族振兴、人民幸福，纺织行业不仅大有可为，也将必有作为。

（一）服务制造强国建设，夯实民族复兴的物质基础

制造业是大国经济的"压舱石"，对推动经济增长和提高就业质量至关重要。强基固本，重在制造；行稳致远，重在制造。制造要强，一定要有稳定扎实的基础。在党的领导下，经过第一个百年的奋斗，中国纺织工业以市场需求拉动产业创新，实现了由小到大、由大到强的历史性跨越。完备的产业体系和强大的规模优势也成为国民经济的基础、国家民生的保障、制造强国的底色。历史和实践证明，我们在以应用创新为重点的工业化进程中，成功走出了一条后发赶超之路。

近年来，随着工业发展速度趋缓，我国高端装备、关键材料、核心技术等受制于人的发展短板日渐显现。传统制造业开始被贴上了落后的标签，规模经济也被等同于粗放发展。不少区域过早、过度、过快地出现了"去制造化"的倾向。纺织行业也面临类似情况。我们无法想象一个拥有14亿人口的大国，可以完全依靠外部市场来满足居民的基本纤维消费。国际上一些国家的发展弯路也警醒我们，制造业如果失去规模优势和体系优势，就会丧失持续创新的动力和能力。2021年，恒力成功跻身《财富》世界500强第67位。规模化集约化发展无疑仍是产业发展的重要方向。

当然，我们确实面临转变发展范式、走向价值链高端的时代课题。产业的发展模式可以分为"以基础创新驱动"和"以应用创新驱动"两个类型。高精尖与规模经济不是替代与相互否定的关系，而是两个不同的范畴。当前，产业迫切需要突破的是新材料、高端装备等以基础创新驱动的产业。从全球看，在这些领域占有优势的国家，无一不是在基础研发环节进行了长期的投入与技术积累。例如在碳纤维领域，全球领跑者日本东丽早在20世纪60年代就开始进行投资并加强技术布局，研发投入已超1400亿日元。要实现追赶，我们必须探索新的模式、培育新的主体，加强在基础理论、基础工艺、基础材料的投入。这也是培养"专精特新"企

业的目的所在。目前，市场对于科技企业的支持，仍然存在概念炒作和资本投机的倾向，这其实与我们的目标背道而驰。技术积累和基础创新是一个长期过程，比制造领域更加需要长期主义。做实体经济，需要端正心态、清醒认识，警惕发展变轨过程中可能出现的思考偏差、投机心态。

（二）融入乡村全面振兴，支撑经济发展的薄弱领域

我们要实现中华民族伟大复兴，最艰巨、最繁重的任务在农村，最广泛、最深厚的基础也在农村。乡村振兴是民族复兴的重要一环。东部地区乡村的发展实践证明，只有多产业的协同发展，才能充分激活土地、人才、资产、自然风光、风土人情等要素资产；只有与新型城镇化、新型工业化同频共振，才能真正实现乡村的全面振兴。纺织行业与一、二、三产业深度关联，具有很强的就业带动效应和产业延展性，在构建工农互促、协调发展的新型产业关系中具有特殊作用。纺织产业集群多集中于县域和乡域。2020 年，全国 38 个 GDP 过千亿的县城中有 36 个县城将纺织服装产业作为经济发展的支柱产业。将产业融入以县域经济为核心的新型城镇化建设，对于乡村振兴意义重大。

最近击穿抖音的"张同学"通过还原乡村生活，58 天圈粉千万，单个视频点击量动辄过亿。他的成功正是当前乡村经济社会结构转变的一个生动缩影。在政策引导下，人才、资本、技术等优质要素资源开始从城市加速向农村汇聚。数据显示，2020 年全国各类返乡入乡创业创新人员达到 1010 万人，同比增长 19%。农村正在成为产业创新创业的沃土。随着农村居民收入的稳步提升，农村市场已成为扩大内需的重要阵地。商务部数据显示，2020 年乡村消费品零售额达 5.3 万亿元，比 2015 年增长 26.1%，增速连续 8 年快于城镇。拥有 5 亿多居住人口的乡村，正在形成未来市场的战略纵深。行业要在山水田园上做好文章，以自身的高质量发展推动乡村生态空间资源的价值最大化，让乡村真正实现生态价值、民生价值、经济价值的多维度发展。

（三）服务树立文化自信，增强未来发展的精神力量

文化熔铸着民族独特的历史传统、价值观念、风俗习惯，是维系一个民族生存发展的精神纽带。文化自信更是一个民族在全球化发展进程中走向繁荣的重要标尺。习近平同志指出："没有高度的文化自信，没有文化的繁荣兴盛，就没有中华民族伟大复兴。"作为文明的符号，纺织服装装点着中华民族 5000 多年的文明历程，是中国优秀传统文化的呈现。在已经发现的甲骨文中，以"糸"为偏旁的有 100 多个。丝绸之路，横贯古今，纺织服装也是文化交流的重要载体。行业对于真实、立体、全面地展现中华文化之美、中国发展之美意义重大。

文化也是纺织服装产业发生发展的重要土壤，不仅构筑着产业发展的强大动力，也滋养着产业发展的市场空间。产业自信、品牌自信归根结底是文化自信。随着我国国力和国际地位不断攀升，国人特别是年轻一代，正在树立高度的文化自信与民族认同。从典籍热、文博热到汉服热、文创热，中华文化正以系统化方式汇聚起价值洪流，民族品牌正在迎来前所未有的发展机遇。但同时也要看到，在微观层面，文化自信与品牌自信的建立与生发需要过程。近期被证监会点名的慕思股份事件，反映出在过去相当一段时间内，部分中国品牌迫于市场压力而选择"蹭洋牌""取洋名"。今天，中国品牌仍难成为高端的代名词，性价比高依然是标签。在由中国产品向中国品牌转变的过程中，我们有很长的路要走。World Brand Lab 发布的 2021 年"世界品牌 500 强"平均年龄为 97.65 岁，其中"百年品牌"多达 218 个，而中国只有茅台等 5 个品牌超过百岁。树立品牌自信与文化自信是一个系统工程，不只是简单的符号应用，更要从理念、设计、工艺到产品进行全面推进。要不忘本来，在传承中激活传统文化，也要兼容并蓄，在开放中形成时代价值。

(四) 服务人民美好生活，保障共同富裕的目标实现

实现人民幸福是中华民族伟大复兴的根本目的。当前，我国社会主要矛盾已经转化为人民日益增长的美好生活需要和不平衡、不充分的发展之间的矛盾。化解矛盾的关键就是要形成更高水平供需的动态平衡。作为关系国计民生的永恒产业、支柱产业，纺织行业深刻影响着人民的生活质量、生命质量，决定着消费升级、产业升级。时尚即是生活。纺织服装作为重要的民生产品，始终与社会生活的变迁同步。近年来，随着人们生活方式快速演变，新产品、新业态大量涌现。数字时尚伴随着游戏产业、动漫 IP 快速发展。从 NFT 时尚产品、游戏人物时装到数字偶像，产业形成了愈加多元的价值模式。运动品牌随着健康生活方式快速崛起。数据显示，预计 2021 年中国运动鞋服行业市场规模将达 3858 亿元。北京冬奥会、冬残奥会的举办，将为产品创造巨大的发展机遇。技术的革新与应用带来了万物皆可纺织的时代。柔性显示织物和纤维型材的革命性替代，正在给产业带来无限的想象空间。纺织的应用领域在更加广阔的天地山河，目之所及、不能穷尽。

另外，人们美好生活的实现，需要收入作为支撑。目前，我国城乡之间、区域之间的差距仍然较大。2020 年，城镇居民人均可支配收入是农村的 2.56 倍，东部与西部、中部与西部、东北部与西部地区的收入之比分别达到了 1.62、1.07、1.11。作为重要的创富产业，纺织行业具有多业态融合、产业关联紧密、产业纵深长的特征，不仅宽口径、易切入，也兼备高精尖、潜力大的属性。实践证明，我国经济最发达的地区和经济最不发达的地区都在发展纺织行业。产业的关联有助于推动区域经济的平衡发展。产业带动了全社会 2000 多万的直接就业人口，是小微民营主体创业的重要空间，对于提供就业机遇、创业机遇意义非凡。我们要始终坚持以人为本的根本原则，以行业的发展实现最大多数人的社会效用最大化，不断增强人民群众实现美好生活的能力。

四、立足全局，把握关键，稳扎稳打推进行业高质量发展

(一) 正确认识和把握新时期的重大理论和实践问题

刚刚结束的中央经济工作会议，在布置 2022 年经济工作的同时，更加关注战略全局和发展大势。会议上习近平总书记提出了进入新发展阶段，我国面临的五个新的重大理论和实践问题。理解好全局，才能更好掌握局部工作与重点任务，把握好主要矛盾，才能厘清事物本质与发展方向。行业发展需要建立在正确认识和把握这些重大问题的基础上。

1. 正确认识和把握实现共同富裕的战略目标和实践途径

共同富裕是社会主义的本质要求，是经济问题更是重大政治问题。随着我国开启全面建设社会主义现代化国家新征程，推进共同富裕开始摆在更加重要的位置。行业发展必须服务于这个大局，在推动协调发展的过程中持续改善民生、在创造美好生活的基础上增强文化自信、在追求共同富裕的道路上实现社会和谐。推进共同富裕，行业一方面要不断解放和发展社会生产力，以高质量发展创造高品质生活；另一方面要强化就业优先导向，提高产业发展的就业带动力。

2. 正确认识和把握资本的特性和行为规律

产业是船只，资本就是流水。水能载舟亦能覆舟。一方面，企业的生存发展、创新演进离不开资本支持，少了资本，事业就会搁浅；另一方面，资本本身是逐利的，偏好风险，厌恶稳定，追求短期，缺乏耐心。资本投向与实体需要、战略需要并不完全一致，具体表现为：锦上添花易，雪中送炭难；只求今朝醉，不管明日愁。中央经济工作会议提出要为资本设置"红绿灯"，防止资本野蛮生长。可以期待未来资本将更多流向实体经济、流向基础

创新、流向绿色发展、流向专精特新。行业企业要善于应用资本的力量，发挥资本作为生产要素的积极作用，同时有效防控其消极影响。

3. 正确认识和把握初级产品供给保障

从能源到原料，初级产品是制造业发展的物质基础和基本保障。资源本身是有限的。作为制造大国、人口大国，我国对初级产品的进口依存度较高。原料保障是根本性、战略性、命脉性的问题。纺织行业是石化产品的重要应用领域，我国原油对外依存度超过70%。在棉花、羊毛、亚麻等一些天然纤维领域，我国也严重依赖进口。基础不牢，地动山摇。保障原料安全，要强化创新，增强国内资源生产保障能力；更紧迫的是要坚持节约优先，实施全面节约战略。在生产领域，推进资源全面节约、集约、循环利用；在消费领域，倡导简约适度、绿色低碳的生活方式。

4. 正确认识和把握防范化解重大风险

世纪疫情冲击，百年变局演进，地缘政治风险、经济贸易风险、金融市场风险、资源环境风险相互激荡，突发性与系统性冲击并存。外部环境更趋复杂严峻和不确定。对此我们要树立底线思维，把安全发展贯穿产业发展的各领域和全过程。加强产业安全风险预警与研判，提升防控能力。要把"新疆问题"放在产业安全大局中考虑，持续关注国际贸易和政策风险，发展态势及影响。要强化契约精神和信用建设，防止个别债务风险的扩散。

5. 正确认识和把握碳达峰碳中和

实现碳达峰碳中和是推动高质量发展的内在要求，是赢得未来发展主动的战略选择。我们既要认识到绿色发展的潮流大势不可逆转，也要认识到转变的长期性不可能一蹴而就。要坚持实事求是，按照科学规律、产业规律、市场规律稳步推进。目前从技术路线到产业配套，绿色经济都处在形成期，存在着不确定性、不稳定性。新旧能源替代、新旧产能替代，要坚持先立后破，有进有出。要狠抓绿色低碳技术攻关与应用。绿色发展也要发展，绝不能把长期目标短期化、系统目标碎片化。

（二）下一阶段行业发展的主要方向

党的二十大将在今年召开，这是党和国家政治生活中的一件大事。要保持平稳健康的经济环境、国泰民安的社会环境、风清气正的政治环境，纺织行业要服务大局，做出贡献。行业要坚决贯彻党的十九届六中全会精神及中央经济工作会议部署，坚持稳中求进工作总基调，完整、准确、全面贯彻新发展理念，立足新发展格局，系统推进高质量发展。

1. 坚持固本培元，为稳定经济大盘提供有力支撑

制造环节是经济社会稳定、产业创新发展的基石。要进一步加强与中央及地方政府部门的沟通，在宏观产业政策层面和地方经济发展层面，巩固制造环节的核心地位，不断强化产业规模优势、配套优势。面对国际地缘政治新变化，做好应对预案，采取有理有节的相应措施，维护新疆地区利益和产业利益。提升产业制造基础能力，强化纺织全产业链精细化加工技术，提升纺织、非织造、复合等成型技术。强链、补链、延链，保障产业链的稳定和健壮。行业企业要做精主业、做强实业、深耕细分市场，掌握独门绝技。补短板、锻长板，不断完善从纤维材料生产、纺织染加工、到终端产品制造的全产业链制造体系；推动制造高端化、智能化、绿色化、服务化、安全化转型升级。

优化要素供给，不断增强供应链的效率与韧性。产供销、政产学研用各个环节要加强协调，要充分激发市场活力，促进商品、人力等要素资源在更大范围内畅通流动。以产业循环带动商品和要素循环，提高资源配置效率和公平性。努力消化和缓解能源、原料等要素价格与供应问题。开展多层次职业技能培训，促进产业用工需求和职业技能培训有效衔接，破解企业用工难题。要强化知识产权保护，加快技术创新、应用与转化。推进纤维新材料、先进制造、基础工艺和产业技术基础等重点领域的创新，努力化解产业技术循环中的"卡脖子"难题，走好创新的"最先一公里"和"最后一公里"。

完善大中小融通、上下游协同的产业生态，稳市场主体，保就业。优化行业公共服务，不断提升企业的创新能力、发展活力和经营效益。推动产业集约化发展，支持企业兼并重组和做大做强，加快培育"链主"企业、龙头企业。积极引导技术、资金、人才、数据等要素资源向中小企业特别是"专精特新"企业集聚。深化产融合作，拓宽企业融资渠道，引导社会资本投早期、投长期。把握北交所支持专精特新企业的契机，促进优质企业与资本市场对接，缓解企业融资难、融资贵问题。

2. 坚持自主可控，打造产业可持续发展的动力系统

坚持科技驱动，打造产业内生动力。聚焦硬核创新、自主可控，提升科技对产业发展的战略支撑能力。完善优化科技创新生态，形成扎实的行业科研作风。强化基础研究和"从0到1"的创新，优化研发布局，提升共性基础技术供给。重点围绕纤维新材料及装备、纺织绿色制造技术及装备、先进纺织制成品与装备、纺织智能制造关键装备四个领域开展技术研发创新。完善行业创新基础设施，推动行业重点实验室和技术创新中心等创新平台建设和发展。建立和发展产业技术创新联盟或创新联合体，推进产学研创新合作。提升企业知识产权运用和保护能力，加强行业核心技术与关键环节的专利布局。完善标准体系建设，加强基础通用和产业共性技术标准的制度修订。提升学术型、应用型、技能型人才规模与质量，强化职业教育。积极融入全球创新网络，以更开放的态度加强国际合作。

坚持市场驱动，打造产业外在动力。新形势下，行业要进一步实施好扩大内需战略，企业要积极布局国内市场，对冲外部可能长期低迷的境况。加快推进行业企业线上线下多渠道融合、新模式新业态规范发展。探索打造行业消费节，丰富消费场景。深耕县域、农村等下沉市场，融入奥运经济、冰雪经济，挖掘消费潜力。加快专业市场的优化升级，带动中小微企业发展。打造重点时装周、重点展览会。加强预期引导，鼓励企业加大数字经济、技术改造、产业转移相关领域的有效投资，发挥投资对优化供给结构的关键作用。主动对标高标准国际经贸规则，深化产能合作，改善进出口结构，推进产业高水平对外开放。巩固传统优势，开拓新兴市场，打造多元化的出口市场格局。充分整合原料、装备、技术、品牌等优质国际资源。加强国际展会的专业性与影响力。规范化发展跨境电子商务，培育新的外贸增长点。推进行业标准与国际并轨，促进内外贸一体化。跟踪贸易政策新变化，做好风险监测和预警。

3. 坚持稳中求进，塑造行业的高质量发展增长极

深化两化融合，发展数字经济。推动工业互联网、大数据中心等行业信息基础设施建设，培育生态聚合型平台，引导企业"上云、用数、赋智"。强化工业大数据开发、制造资源配置和解决方案汇聚能力，加快工业知识的沉淀、传播和复用。推进平台化设计、精益化管理、智能化制造、网络化协同，发展服务型制造，打造智慧柔性供应链。加强技术改造和智能生产线、智能车间、智能工厂建设，推动AI、VR等技术在可视化、缺陷检测、产品设计等典型场景的创新应用。发展智能可穿戴产品，推进模式创新和业态创新。

加强分类指导，依据发展阶段、产业特征选择适宜路径，构建绿色低碳循环发展的产业体系。坚持先立后破、稳扎稳打，坚决不搞运动式"减碳"。坚持节约优先，行业生产和消费领域要实施全面节约战略。聚焦绿色低碳技术攻关，推广清洁生产，深化绿色全生命周期管理。完善绿色标准与认证体系，推动绿色工厂、绿色产品、绿色供应链建设。用好绿色金融工具，推进企业社会责任建设，不断丰富管理工具和方法。布局开展碳排放相关计量管理、碳中和前沿基础研究等工作。推动优势企业先行先试、树立样板，以"30/60碳中和加速计划"为先导，为行业企业探索减碳发展路径。

树立文化自信，推进时尚发展与品牌建设。深度挖掘中华优秀传统文化、世界先进文化、当代生活方式，企业要加强流行趋势研究，完善从纤维原料到终端产品的研发体系。提升工业设计服务能力

和水平，强化平台建设，提供覆盖全生命周期的系统性工业设计服务。聚焦"大师、大牌、大事"，推动中国国际时装周等平台的发展，利用人工智能等技术提升色彩、图案、面料、款式开发能力。强化各细分领域设计师、时尚大师、大工匠的培养塑造。加强纺织非物质文化遗产的保护、传承与创新。加快培育自主品牌，探索新的方法论推动传统品牌焕新与再造，助力新品牌衍生与崛起。开展品牌价值评价研究，积极参与国家级品牌活动，推动品牌的国际化发展。

4. 坚持发展导向，服务民生改善和共同富裕

推动行业不断解放和发展社会生产力，创造和积累社会财富，服务人民美好生活。增强原料供应和生产保障能力，实现民生类纺织服装产品的充分供给、高性价比供给，满足人民基本生活需要。顺应消费升级的大趋势，以品质提升为核心推进产品创新，更好满足多层次个性化消费需求。要形成绿色消费、体验消费和服务消费风尚。以产业用纺织品为重点，推动产品结构升级，拓展应用空间。加大纺织产品在医疗卫生、环境保护、交通工具、土工建筑、航空航天、安全防护和农业等重点领域的应用。深化军民融合，发展军民两用技术和产品。

就业是最大的民生。努力创造积极社会舆论，在推动行业高质量发展中强化就业优先导向，提高产业发展的就业带动力。要推动各类市场主体特别是行业中小企业实现平稳健康发展。充分发挥纺织服装产业链长、层次多的特征，将产业的生态多元性转化为对就业更大的容纳力。积极推进产业升级、改善工作环境，使行业工作内容更适合年轻人的就业偏好。推动企业践行社会责任，保障劳动权益，提升员工待遇。完善劳动力供需双方信息发布和对接服务，推进大学生、农民工等重点群体就业。改变行业认知，提升产业对人才的吸引力，推动人才资源与产业升级间形成正反馈。

提升平衡性与协调性，打造产业与区域协同发展的良性循环。坚持"全国一盘棋"，将产业发展融入区域重大发展战略，推动形成特色鲜明、优势互补、区域联动、协同发展的产业布局。以现代化、数字化、低碳化的产业集群建设推动新型城镇化建设和乡村振兴。加快培育世界级纺织产业集群。发挥东部沿海产业的引领优势与中西部地区产业发展的巨大空间，加强产业协作在对口支援中的作用，以产业发展推动共同富裕。将产业合作重大项目作为牵引，带动产业链配套环节有序转移。

百年初心历久弥坚，百年征程波澜壮阔。今天，我们比历史上任何时期都更接近、更有信心和能力实现中华民族伟大复兴的目标。在民族复兴的大潮中，纺织行业也呈现出无限风光与锦绣前景。让我们在党的领导下，坚定历史自信、担当历史使命、掌握历史主动，在继往开来中实现守正创新，推进行业高质量发展；让我们树立系统思维、增强底线意识、坚持长期主义，在新故相推中实现稳中求进，服务人民高品质生活。为全面建设社会主义现代化国家再立新功，为实现中华民族伟大复兴添锦绣。以行业更好的发展，迎接党的二十大胜利召开。

中国跨境电商发展现状及趋势分析

中国纺织经济研究中心　张倩

跨境电子商务是指分属不同关境的交易主体，通过电子商务平台达成交易、进行电子支付结算，并通过跨境电商物流及异地仓储送达商品，从而完成交易的一种国际商业活动。简而言之，就是通过跨境电商平台进行外贸进出口业务。跨境电商是个新词汇，但并不是新事物，早在20世纪70年代就出现了国际贸易杂志，为亚洲消费品出口企业提供信息服务；1995年诞生首个开展B2B交易的国际贸易网站；我国于2004年出现开展跨境B2B交易的敦煌网；2005年之后跨境电商概念被大众熟知；2010年之后，速卖通上线、亚马逊全球开店入驻中国，我国开启跨境B2C发展；新冠肺炎疫情发生后，我国坚韧的供应链体系与全球居民大量网购使得出口跨境电商备受关注。本篇文章主要从跨境出口角度展开研究。

一、我国跨境电商发展简况

（一）跨境电商贸易快速发展

近年来，我国跨境电商规模快速增长。根据中国海关数据，2020年通过海关跨境电子商务管理平台验放的进出口清单达到24.5亿票，同比增长63.3%，进出口额达1.7万亿元，同比增长31.1%，与2015年相比，5年增长了10倍，其中跨境电商出口额为1.1万亿元，同比增长40.1%。另据商务部有关信息，我国外贸综合服务企业已超过1500家，服务客户数量超20万家，海外仓数量超过1900个（其中北美、欧洲、亚洲地区占90%），已与22个国家签署电子商务合作备忘录。

2021年上半年，我国跨境电商进出口额达8867亿元，同比增长28.6%，其中出口6036亿元，同比增长44.1%，高于同期全国货物贸易出口额增速5.5个百分点。

2015年以来，国务院分5批设立了105个跨境电子商务综合试验区，从区域上基本覆盖全国，形成了陆海内外联动、东西双向互济的跨境电商发展格局。

从跨境电商结构来看，在纳入海关监管的跨境贸易中，B2B交易规模约占八成，B2C约占两成；东部沿海地区处于领先地位，其中广东省规模远高于其他省市；跨境出口贸易主体从大型电商平台逐渐向品牌企业演变，更加注重以消费者为核心、以数据流为驱动力，提升产品品质与创新性，强化供应链快速响应能力，提高物流效率和掌控力。

（二）出口跨境电商处于成长期到成熟期的过渡阶段

进口跨境电商竞争格局较为明朗，淘系平台（天猫国际+网易考拉）以超半数的市场份额占据绝对龙头地位。而出口跨境电商整体来看目前尚未形成稳定发展格局，尤其是在B2C领域，平台型电商、独立站、三方平台卖家等主体模式百花齐放，集中度较低，正处于孕育各类型头部电商的过渡期，参与竞争的主体较多。随着出口跨境电商发展进入成熟期，分化开始出现，"二八定律"也将会上演，必然会有相当一部分被淘汰出局。

在出口电商B2B模式下，平台型电商现阶段处于龙头地位，为出口企业与境外采购商提供网上交易和洽谈平台，赚取佣金报酬，比如阿里巴巴国际站、敦煌网等。出口电商B2C模式下，有亚马逊、速卖通等大型平台，有安克创新、傲基科技等同时依托线下实体、电商平台和独立站的三方平台卖家，也有SHEIN、ZAFUL等独立站卖家。上述模式各有优缺点，入住大型平台可享受平台客户资源，但是若产品和品牌优势不突出，则容易被其他产品信息覆盖，且难以自主掌握消费者信息。三方平台类似于全渠道运营，能够提高产品渗透率，分散经营风险，但需要投入大量资金，组建专业团队，回报周期相对较长。独立站能够自主掌握并挖掘消费数据，掌控营销方式，但需要具备专业的网络平台建设和运营能力，前期积累用户流量比较难，且需要通过品牌和产品提高用户留存转化。

二、出口跨境电商流程及报关方式

（一）B2B 出口

B2B 全称为"跨境电商企业对企业出口"，

是指境内企业通过跨境物流将货物运送至境外企业或海外仓，并通过跨境电商平台完成交易的贸易形式，企业根据海关要求传输相关电子数据。

企业可根据自身业务类型选择海关监管方式代码"9710"或者"9810"向海关申报。2021年7月1日起，跨境电商 B2B 出口监管试点在全国海关复制推广。B2B 跨境电商海关监管申报方式见表 4-1、图 4-1：

表 4-1　两种 B2B 跨境出口海关监管方式对比

	9710 直接出口	9810 出口至海外仓
适用类型	境内企业通过跨境电商平台与境外企业达成交易后，通过跨境物流将货物直接出口至境外企业	境内企业先将货物通过跨境物流出口至海外仓，通过跨境电商平台实现交易后从海外仓送达境外购买者
随附单证	订单、物流单（报关时委托书第一次提供即可）	定仓单、物流单（报关时委托书第一次提供即可）
通关系统	H2018 系统通关/跨境电商出口统一版	
简化申报	在综试区所在地海关通过出口统一版申报	
物流	转关或直接口岸出口，通过 H2018 申报的可适用全国通关一体化	
查验	可优先安排查验	

注　1. 单票低于 5000 元人民币且不涉证、不涉检、不涉税的货物，企业可报送申报清单，校验通过后自动推送至跨境电商出口统一版系统申报。
　　2. 单票超过 5000 元人民币或涉证、涉检、涉税的货物应通过 H2018 通关系统申报。
　　3. 跨境电子商务综合实验区内不涉及退税的商品可按照 6 位 HS 编码简化申报，并可优先安排查验。

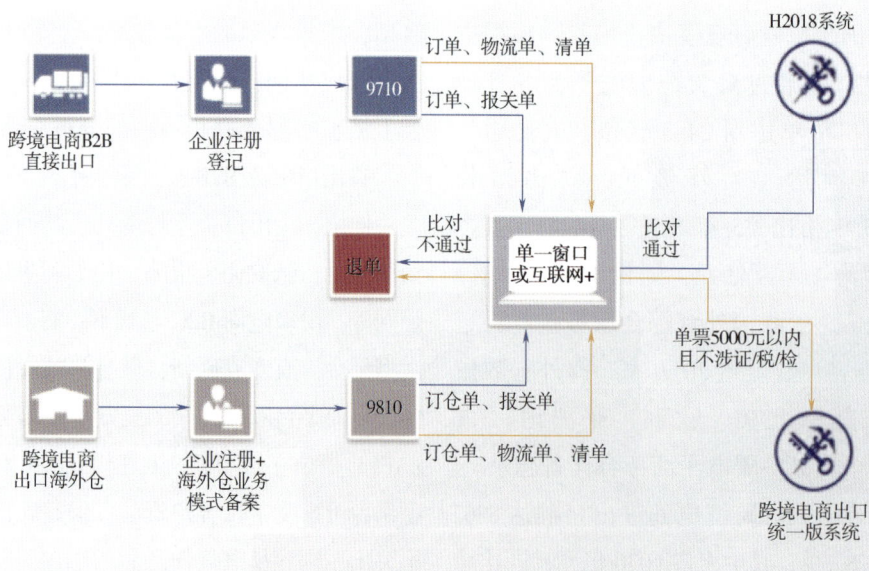

图 4-1　B2B 跨境出口企业海关申报流程图

（图片来源：《海关解读：跨境电商 B2B 出口》，中国海关杂志）

（二）B2C 出口

B2C 是指境内企业通过跨境电商平台与境外消费者达成交易，通过跨境物流将货物运送至境外消费者，或者先运送至海外仓（头程）再运送至消费者（尾程）。物流方面主要采用航空小包、邮寄、快递等方式，纳入海关登记的范围不详，其报关主体一般是邮政或快递公司，可根据商品性质选择海关监管方式代码"9610"或"1210"方式向海关申报。B2C 跨境电商海关监管申报方式见表 4-2。

表 4-2　两种 B2C 跨境出口海关监管方式对比

	9610 一般出口	1210 特殊区域出口	
		特殊区域包裹零售出口	特殊区域出口海外仓零售
适用类型	境外消费者通过平台下单后，电子商务企业或其代理人、物流企业将货物直接出口至消费者 比较适合生鲜、化妆品等非标商品	特殊区域包括国内所有综合保税区和跨境电子商务综合试验区 企业可将待售货物运至海关特殊区域，卖出一件，清关一件，未卖出的无须报关 比较适合库存周转快、复购率高、保质期要求低、需要退税的标准商品	
		直接出口至消费者	先出口至海外仓，再由海外仓送至消费者
优势		入区即退税	

注　在综试区所在地海关通过出口统一版申报跨境电商综试区出口且不涉及退税的商品可依据 4 位 HS 编码简化申报，即"清单申报，汇总统计"。

三、服装跨境电商发展概况

（一）全球时尚行业电商规模持续扩大

电子商务已经成为时尚行业发展的新业态，无论是面向企业还是面向消费者，都能够显著提升交易效率，降低综合成本。国内的服装 B2C 和 C2C 电商自 2003 年淘宝网上线以来逐渐壮大，跨境出口电商也随着 2004 年敦煌网成立逐渐发展，跨境电商 B2B 发展早于 B2C，阿里速卖通 2010 年上线和亚马逊全球开店 2012 年入驻中国才加速跨境 B2C 的发展。

消费者对于时尚消费品"所见即所得""高性价比""上新快"等要求高于其他品类，而我国服装产业体系完备，市场响应迅速，服装产品质优价廉，强大的国内供给遇上丰富的国际需求便催生了服装跨境电商发展。据雨果网数据，全球时尚行业2020 年电子商务交易额约为 6660 亿美元，同比增长 26.6%，其中服装交易额占比超过 60%，同比增长 29.6%，交易额和增速均远超鞋、箱包和配饰品类。根据国际邮政公司数据，2020 年服饰类跨境电商出口额同比涨幅超过 52%。从进口角度看，线上渠道已经成为国际品牌服饰进入我国市场最受关注的路径，主要得益于电商下沉至中小城市，轻奢类、国际流行服饰等高品质消费增长较快。2021年，预计全球时尚行业电商交易额将达到 7600 亿美元，并将保持 7.2% 的年复合增长率，到 2025 年规模将超过 1 万亿美元。

根据《2021 年服装电商的增长、趋势、预测和挑战》分析，2020 年时尚行业电商渗透率约为 46.6%，其中服装行业电商渗透率为 32.9%，高于其余品类。预计到 2024 年，时尚行业和服装行业电商渗透率将分别提升至 60.3%、45.6%（图 4-2）。

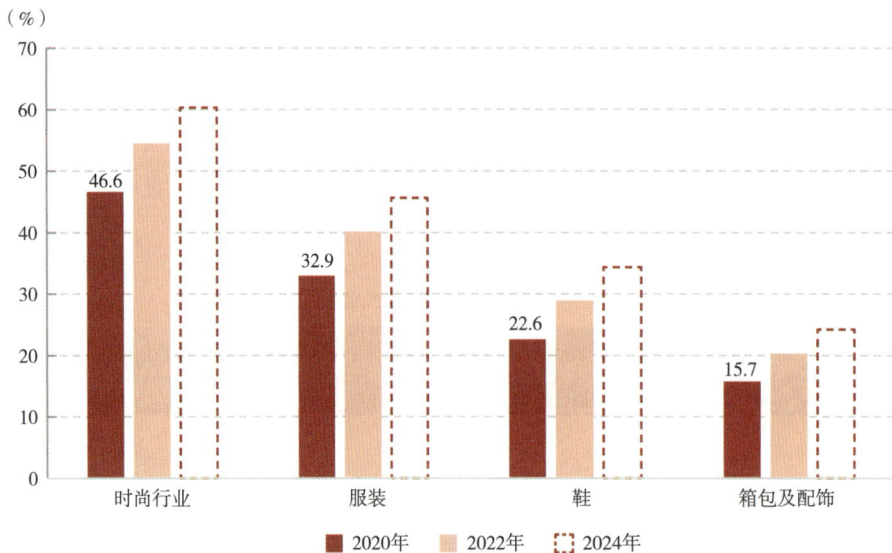

图 4-2 时尚行业电商渗透率

（**数据来源**：雨果网《2021 服装电商的增长、趋势、预测和挑战》）

（二）服饰产品电商渗透率高于家纺产品

从消费渠道角度看，根据谷歌和德勤统计的美国消费品行业数据显示，2020 年美国服装服饰及鞋业电商渗透率约为 25%，而同期家居与园艺品类电商渗透率仅为 12%。根据欧盟统计局数据，2020 年欧盟通过网络购买服饰和鞋类产品的人数占比 33%，同期通过网络购买家具、家纺和园艺产品的人数占比 15%。欧盟各成员国差异较大，英国和丹麦网购人数占比分别位居欧盟第一和第二，英国和丹麦家具、家纺和园艺产品网购人数占比均达到 30%。

2021 年，欧盟网购消费占比继续提升，服装和家纺类产品网购比例都有所增加，但家纺产品电商渗透率仍低于服饰品类。根据欧盟统计局数据，2021 年 2~5 月，欧盟通过网络购买服饰和鞋类产品的人数占比 63%，同期通过网络购买家具、家纺和园艺产品的人数占比 29%（图 4-3）。

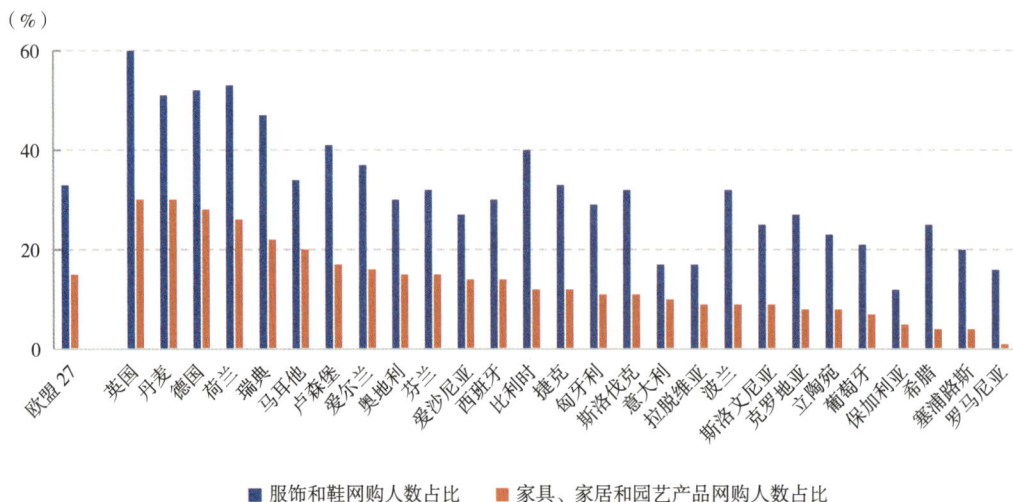

图 4-3 2020 年欧盟服装家纺产品网购人数占比情况

（**数据来源**：欧盟统计局。由于法国数据缺失，欧盟数据为预计数；2020 年欧盟统计数据中仍包括英国）

（三）服装独立站发展好于综合电商

在服装跨境电商领域，类似于独立站的雏形早在 2007 年就已出现，兰亭集势成立于 2007 年，其使命是为全世界中小零售商提供一个基于互联网的全球整合供应链，婚纱就是其最初经营的首个品类。如今，SHEIN、ZAFUL 等专注于服饰领域的跨境电商独立站的发展势头也要好于第三方平台等综合电商。

根据《2021 BrandZ 中国出海品牌 50 强》报告，SHEIN 2021 年排名第十一，较 2020 年排名上升两位，并且在发达市场的品牌力同比增长 40%，增速位居第一。产品丰富、单价低是 SHEIN 最大的特点，每天上新 3000 余个新款，每件商品的单价大多在几美元到十几美元。据 Google Trends 数据，SHEIN 在美国的搜索指数已经远超 ZARA、H&M 等快时尚品牌。2021 年 5 月，SHEIN 首次超过亚马逊，成为美国下载次数最多的购物应用程序。根据流量监测平台 Similarweb 的数据，37% 的用户会直接登录 SHEIN 在 PC 端的网站。

SHEIN 简介

SHEIN 是国内跨境快时尚电商公司，主要面对中东、欧美等消费市场，站点覆盖美、法、俄、德等多个国家，商品销往 80 多个国家。2008 年，SHEIN 在南京注册成立，当时主做传统外贸。2009 年，公司开始转型做跨境电商，并且只出售婚纱，随后逐渐将经营范围延伸至女装服饰、家居饰品、男装、童装等众多品类。

根据相关报道，SHEIN 在 2020 年的营收已经接近 100 亿美元（约合 653 亿人民币），同比增长超过 250%。2020 年，在资本市场上的估值高达 300 亿美元。2021 年第一季度，月均销售额为 12 亿美元。

SHEIN 设有商品中心、供应链中心和系统研发中心三大主要部门。拥有南京、深圳、广州、杭州四个研发机构，佛山、南沙、比利时、美东、美西、印度六个物流中心，洛杉矶、列日、马尼拉、迪拜、孟买、义乌及南京七个客管中心，以及覆盖全球的末梢配送网络。根据 SHEIN 官网信息，其与供应商合作的方式分为生产合作和供货合作两种。生产合作是由 SHEIN 设计好服装、快速打样板，然后送去工厂生产。供货合作则是产品 SKU 不断扩大的需要，由 SHEIN 采买供应商的货品。SHEIN 对此类供应商的要求是要有集生产、研发、销售为一体的供应规模，有自主研发和设计能力，每个月不少于 30 款新品。

SHEIN 发展优势分析

一是自建平台。与众多中国商家入驻亚马逊、eBay 不同的是，SHEIN 选择开设独立站，平台按照穿搭场景、品类、价格等进行清晰分类，并且开始品牌化运营，明确快时尚定位。

二是精准捕捉当下流行趋势，开发新品。SHEIN 拥有设计师和买手团队，利用自建追踪系统可将各类大小服装零售网站的产品进行抓取，提取流行颜色、图案等元素，进行产品研发设计。SHEIN 借助 Google Trends Finder（搜索趋势发现器）发现不同国家的热词搜索量及上升趋势，如什么颜色、面料、款式会火，其准确预测了 2018 年夏季美国流行蕾丝，印度流行全棉材质等。

三是建立了快速反应的供应链体系。依托广州纺织服装业发展基础，建立起供应链体系，能够做到上新快、品质优、价格低。SHEIN 要求供应商距离广州的车程控制在 2 个小时以内，在这种布局之下 SHEIN 在周边构建起属于自己的产业集群。SHEIN 从打样到生产只需 7 天，比 Zara 最快时还少 1 天。供应商从收到订单、面料，到将成衣送至工厂，只需 5 天。SHEIN 仅用 1~2 个月时间，就超过 Zara 全年的上新数，而同类产品价格仅需一半左右。例如，Zara 一件连衣裙大概是三四十美元，而在 SHEIN 一件衣服可以低于 15 美元，甚至低过 10 美元。网站上经常有打折促销活动，衣服价格低至 2 美元。

四是拥有海外仓。SHEIN 在比利时、德里、美国东北部和美国西部等地设有运营仓，专门负责其辐射区域的配送。

五是较早在国外社交网站上利用网红推荐的营

销模式。与海外时尚博主进行合作，借此达成优质的宣传效果，为网站引流。据悉，单单在 Instagram 就拥有超过 1600 万粉丝，在 Facebook 上也有 1000 多万关注者。

六是建立起可追溯的订单系统，品控较好。所有代工厂和供应商都要上 SHEIN 的系统，SHEIN 可实现对每个订单各个环节的实时跟踪。

(四) 新兴市场发展空间大

目前，服装跨境电商的消费者大多来自欧美地区，尤其是美国服装供给能力弱于欧盟，美国消费者贡献了大部分的线上消费。未来，欧盟地区仍将是我国服装跨境出口的主要目标市场，但是新型市场发展空间也不容小觑。

根据市场研究机构 eMarketer 发布的报告，2020 年拉美地区电子商务销售额明显增长，达到 849.5 亿美元，同比增长 19.4%，预计到 2022 年，这一数字将突破 1000 亿美元。根据 2021 Google×凯度 BrandZ 中国全球化品牌 50 强报告，2020 年印度、印度尼西亚、墨西哥和巴西构成的新兴市场在 Google 和 Youtube 上的搜索指数大幅提升了 66%。

四、出口跨境电商发展趋势展望

(一) 服装出口跨境电商迎来历史性发展机遇

新冠肺炎疫情发生后，社交隔离、实体零售渠道受阻使全球消费者更深刻感受到网络购物的便利，线上购物习惯在后疫情时代或将永久保留。2020 年，全球电子商务用户数量同比增长 9.5%，达到 34 亿人。根据 Euromonitor 和德勤数据，2020 年美国、欧盟电商用户渗透率已分别达 77%、72%，美国消费者服装和鞋类商品网络销售比例由疫情前的 25% 增长至 2021 年的 30%。一份全球化智库调查（来自美国、英国、德国、西班牙、法国的 5005 份问卷）显示，服饰鞋袜是跨境采购频率最高的品类，同时也是初次体验网络购物消费者的首选品类，且 75% 的受访者表示疫情后仍会继续在线上购买服饰鞋袜。2021 年，线上快时尚品类的品牌力同比增长 29%，增速在 12 大类产品中位居第一。

得益于稳定的经济政治环境、完备的工业体系、快速响应的供应链，我国为全球提供品类丰富且具有高性价比的商品，深得海外消费者的青睐。根据全球跨境电商主要支付机构 Paypal 统计，我国已成为全球最大的 B2C 跨境电商交易市场，全球约有 26% 的支付交易发生在中国大陆地区，美国占 21% 位居第二，其后是英国、德国和日本。

线上消费习惯的形成与我国强大的消费品供给能力相碰撞，使得跨境电商成为我国企业"出海"新模式，企业纷纷加速全球化数字渠道铺建，加之"无票免税""清单核放、汇总申报"等报关、投资便利化措施，以及鼓励建设海外仓等一系列支持完善跨境电商的政策陆续出台，跨境电商在资本市场的热度也快速提升。2020 年共有 33 家跨境电商平台获得融资，总额超 70 亿元，其中有 4 个是快时尚消费品出口电商，品类包括原创服饰、泳装、真丝服饰、家居产品等。2021 年上半年，7 家平台获得 12.5 亿元融资，其中 5 家是专注于服饰领域的出口跨境电商。

(二) 独立站将成为更多品牌企业实施数字化运营的选择

在第三方平台运营成本上涨的外因和进一步挖掘消费者数据的内因作用下，自建独立站成为品牌企业深层次沉淀流量、挖掘消费大数据、运用社交媒体的首选。根据《2020 年雨果网第二季度跨境电商行业调研报告》，26% 的外贸企业选择自建独立站。另外，随着以 Shopify 为代表的 SaaS 服务平台增多，建设独立站的门槛大幅降低，中小卖家能够选择同步开启独立站，尤其是面向东南亚、中东、印度、俄罗斯等新兴电商市场的独立站或将成为阶段热点。虽然独立站更便于卖家精准营销，增加消费黏性，实施数字化变革，但是想要在集中度不断提升的竞争环境中生存，需要企业不断提升经营差异化水平、产品创新活跃度和物流服务的效率和体验感。

(三）跨境物流效率关注度日益提升

跨境物流是跨境电商发展的重要支撑，也是提升消费体验的关键环节。根据 Ipsos 和 Paypal 联合发布的相关报告显示，接近四分之一的全球网购消费者认为配送速度是影响他们选择平台时的关键考量。此外，电商企业会对物流费用、出仓速度、配送效率、异常情况处理能力等综合考量，选择满足自身需求的物流商。建设高水平海外仓是提升物流服务质量的有效途径，在政策支持的红利下，传统物流企业、跨境电商平台、独立站卖家建设海外仓健全跨境物流管理体系的积极均将提升，行业竞争将趋于激烈。

(四）海外仓将加速布局

海外仓本质就是"买家单未下，卖家货先行"，能够最大程度保证履约能力，具有时间优势。目前，海外仓形式主要分三种，分别是平台型海外仓、卖家自有海外仓及第三方海外仓。

跨境电商的发展反哺仓储业，海外仓呈现出强劲的发展势头，成为跨境卖家的出海利器。国家鼓励传统外贸企业、跨境电商和物流企业等参与海外仓建设，提高海外仓数字化、智能化水平，助力中国企业以及产品借船出海，拓展国际市场空间。目前，在欧美、东南亚甚至在拉美等地区，都出现了中国资方的海外仓身影。2021 年前三季度我国共注册海外仓相关企业 54.3 万家，两年平均增长率

高达 68.9%。未来，在市场需求和政策利好因素下，海外仓入局者将会逐渐增多。

(五）合规发展将提上日程

《电子商务法》已于 2019 年开始实施，全国电子商务质量管理标准化委员会审查通过了跨境电子商务产品质量评价结果交换指南、产品追溯信息共享指南、在线争议解决单证规范、出口商品信息描述规范、出口经营主体信息描述规范五项国家标准。一系列跨境电商法规的出台在商品安全、税收、物流、售后等方面作出了明确规定，加强了卖家、物流企业和海关在通关、退税、结汇等方面的标准化信息沟通，区块链技术的运用也将助力产品来源可溯，责任可究，使企业有章可循，同时加强对消费者的权益保护，促进跨境电商行业规范化发展。许多国家陆续提升免税门槛，加强物流监管。例如，在我国 2020 年与美国签署的经贸协议中，对电子商务涉及的知识产权侵权问题做出了相应规定，协议要求双方应对存在知识产权侵权问题的主要电子商务平台采取有效行动（包括有效的通知和下架制度），对盗版（假冒）产品的生产、出口、销毁以及边境执法行动也做出了详细规定。欧盟《通用数据保护条例》加强了个人数据保护与监管，俄罗斯提升了跨境包裹免税门槛，印度、巴西分别加强了进境包裹监管等。未来，在国内国际双重力量的推动下，中国跨境电子商务市场合规化进程明显加速。

入世 20 年中国服装进出口贸易特征分析

北京服装学院　郭燕

2021 年 12 月 11 日是中国加入 WTO 20 周年。20 年来，随着 2005 年 1 月 1 日 WTO《纺织品与服装协议》（简称《ATC 协议》）的终止，全球服装贸易进入后配额时代，包括中国在内的主要服装生产国产能得到释放，伴随着全球服装贸易规模迅速增加，中国服装出口竞争优势得以发挥。

2001 年中国入世后，进一步开放国内服装零售市场，国际服装品牌以商业存在方式纷纷进驻中国，中国服装市场嵌入全球价值链供应链体系中，中国服装进出口贸易进入快速增长阶段。近年来，新零售、新业态及跨境电子商务的迅速发展，为我国服装出口注入新的活力，带来新贸易方式，也带动了跨境电商自主品牌的快速成长。

文中全球服装进出口数据、中国服装进出口贸易数据来自 WTO 贸易数据库及中国海关统计数据。

一、2001~2020 年全球服装进出口贸易主要特征

（一）全球服装进出口贸易规模持续增长

根据 WTO 数据显示（图 4-4），2001 年全球服装出口额为 1944 亿美元，2020 年受疫情影响，全球服装出口额为 4490 亿美元，20 年间，全球服装出口额增长 1.31 倍。

从 2001~2020 年全球服装出口额增速看（图 4-5），20 年间，有 13 个年份全球服装出口额增速保持同比增长，并高于同期全球货物出口贸易增幅。

（亿美元）

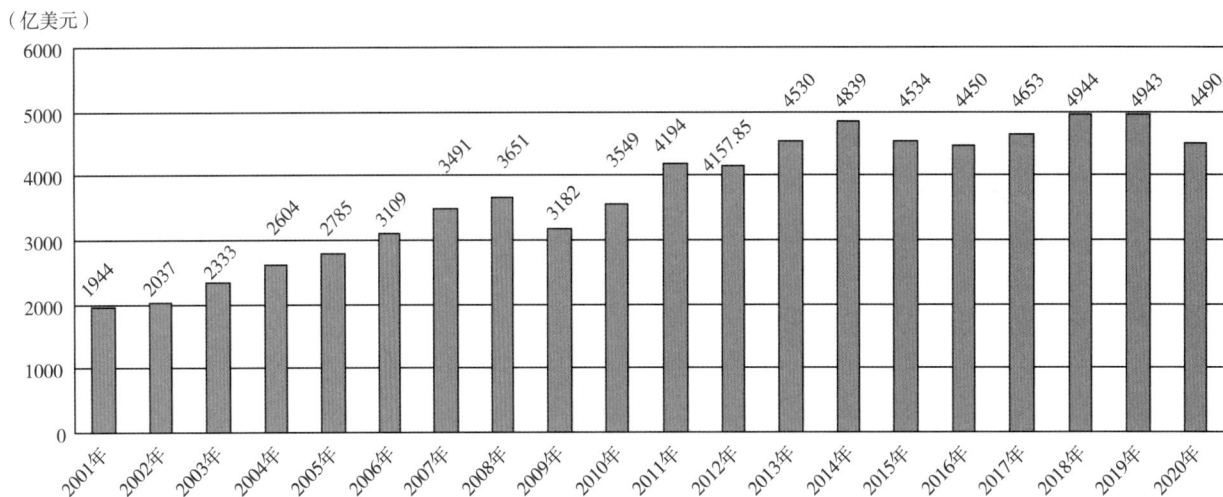

图 4-4　2001~2020 年全球服装出口额

（数据来源：https://stats.wto.org/）

根据 WTO 数据显示（图 4-6），2001 年全球服装进口额为 2003 亿美元，2020 年全球服装进口额为 4894 亿美元，20 年间，全球服装进口额增长 1.44 倍。

在 2001~2020 年 20 年间，全球服装出口额 2001

亿~3000 亿美元，用时 4 年；全球服装出口额达到 3001 亿~4000 亿美元，用时 5 年；2011~2020 年 10 年间，全球服装出口贸易规模保持在 4001 亿~5000 亿美元（表 4-3）。

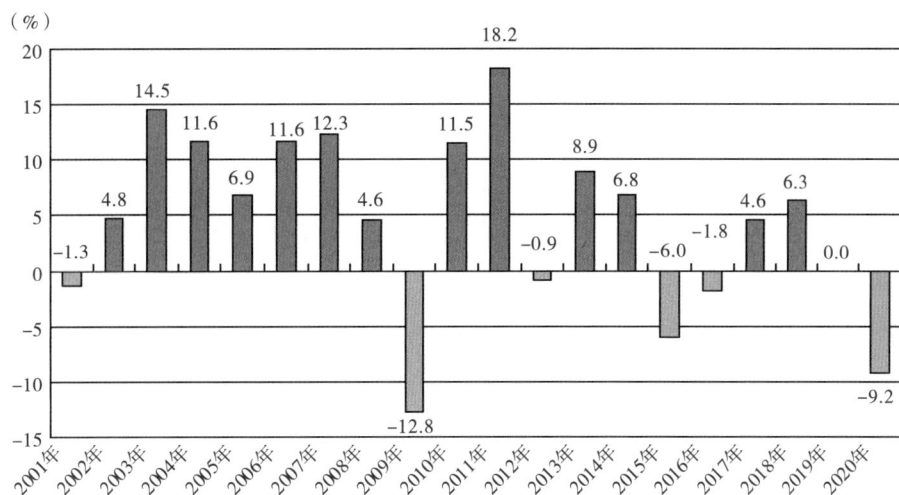

图 4-5　2001~2020 年全球服装出口额同比增速

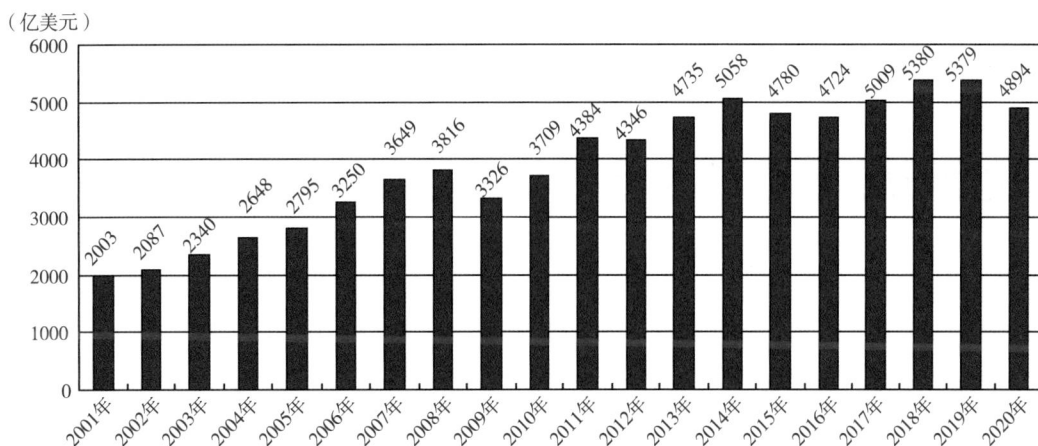

图 4-6　2001~2020 年全球服装进口额

（数据来源：https：//stats.wto.org/）

表 4-3　全球服装出口贸易规模

全球服装出口规模	年份	用时
1900 亿~2000 亿美元	2001 年	1 年
2001 亿~3000 亿美元	2002~2005 年	4 年
3001 亿~4000 亿美元	2006~2010 年	5 年
4001 亿~5000 亿美元	2011~2020 年	10 年

表 4-4　全球服装进口贸易规模

全球服装进口规模	年份	用时
2001 亿~3000 亿美元	2001~2005 年	5 年
3001 亿~4000 亿美元	2006~2010 年	5 年
4001 亿~5000 亿美元	2011~2013 年	3 年
5000 亿美元以上	2014 年、2017~2019 年	4 个年份

在 2001~2020 年 20 年间，全球服装进口额 2001 亿~3000 亿美元，用时 5 年；全球服装进口额达到 3001 亿~4000 亿美元规模，用时 5 年；全球服装出口额达到 4001 亿~5000 亿美元规模，用时 3 年；全球服装出口额在 5001 亿美元以上，有 4 个年份，分别是 2014 年、2017 年、2018 年和 2019 年（表 4-4）。

（二）20 年间，全球服装出口贸易经历了四个发展阶段

中国入世 20 年间，全球服装贸易经历了四个发展阶段。第一阶段（2001~2004 年），是全球服装出口配额取消前，《ATC 协议》10 年过渡期的后

5 年，服装出口仍需要配额。第二阶段（2005 ~ 2008 年），是全球服装出口配额取消，进入零配额出口时期。第三阶段（2009 ~ 2019 年），2008 年 9 月华尔街金融风暴，导致 2009 年全球经济危机，2010 至今全球经济陷入第四次债务危机。第四阶段（2020 年至今），2020 年暴发的新型冠状病毒（COVID - 19）疫情，是自第二次世界大战之后，最严重的一次全球经济衰退（表 4-5）。

表 4-5　全球服装出口贸易阶段划分

时期	阶段划分	时间
《ATC 协议》10 年过渡期	出口配额取消前	2001~2004 年
后配额时代	零配额出口	2005~2008 年
	全球经济及债务危机	2009~2019 年
	新冠肺炎疫情	2020 年至今

（三）全球服装进出口贸易格局特征

分析中国入世 20 年间，全球服装前 10 位进出口国家和地区变化，以了解中国服装出口主要竞争国，以及全球服装进口的市场分布。

1. 20 年间，有 7 个国家一直保持全球服装出口前 10 位

表 4-6 显示，2001 ~ 2020 年全球服装出口额前 10 位的国家和地区分布。有 7 个国家一直保持全球服装出口前 10 位地位，分别为中国、意大利、德国、法国、土耳其、孟加拉国和印度。而中国香港、美国、墨西哥和比利时四个国家和地区的服装出口前 10 位地位已被越南、西班牙和荷兰三国所取代。

表 4-6　全球前 10 位服装出口国家和地区

年份	第一位	第二位	第三位	第四位	第五位	第六位	第七位	第八位	第九位	第十位
2001 年	中国	中国香港	意大利	墨西哥	德国	美国	土耳其	印度	法国	孟加拉国
2002 年	中国	中国香港	意大利	德国	土耳其	墨西哥	美国	法国	印度	孟加拉国
2003 年	中国	中国香港	意大利	德国	土耳其	墨西哥	法国	印度	孟加拉国	美国
2004 年	中国	中国香港	意大利	德国	土耳其	法国	墨西哥	印度	孟加拉国	比利时
2005 年	中国	中国香港	意大利	德国	土耳其	印度	法国	墨西哥	孟加拉国	比利时
2006 年	中国	中国香港	意大利	德国	土耳其	印度	法国	孟加拉国	比利时	墨西哥
2007 年	中国	中国香港	意大利	德国	土耳其	法国	印度	孟加拉国	比利时	越南
2008 年	中国	中国香港	意大利	德国	土耳其	孟加拉国	法国	印度	比利时	越南
2009 年	中国	中国香港	意大利	德国	印度	孟加拉国	土耳其	法国	越南	比利时
2010 年	中国	中国香港	意大利	德国	孟加拉国	土耳其	印度	越南	法国	比利时
2011 年	中国	中国香港	意大利	德国	孟加拉国	印度	土耳其	越南	法国	西班牙
2012 年	中国	中国香港	意大利	孟加拉国	德国	越南	土耳其	印度	法国	西班牙
2013 年	中国	意大利	孟加拉国	中国香港	德国	越南	印度	土耳其	西班牙	法国
2014 年	中国	意大利	孟加拉国	中国香港	越南	德国	印度	土耳其	西班牙	法国
2015 年	中国	孟加拉国	越南	意大利	中国香港	印度	德国	土耳其	西班牙	法国
2016 年	中国	孟加拉国	越南	意大利	印度	德国	中国香港	土耳其	西班牙	法国
2017 年	中国	孟加拉国	越南	意大利	德国	印度	土耳其	中国香港	西班牙	法国
2018 年	中国	孟加拉国	越南	意大利	德国	印度	土耳其	西班牙	中国香港	法国
2019 年	中国	孟加拉国	越南	意大利	德国	印度	土耳其	西班牙	荷兰	法国
2020 年	中国	越南	孟加拉国	德国	意大利	土耳其	荷兰	印度	西班牙	法国

2. 越南服装出口竞争力凸显

2001 年越南服装出口额仅为 18.7 亿美元，居全球服装出口第 31 位。2007 年越南服装出口首次进入全球前 10 位，2020 年越南已跃居全球服装出口第 2 位。2007 年越南服装出口额为 74 亿美元，到 2020 年服装出口额达到 280.7 亿美元，20 年间越南服装出口增长了 14 倍。

3. 意大利和德国一直稳居服装出口强国行列

2001~2020 年，意大利一直稳居全球服装出口前 5 位，出口规模较大，2001 年意大利服装出口额为 142.2 亿美元，2020 年服装出口额达 223.5 亿美元。同期，德国服装出口额一直保持在第 4~7 位，2020 年服装出口额达 234.9 亿美元（图 4-7）。

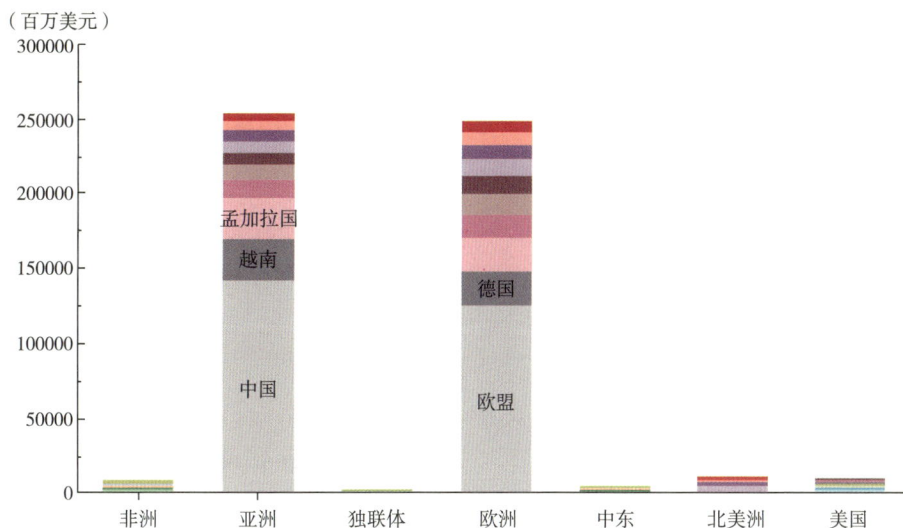

图 4-7　2020 年全服装出口国家和地区分布

（图片来源：https://stats.wto.org/）

4. 美国、德国、英国、日本和法国保持全球服装进口前五大市场地位

2001~2020 年全球服装进口额前 10 位的国家和地区变化较小，美国、德国、英国、日本和法国一直保持全球服装进口前 5 位。

美国稳居全球服装第一大进口国地位，2020 年美国服装进口额为 824.2 亿美元，占全球服装进口总额比重的 16.8%。居第二位的德国服装进口额为 384.3 亿美元，占全球服装进口总额比重的 7.9%。居第 3~5 位的英国、日本和法国服装进口额分别为 263.2 亿美元、262.7 亿美元和 231.7 亿美元（表 4-7）。

表 4-7　全球前 10 位服装进口市场

年份	第一位	第二位	第三位	第四位	第五位	第六位	第七位	第八位	第九位	第十位
2001 年	美国	德国	日本	中国香港	英国	法国	意大利	比利时	荷兰	西班牙
2002 年	美国	德国	英国	日本	中国香港	法国	意大利	比利时	荷兰	西班牙
2003 年	美国	德国	英国	日本	中国香港	法国	意大利	西班牙	比利时	荷兰
2004 年	美国	德国	英国	日本	中国香港	法国	意大利	西班牙	比利时	荷兰
2005 年	美国	德国	英国	日本	中国香港	法国	意大利	西班牙	比利时	荷兰
2006 年	美国	德国	英国	日本	法国	中国香港	意大利	西班牙	比利时	荷兰
2007 年	美国	德国	英国	日本	法国	中国香港	意大利	西班牙	比利时	荷兰
2008 年	美国	德国	日本	英国	法国	中国香港	意大利	西班牙	比利时	荷兰

年份	第一位	第二位	第三位	第四位	第五位	第六位	第七位	第八位	第九位	第十位
2009 年	美国	德国	日本	英国	法国	意大利	中国香港	西班牙	比利时	荷兰
2010 年	美国	德国	日本	英国	法国	中国香港	意大利	西班牙	荷兰	比利时
2011 年	美国	德国	日本	英国	法国	中国香港	意大利	西班牙	荷兰	比利时
2012 年	美国	德国	日本	英国	法国	中国香港	意大利	西班牙	荷兰	加拿大
2013 年	美国	德国	日本	英国	法国	中国香港	意大利	西班牙	荷兰	加拿大
2014 年	美国	德国	日本	英国	法国	西班牙	意大利	中国香港	荷兰	加拿大
2015 年	美国	德国	日本	英国	法国	西班牙	意大利	中国香港	荷兰	加拿大
2016 年	美国	德国	日本	英国	法国	西班牙	荷兰	意大利	中国香港	加拿大
2017 年	美国	德国	日本	英国	法国	西班牙	荷兰	意大利	中国香港	加拿大
2018 年	美国	德国	日本	英国	法国	西班牙	荷兰	意大利	中国香港	韩国
2019 年	美国	德国	日本	英国	法国	西班牙	荷兰	意大利	中国香港	加拿大
2020 年	美国	德国	英国	日本	法国	西班牙	意大利	荷兰	波兰	加拿大

5. 欧洲五国既是全球服装主要出口国，又是前 10 位进口国

2001～2020 年，欧洲五国德国、意大利、荷兰、西班牙和法国一直保持较强的服装出口竞争优势，同时也是全球服装主要进口国家和消费市场。欧洲五国服装出口以中高档为主，服装进口以平价快时尚、大众服装为主。

表 4-8 显示，2020 年全球服装前 10 位出口国中有 5 个欧洲国家，全球服装前 10 位进口国中有 7 个欧洲国家，并且进出口规模均在 100 亿美元以上。

表 4-8　2020 年欧洲主要服装进出口国

全球服装出口前 10 位			全球服装进口前 10 位		
位次	国家	出口额（亿美元）	位次	国家	进口额（亿美元）
4	德国	234.9	2	德国	384.3
5	意大利	223.5	3	英国	263.2
7	荷兰	131.9	5	法国	231.7
9	西班牙	124.0	6	西班牙	176.0
10	法国	115.8	7	意大利	156.1
			8	荷兰	147.3
			9	波兰	110.0

（数据来源：https：//stats.wto.org/）

二、入世 20 年中国服装进出口贸易特征

（一）我国服装产业从追求规模数量向质量效益的转型

《2001/2002 中国纺织工业发展报告》数据显示，2001 年服装行业全部国有及部分年产品销售收入 500 万元以上的非国有工业企业（规上企业）完成服装产量 77.76 亿件，实现产品销售收入 2405.5 亿元，服装行业（全行业）企业 7997 家，全国重点大型百货商场服装类销售额 267.7 亿元，销售量为 1.4 亿件。

《2005/2006 中国纺织工业发展报告》数据显示，2005 年服装行业规模以上企业累计完成服装产量 147.98 亿件，实现产品销售收入 4698.7 亿元，服装行业（全行业）企业 11737 家，全国重点大型零售企业服装类销售额 578.3 亿元，销售量为 2.9 亿件。

2010 年我国服装规模以上企业 18547 家，产品销售收入 11988.6 亿元，限额以上企业服装类商品零售额 4166 亿元（表 4-9）。

表4-9 我国服装行业运行基本情况

年份	服装规上企业（家）	规上企业主营业务收入（亿元）	限额以上单位服装类商品零售额（亿元）
2001 年	7997	2405.5	671.9
2005 年	11737	4698.8	1362.8
2010 年	18547	11988.6	4166.0
2015 年	15585	22067.9	9588.1
2016 年	15715	23605.1	10217.6
2017 年	15825	21903.9	10356.4
2018 年	14827	17106.6	9870.4
2019 年	13876	16010.3	9778.1
2020 年	13300	13697.3	8823.9

（数据来源：国家统计局）

自2015年以来，我国服装行业进入战略调整期，从追求规模和数量，转向追求质量和效益，并进入低速增长阶段。

2015年我国服装规模以上企业15585家，到2020年减少到13300家；2015年服装行业规模以上企业主营业务收入22067.9亿元，到2020年下降至13697.3亿元；2015年限额以上企业服装类商品零售额9588亿元，到2020年下降至8823.9亿元。

从服装产量看（图4-8），2001~2016年，我国规模以上服装企业服装产量一直保持增长态势，2016年达到314.5亿件的峰值。2017~2020年规模以上服装企业数量减少，服装产量也出现下滑，2020年我国规模以上服装企业服装产量223.7亿件，与2009年服装产量相近。

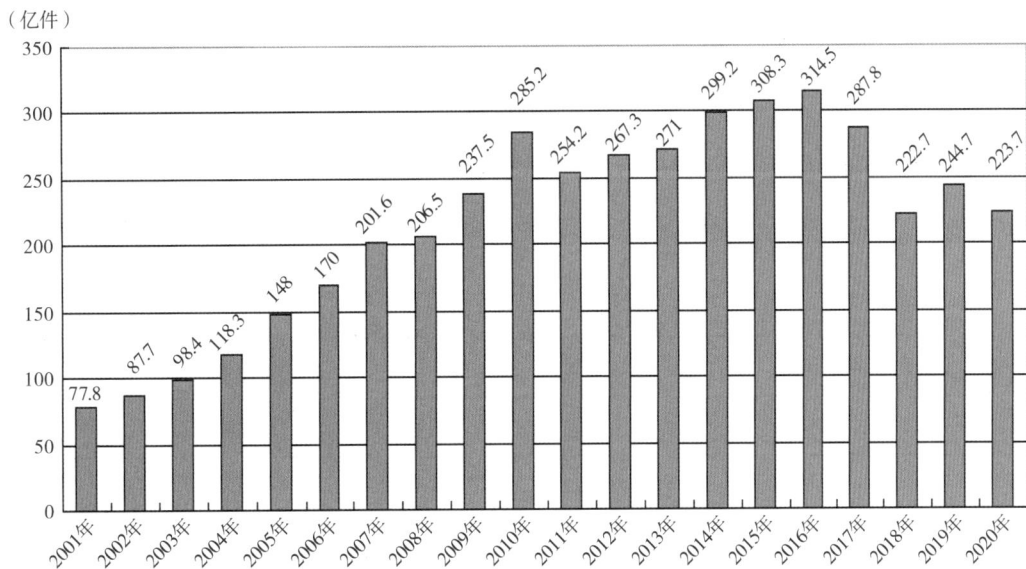

图4-8 2001~2020年我国服装规上企业服装总产量

（数据来源：根据历年《中国纺织工业发展报告》数据整理）

（二）我国服装出口贸易主要特征

1. 中国保持全球第一大服装出口国地位

根据WTO数据显示（图4-9），2001年中国服装出口额为367亿美元，2020年中国服装出口额为1426亿美元，20年间，中国服装出口额增长2.9倍。同时，中国一直保持全球第一大服装出口国地位。

2001年中国服装出口占全球服装出口总额的18.9%，2020年中国服装出口占全球服装出口总额比重上升到31.5%。

2. 中国服装出口贸易高速增长后，进入下滑期

从2001~2020年中国服装出口额增速看（图4-10），20年间，有14个年份中国服装出口

| 产能得到释放，保持两位数增长 | 出口过千亿美元，平稳增长到达峰值 | 拐点后，出口持续下降 |

（亿美元）

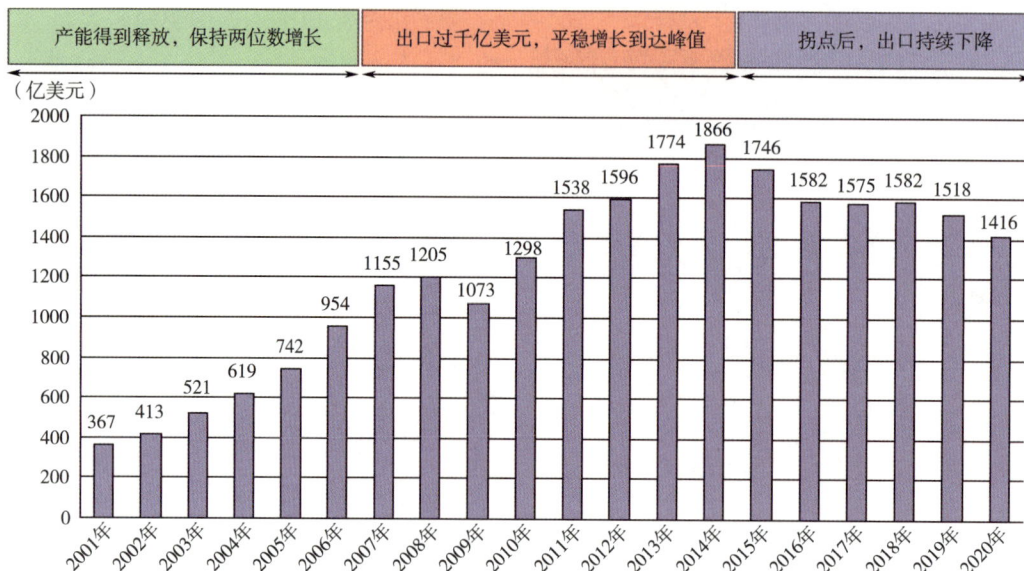

图4-9　2001~2020年中国服装出口额

（数据来源：https：//stats.wto.org/）

（%）

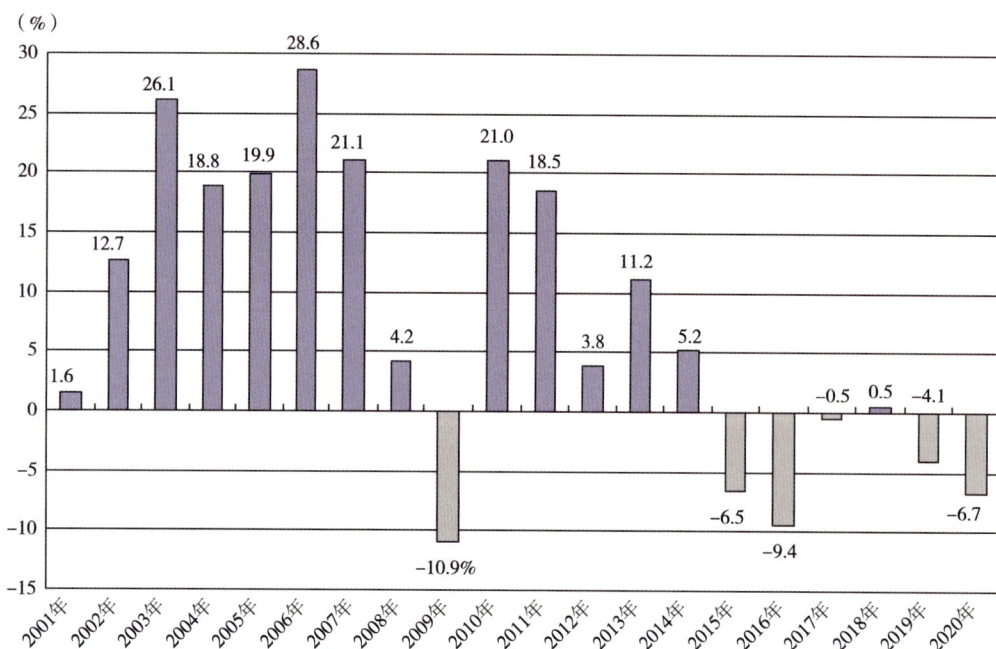

图4-10　2001~2020年我国服装出口额同比增速变化

（数据来源：根据WTO数据整理计算）

额增速保持同比增长，其中有9个年份保持两位数增长。自2015年以来，除2018年出口额同比微增，其余年份出口额同比均为负增长。

3.20年间，中国服装出口贸易经历了三个发展阶段

第一阶段（2001~2006年），中国入世后，随着《ATC协议》10年过渡期的结束，我国服装产能得到释放，这一阶段我国服装出口额保持两位数的快速增长。

第二阶段（2007~2014年），2007年中国服装出口额超千亿美元，直至2014年中国服装出口额达1866亿美元的最高位，这一阶段，2009年受全球经济危机的影响，中国服装出口首次出现负增长，降幅达10.9%，此后我国服装出口额增速逐渐放缓。

第三阶段（2015～2020年），这一阶段，除2018年中国服装出口微增（增幅仅为0.5%），其余年份，中国服装出口贸易均为负增长，出口规模持续下降，与2014年我国服装出口额峰值1866亿美元相比，2020年服装出口额1416亿美元，累计降幅达24.1%。

主要原因：亚洲新兴服装生产国家和地区出口竞争力增强，自2015年以来，越南、孟加拉国取代中国香港和意大利，跃居全球服装出口第二位和第三位；伴随中国服装产业向东南亚国的转移，投资对贸易的替代效应逐渐显现出来，特别是亚洲新兴服装生产国纷纷与欧美国家签署自贸协定，欧美国家由原来自中国进口，转为自越南、孟加拉国、柬埔寨等国家的进口，贸易转移效应较为明显；我国国内生产成本及劳动力成本上升，中国服装出口商品结构优化升级，从低档、低附加值服装出口向中高端、高附加值服装出口结构性升级；受中美贸易战的影响，美国单方面对中国服装出口加征关税，2019年和2020我国服装出口降幅分别为4.1%和6.7%。

4. 我国纺织品出口超过服装出口规模

中国入世20年以来，我国纺织品出口规模迅速增长。2020年，因口罩等防疫物资出口激增，拉动纺织品出口大幅增长，我国纺织出口额首次超过服装出口额，2020年我国纺织出口额为1541亿美元，达到历史最高位，服装出口额为1416亿美元（图4-11）。

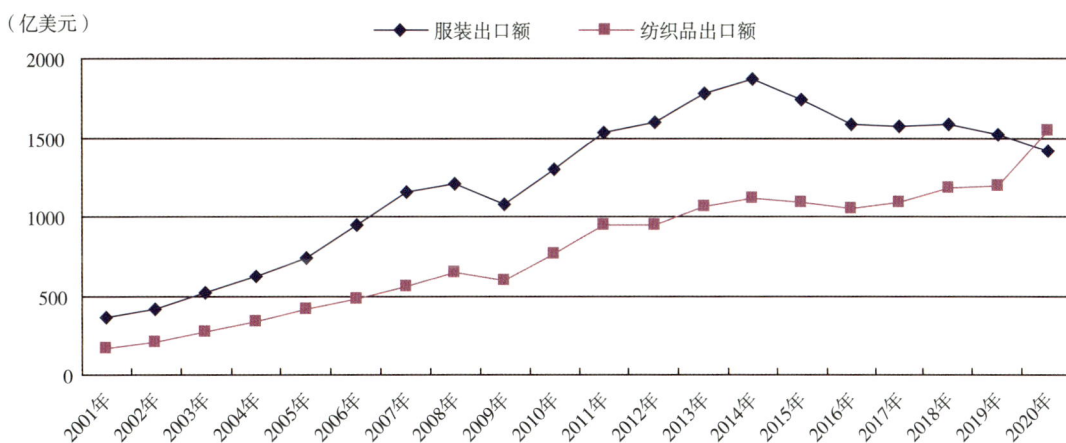

图4-11　2001～2020年我国纺织品和服装出口额比较

（数据来源：https：//stats.wto.org/）

近年来，越南、孟加拉国、柬埔寨服装加工业的快速发展，三国已成为中国纱线面料前三位出口市场。

5. 我国服装出口市场仍集中在欧美日发达国家

2001～2020年，中国服装主要出口市场以欧盟、美国和日本发达经济体为主，市场集中度较高。2001～2005年日本是我国服装第一大出口市场。2004年欧盟成员从15国增加到25国，2007年增加到27国，2013年增加到28国，2006～2019年欧盟是我国服装第一大出口市场。2020年英国脱欧，美国成为我国第一大服装出口市场（表4-10）。

从三大服装出口市场所占比看，一直保持在50%以上。2010年中国—东盟自贸协定生效后，东盟十国成为我国服装第四大出口市场。

6. 我国服装出口主力军以沿海省市为主

2001～2019年广东省一直保持我国服装出口省市首位，2020年浙江省超过广东省跃居我国服装出口省市第一位。2001年上海市服装出口额居全省市第三位，2017年被山东省取代，屈居第六位，2020年山东省服装出口已居全国省市第四位。2015年福建省跻身我国服装出口省市前五位（表4-11）。

表4-10　中国服装主要出口市场　　　　　　　　　　　　　单位：亿美元

年份	出口总额	欧盟	美国	日本	前三大出口市场占比	东盟
2001 年	365.4	37.0	49.2	118.3	56.0%	6.5
2005 年	755.2	136.3	137.0	146.8	55.6%	19.7
2010 年	1294.9	348.9	252.2	184.5	60.7%	42.6
2015 年	1743.6	411.6	357.5	173.0	54.0%	121.5
2016 年	1594.5	370.1	332.4	160.8	54.1%	91.1
2017 年	1588.1	363.1	331.5	160.0	53.8%	92.8
2018 年	1604.3	367.8	358.0	162.8	55.4%	107.1
2019 年	1534.5	339.8	330.5	154.3	53.7%	100.7
2020 年	1414.0	276.4（27 国）	300.9	140.5	50.7%	110.5

（数据来源：中国海关）

表4-11　我国服装出口前五位省市　　　　　　　　　　　　单位：亿美元

年份	服装出口总额	浙江省	广东省	江苏省	山东省	福建省	上海市
2001 年	365.38	58.6	86.9	53.4	29.9	14.5	55.5
2005 年	755.2	133.2	158.2	109.7	54.4	37.9	91.8
2010 年	1294.9	249.0	276.7	192.4	87.4	87.1	128.0
2015 年	1743.6	323.6	396.4	239.4	118.3	164.2	128.1
2016 年	1594.5	299.8	383.8	234.4	112.6	148.9	111.7
2017 年	1588.1	291.7	369.4	257.2	116.7	135.1	111.2
2018 年	1604.3	316.9	336.1	264.3	125.0	131.5	112.6
2019 年	1534.5	301.8	331.5	250.2	129.1	130.8	70.3
2020 年	1414.0	264.4	250.8	219.8	144.9	125.8	—

（数据来源：根据历年《中国纺织工业发展报告》数据整理）

中国入世 20 年间，东部沿海地区仍是我国服装主要生产和出口省市，虽然近年来东部服装产业向中西部地区转移，但中西部地区仍不具有外贸订单和出口口岸优势。

7. 我国服装出口经营主体以民营企业为主

表 4-12 显示我国服装出口企业类型变化。2001 年我国服装出口以国有外贸进出口公司为主，其次是三资企业。随着外贸经营权的开放，民营企业成为我国服装出口的新生力量和主力军。2005 年民营企业服装出口额为 202.2 亿美元，到 2019 年达到 1069.2 亿美元，占我国服装出口比重的 69.7%。民营企业在服装生产和出口方面的竞争优势，拉动我国服装出口贸易增长。

表 4-12　我国服装出口经营主体变化　　　　　　　　　　单位：亿美元

年份	服装出口总额	民营企业	三资企业	国有进出口公司	集体企业
2001 年	365.38	—	139.8	190.4	28.2
2005 年	755.2	202.2	255.92	225.00	52.6
2010 年	1294.8	624.3	398.8	222.3	49.5
2015 年	1743.6	1152.7	373.7	216.7	43.2

续表

年份	服装出口总额	民营企业	三资企业	国有进出口公司	集体企业
2016 年	1594.5	1044.3	323.3	190.8	36.0
2017 年	1588.1	1070.6	302.6	181.3	33.7
2018 年	1604.3	1093.5	300.2	177.8	32.8
2019 年	1534.5	1069.2	267.5	168.2	29.7

（数据来源：根据历年《中国纺织工业发展报告》数据整理）

8. 我国服装出口贸易方式以一般贸易为主

经过改革开放 40 多年的发展，我国已拥有完整的纺织服装产业链体系，从原料、纱线到面辅料自给率高。2001～2020 年，我国服装出口贸易方式，以一般贸易为主，有一部分加工贸易，包括进料加工和来料加工。随着我国面料国产化率的提高，加工贸易逐步萎缩。2020 年，一般贸易占服装出口比重 75.8%，加工贸易仅占 6.8%（表 4-13）。

表 4-13 我国服装出口贸易方式　　　　　　　　　单位：亿美元

年份	服装出口总额	一般贸易	加工贸易	其他贸易
2001 年	365.38	197.75	162.1	5.53
2005 年	755.2	500.69	199.3	37.2
2010 年	1294.9	942.9	232.5	119.4
2015 年	1743.6	1311.2	215.7	231.9
2016 年	1594.5	1177.2	183.7	233.6
2017 年	1588.1	1149.3	170.6	268.2
2018 年	1604.3	1205.1	163.9	235.3
2019 年	1534.5	1168.4	138.1	228.0
2020 年	1414.0	1071.9	96.6	156.1

（数据来源：根据历年《中国纺织工业发展报告》数据整理）

9. 我国服装跨境电商出口贸易新业态快速发展

2021 年 10 月，商务部国际贸易经济合作研究院电子商务研究所发布的《中国暨全球跨境电商发展报告（2021）》显示，2020 年我国跨境电商出口商品总额达 1.12 万亿元，同比增长 40.1%；通过海关跨境电子商务管理平台验放进出口清单 24.5 亿票，同比增长 63.3%。

服装鞋帽位列居跨境出口前三品类。2021 年 10 月，亿邦智库发布《2021 中国跨境电商发展报告》显示，我国跨境电商出口热门品类中，数码 3C、家居家具和服装鞋帽位列前三，分别有 28%、26% 和 22% 的卖家销售相应的品类产品。

跨境电商从"产品出海"跨入"品牌出海"阶段。亿邦智库《2021 中国跨境电商发展报告》指出：2021 年，中国跨境电商进入历史性拐点，从产品出海时代迈向品牌出海时代。中国供应链与全球新消费发生化学反应，跨境电商原生品牌引领，传统品牌、新消费品牌跟进，形成中国品牌出海新势力。

过去 10 年，跨境电商主要以性价比，通过产品价格获得竞争优势。目前，跨境电商原生品牌、新消费品牌以及传统品牌都开始全球化布局，跨境电商带动"品牌出海"。

2021 年 5 月，凯度发布《2021BrandZ 中国全球化品牌 50 强》报告显示，跨境电商相关的中国服装品牌是 SHEIN 和 ZAFUL，榜单中行业分类为"线上快时尚（Online fast fashion）"。表 4-14 显示，SHEIN 和 ZAFUL 为唯二连续四年上榜单的《中国全球化品牌 50 强》的自主出海快时尚品牌。

表4-14　BrandZ《中国全球化品牌50强》

年份	SHEIN		ZAFUL	
	榜单位次	品牌力得分	榜单位次	品牌力得分
2018年	24	—	34	—
2019年	14	—	23	—
2020年	13	490	38	202
2021年	11	901	43	304

在《2021 BrandZ 中国全球化品牌50强》榜单中，SHEIN 品牌力位列第11名，SHEIN 本年度超过了腾讯。ZAFUL 虽相较2020年排名有所下降，但依然在此次评选中"甩开"京东，位列第43名。

随着中国品牌全球化的步伐，越来越多的中国品牌走向了海外，将许多中国品牌将国内新零售带到海外，如社交电商和直播，并且将其进行本地化落地，在品牌传播上，方式多样，且互相加持。SHEIN 和 ZAFUL 被认为是两匹来自跨境快时尚电子商务平台的"黑马"。

SHEIN 集团有限公司创建于2008年，总部设在南京，是跨境 B2C 快时尚电商平台。创建初期聚焦在女装、鞋、包、男装、童装及服饰等快时尚商品。跨境电商业务覆盖全球220个国家和地区。2020年 SHEIN 实现营业收入700亿美元。

SHEIN 以"大数据+供应链"的模式重新定义快时尚。SHEIN 是拥有及生产、研发、销售为一体的供应链规模。在生产研发端，依托珠三角成熟纺织供应链以及高速的数据反馈和设计流程，与国内合作多个供应商，保证每月上新30款。同时根据平台大数据反馈，以数百件的小数量订单为基础，定量补货爆仓款式。女装价格大部分在5~20美元。

SHEIN 早在2011年就开始利用全球各大社交平台投放广告，做网站促销等。2018年末，SHEIN 已成为美国"购物类 App 前10"的大型网站，截至2021年4月29日，SHEIN App 的日活跃用户达2200万，同比增长175%，日下载量同比增长239.8%，市场份额超50%。2021年6月，中国快时尚跨境电商品牌 SHEIN 每天的包裹量稳定在100万单以上，平均客单价70美元。

SHEIN 开始走到线下，2018年开设位于纽约的第一家线下快闪店。SHEIN 快闪店每到一处只停留几天，但无一例外都掀起消费者的狂热追捧。2021年9月在美国迈阿密开设了为期三天的快闪店，开店前就收到了超过3000份订单，产品在两小时内全部售完，每小时约有125人进店消费。

在物流端，SHEIN 建立了多个国际物流中心，可以向美国、西班牙、法国、俄罗斯、德国、意大利、澳大利亚和中东地区，现货40小时内发货，备货5天内发货。

ZAFUL 是环球易购旗下的自营服装电商平台，成立于2014年，总部设在深圳。ZAFUL 线上销售以设计师+买手制模式，为客户提供优质服饰类产品，在海外消费市场拥有较高口碑和品牌知名度。致力于为全球18~25岁的消费者提供时尚且实惠的时尚产品，主打欧美市场，销售渠道覆盖100多个国家和地区。

作为快时尚跨境电商，ZAFUL 迎合时尚潮流年轻人的着装喜好。从泳装切入，新增运动服装、男装等品类，大幅拓宽产品线，目前在架款式多达1.5万，在追求性价比和产品品质的同时，ZAFUL 坚持品牌化运营。凭借自主设计能力与供应链优势，ZAFUL 新品从设计到上架平均仅需1~2周，做到了设计周期短、更新快，保证了50~100款的日更新，为用户提供款式丰富且时尚度高的服装选择。

2018年 ZAFUL 启动了直播销售，是最早进入直播的跨境电商平台，有自有的直播平台 ZAFULlive，还有外部合作的直播平台，以及在社交媒体上的直播平台。ZAFUL 在海外的社交媒体矩阵中拥有超过1500万粉丝，截至2019年底，ZAFUL 拥有3986万注册用户，2300万的月均活跃用户，90天复购率达到42%，月均流量转化率为1.5%，在线 SKU 数为5.6，平均客单价为45.5美元。

在物流上，ZAFUL 除了有海外物流的配送，背靠跨境通还打造了自有物流专线服务体系。根据年报数据，截止到2019年底，跨境通仓储面积约41万平方米，国内仓14个，仓储面积29万平方米，海外仓63个，其中环球易购在20个国家设立了37

个海外仓。

10. 我国服装进口贸易持续增长

中国入世后，大幅度降低进口关税率，我国服装进口贸易持续增加。2001年，我国服装进口额为13亿美元，到2020年进口额达到95亿美元，20年间，服装进口额增长6.3倍（图4-12）。

随着中国服装消费市场的对外开放，特别是中国—东贸自贸协定的生效，我国服装进口从高档时尚奢侈品牌为主，转向进口快时尚服装，服装进口来源地从欧洲转向亚洲新兴服装出口。

（亿美元）

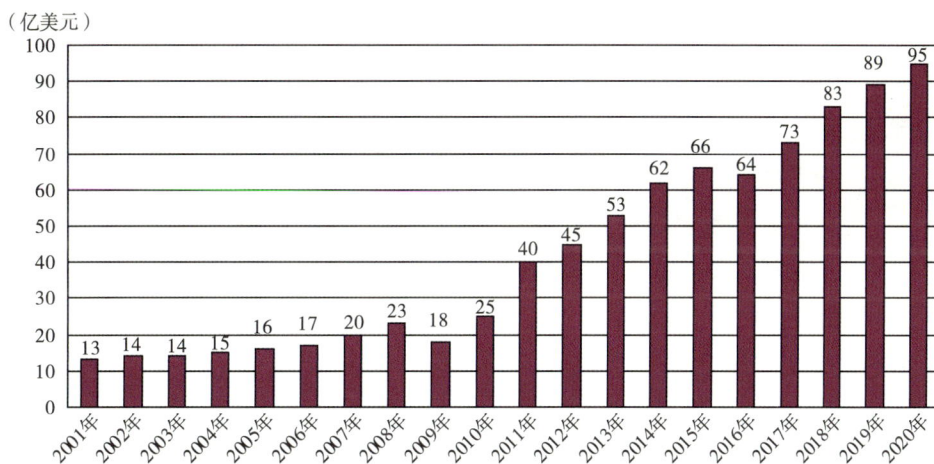

图4-12 2001~2020年中国服装进口额

（数据来源：https://stats.wto.org/）

三、入世后中国服装零售业全面开放

（一）服装零售业开放承诺

根据我国入世承诺，自2006年3月1日起，商务部将外商投资商业企业的审批权，绝大部分下放到地方商务主管部门。这一政策的出台，使许多国外品牌直接到各地方报批，开设专卖店。在分销服务领域，我国零售服务业对外开放承诺：自2006年起"允许外国服务提供者从事零售服务，没有股权和地域限制"，国外服装品牌企业以商业存在方式来华开店。

2006年西班牙知名服装品牌ZARA进入中国市场，首先在上海开设首家服装专卖店，店铺面积达2000平方米，同年上海的第二家店开业，此举开创了国外单个品牌开设大型服装专卖店的先河。随后，2007年德国服装品牌C&A进入中国，同年，瑞典服装品H&M来华开店，2010年美国服装品牌GAP也进入中国市场。不仅国际快时尚品牌纷纷进驻中国市场，LV、Dior、Burberry等奢侈品品牌，也大举来华开店，至此中国服装零售业已全面开放。

（二）服装零售业开放带来变化及影响

1. 对传统百货业态的冲击

国际服装品牌专卖店，对我国传统零售业态产生了深刻的影响。改革开放后，百货店、大型商场成为服装零售的主渠道，以专柜方式销售服装，各楼层按女装、男装、童装来划分。服装专卖店的出现是一种新零售业态，专卖店销售自主品牌的服装服饰商品。国际服装品牌在华旗舰店、专卖店的面积大，在1500~2000平方米，与百货店和商场专柜相比，资金投入大，本土企业难以承受。

2. 开店选址在黄金商业地段

从国际服装品牌在华开店选址看，以其雄厚的资金实力，每到一个城市总是选择黄金商业地段，其历史最悠久，为成熟的中心街区。店铺面积大、资金投入高、装修与国际接轨，本土品牌难以效仿。开店速度快，一年在多个城市同时开多家门店。

3. 店铺选址喜欢"扎堆儿"

进驻地所在城市中心商业街,一眼望去,国际服装品牌专卖店林立。ZARA 店铺周围可以看到 UNIQLO、C&A 或 GAP 的店铺,互为邻里,虽为竞争对手,在选址时往往选择比邻竞争者的店铺周边的位置,从不回避与竞争对手同场竞技。选址扎堆儿带来品牌聚集效应,更便于吸引消费者一站式购物。

4. 店铺陈列耳目一新

例如,优衣库店铺装修既简约现代,又亲和舒适,非常符合自助式销售方式对卖场空间的要求,不会给消费者造成任何压力。整个卖场根据服装品类进行清晰划分,使消费者便捷到达选购区域,所有商品一目了然。在陈列方面,优衣库将超市货架的商品码放方式和传统悬挂展示方式相结合。对码放于货架上的商品,按颜色和尺码从左向右、从上到下、横向纵向整齐放置,带给消费者整洁美观的视觉印象;对于悬挂展示的商品,按不同款式进行分类陈列,并在衣架上用不同颜色的尺码环衣架标出衣服的尺寸,使顾客无须翻看衣服的标签即能迅速找到合适的尺码,便利了自助式购物模式顾客的选购。

5. 产品多元化,家庭成员全覆盖

从国际品牌专卖店销售的服装服饰看,品种多,产品线长,各种尺码齐全,全方位覆盖,从头到脚、从上到下、从成人到儿童、从内到外,内衣、袜子、帽子、手套、围巾、服装应有尽有,款式丰富,最大限度地满足不同消费群体的需求,让前来购物的每一位消费者及其家人找到自己满意的服装。

6. 服装产地全球化

为了达到规模经济,有效利用各国的资源优势,国际服装品牌专卖店中销售的服装是基于全球生产、全球采购。从店内销售的服装吊牌看,服装产地的全球化,包括保加利亚、罗马尼亚、土耳其、越南、孟加拉国、柬埔寨、马来西亚、印度等;在中国产地有江苏、浙江、广东和山东等省。

7. 实体店和网店并举的进入策略

优衣库早在 2008 年就在华进行在线销售,通过淘宝旗舰店网上销售,当时优衣库淘宝旗舰店每天销售额近 40 万元,一年实现 1.5 亿元的销售额。同时,优衣库在中国大中型城市开店。网络销售的火爆,提高了品牌在中国市场的知名度,为各地实体店的培育了忠实的消费者群体。

美国服装零售巨头 GAP 公司,2010 年 10 月宣布在华开店,11 月中国第一家门店开业,同时推出在线服装销售网店,以利用我国快速增长的电子商务渠道,迅速开拓中国市场。

8. 专卖店给消费者带来了全新的体验

专卖店销售的服装款式多、变化快、价格低,每周都有新货上架,产品包括了女装、男装、童装、服饰,家庭成员全覆盖。以"国际名牌、中低价位"的竞争策略,以及"超大卖场、全产品线"的经营模式,迅速提高了品牌知名度,并在一定程度上改变了消费者的服装购买行为和方式,是一种全新的购物方式和体验。主要表现为:消费者光顾店铺的频率增加;消费者单次购买服装的数量和金额提高;以及消费者购买服装服饰的品类增多等方面。

四、结论

中国入世 20 年,很好地履行了降低进口关税、开放商业零售业的各项承诺。随着 2005 年 1 月 1 日 WTO《ATC 协议》的终止,全球服装贸易进入前所未有的快速增长期,直至 2009 年全球经济危机,全球服装出口额超过 3000 亿美元和 4000 亿美元大关。在此阶段,中国服装业利用比较优势,抓住这一历史发展机遇,中国服装出口额超过千亿美元,至今一直保持全球服装第一大出口国地位长达 25 年(1995~2020 年)。

随着新零售、新业态的快速发展,在国内国际双循环新发展格局背景下,国内市场,线上销售、直播带货、抖音、快手、网红经济成为拉动内需的新增长点,在国际市场上,服装跨境电商出口成为新贸易业态和中国服装出口新竞争优势。

当代中华礼仪服饰白皮书（精简版）

中国服装协会

作为国家战略，文艺复兴是中国经济高质量发展的重要支撑。在国务院办公厅印发《关于实施中华优秀传统文化传承发展工程的意见》之后，时尚产业尤其是服装纺织行业各类市场主体，都需找准自己在文化复兴战略下的主场位置，发挥各自的比较优势。其中，产业力量是文化复兴和"十四五"高质量发展战略中的生力军。

文化正成为时尚产业的下一个增长引擎。中国文化日益走近世界舞台中央，人民多元化、高品位的文化需求逐步提升，美好生活日益广泛，社会多个层面对于中华礼仪服饰的探索热情空前高涨。在此背景下，由中国服装协会主导，携手国内优秀设计师、云集柒牌、劲霸男装、飒美特、雅鹿、南山智尚、岱银纺织、特步等22家优势服装品牌，集合北京服装学院等6家业内专业院校与研究机构，邀请李当岐、刘元风、张肇达、卞向阳、楚艳、黄薇、郭培、兰玉、彭晶等15位知名专家、设计师作为顾问，国际媒体WWD中文版受邀参与其中，共同编撰《当代中华礼仪服饰白皮书》。

由此，基于强烈的市场需求和文化复兴的社会背景，挖掘文化的价值并付诸实际应用已成为必然趋势，且为中外时尚行业带来了积极影响。针对当代中华礼仪服饰的研究内容，从服装的使用场景、功能属性出发，调研当今行业内优秀设计师、院校、品牌，并采集市场及平台相关数据，为中国特色、世界影响、时代特征的时尚生态注入新的活力和动能。

此项研究立足当代中国社会发展和生活方式，挖掘和推广中华丰富的服饰文化。通过提出礼仪性场合着装指南，梳理"新中装"的知识脉络和应用图谱，总结实践路径、凝聚产业智慧，为助力新时期文化赋能和高质量发展提供具有实用性和功能性的参照样本。

一、文化是时尚的内核

作为历史悠久的衣冠王国，中华服饰和中华文化相得益彰，不仅体现着礼仪的内涵、哲学的理念，也展现着以文化自信重塑的东方文化内涵和生活美学。自中华人民共和国成立以来，中华民族从"站起来""富起来"到"强起来"的伟大飞跃，这与我国日益繁荣发展的文化建设是分不开的。以"新国风""新国潮"为代表的这个文化正以前所未有之势释放商业价值。

中国的服饰审美文化，体现着中华民族伟大的物质文化创造，同时也凝聚渗透着极其丰富的中国哲学和美学的深层理性意蕴。服饰自诞生以来，与文化如影随形，既是文化的产物，也是文化的载体。中华古代服饰文化渊源，是中国礼仪之邦的服饰文化的根脉。在中华文明发展历程中，服饰的面貌是社会历史风貌最直观最写实的反映（图4-13）。

服装行业正处在从产业制造强国向时尚强国转变的过程中，以文化创造力作为产业转型的重要抓手和着力点，在当前数字经济时代依然以此为发展的底层逻辑。

二、新文化 新引擎

过去10年，国内刮起的"国潮风"和国际时尚舞台流行的"中国风"交相辉映，构成了以中国文化为核心要素的新文化生态。在全球经济发展和需求结构发生巨大变化的新时期，文化引领的时尚产业已成为中国纺织工业的新标签之一，以中国文化为核心要素的创意创新和个性消费正在改写市场格局，而代表当代中国服饰的新文化理念，则是引领产业发展的"新引擎"和"风向标"。

图4-13 历史图谱

中国品牌正从组织内部进行创新和迭代，自上而下，由内而外完成蜕变，从"中国制造"到"中国智造"再到"中国创造"，赋予服饰产品更多的文化与精神，将传统文化进行现代演绎。中国品牌讲好中国故事的同时，充分展现了中国的文化自信（图4-14）。

在服装服饰领域，以"中国李宁"为首的时尚品牌就是新文化生态中的重要引领者和最大获益者

2019年的纽约时装周开幕式上，太平鸟以"女排精神"的精神内核，表达文化自信背后的力量来源

劲霸男装，两度登上米兰时装周官方日程，以中国美学设计语言贯穿秀场始末，向全世界展示了中国品牌的当代风貌

图4-14 李宁、太平鸟、劲霸

纺织服装是文化的载体，是时尚的表达。高度的"文化自信"催生了新的文化业态，延伸了时尚文化产业链。在这股新浪潮下，时尚产业正呈现新的发展图景。

三、中国服饰的国际影响力 以服装为媒与世界对话

当今世界各国之间综合国力竞争日趋激烈，文化力越来越成为综合国力竞争的重要因素。中国时尚的文化创造力与行业软实力，是基于中国五千年一脉相承的服饰文化。

从丝绸之路到汉唐文明，再到清代纺织品出口，在中华文明各个历史时代，都有服饰文化传播的现象。千百年的华夏文明随着服饰礼制的传承而发扬的同时，伴随全球经济、技术、文化的不断深入交流和角力，全球化之下，中国与国际社会的交往日趋频繁，礼仪服装的重要性也越发凸显。

在每一个历史时期，服装都是最有力的文化传播媒介，中国服饰文化要传达给世界的不是简单的符号，而是有深厚历史文化底蕴的民族气质、风骨与精神。

直到近代，中国元素在世界舞台的再次兴起，中国传统服饰文化元素对欧洲品牌服装渗透的案例开始屡见不鲜。欧洲设计师在20世纪80年代已开始在作品中零星体现中国元素，到了90年代，中国元素越来越多出现在世人的面前（图4-15）。

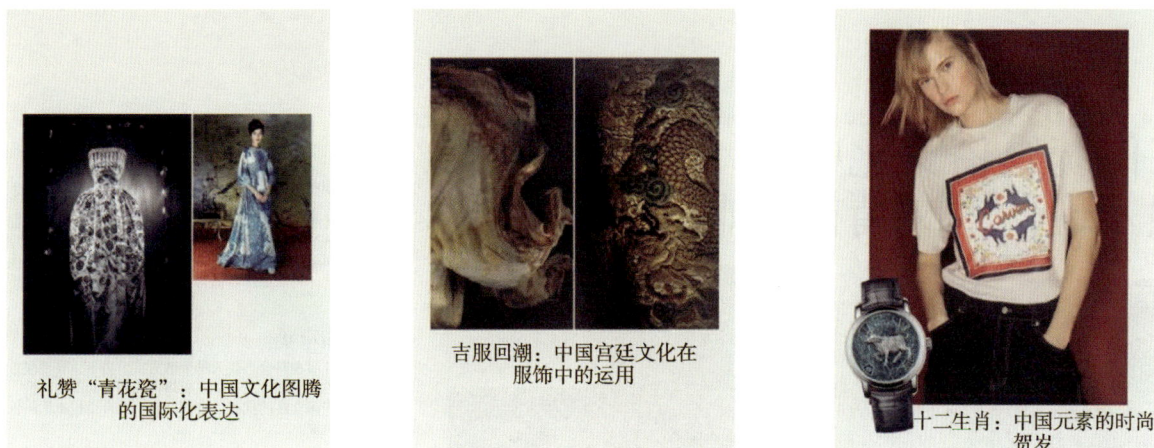

礼赞"青花瓷":中国文化图腾的国际化表达

吉服回潮:中国宫廷文化在服饰中的运用

十二生肖:中国元素的时尚贺岁

图4-15　青花瓷、回潮、十二生肖

四、新场景　新中装

日趋繁荣的国民经济之下,消费者对着装场景的辨识区分愈加明确,在不同场景下穿着富有中国传统文化内涵的礼仪服饰,成为消费端和生产制造端共同面对的一道关于衣服的"考题",新场景下的新中装,正在重新定义"华服"。

在这一背景下,攫取工作与生活中较为常见的特定场景,在商务着装、婚礼庆典、学位服、当代中国校服、当代职业装、体育赛事服装六大场景中重新定义新中式服装礼仪文化,共同应对文化自觉和文化自信浪潮下的穿衣思考,从服饰的功能属性、审美属性,就穿着场合、设计理念、款式设计建议、颜色、图案纹样、面辅材料、示例款式等方面着手,提出服装设计与着装指导性建议(图4-16)。

场景一
遵简崇礼得体应景的中国商务着装

服饰功能

随着国际地位的不断提升和外交事务的需要,中国形象有更多的机会在国际舞台上亮相,无论是外交官员、社交名人还是每一个普通人,每一个中国人走出国门的形象都代表着"中国形象"。

服饰审美

商务着装应立足于中华民族深厚的文化传统和富有特色的思想体系,遵循简洁大方、谦逊有礼、自尊自信、积极进取的中国文化信仰,溯源中国传统服饰文化与当代社会价值观,汲取典型的中式款式的意象精髓。

款式设计建议

－设计可寻根觅源在几千年形成的中国传统文化系统中探寻中国服装的文化基因。款式种类多以新中式服装、中山装、旗袍、中式夹克为主。
－男士着装颜色的选取随场合不同而变化。在外交、公务场合以深色系为主,在以便服为主的休闲场合,可选用色彩明度更高的颜色,女士着装颜色选择比较广泛。
－商务着装的纹样使用通常是对传统经典图案纹样的原有形态进行分解、变形、交错重组等创造出新的形态,值得关注的是旗袍可选用的图案纹样较为丰富,既包括极富民族特色的传统吉祥纹样,同时可将抽象纹样与传统纹样结合交融,将现代人的审美与传统的吉庆纹样结合。
－面料的选取较为广泛,在新中式服装、中山装、旗袍、中式夹克不同款式下各有不同体现。

| 黑色 | 藏蓝色 | 棕色 | 深红色 | 墨绿色 | | 米色 | 竹青 | 卡其 |
| 正红色 | 艾绿色 | 玻璃蓝 | 鸦青色 | 藕荷色 | | 蓝绿色 | 粉灰 | 驼色 |

图4-16

场景二

在传统婚俗文化中
融入现代人文精神的婚礼庆典服装

| 黑色 | 深蓝色 | 绛红色 | 红色 | 金色 |
| 秋波蓝 | 合欢红 | 酪黄 | 玛瑙灰 | 粉白 |

服饰功能

中国传统婚俗文化是中华民族物质与精神的沉淀。在中国文化传统中，婚礼习俗代代传承渐成定式。近现代伴随西方文明的传入和社会发展，传统婚庆礼仪和着装发生了巨大变化，但依然保留最为基本的中国文化基因。

服饰审美

婚嫁礼服在符合当代人的生活方式前提下，既要注重传统工艺的保护和开发，体现服饰民族精神和美学特性，突出展示中国女性的优雅、含蓄之美，提升当代生活的仪式格调和质量。

款式设计建议

– 通过传承、融合与创新，实现具有中国特色的婚纱礼服着装文化的推广与应用。中式礼服、婚纱设计基于国际婚纱礼服的基本廓型，重在体现"端庄大方、简洁合体"。新中式婚服设计需在弘扬中国婚俗文化传统的基础上，考虑不同区域、不同民族的婚俗文化特色。婚服旗袍着装设计原则以中国传统旗袍式样为本源，融合当代流行服饰元素。
– 色彩选择上，既要结合高饱和度传统婚服颜色，又要兼具柔和雅致的当代流行色彩，将中国人民吉祥、喜庆、和美、团圆的情感诉求融入设计。
– 婚服选用的图案纹样以动物纹样为主，如龙凤纹、鸳鸯纹、鱼纹等，寓意成双成对、多子多孙等，辅以部分植物纹样、文字纹样、几何纹样、自然纹样等，取富贵吉祥、喜上加喜等寓意。

场景三

文化认同体现新时代知识分子
风貌的学位服

学士学位服			博士学位服	
黑色	黄色		黑色	红色
硕士学位服			院长学位服	

服饰功能

学位服，作为学位获得者在学位授予仪式上穿戴的表示学位的正式礼服，是其获得学位的、有形的、可见的标志之一。实行学位服，有利于进一步完善我国的学位制度，有利于全社会进一步尊重知识和人才，有利于激发攻读学位者的学习积极性，有利于加强学位授予工作的管理和国际交流。

服饰审美

当代中国学位服的设计在国际惯例统一规范的基础上，增加毕业学子对中国文化的认同感。当代学位服的着装设计以统一化、特色化为原则，遵循国际惯例，保留传统学位服正式庄重的风格，统一基本形制；在此基础上可适当加入一些高校专属的标志性符号，体现校风校训，突出办学特色。

款式设计建议

– 学位服的整体结构建议沿用《国务院学位委员会办公室关于推荐使用学位服的通知》提出的学位帽、流苏、学位袍和垂布四部分。在领、肩、袖、襟、纽扣等设计细节上，融入中国元素；在局部可选用创新性中国图案纹样进行装饰，彰显中国特色。学位袍的设计宜简单大方，符合古今结合之美，可参考中国传统服饰的标志性结构进行设计。
– 颜色基于六科六色上融入中国传统色彩区分本硕博的学位服，或沿袭国际惯例。学位袍以深色、灰色系为主，垂布的颜色可随学位级别由浅至深。学士可选用清雅色系；硕士可选用沉稳色系；博士可选用厚重的色系。
– 鉴于学位服是正式场合穿着的礼服，大面积使用纹样不妥当，局部的纹样设计更加适合，寓意前程似锦、高洁正直等。

图 4-16

场景四
文化育人多元化需求下的当代中国校服

藏青色	灰色	酒红色	墨绿

鱼腮红	海涛蓝	雄黄	月白	汉白玉

服饰功能
校服作为一种校园服饰，是国家、地区、学校文化积淀的体现，展现了一个国家的教育水平和文化水准，是展现校园文化的窗口，也是学校文化和形象的代言者。

服饰审美
中国的校服是文化、教育、历史甚至是政治的缩影。其颜色样式的变迁既紧随时代浪潮，又顺从惯性统一。当代中国校服在代表文化认同感和归属感的同时，款式设计和审美也体现着人文品格。校服的设计要贴近地域文化特点，符合时代精神特征，传承民族文化需求。

款式设计建议
- 校服作为面向广大学子传达文化认知与美育的重要载体。新中式风格与新工艺相结合，好看也更加实用。新中式风格校服成为众多学校展现校园文化内核的亮眼风貌。
- 选择需要考虑学校的文化主题、校服穿着者的年龄层次及性格特点等，幼儿园及小学的童真、中学的独立、大学的沉稳等需要用不同的颜色搭配来彰显校服的特色。
- 校服属于特定着装，多用学校校标作为专属的象征，也可选少许图案纹样，包括（但不限于）植物纹样、动物纹样、几何纹样、文字与符号纹样、山水纹样。
- 校服面料更加注重安全舒适性，要符合国家安全规定，新中式校服需要中式款式设计和高科技现代面辅料完美结合。

场景五
"行走"的文化符号
统一标准下的中国当代职业装

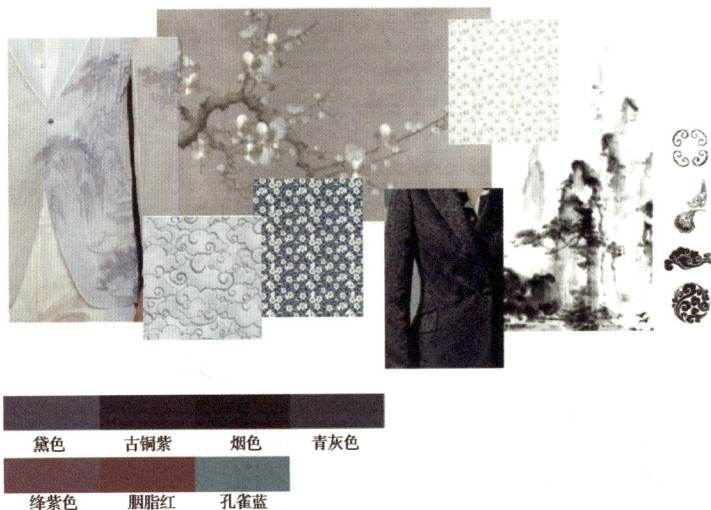

黛色	古铜紫	烟色	青灰色

绛紫色	胭脂红	孔雀蓝

服饰功能
作为个人和企业一种"行走"的符号象征，职业装不仅是职场人身份的象征，也是代表企业形象、企业文化的展示，更是一种人文符号和标志。职业装严格来说是正装中的一种，而所谓正装，指的是在正式场合具有公众身份或者职业身份的着装。

服饰审美
职业装不是时装，而是根据职业性质、企业制度要求而使用的有特定涵义与功能的服装，其设计时需根据行业的要求，结合职业特征、团队文化、年龄结构、体型特征、穿着习惯等。

款式设计建议
- 职业服装设计是根据企业、团体的性质、精神理念及CI形象识别系统进行策划，树立的是整体的社会形象和团队精神。具有中华文化及民族特色的职业装，不同于新中式商务装，其服饰特色更倾向商务风和职业风，是在满足商业需求的基础上，使企业整体及着装个体的最佳可视效果展现于社会大众面前。
- 男装可选用黛色、古铜紫、烟色、青灰色等具有历史文化沉淀的味道的深色系，展现职场男性沉稳内敛的优雅魅力。女装除了深色系外，还可选用绛紫、胭脂红、孔雀蓝等带有东方气质的色系。
- 职业装可选的图案纹样包括（但不限于）植物纹样、动物纹样、几何纹样、自然与天地属相纹样、文字与符号纹样。

图 4-16

场景六

体育强国战略下
体现文化软实力的体育赛事服装

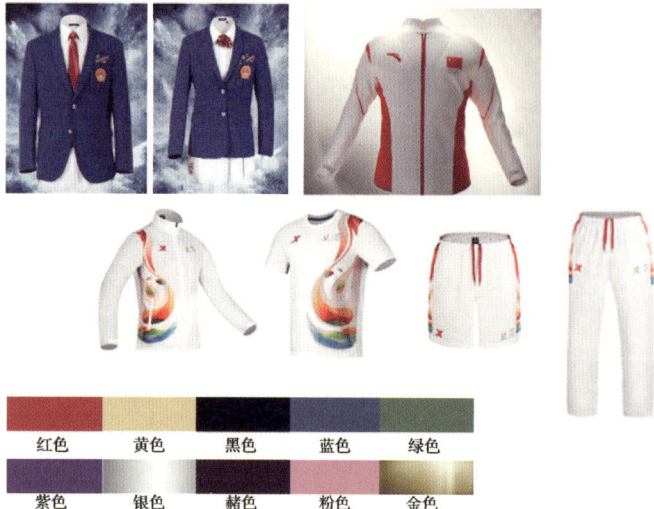

服饰功能

受益于中国经济的高速增长，中国开始参与和承办国际级体育赛事。每逢举世瞩目的国际体育赛事，体育健儿的出场礼服便被赋予了更深层次的意义。在国际体育赛事中，各国不仅要展示竞技体育上的硬实力，也要展示国家文化方面的软实力。作为文化输出的重要表达，中国体育代表团的服装代表着国家形象和国家文化，正是国家软实力的重要体现。

服饰审美

随着体育政策由竞技体育转向大众体育，人们对体育赛事关注度的提高，运动员礼服的文化性、时尚性越来越成为大家关注的焦点。体育赛事礼服不再只是以传统形式出现。

款式设计建议

- 根据中国运动员的身材比例，使服装与人融合为一体，符合中国人气韵和身体结构，同时将中国人足够包容、拥有博大胸怀，能与世界共荣，给人无限遐想的精神状态表达出来。
- 色彩的提炼及组合搭配，需要围绕和凸显主题元素及符号，在颜色选取上可参考五星红旗、奥运五环、京剧脸谱、国宝熊猫、北京故宫等具有国家象征寓意的色彩主题。
- 避免使用龙、长城、熊猫这种具体的、符号化的元素，把关于对中国的想象框住。
- 体育赛事的礼服不同于运动服，要特别关注运动员的体能，回归身体的需要，兼顾设计礼仪与穿着的舒适度。

图 4-16　六个场景

五、文化自觉与文化自信加速构建共赢生态

随着时尚产业变革和文化多元发展，凝聚东方理念和优质制造的中国时尚产业正展现出新优势，为全球时尚产业注入多元化价值体系和新生力量。各产业都在向全球化迈进的时候，服装行业更不例外，甚至走在了潮流变革的前列。在这样的大变革时期，服装企业如何才能顺势而为、乘风破浪、独领鳌头？

宏观上，从政策层面基于对《关于实施中华优秀传统文化传承发展工程的意见》《中华人民共和国国民经济和社会发展第十四个五年规划和2035年远景目标纲要》国家政策文件的高度提炼，通过政策解读帮助企业正确理解文化红利，正确承接传统习俗、符合现代文明要求的社会礼仪、服装服饰、文明用语规范，建立健全各类公共场所和网络公共空间的礼仪、礼节、礼貌规范。

微观上，通过企业在设计研发、文化营销具体环节，选取之禾、鄂尔多斯、歌中歌等品牌，实例讲述如何以文化为抓手。精准捕捉文化赋予的市场爆发机会，通过品牌发布、赛事展演、电商运营等多角度、跨行业解读时下传统文化"造血术"，以期创建独树一帜的礼仪服饰产业，建立文化自觉与文化自信，加速构建共赢生态（图4-17）。

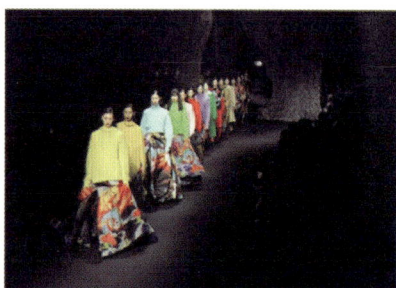

鄂尔多斯1436×多元文化跨界联名　　　劲霸男装×航空文创联名　　　Song of Song 歌中歌×新锐设计师何平

图 4-17　案例

世界因多彩文明而生机勃勃，文明因交流互鉴而美美与共。此时，中国服饰文化的传播应践行"不忘本来、吸收外来、面向外来"，以当代礼仪服饰及其背后蕴藏的文化展现中国当代风貌。

当代中华礼仪服饰的编制和研究，从服装的使用场景、功能属性出发，集结市场主体的智慧洞见、理念实践，呈现中国服饰文化的软实力，为新时期中国服装服饰产业的发展营造良好环境，为"十四五"时期中国服装产业的高质量发展提供助力。

该文节选自《当代中华礼仪服饰白皮书》，完整报告请联系中国服装协会品牌发展部。

2021 年中国服饰行业私域经营报告

有赞服饰行业类目运营

近年来，中国服饰行业市场平稳增长、规模庞大，愈加激烈的市场竞争推动着行业从以"货"为中心向以"人"为中心转移，未来市场已经从"用户增量竞争"转化到"用户存量竞争"，品牌在面向特征不一的用户群体时，加速探索着经营模式变革、组织变革和营销创新。

在此背景下，2020~2021 年服饰行业私域保持高速增长，2020 年更被称为私域元年，随着微信月活用户（MAU）达到 12.5 亿，企业微信用户（去重）达到 4 亿，小程序日活跃用户（DAU）超过 4 亿，私域用户的精细化运营与深耕，正在成为品牌重要战略着力点。

针对品牌与市场的连接方式变化，有赞服饰行业运营专家团队依托私域生态大数据，基于服饰行业私域运营实践和行业观察，总结未来服饰行业私域经营"线下零售数据化""品牌私域 IP 化""DTC 运营"三种模式变革趋势。

一、2021 年服饰私域洞察：万亿市场背后要点是什么

（一）"规模化、高渗透、快增长"私域成为行业增长利器

服饰私域 2020~2021 年高速增长，尤其受疫情冲击加速了品牌线上化布局决策。有几个明显趋势值得服饰品牌关注：传统线下品牌 2020 年受疫情影响加速了线上化建设，私域成为企业战略布局要点，该赛道逐渐进入决赛圈，还未开始布局的品牌需要进一步加快赶超；新锐品牌线上线下双重冲击传统品牌业务，因天然的 DTC 属性，私域是新锐品牌必争之地，这一点需要引起传统品牌警惕；私域直播虽然不是私域最大的流量来源，但却是私域

种草转化环节重要的"场"，重内容生产的时尚服饰行业需要标配布局。

1. 服饰行业私域近两年保持平稳增长，私域运营成为品牌重要战略着力点

2020 年 H1 受疫情影响，线下业务线上化迫在眉睫，传统品牌纷纷暴增式涌入私域，私域高速增长。2021 年后，私域逐步成为服饰品牌基础建设，增速有所放慢（图 4-18）。

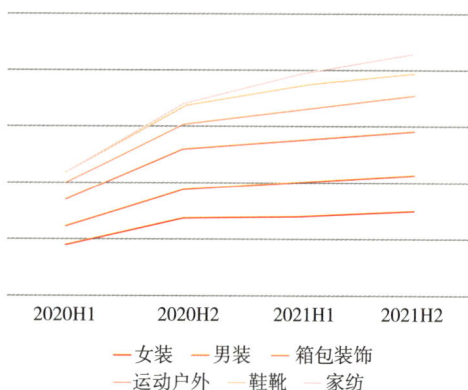

图 4-18　有赞服饰行业商家数增长趋势

女装行业依然占据服饰行业绝对份额，GMV 占比高达 50% 以上。在细分行业上，运动户外、箱包配饰增速表现亮眼，2021 环比增长达 30% 以上（图 4-19）。

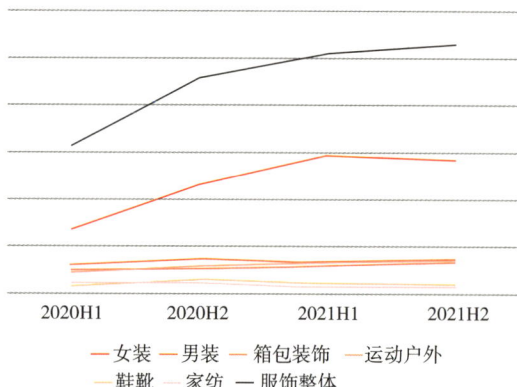

图 4-19　有赞服饰行业 GMV 增长趋势

2. 私域成为传统线下服饰品牌数字化基建，"线下+私域+公域"助力品牌新增量

疫情的影响促使行业加速数字化建设，近两年传统品牌私域增长速度更是明显高于互联网品牌。例如，安踏集团 7 天完成全国门店数字化项目，雅戈尔上千家门店投入私域直播等项目（图 4-20）。

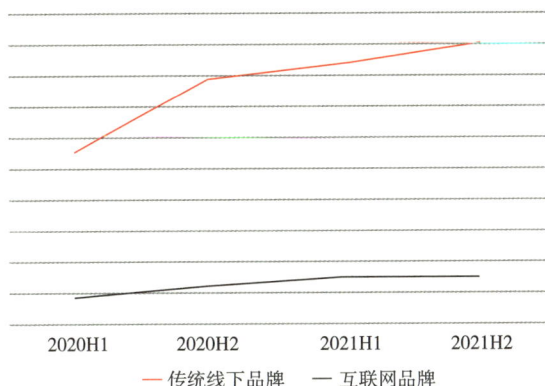

图 4-20 不同品牌类型私域增长趋势

私域已经成为服饰行业寻找新增量必不可少的环节，越来越多新品牌市场份额一路高歌猛进，细分行业格局被打破。

近年来，服饰行业涌现越来越多的新锐品牌和潮牌。以内衣、家纺为代表的细分品类正在经历行业洗牌，线上线下业务均受新品牌冲击。在有赞私域生态，头部新锐内衣品牌蕉内、新锐家纺品牌躺岛、新锐潮流配饰品牌 KVK、潮流服饰品牌 Drewhouse、Teamwang 等纷纷布局私域 DTC 小程序（图 4-21）。

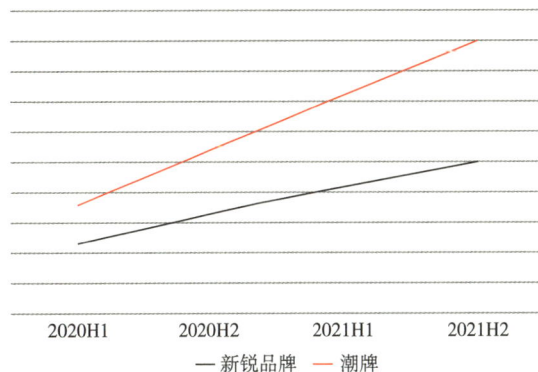

图 4-21 有赞服饰新锐品牌和潮牌增长趋势

同时，资本市场偏爱"新锐品牌"，"资本加持"加快行业变革，如内衣行业经历了资本和市场洗礼，行业被彻底洗牌（表 4-15）。

表 4-15 内衣行业资本和市场

品牌	创立时间	融资时间	融资轮次	本轮金额	投资方
ubras	2016 年	2020 年 9 月	B+轮	亿元及以上	今日资本、红杉资本
NEIWAI 内外	2012 年	2021 年 7 月	D 轮	1 亿美元	某全球美元投资集团、祥峰投资、启明创投
蕉内	2016 年	2020 年 11 月	A 轮	数亿元	元生资本
奶糖派	2017 年	2020 年 8 月	天使轮	900 万元	合享资本、高飞基金
素肌良品	2016 年	2020 年	A 轮	数千万元	众晖资
香秘闺秀	2014 年	2020 年	A 轮战略融资	近亿元	险峰旗云

3. 视频号成为私域转化利器，品牌官方"社交名片"拉近用户距离

视频号是微信私域最直接的直播路径，基于 12 亿月活的微信生态，且跟微信朋友圈一样拥有一级入口。"视频号+小程序"完美实现边看边买一站转化。

短视频和直播对于服装产品的表现力远远大于图文内容，在直播间里用搭配师角色，与客户更容易产生连接，更好地展示产品和阐述卖点（图 4-22、图 4-23）。

（二）"深种草、多分享、高复购"构建服饰私域用户关键词

服饰行业是一个细分品类人群市场，基于细分品类面向用户群体不一样，用户的消费特征、社交属性、品类偏好存在差异（图 4-24）。

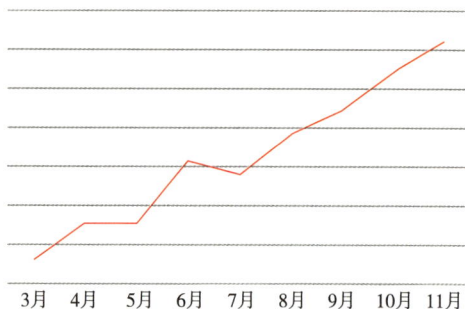

图 4-22　2021 年有赞服饰行业视频号开播商家数增长趋势

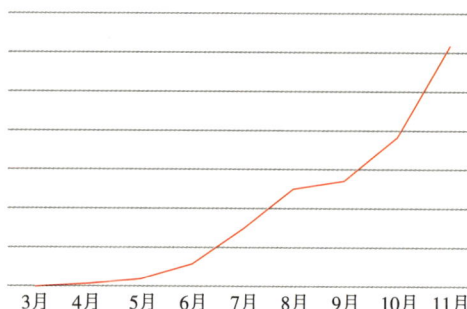

图 4-23　2021 年有赞服饰行业视频号 GMV 增长趋势

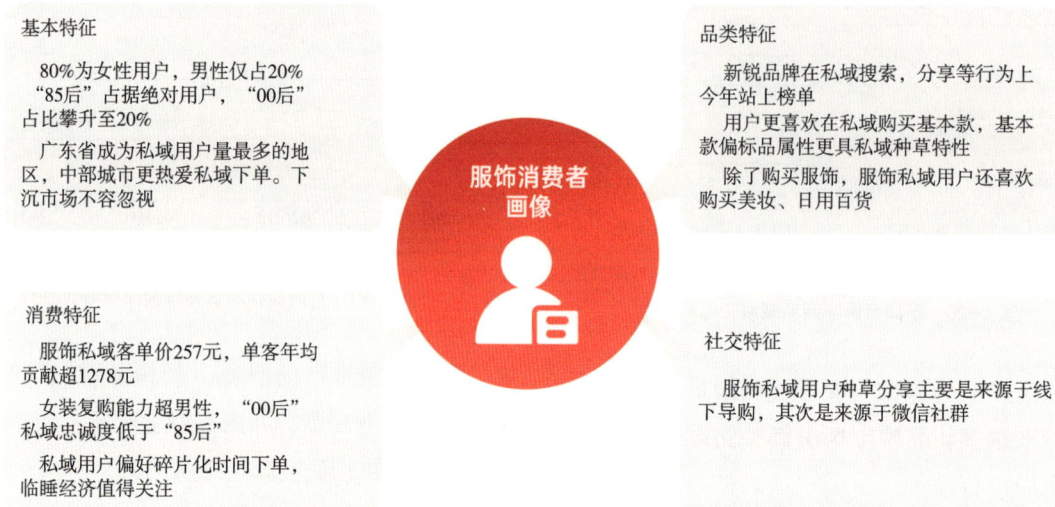

基本特征

80%为女性用户，男性仅占20%

"85后"占据绝对用户，"00后"占比攀升至20%

广东省成为私域用户量最多的地区，中部城市更热爱私域下单。下沉市场不容忽视

品类特征

新锐品牌在私域搜索，分享等行为上今年站上榜单

用户更喜欢在私域购买基本款，基本款偏标品属性更具私域种草特性

除了购买服饰，服饰私域用户还喜欢购买美妆、日用百货

服饰消费者画像

消费特征

服饰私域客单价257元，单客年均贡献超1278元

女装复购能力超男性，"00后"私域忠诚度低于"85后"

私域用户偏好碎片化时间下单，临睡经济值得关注

社交特征

服饰私域用户种草分享主要是来源于线下导购，其次是来源于微信社群

图 4-24　服饰消费者画像

1. 服饰行业私域用户规模超 2 亿

有赞服饰行业私域用户规模近 2 亿+。服饰行业企业加快数字化和私域布局，带来了私域用户池快速提升。女性仍然是鞋服消费的主力人群，占比超过 80%，男性占比 20%（图 4-25）。

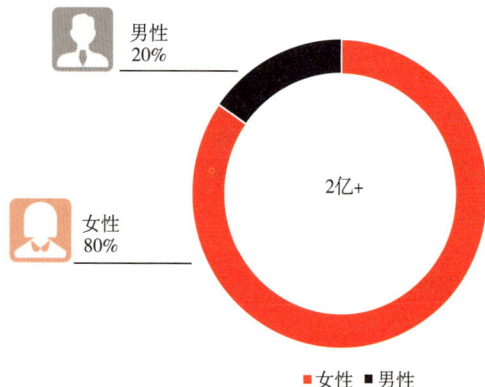

男性 20%

女性 80%

2亿+

■女性 ■男性

图 4-25　服饰行业私域用户规模

"85后"是私域消费主力军，Z 世代成为未来

私域中坚力量，"00 后"经济不容忽视。"80 后""90 后"用户占比 57%，构成服饰私域用户主力军。随着"95 后"逐渐步入职场，"95 后"用户数量占比近 2 年在持续攀升（图 4-26）。

2. 中部城市更热爱购买服饰鞋包，下沉市场或成为私域挖掘金矿潜力地带

从用户分布来看，沿海及中部城市更加热衷购买服饰鞋包；购买力最强的省份为广东省，销量占比达 14%（表 4-16）。

表 4-16　TOP10 省市

省市	占比	省市	占比
广东省	14%	北京市	4%
江苏省	7%	四川省	4%
山东省	7%	福建省	3%
浙江省	6%	河南省	2%
湖北省	5%	其他市场	43%
安徽省	5%		

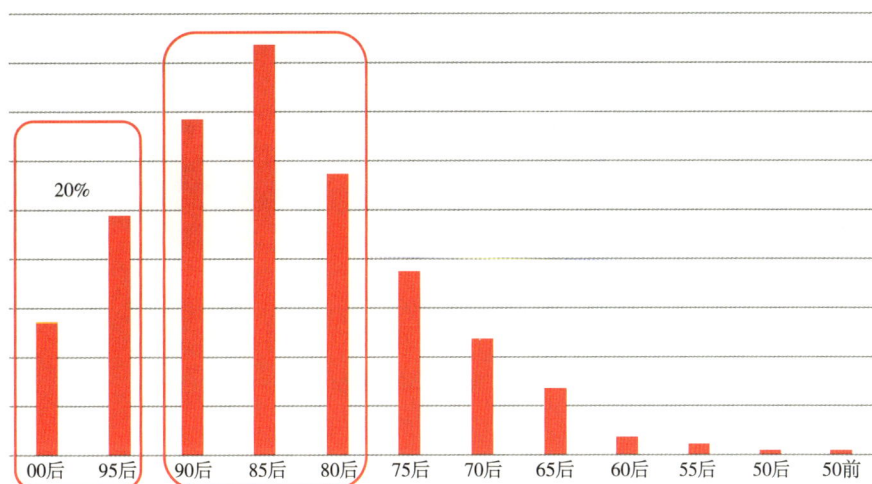

图 4-26 服饰私域用户

3. 私域用户更爱在碎片化时间买买买，"临睡经济"成品牌私域新增量

从消费行为看，服饰私域用户上午 10 点左右和晚上 8 点以后下单会出现小高峰，和上新、促销活动节奏基本保持一致；其中晚上 10 点到凌晨 1 点后订单仍然可观。品牌门店打烊时间（晚上 22：00 至次日早上 9 点）后，用户"临睡"经济仍然可观，服饰品牌可利用深夜福利吸引用户在玩手机的同时剁手（图 4-27）。

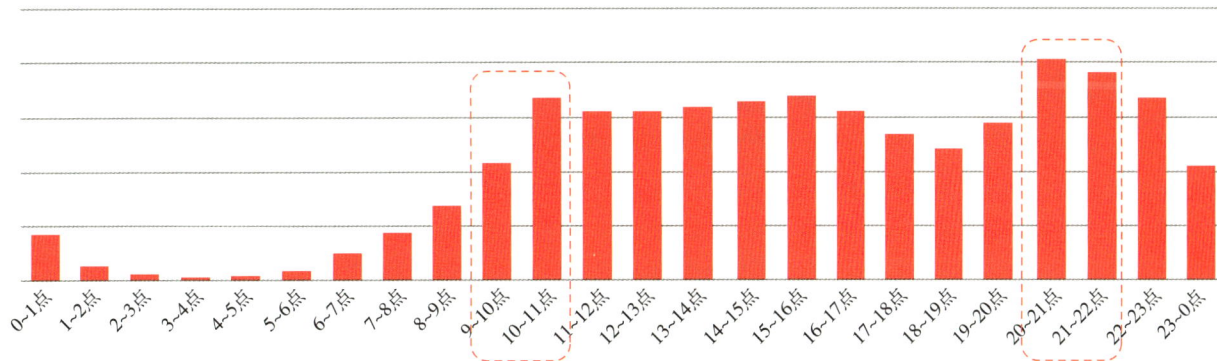

图 4-27 服饰私域用户下单时间分布

4. 服饰行业私域年均贡献金额提升超 35%，私域年复购 2 次及以上用户群体高达 39%，经营单客 LTV 价值成必然趋势

服饰私域客单价由 153 元提升 68% 至 257 元；年度贡献由 943 元提升超 35% 至 1278 元。服饰私域年度有 2 次购买行为的用户占比高达 39%，相对于公域拉新高效但二次触达难的特征，私域更有利于品牌培育客户忠诚度。服饰私域复购用户，发生复购行为主要集中在 90 天内，与服饰的季节性周期比较相符，大部分复购用户习惯按季度添置购买（图 4-28）。

5. "基本款"是服饰私域最畅销单品，细分品类功能性单品受追捧

从服饰行业大盘看，基本款（普适性类标品）仍然是主流消费，但消费品类日益丰富，呈现季节性复购。从细分行业看，一些新"功能性"单品受到热捧，如低头族热爱"颈椎枕"，热门新兴运动的"瑜伽裤""骑行服"，同时受近两年经济收紧影响，具备投资属性的"贵金属"成为黄金珠宝类最爱购买的单品之一（图 4-29）。

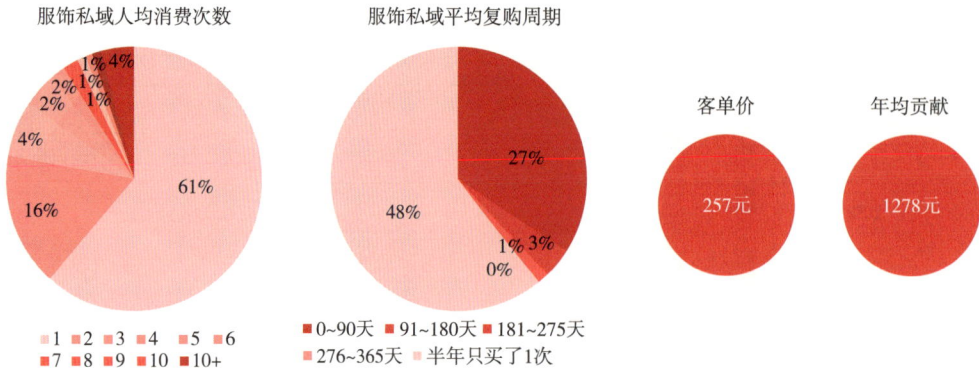

图 4-28　服饰私域消费统计

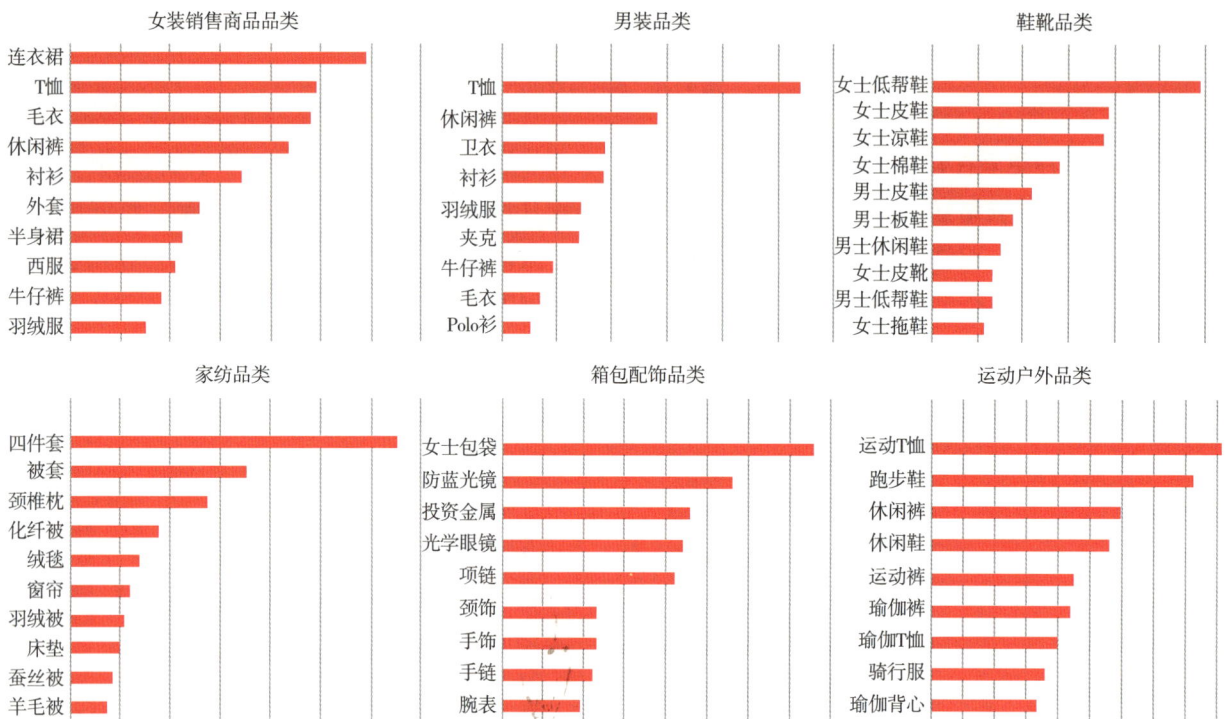

图 4-29　服饰行业大量细分品类

6. "美妆""家居百货"成为服饰私域用户最爱跨类目购买的品类

除了购买服饰箱包，服饰私域用户还在私域内购买其他品类，服饰品牌除了为用户提供穿搭服务，还可在自有私域小程序为用户提供一站式生活解决方案。值得注意的是，男装的购买用户最爱购买的其他品类是"休闲零食"，"数码家电"也是服饰私域用户热爱的品类（图 4-30）。

图 4-30　有赞服饰行业用户跨品类购买 TOP 榜单

越来越多传统线下品牌站上了私域舞台中央，数字化转型成为传统品牌今年最热门的话题。同时也越来越多的品牌开始借助私域搭建 DTC 小程序，选择全渠道种草然后在品牌私域的"场"完成成交转化。

图 4-31　三大场景全域营销

（三）"新触点、新内容、新策略"三大场景助力全域营销

服饰行业经历了以整合多渠道为核心的全渠道营销，目前正在向以消费者驱动为核心的全域营销迈进。而服饰行业是一个细分品类人群市场，基于此，服饰行业营销策略围绕人群特性和商品生命周期进行（图 4-31）。

1. 服饰行业私域平均支付转化率为 5%，远高公域，值得投入

从有赞各行业转化率分布来看，同城零售品类>快消品类>时尚品类。转化率高的品类有几个典型特征：偏标品，受众群较广，单价相对低。而

服饰个性化需求多，整体消费者购买决策链路偏长，相对来说私域转化率在同城零售和快消品类之后，但还是远高于公域平台电商支付转化率（图 4-32）。

2. 年度服饰私域最爱用的私域营销工具 ≠ 效果最佳，简单有效才是王道

据有赞服饰年度营销数据观察，优惠券、满减等营销玩法，仍然是促进消费者转化下单最有效的工具。同时基于私域分享属性，"裂变券"成为年度私域用户最爱分享的营销玩法（图 4-33、图 4-34）。

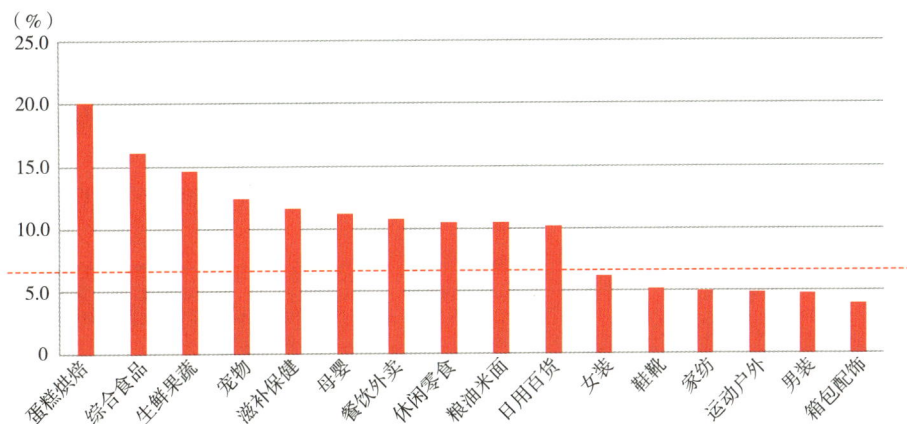

图 4-32　有赞私域支付转化率 TOP10 行业 VS 服饰行业支付转化率对比

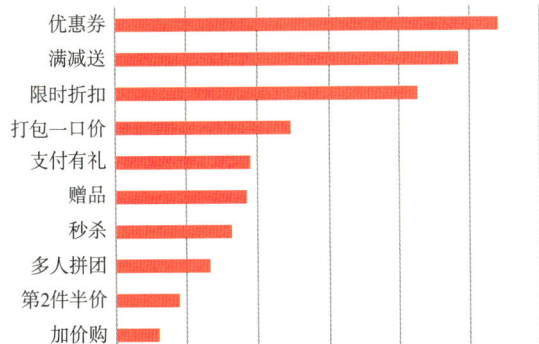

图 4-33　服饰最爱用的 TOP10 营销工具

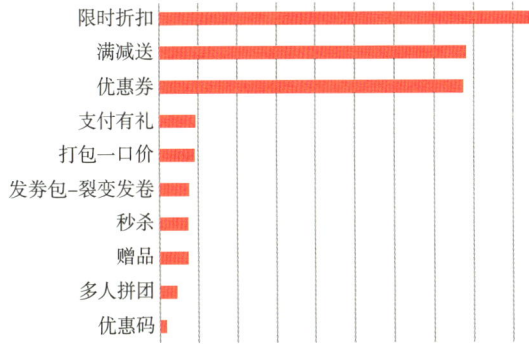

图 4-34　服饰使用效果最佳的 TOP10 营销工具

3.“私域+公域”“内容+社交”，链接用户与品牌私域触点愈渐丰富，布局全域营销已成趋势

在私域渠道，“门店社群”“品牌视频号”日渐成为服饰品牌私域标配。高产社群的月产出约10000元，而视频号直播是高产社群转化的内容利器。从公域触点看，AI技术应用成为用户触达和转化又一利器。据有赞服饰和生态合作伙伴数据显示，AI接通率高达70%，加粉成本可低至约2元/人。从链接方式看，各大内容平台，如微博、小红书、抖音也正成为新的私域种草阵地（图4-35）。

图4-35 触点分析

4. 私域内容不再局限于品牌PGC，更多来源于消费者UGC和导购生产，唤起一线内容生产力将成为私域运营一大竞争力

据有赞行业数据监测，大部分重视内容的商家，近15天内平均单日发帖量16条。优秀的私域朋友圈，高质量内容不重叠，一日7发。而采集更多新鲜有趣的私域互动内容，仅仅品牌总部素材远远不够，消费者和导购才是互动内容一线生产力（图4-36）。

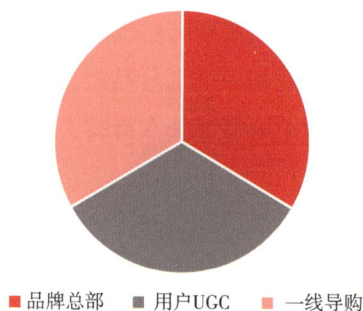

■ 品牌总部　■ 用户UGC　■ 一线导购

图4-36 私域运营

5. 基于服饰行业细分品类人群特性，品牌定位不同导致品牌营销策略差异

从图4-37私域用户决策旅程可看出，品牌在整个品牌营销旅程中，重点要如何缩短用户决策链路，让用户尽快发生转化行为。基于此目的，基于服饰行业品类特性，服饰行业品牌分为两大类型：

图4-37 私域用户决策旅程

（1）用户购买决策链路短的品牌。私域运营核心目的：提高营销效率，提升复购频次，给消费者部分超出期待的惊喜。

（2）用户购买决策链路长的品牌。私域运营核心目的：提升用户留存，加强品牌与用户之间的好感度（图4-38）。

基于以上两种类型，品牌“人”“货”“场”营销策略存在差异（图4-39）。

二、2022年服饰私域趋势与机会：深度运营5000+企业后我们发现了什么

2021年，服饰行业积极践行私域运营，同时围绕以“人”为中心的私域增量运营，有赞在运营服务5000+企业后，观察到2021年服饰企业正在进行以下尝试。

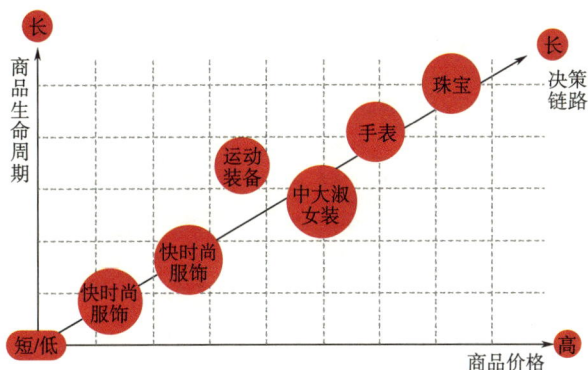

图 4-38 影响"零售消费品"决策链路长短的因素

注 图表只展现趋势，不代表实际比例。

图 4-39 "人""货""场"营销策略差异

尝试一：私域组织正在逐步成为企业战略核心级部门。私域组织搭建相对复杂，部分品牌需要考虑与加盟商之间存在的渠道冲突、分利和会员资产问题，以及如何激发导购主动经营私域和使用私域工具的难题。同时对于私域运营尝试，这个组织是否能快速试错、提炼方法论、快速找到正确方向也是考验之一。服饰品牌在私域运营起盘期搭建组织能力时，需要充分结合私域运营的战略目标，在最佳组织实践中拿到业务结果。

尝试二：品牌商私域基建赋能加盟商以求共赢

共生。服饰行业正是依托加盟商体系，快速搭建线下渠道。据不完全统计，目前服饰行业产业中，约有 200 万线下实体店，其中 50% 以上为加盟店。服饰品牌私域体系构建，绕不开与加盟体系如何共赢问题。2021 年，我们和服饰品牌商一起践行私域运营过程中，探索了一套相对可落地的私域矩阵蓝图。在该矩阵中，品牌方不再是高高在上的指挥官，而是资源整合方，利用品牌总部优势，整合流量、系统、培训等资源，华丽转身为"平台"，赋能加盟商，达到"1+1>2"效果（图 4-40）。

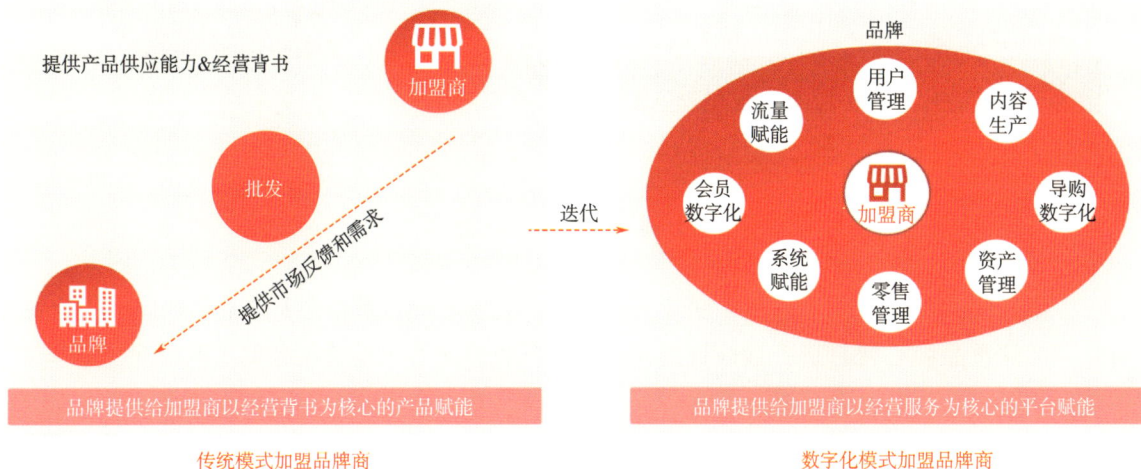

图 4-40 品牌从供应链能力变成平台化支撑

尝试三："品牌私域"与"线下渠道私域"正在共寻破局之道。据不完全统计，国内线下商场综合体有规模以上（2 万平方米以上）7000～8000 家，年零售额高万亿，线下商场体系依然是服饰线

下的主渠道之一。一方面商场综合体面临着线下客流减少，电商分瓜业绩的威胁；另一方面各大综合体为了走出困局纷纷开始寻求自己搭建私域平台。而服饰品牌商则面临着两面夹击。服饰品牌目前遇

到的瓶颈之一是"线下商场综合体渠道占据绝对体量的前提下如何寻求业务增量"。在这个大背景下，"品牌商私域"和"线下商场私域"正在开展"联合"，部分商场私域因为缺乏产品和内容能力，商场会从鞋服品牌私域里导出内容素材，同时帮助品牌引流到店成交。例如，GXG和文峰大世界合作的超级品牌日活动（图4-41）。

即使2021年不断尝试探索，服饰行业在业务变革中依然有绕不过去的几个问题，如何快速找到适用于自身品牌的私域增量模式，如何匹配对应模式的最佳组织，如何找到吸引目标用户的品牌营销方式。基于此，为了帮助品牌找到适用于自身的私域经营模式，我们按照"品牌"和"产业带白牌"经营特点进行区分，做了如下分析。

如图4-42所示，品牌服饰通常有两种业务起盘模式：通过线下开设直营店或加盟商模式快速拓

图4-41 品牌私域和百货私域联合破局

展渠道，该模式也是鞋服行业品牌商快速占领市场份额的主流模式；通过线上电商平台开设旗舰店，全域种草快速获取用户，快速占领用户心智。该模式近2年主要为新锐品牌/潮牌路径。

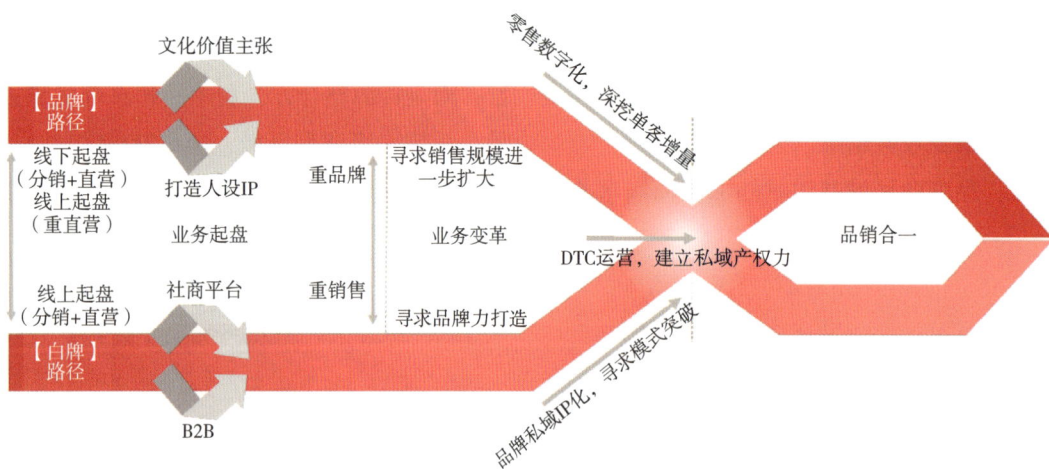

图4-42 品牌服饰业务起盘

无论品牌商以哪种业务模式起盘，在业务起盘初期时，都注重品牌心智打造，最终目的是扩大销售规模，但产业带白牌业务起盘通常会线上先行，在线上起盘时通常会有两条路径：寻找社交电商平台合作，依靠强大供应链好品和价格优势，给社交电商平台供货；寻找小B资源合作，通过小B资源直接面向C端顾客，也就是通俗意义上的微商。无论哪种路径，产业带白牌会先扩张销售，业务体量到达一定阶段后开始打造品牌力。

但无论是品牌商还是产业带白牌，无论业务起盘阶段是重线上运营还是重线下运营，变革路径趋势：从单渠道到多渠道再到全渠道数字化建设；服饰行业常见直营、加盟模式应用在全渠道经营中，作为线上线下不同渠道的经营补充，进行业务改造；最终进化目标—品牌DTC建设。

三、2020年行业经营模式趋势总结

基于前文模式结论，并且结合有赞私域生态洞

察，我们总结出 2022 年行业经营模式趋势：

模式一：线下零售数字化。经营模式特征：围绕商品数字化、门店数字化、导购数字化先行，数字化基建搭建完成后基于会员数字化寻求业务增量。典型品牌类型：传统线下品牌，线下已经完成了基础信息化正在向数字化迈进。

模式二：品牌私域 IP 化。经营模式特征：将服饰行业线下直营门店运营模式复用至线上，快速寻找线上业务增量，搭建线上"云导购"模式。典型品牌类型：传统线下品牌寻求线上新增量，平台电商起家品牌转战私域运营。

模式三：DTC 运营。经营模式特征：重用户运营，重 UGC 互动能力，重全链路数据。型品牌类型：新锐品牌；潮牌；传统品牌内直营业务占优势比例的品牌。

（一）线下零售数字化

1. 线下零售数字化运营模式

（1）品牌中心化运营。特征：导购不对私域销售直接负责，承担门店用户维护和拉新角色；品牌总部对线下零售渠道管控力强；品牌总部承担私域直接转化角色（图 4-43）。

（2）门店中心化运营。特征：强依赖导购销售能力做线上私域转化；品牌总部对于线下零售渠道管控力弱；私域转化"场"在导购（门店）角色上（图 4-44）。

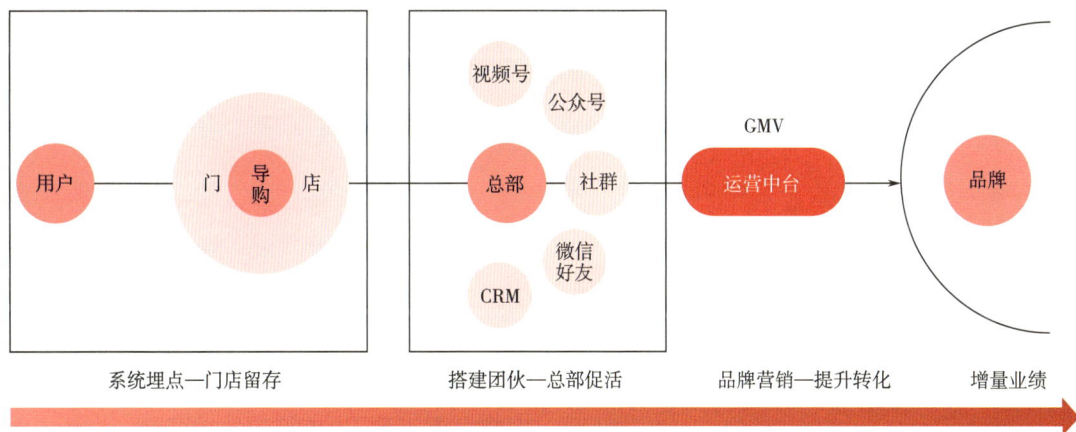

图 4-43　品牌中心化运营

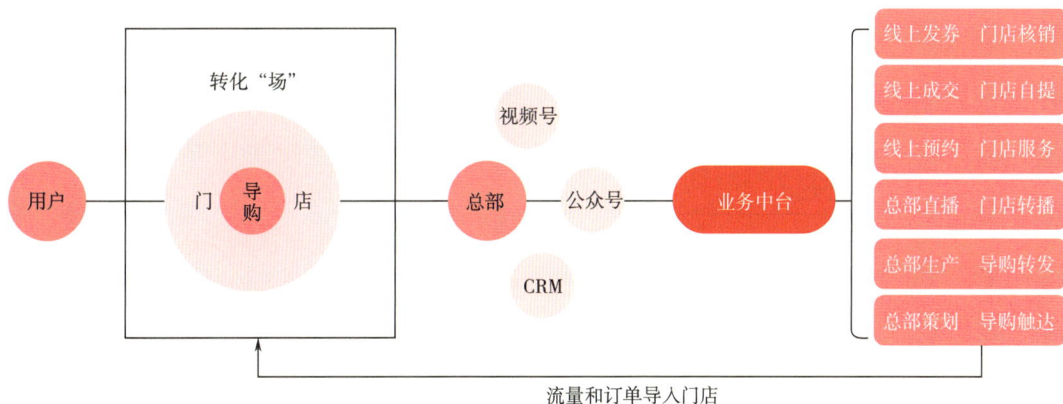

图 4-44　门店中心化运营

（3）分销型运营。特征：强依赖渠道商自身运营能力做本地化私域转化；品牌总部对于线下零售渠道无管理能力或者非常弱管控；总部更多定位是赋能角色（图 4-45）。

2. 线下零售数字化下私域组织搭建

零售数字化运营模式下，不同运营模式决定组

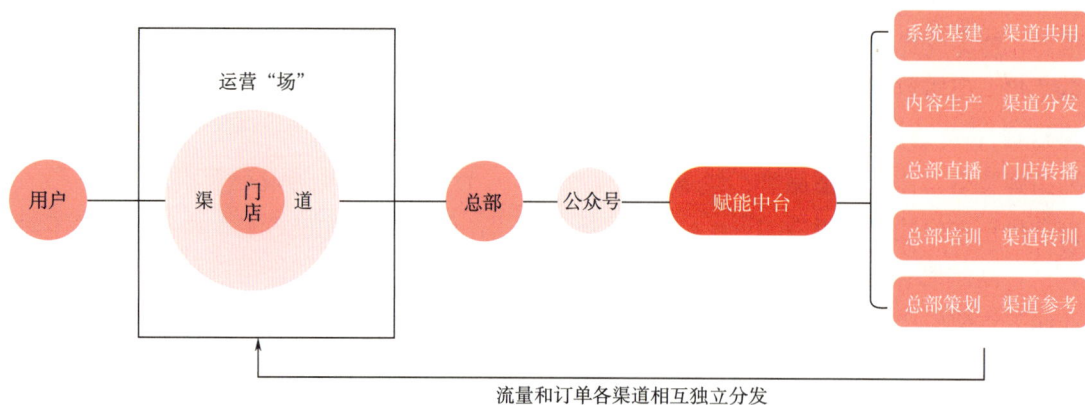

图 4-45 分销型运营

织架构差异。

（1）品牌中心化运营组织。该组织形态强调总部业务中台的重要性，新零售运营中心承担着数字化系统基建、私域运营内容体系输出、用户管理等重要角色。下游的门店和导购更多承担用户拉新和维护工作（图4-46）。

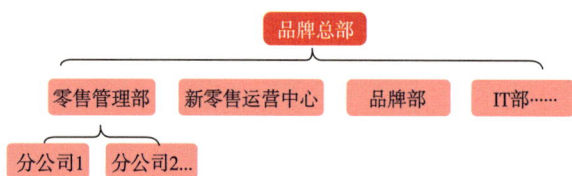

图 4-46 品牌中心化运营组织

（2）门店中心化运营组织。该组织形态核心在于：品牌总部赋能终端创新和改革，由总部建立新零售数字化部门赋能分公司和门店（图4-47）。

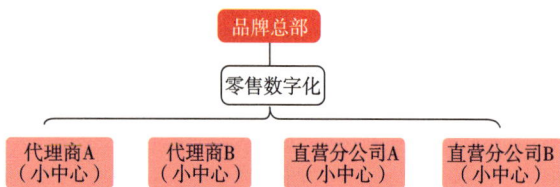

图 4-47 门店中心化运营组织

（3）分销型组织。该组织形态的核心在于：总部协调资源，引入服务、软件、培训，赋能代理商。代理商需要自运营"直播、社群、会员、小程序"（图4-48）。

3. 线下零售数字化运营模式下的营销路径

（1）路径一：利用全链路人群的数据采集和应

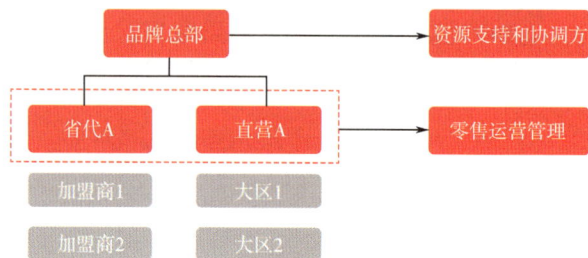

图 4-48 分销型组织

用，规模化营销效率提升正在被"普世化"。从用户生命周期旅程全链路看，越来越多品牌重视数据埋点和使用效率，在用户隐私保护大政策下，品牌方越发意识到CRM管理的重要性，以图4-49为例来看在整个用户生命周期内，分别可以做什么动作。同时在各个触达节点上，除了传统的短信营销方式，AI智能电话，企业微信批量触达等提升效率的方式会越来越被广泛应用。

（2）路径二：相对于高成本拉新投入，花精力提升首购到复购转化"事半功倍"。私域有二次购买行为的用户产生三次购买的转化能达到80%。单个用户1年内如复购3次以上，可进入品牌20%的忠诚用户群体了。而在首购到复购的转化路径上，我们建议可通过以下几种方式：结合商品生命周期有节奏的场景营销触达；提供季节搭配服务，培养用户周期购习惯；举办丰富的会员互动活动，让会员有回来的理由。

（3）路径三：私域增量还可以来源于丰富私域货架的"异业合作"。服饰具备明显商品生命周期

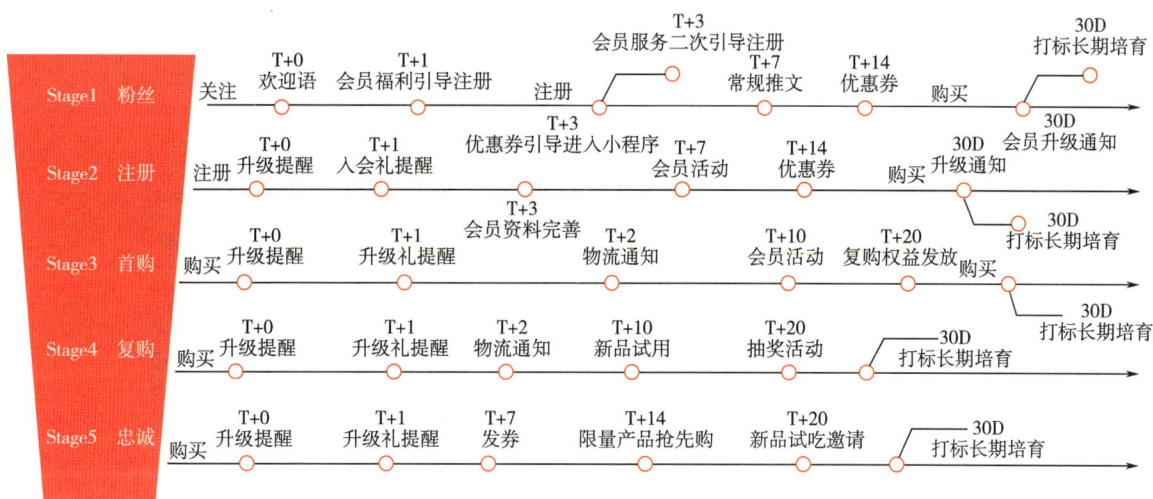

图 4-49　用户生命周期旅程全链路

特征，用户在购买决策时，受商品上市周期和季节影响明显高于其他品类，当没有商品上新时，找什么理由让用户再次购买是私域运营一大挑战，在实践中，越来越多品牌加入了丰富私域货架的尝试中，部分品牌通过该种模式，私域运营业绩增量可以达到 30% 以上。

（4）路径四：经营好"门店社群"品牌门面担当，客户渗透率高效提升。以一家线下实体门店举例，如果线下平均每天进店顾客为 10 人，让线下导购将门店客户加入私域，假设转化率为 80%，也就是说平均 1 家店每天可加 8 人入群。如果是大卖场或时尚休闲类服饰还可以做到更多。在此基础上，1 家门店 1 年平均可做 5 个群，以社群 10% 的转化率测算，以有赞服饰平均单客贡献 1200 元为基准，私域社群卖货 GMV 可达到约 3 万/月。

4. 案例拆解：奥康零售数字化"三驾马车"驱动业务增长

知名鞋企奥康旗下近 3000 家专卖店，以直营门店为主、代理商加盟门店为辅。所有实体门店都会面临三个问题：销售下降、客流锐减、库存积压，奥康也不例外。这样的背景下，奥康围绕消费者的购物路径开启了数字化探索：搭建小程序转战线上，通过门店导购用社群运营用户，期间奥康也尝试了社交裂变等营销玩法，在一个多月的时间里，新增了 10 万用户。

由于奥康线下组织架构以分公司运作为主，为了加快数字化运营效率，在数字化转型期，奥康搭建了组织架构，如图 4-50 所示。

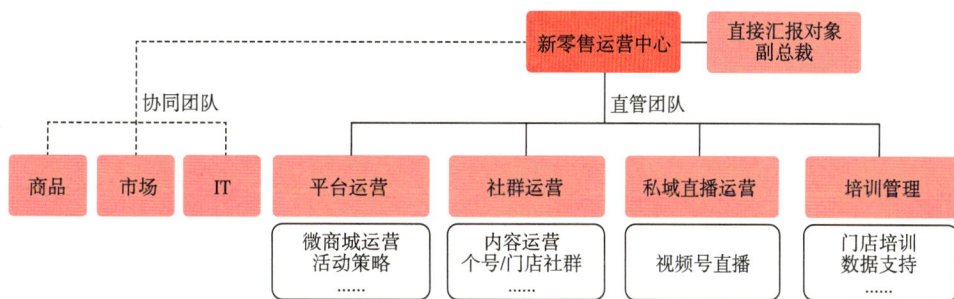

图 4-50　奥康组织架构

奥康在数字化运营上给予了区域公司较大的自主权。在小程序商城的运营上，奥康总部和区域门店各司其职，总部发挥资源的优势，帮助区域分公司全渠道推广获客，区域分公司再对旗下的门店进行维护、激励和考核，而门店端则专心做好推广和用户服务。在消费者运营上，奥康从"我要做什么"向"用户要我做什么"转变，并以赋能门店为核心（图4-51）。

用户在小程序购买线下代金券后，用户凭券到店核销　　更适合用户种草的视频号直播渠道布局

图 4-51　奥康数字化运营

（二）品牌私域 IP 化

1. 品牌私域 IP 化运营模式

服饰行业品牌在私域 IP 化进化中和线下一样分成直营、分销两种模式，不管是品牌私域直接 2C 还是 B2C，打造私域直营能力是第一要务。再通过私域直营能力吸引更多小 B 分销合作（通过付定金或者缴纳加盟费方式），品牌方拥有更多现金流后，才能去采购或开发更多适合私域的产品线，更高效人货匹配转化带来规模化增长，形成可持续发展的私域业务闭环。

图 4-52 为某品牌私域 IP 化的业务蓝图，该模式的核心在于：用户沉淀到私域后，将私域形象 IP "人设化"，重内容运营和用户精细化运营。

2. 品牌私域 IP 化运营模式下的私域组织搭建

品牌私域 IP 化的核心要务是搭建私域直营运营能力，在这个前提下，专家团建议品牌搭建以品牌为核心的中心化运营组织。在品牌中心化强运营的前提下，我们建议的组织架构框架至少需要包括图 4-53 所示的内容。

3. 品牌私域 IP 化运营模式下的营销路径

我们简单提炼了一下该模式下的业务要素，将整块品牌私域 IP 化私域直营业务发展打造分成 0—

图 4-52　品牌私域 IP 化业务蓝图

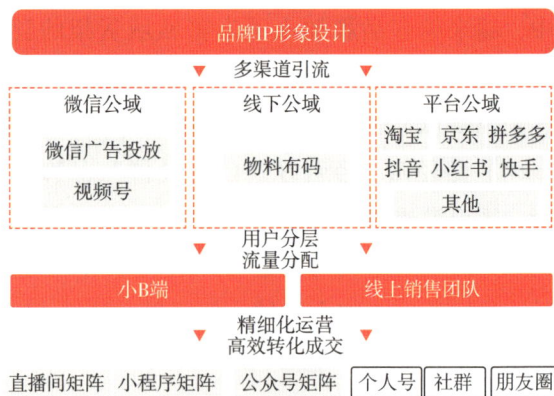

图 4-53　组织架构框架

1、1—N 两个阶段，在这两个阶段，品牌商营销的侧重点是不一样的（图 4-54）。

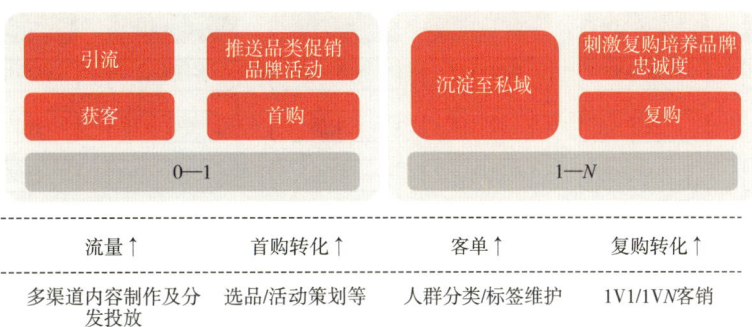

图 4-54　品牌私域 IP 化私域直营业务发展的两个阶段

（1）0—1 阶段。主要通过多渠道的内容分发引流获客→让用户完成首购→云导购团队添加用户微信到个微或者企微上，这个过程中，商家核心关注的是如何拥有更多的流量，快速提升转化。在这个阶段，商家需要的是内容打造能力、直播能力、选品能力、活动策划能力。

（2）1—*N* 阶段。1—100 阶段：通过人群分类标签维护等客群筛选，云导购团队进行 1V1 或者 1VN 让用户产生多次购买，培养用户忠诚度，在这个过程中，商家核心关注的怎么提升客单，提升复购率，在这个阶段商家需要的是高效的转化工具、私域销售能力，客销团队管理能力。100—*N* 阶段：当销售模式稳定后，团队分工明确，需要把模式批量化复制至市场，带来规模化增长，商家这个阶段需要招商能力、直营销售团队管理能力。

4. 案例拆解：传统品牌“私域直营化”，“云导购”成新增长点

某品牌线下门店业务和平台电商业务均遇到了经营瓶颈，在做过业务转型规划后，决定重私域运营，以穿搭场景重单客价值运营。在业务起盘期时，单独建立一个以品牌总部为中心的“直营云导购”团队，以 IP 化场景开始经营私域。

（1）IP 打造关键点：符合人设的云导购运营模式（图 4-55）。

IP人设 以品牌创始人IP作为个人号运营人设，所有素材都是以第一人称“我”的角度来描述，所有个人号头像，微信昵称保持一致	推送节奏 每日5~10条，根据微信人群刷朋友圈的习惯，早上9点左右推送第一条，晚上11点左右推送最后一条	内容组合 内容以丰富的活（30%）、穿搭场景（40%）、同事工作相关（30%）、买家秀（10%），擅长讲故事，不生硬卖货，所有卖货链接放在评论区，以H5链接的形式，弱化卖货场景，内容的所有原则——真实的生活场景
统一推送 所有个人号内容统一推送，不做分组动作，保持IP形象和节奏统一	朋友圈互动 评论区以创始人口吻分享为主，很少做互动抽奖类活动，主要目的是弱化卖货场景	贴心服务 所有个人号不主动进行1V1轰炸式内容私信推荐，首次加微信后先询问需求，更像朋友一样聊天，更多货品信息放在朋友圈推送

图 4-55　云导购运营模式

（2）组织架构设计。该品牌在刚开始尝试云导购模式时，先搭建了一个独立的线上线收团队，随着业务逐步扩大，该业务从原有业务剥离出来，逐步完善了整体组织架构。在该架构内有几个核心部门：营销运营中心，负责云导购体系搭建和管理；品牌 IP 中心，负责 IP 打造和云导购体系内容产出；直播运营中心，负责私域直播，为云导购内容种草赋能（图 4-56）。

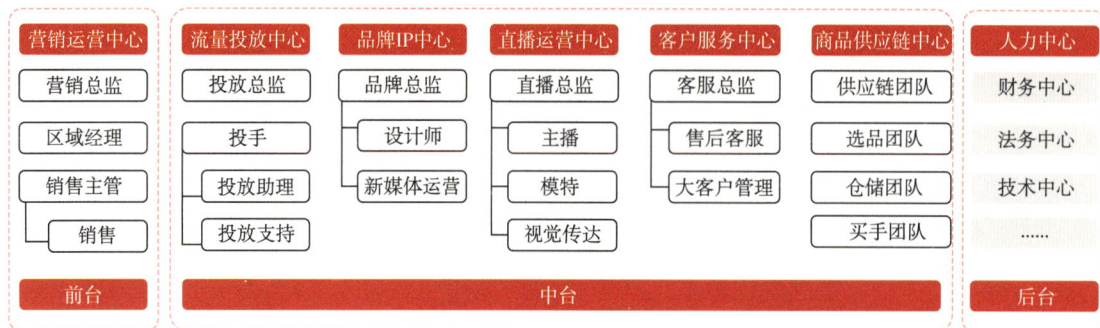

图 4-56　整体组织架构

（3）云导购团队培训和考核体系。所有人在入职之后会接受入职脱产培训，新人期间需要学习大概 30 门课，包括企业文化、产品知识、工作方式、个人素养提升等。平时也被要求看书、看电影等，将自身形象与打造的 IP 人设尽量贴切。团队管理方式按照 N 个人一个小组，类似服饰行业线下零售直营管理团队。云导购员工统一采用"底薪 + 提成"方式，考核机制参考"OKR + KPI"模式。

OKR，监察日常销售行为 SOP 执行情况；KPI，销售业绩达成。

（三）DTC 运营

1. DTC 运营模式

"DTC"即 Direct to Consumer，指品牌直接面向消费者，以消费者为终端进行生产、销售、营销传播、零售、售后服务和体验等活动（图 4-57）。

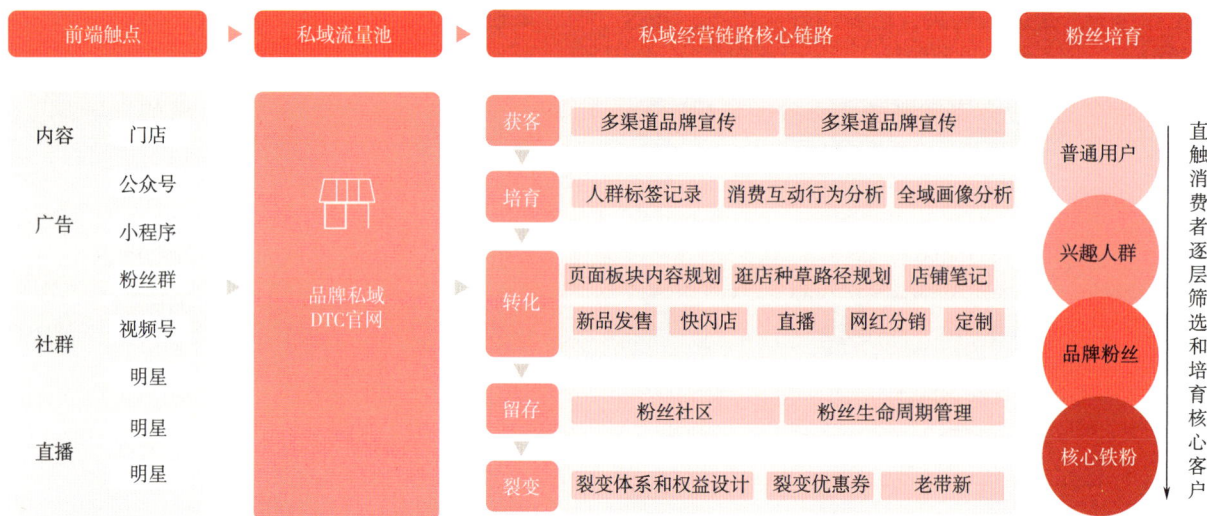

图 4-57　DTC 运营模式

这种模式核心在于：通过全渠道触达消费者完成种草，快速培养消费者心智和帮助消费者完成产品选择，然后在品牌私域的"场"完成成交转化。在 DTC 模式下，品牌不再只有用户数据的使用权，还拥有了经营权。在这个模式下，我们会建议服饰品牌商 DTC 官网搭建至少包含以下模块（图 4-58）。

2. DTC 运营模式下的私域组织搭建

DTC 运营模式下，私域组织搭建以品牌总部中

心化私域为主。这种模式下重"内容运营"和"用户运营"。我们会比较建议团队搭建基本框架如图 4-59 所示。

以上三个角色是必备角色，其他电商类角色如美工、客服、物流由于寻找成本较低，且可替代性较强，建议前期可以和天猫团队共用，降低运营成本，等私域运营平稳后再独立团队运营。

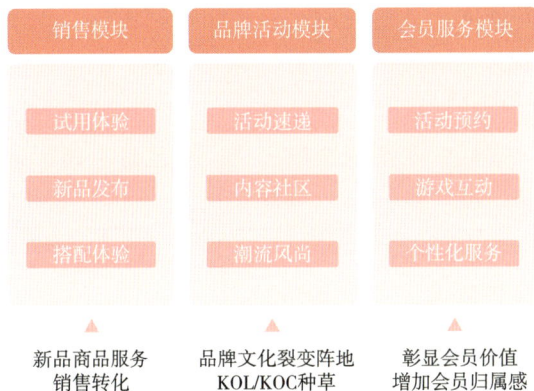

图 4-58　DTC 官网搭建模块

图 4-59　团队搭建基本框架

3. DTC 运营模式下的营销路径

在 DTC 模式下，虽然"促销活动+互动营销"仍然是用户生命周期关键营销手段，但互动营销是企业 DTC 模式的核心能力。从图 4-60 我们可以看出 DTC 模式下，促销和互动营销分别在用户生命周期内承担不同的角色。

促销活动核心目标是提升即时转化，而互动营销是提升用户停留时间，深挖客户 LTV 价值。在 DTC 模式下，互动营销承担了品牌长线运营链路中的重要环节。同时观察到在 DTC 模式下，互动营销基于"决策链路"和"消费频次"决定细分品类的互动营销侧重点，不同侧重点可参考图 4-61。

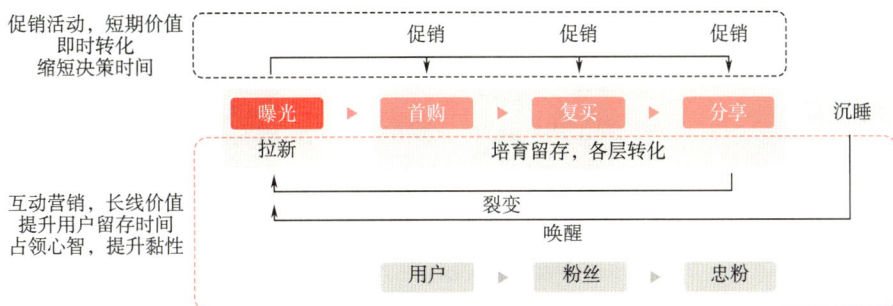

图 4-60　促销活动+互动营销

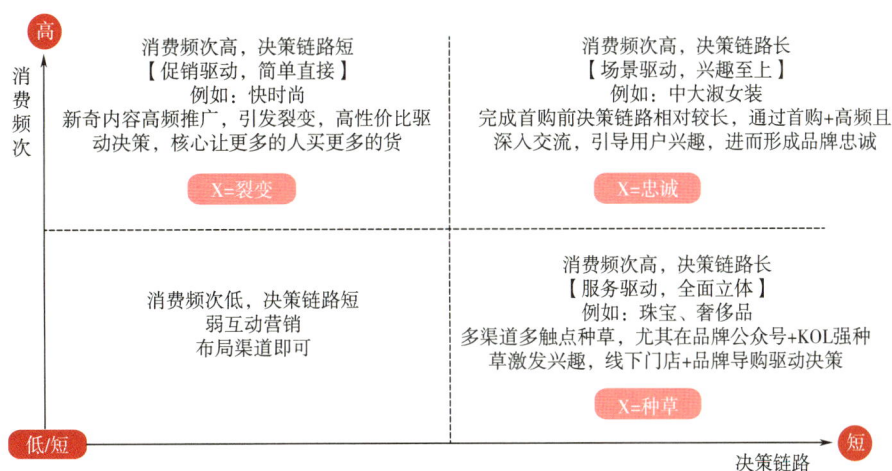

图 4-61　侧重点分析

在这个模式下，互动营销可概括为"活跃+X"，基于"消费频次"和"决策链路"绘制品类地图，可定位"互动营销"侧重点中的"X"。

基于以上侧重点我们可以分析部分DTC品牌的运营模式，如Lululemon互动营销注重"运动大使驱动体验式高频互动"，以运动打卡模式提升用户品牌黏性。而内衣品牌爱慕注重"会员LTV深挖"，以丰富的会员权益体系做用户留存和复购。

4. 案例拆解：FILA多元化互动和服务，与用户共同打造"潮玩社区"

知名运动潮牌"FILA"牵手有赞打造种草穿搭内容社区，传递潮搭理念。整个DTC小程序搭建内容体系如下：

公众号：内容推送、活动通知、问卷调研。

微商城：营销转化、品牌资讯。

FILA时尚颜究室：粉丝互动，穿搭种草，加长停留时间。

积分商城：积分营销、积分兑换、积分游戏，提高访问率。

概念店：全新全球概念店，潮流打卡新标地，注重线下体验。

专属会员活动：高频邀请制会员专享活动，提升会员价值感。

专属试衣间：提供专属一对一搭配服务，黑卡会员专享权益。

从以上模块可以看出，FILA小程序主要承载功能是会员服务营销平台，线上线下全域曝光后，把会员沉淀至DTC小程序，通过小程序丰富的会员活动做用户重留存轻转化（图4-62）。

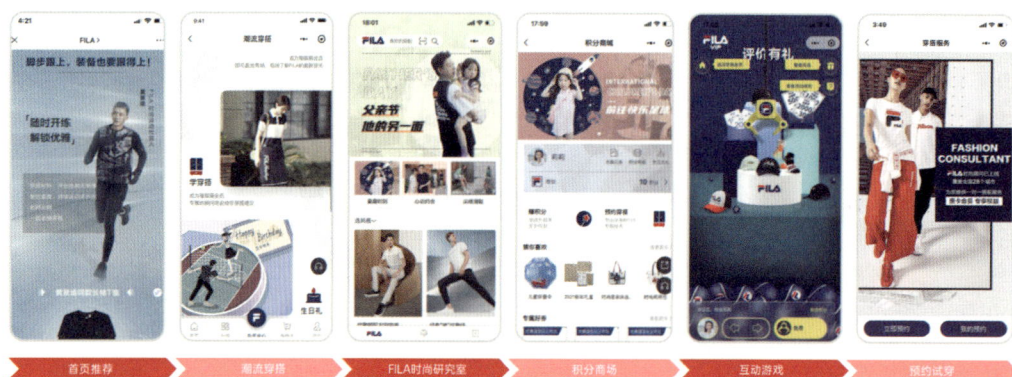

图4-62　FILA DTC小程序搭建

四、结语

2020年被称为私域元年，2021年是私域基建的关键之年，但私域运营真正的下半场还未到来。随着"以消费者为中心"的全域营销时代到来，对于服饰行业来说，构建私域能力成为线上线下破局至关重要的环节。私域带来的利好信息让众多服饰品牌商们心潮澎湃。

在践行探索中，我们认为，服饰行业私域趋势与机会围绕以下三大模式：

线下零售数字化围绕会员数字化，深挖单客价值进而挖掘增量。基于私域组织搭建，核心需要匹配企业数字化大目标，选择品牌中心化、门店中心化或分销型组织。而在营销上需要聚焦全域数据采集效率、提升门店私域运营能力和扩大品牌为用户提供一站式生活解决方案的能力。

品牌私域IP化是"小步快跑"短期寻找业务增量最佳实践模式。基于组织搭建，可以最小成本快速试运营品牌中心化"云导购"组织。而在营销上更注重品牌IP力打造和私域内容生产力建设。

DTC运营基于全域营销建立私域产权力后进一步深挖用户LTV增量。基于私域组织搭建核心是打造一支可以直接面向C端消费者运营的团队。而在营销上聚焦关键点在于提升新品运营能力，用户互动营销能力。

中国纺织服装绿色供应链的企业环境社会责任风险管理研究

中国纺织工业联合会社会责任办公室　刘卉

当前，全球最重要、最热门的议题之一是气候变化。中国政府作为致力于构建人类命运共同体的负责任大国，提出力争"2030年碳达峰、2060年碳中和"的战略目标（以下简称"双碳"目标）。"双碳"目标是对联合国可持续发展目标的积极响应，也将使中国经济结构和社会发展方式将会产生深刻变革。建立以环境友好、节能降耗、低碳循环的绿色产业生态，是重塑经济发展活力和提升可持续竞争力水平的关键要素。

积极响应国家"双碳"目标，2021年，中国纺联正式发布了《纺织行业"十四五"发展纲要》及《科技、时尚、绿色发展指导意见》，明确了中国纺织服装行业作为责任导向的绿色产业，建立健全绿色、低碳、循环的产业体系，是实现整个行业高质量发展的重要标志和基础底线。帮助企业建立科学的脱碳路径和合理的减碳措施，增强环境责任风险管理能力，提升纺织服装绿色供应链的管理水平，最终降低整个产业链的温室气体排放，成为中国纺织服装行业实现碳中和目标的重要工作内容。

"生态环境保护"与"经济可持续发展"是人类社会生存发展的两大基石。进入21世纪，伴随着全球气候变化和生态环境持续恶化的大背景下，围绕减少温室气体排放，促进环境、社会和经济可持续发展的绿色发展方式，成为世界各国共同的追求目标。建立以节能降耗、低碳循环、环境友好的绿色供应链，是全球经济重塑发展活力的重要引擎，也是衡量国际竞争新优势的关键指标。而环境社会责任绩效作为绿色供应链水准的核心评价和集中体现，需要从生态文明建设的战略高度，把减少温室气体排放融入全生命周期的绿色供应链构建，完善企业环境社会责任风险防控，建立实现"双碳"目标协同治理的长效工作机制，融入国际竞争的新格局。

纺织服装行业作为我国传统支柱产业、重要的民生产业和创造国际化竞争新优势的产业，"科技、绿色、时尚"正在成为行业的新定位、新形象和新标签。为了进一步提高我国纺织工业在生产制造和国际贸易中的优势和地位，创造国际竞争新优势，实现碳中和的行业可持续发展的宏观目标。中国纺织工业联合会（以下简称"中国纺联"）制定了《CSC9000T纺织服装企业社会责任管理体系》，将环境社会责任准则全面纳入绿色供应链的战略系统、生产运营体系和价值创新体系，引导建立负责任的绿色供应链系统，推进资源全面节约和循环利用，为我国的绿色供应链管理及实践创新贡献了行业力量。

一、绿色供应链重塑纺织服装行业竞争新优势

（一）绿色供应链促进行业转型升级

"十三五"时期，"中国纺联"积极贯彻落实《纺织工业发展规划（2016~2020年）》关于"开展绿色供应链管理试点，构建从原料、生产、营销、消费到回收再利用的纺织循环体系，培育绿色供应链示范企业"的工作要求，通过积极开展行业绿色供应链创新试点工作，加快推进绿色制造体系建设，从绿色设计、绿色采购、绿色生产到绿色物流、绿色包装、绿色销售、绿色回收与处置，综合考虑供应链中各个环节的生态环境问题，把绿色理念融入供应链的整个运营流程，极大提升了行业绿色发展能力和可持续发展理念。绿色供应链的实施对构建高效、清洁、低碳、循环的绿色制造体系，促进产业高质量转型升级、更好融入全球价值链、实现可持续发展的"纺织强国"目标起到至关重要的作用。为了进一步提升中国纺织服装行业的全球竞争力，立足我国现代化发展新目标和以国内大循环为主体的

"双循环"发展新格局，以"十四五"为新起点，继续开展和优化行业绿色供应链试点示范，重点布局开展碳排放相关计量管理、碳资产前沿基础研究、碳交易市场对接合作等，有效降低企业环境社会责任风险，为落实"双碳"目标做出行业贡献。

（二）纺织服装绿色供应链的外部驱动

中国纺织服装打造绿色供应链有多重驱动因素和利益诉求，从外部驱动因素看，主要包括：

1. 融入全球化，规避绿色壁垒（或环境贸易壁垒）

绿色壁垒存在的根本原因在于发达国家与发展中国家不平衡的社会经济发展水平，这种不平衡在短期内很难改变。特别是应对持续蔓延的"新冠"疫情带来的严峻挑战，世界各国在产业链重构的过程中将更多地关注本国产业安全，保障本国产业体系发展，会继续以气候变化影响为由实行贸易保护措施，表现为"碳关税""碳边境税"等绿色壁垒。

2. 政府相关法律、法规和政策措施的激励与约束

2020 年 9 月 22 日，习近平同志在第七十五届联合国大会一般性辩论上向世界宣布了中国的"碳达峰"目标与"碳中和"愿景，我国政府部门正在积极制定促进碳中和的政策和法律。2021 年，国务院先后发布《关于完整准确全面贯彻新发展理念做好碳达峰碳中和工作的意见》，并印发《2030年前碳达峰行动方案》，对落实"双碳"目标作出整体部署。针对减少温室气体排放，保护生态环境的相关法律法规和政策措施不断完善，保障了我国经济绿色发展和低碳转型，行业绿色供应链建设的制度环境日益完善。

3. 绿色消费理念和低碳生活方式对生产领域产生倒逼机制

消费是生产的根本目的和核心动力，伴随着我国生态文明战略的大力推进，绿色可持续的价值理念在全社会得到普遍认可，绿色、低碳、环保消费观的和践行绿色生活的内在动力不断增强，社会大众的绿色生活方式的习惯基本养成。绿色消费模式

作为一种全新的可持续的消费观，鼓励树立绿色的消费理念，引领绿色低碳、文明健康的生活方式，倒逼绿色生产方式转变，成为绿色供应链的发展基石。

（三）纺织服装绿色供应链的内生动力

从长远战略看，绿色供应链管理能在整体上降低成本，为企业带来综合经济效益和持续竞争优势，是企业实现可持续发展的重要手段。纺织服装构建绿色供应链的内部因素具体包括：

1. 履行减排责任，降低风险管理的需要

"21 世纪的竞争不再是企业与企业之间的竞争，而是供应链与供应链之间的竞争。"中国是世界上最大的纺织品服装生产和出口国，2020 年，中国纺织工业纤维加工总量占世界 50% 以上，出口占世界三分之一，具有明显比较优势和国际竞争力。行业规模最大，产业门类最全，产业链体系最完整，面对全球化竞争挑战，绿色供应链可以增强产业链的韧性，保障产业安全和稳定，规避因为污染或废弃物产生环境危机以及因市场竞争要素变化而失去竞争优势的风险。

2. 塑造绿色品牌形象，增强品牌责任价值竞争力

绿色供应链为品牌带来的绿色、低碳、环保的价值理念，增加无形资产价值和良好的品牌声誉，赢得社会大众的青睐和信任，提高消费者黏性和忠诚度，创造新的市场机会，增强竞争实力。

3. 提升行业整体形象，增强优秀人才吸引力和凝聚力

实施绿色供应链管理可以全面改善或美化工作环境，提高工作场所安全性，激发员工的工作积极性和主观能动性，吸引和留住更多优秀人才。

二、纺织服装绿色供应链的环境社会责任风险分析

（一）聚焦绿色供应链的环境社会责任问题

纺织服装行业从上游原料到最终消费的网链状

结构模式，生产织造、印染整理等环节因为特有属性，生态环境影响最大，是绿色供应链管理的重点，也是环境社会责任风险防控和治理的关键环节。因此，应抓住问题的关键，重点引导印染织造企业去打造绿色供应链，提升绿色生产水平。此外，产业链下游的品牌企业，对整条产业链的带动性较强，鼓励建立起科学的绿色供应链管理体系，可以对产品设计、生产、运输等环节进行全面环境管理。从内容维度看，环境社会责任是企业为其决策和活动对生态环境的影响而承担的责任，企业运营对环境的影响既包括积极影响也包括消极影响，而消极影响是环境社会责任风险管控的主要内容。企业环境社会责任的落实机制是通过建立环境社会责任管理体系，保证企业组织以对环境负责任的方式运营。

（二）识别绿色供应链的环境社会责任风险

绿色供应链的环境社会责任风险具有以下几个特点：

1. 客观存在性

环境社会责任风险具有不可避免性，只能将其控制在一定程度之内，但无法将其降低至零。

2. 识别复杂性

纺织服装产业链条较长，涉及原材料供应、纺纱、织布、印染、后整理、成衣生产、品牌服装管理等多个环节，不同环节企业所承担的生态环境责任会有所差别。此外，企业处于不同发展规模和管理水平、对绿色价值认知等存在差异，所以对于环境责任风险的认知标准和程度不同。这些因素在客观上增加了环境责任风险要素识别的复杂性。

3. 纵向传递性

环境社会责任风险隐藏在供应链的某些环节，每一环节都环环相扣，一旦某一局部出现问题，很容易马上扩散到全局，常常牵一发而动全身。环境社会责任风险管理是企业全球化竞争面临的一个重要挑战，也是企业在资本市场不得不面对的重要风险之一。随着"双碳"目标的推进，越来越多纺织服装企业，从供应商选择、企业的生产流程、产品的生命周期以及供应链运营活动的外部性，都面临环境社会责任风险挑战。

（三）绿色供应链与环境社会责任风险管理的协同共生关系

从全球范围看，绿色供应链的环境社会责任风险分布高度不对称，企业处于供应链的节点不同、谈判能力各异，相应承担责任和应对风险的能力也有差异。环境社会责任风险会沿着供应链路径在不同节点企业之间互相传导，并且相互转换，形成反馈回路。处于供应链条上强势地位的核心企业制订不合理的规则，往往会导致弱势企业为了生存而产生忽视产品质量、员工权益、环境保护等方面的社会责任风险，从而又会通过包括产品、资金、品牌、声誉等载体的形式对核心企业产生负面影响。忽视供应链条上任何一环的环境社会责任风险，都可能会使"小问题"演变成"大危机"，风险不断酝酿、扩大、传导，进而威胁到绿色供应链的整体环境社会责任的绩效表现。绿色供应链本质就是推动产业链条上各类企业主体积极履行环境社会责任，构建协同合作的"良性"产业生态关系。承担环境社会责任成为企业内部变革管理的主动追求，企业对环境社会责任风险进行有效的管理与控制，有助于提高绿色供应链的运作效率，降低运作成本，提升整体产业链的"绿色"竞争力。

三、纺织服装绿色供应链的环境社会责任风险管理

（一）绿色供应链环境社会责任风险管理的思维方法

2021年初，国务院发布《关于加快建立健全绿色低碳循环发展经济体系的指导意见》，全方位推进包括纺织工业在内的重点行业绿色升级，建设绿色制造体系。指导意见进一步强调企业履行和承担环境社会责任，有效推动全产业链系统性节能降耗，减少生产运营过程中的温室气体排放。绿色供应链的环境社会责任风险管理有两个重点领域，一

是数字化、智能化的供应链实时数据管理和控制；二是在"低概率高破坏性事件"情景下供应链的环境社会责任危机。后者更强调绿色供应链的设计和管控，遇到突发事件的及时补救措施和恢复能力。绿色供应链的环境社会责任风险管理是一个相对全新的思维方法，对国内纺织服装企业而言，具有很强的创新性、复杂性和探索性。纺织服装供应链条较长，涉及多个环节，不同环节的生态环境影响也会有所差别。因此，应抓住问题的关键，识别和监控环境社会责任高风险的关键环节，建立科学的预警、识别、管控、评价的风险管理体系。

（二）环境社会责任风险的管理机制

绿色供应链是一项系统工程，而环境社会责任是一种审慎的风险管理方式，涉及多个环节、多方主体、多项制度、多个机制参与，很难一蹴而就。为了对环境社会责任风险进行有效治理，需要加强绿色供应链的国际合作与全球对话，引入环境社会责任风险共同管理的工作机制。一方面，建立由绿色供应链条利益相关者"主体企业、供应商成员、供应链外部环境"三位一体的长效协同治理模式，另一方面，构建由政府、行业组织、媒体、社区、消费者等参与的多维有效监督机制。

1. 风险管理长效协同治理模式

绿色供应链的主体企业、供应商成员、供应链外部环境，要从不同责任主体角度参与环境风险管理，具体内容包括：

（1）引导供应链主体企业建立环境社会责任管理体系。把环境社会责任管理体系导入企业生产流程和运营环节，强化风险管理的原则，建立基于生命周期全流程的环境社会责任风险管理系统，工作流程和具体措施包括环境责任风险的识别与预警机制、评估及应对措施等风险管理的基本思路和方法。

（2）制定供应商间环境社会责任监管机制。推动不同供应链条成员之间建立"利益共生、权利共享、责任共担"的环境社会责任风险管理工作机制。

（3）供应链外部环境社会责任信息沟通。鼓励主动公开披露环境社会责任信息，形成良好沟通机制和互动氛围。

2. 信息披露多维监督沟通机制

纺织服装绿色供应链是一项系统工程，其鲜明特征是信息公开、透明、可追溯性。加强环境社会责任信息披露与沟通，构建政府、行业组织、媒体、社区、消费者共同参与的环境社会责任信息披露多维监督。首先，需要政府部门主导综合运用法治、市场、金融、科技、行政等多种手段，严格监管与优化服务并重，引导激励与约束惩戒并举，形成长效机制；其次，绿色供应链是跨区域、跨领域的生态体系，具有极大的外部溢出效应，与公共利益密切相关，要充分发挥行业组织的公共服务职能，以及媒体、社区和消费者的监督作用，建立健全社会公众参与监督机制，让环境社会责任成为社会大众的自觉行动。

四、结论

在世界经历"百年未有之大变局"和我国构建"双循环"新发展格局的背景下，"双碳"目标将引发一场广泛而深刻的经济社会系统性变革。建设绿色供应链是推动落实"生态文明"战略和联合国可持续发展目标最直接手段和最有效途径。纺织服装绿色供应链，可以有效规避国际贸易的绿色壁垒，提升行业在全球市场的话语权和国际竞争力。而环境社会责任治理绩效水平是评判绿色供应链的重要标尺，环境社会责任风险事故会给绿色供应链的安全和韧性带来致命打击，加强对各级供应商的环境社会责任行为准则的监管，对于防范环境责任风险、保障绿色供应链的运转效率和健康发展具有重要意义。环境社会责任风险协同治理、多维监督的管理模式有助于增强我国纺织服装绿色供应链的竞争优势，优化供应链上下游企业供需关系，从各个环节提升环境绩效，实现全链条的系统性节能减排降耗，是实现经济社会高质量发展的重要手段，也是落实"双碳"目标的最佳路径和有效通道。

凌迪Style3D·2022

中国服装论坛
CHINA FASHION FORUM

2022
-
3.29
-
3.30

联系人Contacts

郑女士
186 0100 7951

刘先生
155 2289 7396

主办单位:
Organized by:　CNGA 中国服装协会
China National Garment Association

协办单位:
co-organized by:　S | Style3D

承办单位:
Undertake by:　SIGEN 盛世嘉年
SINCE 2002

www.chinafashionforum.com

有赞鞋服行业解决方案

创造增量价值，助力零售数字化升级

有赞：9年技术积累，成就行业领先

600万+
商家信赖之选

150个
覆盖行业和类目

4亿
在售商品数

1037亿
商家 2020 年交易额

10万/秒
订单处理速度
行业领先

99%
系统稳定性
行业领先

1.05秒
页面打开速度
比肩 BAT

1分
网络攻击1分钟内
自动防御切换

有赞新零售正在服务的鞋服客户

中国服装协会职业装专业委员会 / 中国职业装研究中心 / 中国校服产业研究中心

2022

中国职业装
CHINA UNIFORMS

中国职业装设计大赛
中国职业装产业大会
职业装优势企业评价推介

主办单位 中国服装协会
承办单位 中国服装协会职业装专业委员会
媒体支持 《中国服饰》

参与及合作
杜岩冰 13241203763 杨吟寒 15210995102

图片来源：2021中国职业装设计大赛金奖作品之一 《风雨无阻》

中国服装产业——国家标准(GB)/行业标准(FZ)/团体标准(CNGA)以及ISO/TC133的协同工作机制

打造标准平台　提升行业质量

助力服装品牌　携手共创未来

ISO/TC 133　　　　**SAC/TC 219**　　　　**CNGA/TC**

ISO/TC 133　国内技术对口单位
　　　　　　联系人：杨秀月　021—62294705

SAC/TC 219　全国服装标准化技术委员会秘书处
　　　　　　联系人：周双喜　021—55217262

CNGA/TC　中国服装协会标准化技术委员会
　　　　　　联合秘书处：（北京）龚迎秋　010—85229441
　　　　　　　　　　　　（上海）孙　玲　021—62294705

第五部分　大事记篇

2021 年中国服装行业大事记

《中国服饰》 兰兰

1 月

1 月 6 日，中国服装协会理事单位、中国服装协会定制专业委员会副主任委员单位——杭州衣邦人宣布成为杭州 2022 年第 19 届亚运会官方供应商，将以高标准的商务定制向亚运会相关工作人员持续提供专业定制服装（图 5-1）。

图 5-1　杭州衣邦人

1 月 15 日，中国服装协会副会长单位——海澜集团旗下海澜之家宣布成为 2021 年央视春晚独家服装合作伙伴及网络春晚独家冠名商，成为春晚历史上首个合作的服饰品牌（图 5-2）。

图 5-2　海澜之家

1 月 18 日，中国服装协会常务理事单位——劲霸男装再次登上米兰时装周。以"昇·音 NEW DAWN"为主题，通过线上视频发布的形式发布高 KB HONG 2021 秋冬系列。

1 月 20 日，第十届娱乐营销论坛暨 5S 金奖颁奖盛典在北京举行，中国服装协会会刊《中国服饰》凭借明星项目"我为国潮发声"荣获市场洞察力奖。

1 月 21 日，胡润研究院发布《2020 胡润品牌榜》，安踏、李宁和海澜之家三家服装品牌上榜。其中，安踏排名 88 位，品牌价值 210 亿元；李宁排名 107 位，同比提升 21 位，品牌价值涨幅 106%，至 165 亿元；海澜之家排名 191 位，品牌价值 65 亿元。

1 月 29 日，中国服装协会副会长单位——雅戈尔集团股份有限公司宣布出资 28 亿元设立雅戈尔时尚（上海）科技有限公司，进一步强化时尚服装产业运营。

2 月

2 月 25 日，全国脱贫攻坚总结表彰大会在北京人民大会堂隆重举行，对全国脱贫攻坚先进个人、先进集体进行表彰。纺织行业共有 16 名个人、4 个集体获此殊荣（图 5-3、图 5-4）。

图 5-3　"全国脱贫攻坚楷模"白晶莹

图 5-4　山南市民族藏帖尔手工业残疾人福利有限公司总经理
巴桑获得全国脱贫攻坚先进个人荣誉称号

3 月

3 月 15 日，第二届中国服装优质制造创新年会在时尚工园成功举办。作为中国服装优质制造商联盟举办的年度最具规模会议，年会传递前沿趋势与创新理念，为企业发展输送最具价值的商业资源。

3 月 16 日，中国服装科创研究院正式揭牌成立，将打造全行业服装科技领域的信息交流中心、时尚发布展示中心、协同研发中心、实践培训基地和公共服务平台，借助科学技术帮助服装企业转型升级，共建服装行业的智能化未来（图 5-5）。

图 5-5　中国服装科创研究院揭牌仪式

3 月 16 日，2019~2020 年度中国服装智能制造技术创新战略联盟年会在杭州艺尚小镇举行，通过联盟之力汇集产业资源和协同创新能力，推动服装产业转型升级发展。

3 月 17~19 日，中国国际服装服饰博览会 2021（春季）圆满举办，与 905 家企业、932 个品牌共同探寻行业发展方向，彰显了中国服装产业强大的生命力与向"新"力。

3 月 24~31 日，以"触及"为主题的 2021 秋冬中国国际时装周举行。期间，时装发布、DHUB 设计汇与商贸对接会、中国国际时尚论坛、抖风尚·服饰直播大赏等 300 余场活动轮番上演。

3 月 25 日，2021 中国（温州）绅装文化节在浙江温州举办，通过高端对话论坛、绅装漫步活动、绅装文化展示（乔顿先生之夜）等活动展现了新时代的新绅装文化。

3 月 26 日，针对部分国际品牌和国际机构基于谎言和虚假信息在其商业活动中排除新疆棉花及其制品的行为，众多中国服装品牌纷纷站出来为支持使用新疆棉花发声，同时中国纺织工业联合会发表声明，反对任何污名化新疆棉的行径。

3 月 30~31 日，"凌迪 Style3D·2021 中国服装论坛"在京举办，聚焦"共创：数字化的未来"主题，论坛从现代化、数字化、体验化、年轻化等维度展开探讨，为行业未来发展带来方向性的价值参考，赋能服装品牌从存量博弈迈向升维竞争。

3 月 30~31 日，全国服装标准化技术委员会（SAC/TC 219）和中国服装协会标准化技术委员会 2020 年度联合年会暨标准审定会在广西北海市召开，对有关单位和个人进行表彰、颁发增补委员和观察员证书，并审定《数字化试衣 虚拟人体用术语和定义》等 4 项国家标准、《单、夹服装》等 6 项行业标准和《西服智能工厂 体系架构》等 8 项团体标准。

4 月

4 月 10 日，"何衣中国"价值论坛暨新中装首发活动在上海时尚国际中心举办，"东方·恩雅""蔓楼兰"等特色鲜明的新中装品牌举办发布秀，用当代设计诠释东方文化与艺术之美。

4 月 16 日，以"时尚新生"为主题的 2021 年大连时装周（春季）举办。在为期 7 天的时装周期间，国内外知名品牌进行了 50 余场新品系列发布活动，有 60 余个单位或设计师参与，共计发布近百个品牌及新品。

4 月 25 日，《中国服装行业知识产权保护白皮书》在北京正式发布，是首个全景展现服装行业知识产权保护现状的白皮书，详尽分析了行业内各类知识产权问题，并提出了切实的建议。

4 月 26 日，中国服装青年企业家沙龙年度交流活动在宁波举办，进行了徒步登山拓展、主题分享会、企业参观等活动（图 5-6）。

图 5-6　中国服装协会青年企业家沙龙成员交流

4 月 26~27 日，中国服装协会产业发展委员会委员扩大会议暨全国服装行业协（商）会负责人联席会议在杭州召开。与会代表进行了深入交流与探讨，并参观了 MU2 中国原创直播中心、中国服装科创研究院、艺尚小镇等。

4 月 28~29 日，"GB/T 14272—2021《羽绒服装》新国标宣贯会暨技术交流会"在浙江嘉兴平湖市举行，为相关单位实施新标准提供了明确的指导意见和具体的实施建议。

5 月

5 月 10 日，2021 年中国服装论坛高端制造与设计协同创新峰会在江西于都举办。峰会聚焦"高质量制造 品牌再出发"主题，旨在加速提升以于

都为代表的制造基地的品牌服务能力和创新协同效应，不断推进产业基础高级化、产业链现代化，夯实世界服装制造强国的根基。

5 月 11 日，2021 中国品牌发展国际论坛——纺织服装行业品牌建设分论坛在上海举行。以"新时代　新价值　新生态"为主题，论坛展示了行业优秀品牌在科技创新、文化自信和绿色发展三大领域的突出贡献，其中爱慕股份有限公司等 55 家企业被评为"2021 中国纺织服装品牌竞争力优势企业"。

5 月 14 日，中国服装好设计（第二季）大赛结果公布，海宁市提西本服装设计有限公司、北京号非国文化发展有限公司、浙江尚谷传祺服饰设计有限公司分获冠亚季军。作为中国服装协会和海宁市人民政府深度合作的成果，中国服装好设计立足于培育优质设计生力军，旨在用最新锐的设计对接最广阔的市场，以市场之力检验原创之道。

5 月 20 日，"数字 & 潮——2021 年度中国服装成长型品牌发布会暨中国服装品牌数字经济发展论坛"在江苏常熟举行。本次发布会以"数字 & 潮"为主题，引导产业和企业拥抱数字经济，提升自身核心竞争力。

5 月 29 日，中国服装科创研究院智能可穿戴研发中心在杭州组织召开 2021 年专家委员会第一次会议，围绕智能可穿戴研发中心的重点工作方向进行研讨。

5 月 31 日，中国服装协会副会长单位——爱慕股份服装有限公司于上交所上市，当天股价涨幅达 44.02%（图 5-7）。

图 5-7　爱慕股份上市

6 月

6 月 1 日，中国品牌气候创新碳中和加速计划启动会暨太平鸟时尚服饰碳中和愿景发布会在宁波举行。会上，中国时尚品牌气候创新碳中和加速计划正式启动，中国服装协会副会长单位——宁波太平鸟时尚服饰股份有限公司作为首个进入"中国品牌碳中和加速计划"的品牌率先发布碳中和愿景（图 5-8）。

图 5-8　碳中和愿景发布会

6 月 15 日，中国服装协会副会长单位——特步（中国）有限公司宣布与高瓴集团达成战略合作，高瓴集团投资 6500 万美元用于发展特步旗下品牌"盖世威"（K-Swiss）和"帕拉丁"（Palladium）的全球发展。

6 月 17 日，神舟十二号载人飞船搭载聂海胜、刘伯明、汤洪波三名航天员成功发射升空。保障航天员太空和地面工作生活全过程的系列专用服装以及空间站任务航天员舱内用鞋均来自东华大学研发设计团队，其鞋服融入中国特色时代元素，充分展现中国航天员作为中国梦的太空筑梦人和守护者的美好形象。

6 月 18 日，以"数字赋能·匠心定制"为主题的第四届中国服装定制高峰论坛暨 2021 中国服装协会定制专业委员会年会在江苏省苏州市吴江区盛泽镇举行，聚焦数字经济下服装定制领域的热点话题，探讨新时期服装定制的高质量发展路径。同期还举办了"定制之夜"中国服装定制品牌联合发布秀、盛泽企业现场参观与合作对接等活动。

6 月 19~21 日，新华社、经济日报等央媒关注报道了我国纺织服装业在过去多年发展中所取得的突破性历史性成就，并对未来发展做了憧憬和展望。

6 月 24 日，以"构建新商业文明"为主题的 2021 中国女装企业家高峰论坛暨供应链大会在时尚工园举办，汇聚行业最具影响力的供应链实战专家分享创新管理理念，推动中国女装产业上下游企业的升级与发展。

6 月 25 日，中国服装企业数字化转型沙龙在温州举办，与会者从数字化费控管理、数字化质量管理、数字化洗护服务生态等方面进行探讨交流，并组织 LINKINGplus 产业链优质资源企业走访上海嘉韩实业有限公司、太平鸟集团等服装企业，助推企业夯实数字化服务能力。

6 月 26 日，第二届"626 中国服装品牌直播日"在河南西平举行，现场明星网红同台直播，百企千店齐卖万货。

7 月

7 月 6~9 日，由中国服装协会开设的中国男装系列研修班于中国服装科创研究院成功举办，得到学员们的高度好评。该活动旨在推动我国男装业在时尚穿搭、设计制板、工艺技法、生产管理和经营管理等领域的全面提升，打造企业和品牌的核心竞争力。

7 月 17~21 日，第四届中国国际儿童时尚周在杭州艺尚小镇举行。本届儿童时尚周汇聚国内外市场领先的童装品牌和创新引领的新锐设计人才，旨在整合儿童产业供应链生态资源，提升中国童装品牌全球时尚话语权。巴拉巴拉、Mini Peace、特步儿童等被授予第五届"中国十大童装品牌"称号。

7 月 20 日，第三届中国职业装优势企业评价推介活动正式公布结果，海澜之家集团股份有限公司等企业被评为中国职业装十大领军企业、北京大华天坛服装有限公司等企业被评为中国职业装50强企业、北京新益纺织品有限公司等企业被评为中国校服优势企业、陕西金翼服装有限责任公司等企业被评为中国职业装（防护服）优势企业、犇鑫服饰（重庆）股份有限公司等企业入围。

7月28日，世界时尚科技大会暨2021中国服装科技大会在浙江省杭州市临平区举行，围绕行业数字化研发、智能化生产、信息化管理、全渠道营销等话题进行深入交流。同期发布临平·数字时尚（服装）产业大脑，将运用大数据、人工智能等新一代信息技术，实现产业链和创新链的双向融合，打造辐射全国、链接全球的贸易与技术交易服务平台。

7月29日，"纺织之光"服装行业数字化重点技术成果推广活动在浙江省杭州市举办。按照《纺织行业"十四五"科技发展指导意见》，"十四五"期间要实现服装产业智能制造关键共性技术突破，进一步提升智能制造产业化技术研发及应用水平。本次会议就数字化营销、智能穿戴、三维仿真、柔性化生产、数字化供应链等科技成果进行交流。

7月30日，突遭汛情的河南牵动着全国人民的心，广大纺织服装企业以强烈的责任感和担当精神迅速驰援河南，据不完全统计，40多家纺织服装企业和机构向灾区捐款捐物超3.84亿元，其中捐款5000万元的鸿星尔克引发全网关注，激起大众"野性消费"（图5-9）。

图5-9　驰援河南汛情

8月

8月6日，中国服装协会发布"2020年服装行业百强企业"名单，共有127家企业榜上有名，其中营业收入超过100亿元的企业有11家，超过10亿元的企业有65家。

8月10日，中国纺织工业联合会正式发布《关于参加30·60中国时尚品牌气候创新行动碳中和加速计划的通知》，助推行业加速绿色低碳转型，为中国双碳目标的实现贡献产业力量。

8月18日，中国纺织工业联合会发布《"十四五"纺织行业中小企业"专精特新"发展行动方案》，旨在更广泛凝聚各方力量和共识，为行业中小企业的创新成长和高质量发展创造良好环境，支持和引导中小企业走"专精特新"发展道路。

8月20日，我国海关公布的数据显示，2021年上半年我国纺织品服装出口1400.9亿美元，同比增长12.1%。纺织品服装出口规模不仅超过疫情前的2019年同期水平，也刷新历史同期的最高纪录。

9月

9月1~9日，2021年度中国服装行业9.9定制周成功举办。该活动旨在联动服装行业全产业链资源，打造服装定制全行业品质购物节，最终实现零售成交额近5000万元，零售企业订单量同比增长121%，供应链企业订单量同比增长39%，充分展现了服装定制产业发展的强劲势头和大众的服装定制消费潜力（图5-10）。

9月4~13日，2022春夏中国国际时装周在北京举办，期间举行了时装发布、专项大赛、DHUB设计汇、新闻发布、专业评选、时尚论坛等各类时尚活动，揭示并引领了未来春夏潮流。

9月5日，《民政部关于表彰第十一届"中华慈善奖"获得者的决定》发布，授予182个爱心个人、爱心团队、捐赠企业、慈善项目和慈善信托

图 5-10　9.9 定制周成功举办

"中华慈善奖"。纺织行业受表彰的个人和企业有：旭日集团有限公司副董事长、总经理杨勋和雅戈尔集团股份有限公司、波司登羽绒服装有限公司、恒力集团有限公司、传化集团有限公司等。

9 月 6 日，中国服装协会副会长单位——宁波太平鸟时尚服饰股份有限公司与华为签署数字化转型变革项目合作协议，将在商品研发、品牌战略、市场营销等方面展开深度合作，共同推进品牌数字化转型。

9 月 10 日，2021 中国纺织服装行业"大连发布"活动在大连举办，同期《大连市服装定制产业发展研究报告》《中国男士着装美学白皮书》对外发布。

9 月 15 日，由中国服装协会发起的中国服装制板师大联盟正式成立，设立联盟秘书处作为联盟的常设办事机构，主要负责联盟日常事务和工作项目的协调、组织和管理工作。联盟秘书处设在中国服装协会会员部。

9 月 23 日，在上海召开的亚洲品牌大会上，鄂尔多斯、安踏、际华、李宁等 6 家纺织服装企业上榜 2021 年亚洲品牌 500 强。今年共有 212 个中国品牌（含港澳台）入选，占整个亚洲品牌 500 强的 42.4%，位居第一，其中中国大陆上榜品牌有 166 个。

9 月 23 日，以"聚焦用户 设计未来"为主题的 2021 中国职业装产业大会河南长垣市召开，会议通过"会、秀、展、赛"的形式，多维度呈现长垣职业装产业发展现状，探讨产业未来发展方向、对策与路径，为产业交流合作搭建平台，推动我国职业装产业向高质量发展。

9 月 23 日，中国服装行业原创设计保护研讨会在江苏常熟召开。会议对当前我国服装原创设计保护存在问题进行分析和交流，从现有法律规定、政策制定、行业公约、技术平台、国内外经验等层面进行探讨，共同探索适合我国服装原创设计保护的可行性方案和创新路径。

9 月 28 日，2021 中国服装区域合作发展论坛暨中国服装"数智化转型"万里行高峰论坛（河北站）在沧州召开。论坛以"数智制造·产城融合"为主题，促进服装行业区域间交流合作，推动产业链协同创新、融合发展，构建全域一体发展新格局。

9 月 29 日，跨境快时尚电商品牌 Shein 在数月时间里先后于美国纽约、迈阿密等城市举办线下快闪店活动，等候进店的顾客从街头排到街尾。此前，应用追踪公司 App Annie 的统计数据显示，Shein 取代亚马逊成为美国 IOS 和 Android 端下载量最多的购物应用。

10 月

10 月 8 日，《中国服装行业"十四五"发展指导意见和 2035 年远景目标》（以下简称《指导意见》）发布，在分析总结行业发展现状及"十四五"所面临形势的基础上，研究提出服装行业 2035 年发展愿景，以及当前发展方向、发展目标和重点任务。

10 月 9～11 日，中国国际服装服饰博览会 CHIC2021（秋季）在上海举办，53000 平方米、495 家企业、11 个特色展区、1 个独立展区、37 场商贸对接会，9 场商业论坛，多场相关活动，共同演绎了今秋沪上最声势浩大的行业盛宴（图 5-11）。

图 5-11　中国国际服装服饰博览会 CHIC2021（秋季）

10 月 10 日，中国服装流行趋势研究与发布中心正式揭牌成立，将结合互联网技术赋能中国服装品牌的设计研发能力，补齐服装企业的发展短板，开启新时代中国服装流行趋势研究与发布新篇章。

10 月 13 日，海关总署发布的数据显示，1～9 月我国纺织服装累计出口 2275.9 亿美元，同比增长 5.6%，比 2019 年同期增长 12.7%，创历史同期最高水平。1～9 月我国服装出口 1224.2 亿美元，同比增长 25.3%，比 2019 年同期增长 8.5%，创六年以来同期新高。

10 月 15 日，以"智驱时尚 数致未来"为主题的 2021 中国服装数智化转型万里行高峰论坛（宁波站）成功举办，助推区域企业优势互补、产业融合、协同发展，加速推动服装产业数字化、智能化转型升级。

10 月 17 日，中国服装协会国风服饰专业委员会正式成立，旨在推广中华优秀服饰文化，助力国风服饰产业健康发展。

10 月 18～19 日，2021 中国服装大会在山东青岛召开。围绕"开创新格局 强国再出发"主题，会议汇聚知名专家学者、产业大咖等深入探讨新格局下服装产业发展趋势与路径，凝聚行业共识向时尚强国目标迈进。

10 月 18 日，中国服装协会 30 周年志庆活动在青岛举行，来自全国各地的服装人齐聚一堂，共同回顾中国服装协会成立 30 年来的光辉成就，从中汲取力量勇攀未来高峰（图 5-12）。

图 5-12　中国服装协会 30 周年志庆活动

10 月 18 日，《当代中华礼仪服饰白皮书》正式发布。作为行业首发，《当代中华礼仪服饰白皮书》提出了礼仪性场合着装指南，梳理了"新中装"的知识脉络和应用图谱，为助力新时期文化赋能和高质量发展提供具有实用性和功能性的参照样本。

10 月 20 日，以"链路优选·布布为先"为主题的 2021 中国（盛泽）服装供应链大会在江苏吴江区盛泽镇召开，助推服装产业链的创新与协作发展。同期还举办"CHIC 定制与职业装展"巡展苏州盛泽站、"访盛泽·选面料"实地参访对接等活动，帮助上下游企业拓商机、促交易。

10 月 21 日，由中国当代青年时尚研究中心主办，宁波市服装协会、博洋研究院协办，创客 157 创业创新园承办的"青年说"沙龙在宁波成功举办，太平鸟、七匹狼、培罗成、斐戈等六十余位年轻品牌主理人、设计师及企业家齐聚一堂，共同探讨新时代年青新时尚。

10 月 27 日，北京冬奥会和冬残奥会制服装备正式发布，安踏成为官方体育服装赞助商。

10 月 29 日，以"羽道·绒和"为主题的中国·平湖服装设计大赛（羽绒类）总决赛在浙江平湖市体育中心举办，鄢希宇、饶颖怡选手分别摘得金银奖。此次大赛旨在以设计研发完善羽绒服行业产业链，推动新时代羽绒服行业高质量发展，打响"平湖羽绒服装"区域品牌。

10 月 29 日~11 月 1 日，2021 年全国行业职业技能竞赛——全国纺织行业"富怡杯"服装制版师职业技能竞赛全国决赛在常熟理工学院成功举办。来自 21 个省、市和自治区的近百位选手经过激烈角逐后，曹小华等 6 人获得"全国纺织行业技术能手"荣誉称号，孙萌宇、伍超泉、曹广辉等 12 人获得"全国服装行业技术能手"荣誉称号。

11 月

11 月 3~8 日，中国服装协会和 CHIC 展会联合抖音电商服饰官方直播间在"双 11"期间共同发起"万人直播节"活动，汇集众多国内知名服装品牌、优质制造企业等与明星达人进行直播联动，打造国内首档电商直播综艺。据"抖音双 11 好物节"报告显示，"双 11"期间波司登、李宁等品牌直播间平均在线人数位居前列，实时热卖榜的国产品牌数量占比高达 85.1%。

11 月 7 日，第四届进博会工业和信息化企业社会责任国际论坛暨《中国工业和信息化可持续发展报告（2021）》发布会在上海召开。中国纺织工业联合会副会长、中国服装协会会长陈大鹏代表纺织服装行业分享了中国纺织服装行业的社会责任建设实践，重点讲述了中资企业在埃塞俄比亚的社会责任建设情况，以及埃塞俄比亚中资纺织服装企业 ESG 调研报告。

11 月 16 日，第十届日中韩纤维产业合作会议在线召开。日本纤维产业联盟、中国纺织工业联合会和韩国纤维产业联合会三方代表团围绕日中韩纺织业现状及展望、纺织业商贸活动、可持续发展、时尚与科技四个议题进行深入交流，并就未来产业合作达成一系列重要共识。

11 月 26 日，工业和信息化部印发《第二批"5G+工业互联网"十个典型应用场景和五个重点行业实践的通知》，把纺织业作为五个重点行业实践之一，并列举了雅戈尔集团等企业的"5G+工业互联网"应用实践（图 5-13）。

图 5-13　5G+工业互联网

12 月

12 月 1 日，中国服装协会副会长单位——波司登控股集团有限公司宣布旗下子公司与世界知名高端运动时尚服饰商博格纳达成战略合资协议，双方将联手拓展国内高端运动时尚市场。

12 月 10 日，2021"裘都杯"中国裘皮服装服饰创意设计大赛总决赛评审会在京举行，高磊、刘宏伟、刘新月摘得金、银、铜奖。本届大赛以"国潮"为主题，旨在把握"国潮"回归大势，进一步提升"裘皮+"服装和饰品的创意创新研发能力。

12 月 14~15 日，第三届中国服装行业质量标准大会暨 2021 年中国服装协会标准化技术委员会年会在重庆召开。会议对当前服装领域标准体系和标准化工作情况进行了深入交流，并对 2021 年度中国服装协会标准化技术委员会标准化工作先进单位和个人予以表彰。

12月17～19日，中国服装青年企业家沙龙2021年会暨沙龙成立十周年系列活动在福建省厦门市及晋江市举行，总结了2021年工作，并确定了2022年沙龙工作方向及计划。

12月18～20日，以"智'燥'#东方"为主题的2021"大浪杯"中国女装设计大赛决赛暨作品艺术展于北京798艺术区悦·美术馆举行，以静态展方式对20组入围选手作品进行评选，并在北京对公众开放，进行为期三天的作品艺术展。

12月20日，以"创新变革、数字未来"为主题的2021中国服装协会裤业专委会年会暨汉派裤业供应链对接大会在武汉召开，来自全国各裤业集群企业家汇聚一堂，探讨中国裤业未来发展。

12月25日，针对美国拜登政府签署通过的排除新疆产品进入美国市场的所谓"H. R. 6256涉疆法案"，中国纺织工业联合会及中国纺织全产业链12家行业协会共同发布严正声明，坚决反对美国单方面通过其国内立法和行政措施阻碍新疆产品进入国际供应链的贸易霸权行为。

12月27～29日，第二届中国（赣州）纺织服装产业博览会在中央红军长征集结出发地——江西于都举行。

12月29日，由中国服装协会、海尔衣联网发起的"中国服装行业工业互联网平台"在北京正式启动，将加快推进服装行业两化深度融合，促进服装行业转型升级与高质量发展（图5-14）。

图5-14 "中国服装行业工业互联网平台"启动

12月30日，《2021服装行业科技创新白皮书》发布，白皮书从新材料、智能服装、智能营销、智能研发、智能装备、智能制造及绿色可持续七大维度，总结分析了当下服装产业科技创新发展情况并前瞻未来发展新趋势。

编　后

《2021—2022 中国服装行业发展报告》的编撰，旨在总结 2021 年中国服装行业发展状况，解析行业热点问题，展望行业发展趋势，探索行业发展路径。

本报告由五部分组成：

第一部分总报告篇。本部分由中国服装协会研究完成的 2021~2022 年中国服装行业经济运行发展报告，该报告认真总结分析了 2021 年中国服装产业生产、市场、投资情况，深入分析影响行业发展主要因素以及行业运行特点，并就 2022 年中国服装行业发展趋势进行了前瞻性预测。

第二部分分报告篇。本部分由中国服装协会、中华全国商业信息中心、中国国际贸易促进委员会纺织行业分会、中国国际电子商务中心、申万宏源证券、知萌咨询机构、中国纺织工业联合会品牌工作办公室、中国服装科创研究院等单位共同研究，完成 2021~2022 年中国服装消费市场发展报告、2021~2022 年中国纺织服装行业对外贸易发展报告、2021~2022 年中国服装电子商务发展报告、2021~2022 年中国服装行业资本市场报告、2021~2022 年中国消费趋势报告、2021~2022 年中国纺织服装品牌发展报告、2021~2022 年中国服装行业科技创新白皮书（精简版）。七篇报告数据翔实，观点鲜明，分别就 2021 年中国服装市场、全球服装贸易、电子商务、品牌发展、资本市场、消费趋势、服装科技等领域进行了全面、深入的总结和分析。由于各单位统计口径和计算方法存在不同，报告中部分数据可能略有差异。

第三部分产业链报告篇。本部分收录中国棉纺织行业协会、中国化学纤维工业协会、中国纺织信息中心/国家纺织产品开发中心、中国印染行业协会、中国产业用纺织品行业协会、中国缝制机械协会分别编撰的 2021~2022 年中国棉纺织行业发展报告、2021~2022 年中国纤维流行趋势发布报告、2021~2022 年中国纺织面料流行趋势报告、2021~2022 年中国服装印花行业发展报告、2021~2022 年中国产业用纺织品行业经济运行报告、2021~2022 年中国缝制机械行业经济运行报告，分别就产业链相关方的产品创新、流行趋势以及经济态势进行了详尽分析，为产业链融合以及企业经营提供必要的决策参考。

第四部分专题篇。本部分是对 2021 年热点问题探讨和研究成果的汇总，由中国纺织工业联合会、中国纺织经济研究中心、北京服装学院、有赞服饰行业类目运营等单位和机构共同完成，内容涉及行业发展、跨境电商、出口贸易、服饰文化、营销模式、社会责任等内容。

第五部分大事记篇。本部分由《中国服饰》杂志梳理 2021 年中国服装行业发展重大事件，并对事件意义进行了简洁诠释。

本报告编撰工作得到众多业内外人士、机构和企业的大力支持，中国服装协会及本报告课题组在此谨表示衷心感谢。

不当之处，恳请指正。

汇聚国际优质时尚资源

对接服装行业升级发展

LINKING plus

中国服装产业链对接平台

LINKING plus
6-7, 201

中国服装协会
中国服装协会服装关联产业专业委员会

联系方式:
010-85229816

SENHEN 胜(晟)宏

- 2003年成立，是中国华南地区超大的衬布专业企业。

- 2005年通过了英国D.A.S公司ISO9001:2000 质量管理体系认证。

- 2007年起连续16年获瑞士Oeko-tex Standard 100 国际生态纺织品认证。

- 2012年在广州国际服装节上获得 "影响中国，年度优质诚信制造商" 荣誉称号。

- 2015年成为广东时装周官方指定衬布机构和深圳时装周供应赞助商。

- 2016年10月成立江苏晟宏生态纺织科技有限公司。

- 2017年获得由中国产业用纺织品行业协会衬布材料分会授予的 "2015/2016十佳成长型企业"。

- 2017年11月与中国服装协会结成战略合作伙伴。

- 2019年12月中国服装协会授于 "中国服装衬布优质制造商" 荣誉称号。

- 2021年01月通过Sedex 企业社会责任审核，成为Sedex 认证会员。

- 2021年06月成为中国海关高级认证企业。

工匠精神 GONG JIANG JING SHEN ®　　孙悟空 Sun Wu kong ®　　优衣点 UNIQ ®

OEKO-TEX STANDARD 100
瑞士信心纺织品环保认证

ISO9001：2000
国际质量管理体系认证

德国TUV审核
GMC供应商认证

GRS全球回收标准认证

Sedex 企业社会责任审核

AEO 中国海关高级认证企业